Initiatenorden und Mysterienschulen

Band 1:

Das geschichtliche Erbe

Bibliografische Information:
Die Deutsche Bibliothek verzeichnet diese Publikation in der Deutschen Nationalbibliografie; detaillierte bibliografische Daten sind im Internet über http://dnb.ddb.de abrufbar.

2010
überarbeitete und erweiterte Neuausgabe
Edition »fabrica libri«

Holthausen 1 · D-58579 Schalksmühle · Tel. 02355/903339
Fax 903338 · Email: info@pomaska-brand-verlag.de

Originalausgabe
1999 Verlag Clemens Zerling, Berlin

Layout und Umschlaggestaltung:
Sigrid Pomaska

Titel-Illustration:
»From darkness to light«, USA 1887

Herstellung:
Druck und Verlag Pomaska-Brand GmbH, Schalksmühle

www.fabrica-libri.de

Printed in Germany
ISBN 978-3-935937-65-8

Lothar Diehl

Initiatenorden und Mysterienschulen

Ein Führer für Suchende
auf den Erkenntniswegen des Westens

Band 1:

Das geschichtliche Erbe

fabrica libri

Widmung

Dieses Buch sei allen Suchenden des Lichts gewidmet,
in Dankbarkeit an die Orden und Mysterienschulen,
deren Eggregore das Licht verbreitet,
sowie ihren Logen, Kapiteln
und Pronaoï, denen ich
dienen darf

Vorwort zur ersten deutschen Auflage

Dieses Buch will vor allem ein möglichst *aktueller* und *praktischer Führer* in der Hand der vielen Suchenden durch die manchmal verwirrend erscheinende Vielzahl der bei uns arbeitenden Initiatenorden und Mysterienschulen sein. Von Anfang an war es mir dabei ein Anliegen, dieses Buch in einfacher Sprache abzufassen, die vom Leser keine akademische Vorbildung abverlangt. Mit vielen kleinen Hilfen habe ich versucht das Interesse des Lesers zu wecken, ohne die Übersichtlichkeit des Textes allzu sehr zu beeinträchtigen; so wollen zahlreiche Fußnoten zu weitergehenden Recherchen einladen; dem leichteren Auffinden geschichtlicher Zusammenhänge soll das ans Ende gelegte Personenverzeichnis dienen.

Entstehung und Umfang seines Inhalts verdankt dieses Buch den *Gedanken* vieler Freunde, die mich mit Anregungen und Ratschlägen bei der Abfassung der einzelnen Kapitel weitreichend unterstützt haben. Sie und die tätige Mithilfe vieler *Brüder* und *Schwestern* hatten am Gelingen dieses Werkes wesentlichen Anteil. Ihnen allen möchte ich an dieser Stelle besonders dafür danken. Ohne sie alle einzeln nennen zu wollen (oder zu dürfen), werden sie doch immer mit dieser Arbeit verbunden bleiben.

Allen Orden und Gemeinschaften, die bereitwillig ihre Informationen zur Einarbeitung in diese Schrift zur Verfügung stellten, bin ich sehr dankbar. Ihre Mitarbeit wird hoffentlich auch zukünftige Auflagen bereichern und dabei mithelfen, Vorurteile zwischen der „profanen Welt“ und den Bruderschaften abzubauen.

Seine Fertigstellung verdankt dieses Buch schließlich all jenen, die es nie unterlassen haben, mich immer wieder in meinem Vorhaben zu bestärken. Aussagen wie „wenn mir dieses Buch schon vor zwanzig Jahren zur Verfügung gestanden hätte, dann wären mir viele Umwege auf meiner Suche erspart geblieben...“ drängten mich letztendlich zum vorläufigen Abschluss des Manuskripts; wenn mir auch von Anfang an bewusst war, dass mein beabsichtigtes Ziel wohl erst nach und nach in einem iterativen (sich wiederholenden) Prozess zu bewerkstelligen sein würde. So kann diese erste Auflage derzeit noch keinen Anspruch auf Vollständigkeit erheben und ist vielleicht auch nur der erste Schritt in die vorgegebene Richtung, um mit den derzeit so oft zitierten Worten unserer Politiker zu sprechen. Trotzdem hoffe ich, verehrter Leser und verehrte Leserin, dieses Buch möge in Ihrer Hand seiner Absicht gerecht werden und sich als ein echter *Führer* für Sie und alle Suchenden erweisen. Ihre konstruktiven Anregungen[1] zur Verbesserung oder Vervollständigung späterer Ausgaben werden mir immer willkommen sein.

München, Pfingsten 1998
Lothar Diehl

Vorwort zur vorliegenden erweiterten Neuauflage

Nahezu zehn Jahre sind seit dem Erscheinen der ersten Auflage des FÜHRER FÜR SUCHENDE AUF DEM WESTLICHEN ERKENNTNISWEG vergangen. In der Presse wie bei der Leserschaft hat das Buch eine sehr gute Rezeption gefunden, so dass die erste Auflage mittlerweile vergriffen ist und wir uns Gedanken über eine Neuauflage machen mussten. Dabei war zu entscheiden, ob die Neuauflage aus dem bloßen Nachdruck oder in einer kompletten Überarbeitung der ersten Auflage bestehen solle. Wir entschieden uns für die letztere, wesentlich aufwendigere Alternative, denn, wie schon der griechische Philosoph Heraklit meinte, ist in unserem unruhigen Zeitalter nichts so beständig, wie der Fluss der Veränderungen ... So änderten sich nicht nur viele Kontaktadressen, sondern einige Gemeinschaften lösten sich auf, während neue entstanden, die unseren Themenkreis berühren.

Mittlerweile ist dieser FÜHRER FÜR SUCHENDE auch in Italien erschienen.[2] Zuvor musste er ins Italienische übertragen und den Verhältnissen in Italien angepasst werden. Im Zuge dieser Arbeit konnte ich eine Menge neuer Einsichten gewinnen, die ich auch der deutschen Leserschaft nicht vorenthalten möchte. Ebenso übernahm ich in die neue Auflage eine Vielzahl von Anregungen aus dem Leserkreis, die meist eine Erweiterung, in einigen Fällen aber auch eine Straffung bestimmter Themen zur Folge hatte. Vieles, was in der ersten Auflage nur angedeutet ist, wurde in der vorliegenden Ausgabe detaillierter herausgearbeitet, wie beispielsweise das Wesen von Ritualarbeit und Einweihungsformen der Mysterienschulen oder der Unterschied zwischen Mystik und Magie. Die Erkenntnis, dass die dem »Golden Dawn« entwachsenen Strömungen doch im erheblichen Umfang auf unsere Okkultismusszene eingewirkt haben, machte auch eine Erweiterung dieses Teils der Geschichte der okkulten Gesellschaften erforderlich. Ebenso wurde ein kurzer Abriss über die okkultistischen Quellen des Nationalsozialismus in den geschichtlichen Abschnitt eingefügt.

Außerdem wurde der Text an die neuen Rechtschreibregeln angepasst. Abbildungen und Tabellen wurden einer rigorosen Revision unterworfen. Wie in der Erstauflage werden lateinische Ausdrücke in Kleinschreibung wiedergegeben. Angegebene Jahreszahlen von weltlichen und kirchlichen Herrschern beziehen sich auf deren Regierungszeiten.

Die erwähnte textliche Erweiterung machte eine Aufteilung der Ausgabe in zwei Bände notwendig. Dabei beinhaltet der erste Band das einleitende Kapitel, das Absicht und Entstehung dieses Werks erklärt, die Abgrenzung seines Inhalts festlegt und mir wichtig erscheinende Hinweise an die Suchenden enthält. UNSER GESCHICHTLICHES ERBE nimmt nachfolgend den Hauptteil des ersten Bandes ein. Dieses Erbe ist maßgeblich von „unserer Variante“ des Christentums geprägt, welche die Bruderschaften mit ihrem „Geheimwissen“ in den Untergrund abwandern ließ. Dieses Wissen bildet dann – zusammen mit der Beschreibung der einzelnen Bruderschaften und Gemeinschaften – den Inhalt des zweiten Bandes, der folgende Kapitel enthält: AUF DEN WEGEN DER MYSTERIENSCHULEN versucht, die Grundlagen des vormals so geheimen Wissens der Bruderschaften zusammenzufassen; auf sie gehen die nachfolgenden Kapitel näher ein. Es sind dies einmal die initiatorischen Bruderschaften wie die der ROSENKREUZER, KABBALISTEN, PYTHAGOREER, MARTINISTEN und FREIMAURER, die aus den ehemaligen Geheimgesellschaften hervorgingen. Zum anderen werden in weiteren Kapiteln DRUIDEN UND ODD FELLOWS, THEOSOPHEN UND ANTHROPOSOPHEN sowie NEUERE STRÖMUNGEN behandelt. Soweit sie bei uns noch oder wieder tätig sind und ihre Lehrsysteme in deutscher Sprache zur Verfügung stellen, wurden sie alle in den zweiten Band aufgenommen.

Folgenden Aspekt möchte ich an dieser Stelle noch besonders herausstellen: Wie aus dem Untertitel hervorgeht, handelt es sich bei dem vorliegenden Werk um einen FÜHRER FÜR SUCHENDE und um keine „wissenschaftliche Untersuchung der Geheimbünde“. Mein Anliegen war von Anfang an die Hilfestellung bei der Suche nach einer, den eigenen Vorstellungen entsprechenden Gemeinschaft. Die Darstellung bereits überwundener geschichtlicher Irrwege bestimmter Bruderschaften, ihrer Schismen und der wiederholte Hinweis auf wissenschaftlich nicht nachweisbare Traditionen würde meines Erachtens die Unsicherheit der Wahl nur noch vergrößern; deshalb gehe ich auf solche Themen nur dann ein, wenn ich sie für das Verständnis des geschichtlichen Zusammenhangs für notwendig erachte. Im Literaturverzeichnis sind jedoch mir bekannte wissenschaftliche Arbeiten über bestimmte Bruderschaften oder Bünde aufgeführt.

Eine weitere Erklärung betrifft meine ursprüngliche Absicht, als „Herausgeber“ der ersten Auflage, den Bruderschaften eine unmittelbare Mitarbeit zu ermöglichen, die leider nicht den gewünschten Erfolg verzeichnen konnte. „Sollte ich von meiner Idee überzeugt sein“, so wurde mir zu verstehen gegeben, „müsse ich das Werk schon selber erstellen“; dazu sicherte man mir allerdings die notwendige Unterstützung zu, für die ich mich an dieser Stelle nochmals bedanken möchte.

Mein Dank gilt außerdem allen Lesern und Freunden der ersten Auflage, deren Anregungen sich in Form und Inhalt des heute in Ihrer Hand befindlichen Werkes manifestieren.

Ihnen, verehrter Leser und verehrte Leserin der neuen Auflage, hoffe ich, mit den vorliegenden beiden Bänden wiederum ein wertvolles Werk an die Hand geben zu können, das Sie nicht nur über die Geschichte und Arbeitsweise der heute bei uns im deutschen Sprachraum tätigen Gemeinschaften informiert, sondern darüber hinaus auch noch zu Denkanstößen veranlassen soll, die Ihr Leben bereichern mögen.

München, zu Johanni 2009
Lothar Diehl

Inhaltsverzeichnis

EINFÜHRUNG

UNSER GESCHICHTLICHES ERBE

ANHANG

EINFÜHRUNG

Die zur Einsicht kommen, werden strahlen,
wie der Glanz des Himmelsgewölbes und,
die andere zur Gerechtigkeit führen,
wie die Sterne für immer und ewig
Daniel 12,3

Dem Leser zur Orientierung

Die Idee zu vorliegendem Buch liegt schon etliche Jahre zurück, nachdem mir der in französischer Sprache erschienene FÜHRER FÜR EINEN ZUKÜNFTIGEN FREIMAURER[3] in die Hände gefallen war. Bislang konnte ich in der deutschsprachigen Literatur kein vergleichbares Werk finden, das einem Suchenden konkrete und vor allem auch praktische Hinweise über die heute bei uns nach westlicher Tradition arbeitenden Initiatenorden und Mysterienschulen lieferte. Wie sich jeder Suchende selbst überzeugen kann, gibt es im esoterischen Schrifttum zwar mehr als genug Veröffentlichungen über sogenannte „Geheimgesellschaften"; sie müssen sich jedoch größtenteils auf historische oder spekulative Inhalte beschränken, da sie ihre Informationen meist nur aus zweiter Hand besitzen. Ein weiterer Teil der verfügbaren Literatur stammt von Verlagen, die in ihren Schriften vorrangig nur Angaben zum Lehr- und Erfahrungsinhalt bestimmter ihnen nahestehender Schulen oder Philosophien machen. Es verbleiben schließlich nur wenige objektiv abgefasste Schriften, die das Szenario bei uns aus übergeordneter Sicht darstellen; meist sind es Übersetzungen aus anderen Sprachen, vielfach aus dem Französischen, die naturbedingt nur auf die Interessen ihrer ursprünglichen Leserschaft ausgerichtet sein können. Diese Lücke möchte das Buch in Ihrer Hand ausfüllen. Andererseits begegneten mir auf meinen Reisen in den letzten Jahren auch viele Suchende des Lichts mit guten Kenntnissen unserer Sprache aus Ländern, die ehedem von der freien Welt durch den Eisernen Vorhang abgetrennt waren. Ihnen fällt die Suche immer noch ungleich schwerer als uns Privilegierten Westeuropas. Auch ihnen möchte dieses Buch an die Hand gehen.

Deshalb stellte ich mir die Aufgabe, möglichst alle heute im deutschen Sprachraum tätigen Initiatenorden und Mysterienschulen und andere ihrem Gedankengut nahestehende Gemeinschaften in einem Werk zusammenzustellen.

Der vorangestellte historische Abriss (des 1. Bandes) möchte – innerhalb des Verlaufes unserer Geschichte – auf ein nicht zu übersehendes *universelles Drängen* nach geistiger Höherentwicklung anspielen, auf das später noch Bezug genommen wird; haben doch viele kleine sogenannte „Zufälle" gewaltige Sprünge in der wissenschaftlichen, kulturellen und sozialen Entwicklung der Menschheit ausgelöst. Bei der Lektüre dieses Abschnitts glaubt man fast einen roten Faden entdecken zu können, der uns zu unserem derzeitigen Erkenntnisstand führte. Mit diesem Hinweis soll die Frage beantwortet werden, welchen Sinn und Zweck ein geschichtlicher Abriss in einem *praktischen Führer für Suchende* verloren habe.

Außerdem soll die geschichtliche Zusammenfassung auch noch vermitteln, wie gleichzeitig mit dem Aufstieg der christlichen Religion einerseits und dem der allgemein anerkannten Wissenschaften andererseits die Mysterienwahrheiten (das *okkulte*[4] Wissen) in den Untergrund abgedrängt wurden. Für nachfolgende Recherchen des Lesers möchte dieser Abschnitt die notwendigen Denkanstöße geben; ein komplettes geschichtliches Kompendium kann er sicherlich nicht ersetzen. Jeder Leser sollte bei der Lektüre erkennen, dass zum Verständnis von Entstehung und Entwicklung unserer Traditionen (der westlichen Erkenntniswege) auch unsere Geschichte und die der Religionen und Philosophien miteinbezogen werden sollte, die das Umfeld dazu bilden; denn es handelt sich bei den Mysterien ja nicht um etwas Neues oder Eigenständiges, sondern um den Urgrund der Religionen und Philosophien. Mit Erstarken des Christentums und seiner hierarchischen Struktur wurde dieses Wissen aber später von der offiziellen Lesart abgetrennt und in den Untergrund abgedrängt, wo es über lange Zeiträume hinweg nur mehr im Geheimen weitergegeben werden konnte. Es waren die Bruderschaften[5], die sich zu Hütern dieses Wissens während der Zeiten der Intoleranz ausbildeten, um es an die Suchenden kommender Epochen weiterreichen zu können.

Während der Übergänge zwischen den großen Entwicklungsperioden der Menschheit kann man die Aktivitäten mancher Bruderschaften im besonderen Maße beobachten, wie beispielsweise beim Aufkommen gnostischer Strömungen um die Zeitenwende zwischen Antike und Mittelalter. Ebenso, als rosenkreuzerisches und freimaurerisches Denken das Zeitalter der Aufklärung maßgebend prägten. Auch heute werden wir von einer nie da gewesenen Fülle esoterischer Einflüsse erfasst. Ist es da nicht verständlich, wenn sich dabei das Interesse vieler ernsthaft suchender Menschen auf die traditionellen Initiatenorden der Vergangenheit richtet?

Bei der eigentlichen Vorstellung der Orden und Gemeinschaften im 2. Band habe ich die traditionellen Initiatenorden in *Rosenkreuzer, Kabbalisten, Pythagoreer*[6], *Martinisten* und *Freimaurer* eingeteilt. Dabei bezog ich aus Gründen der Übersichtlichkeit auch die nicht-initiatorischen Gemeinschaften der Rosenkreuzer sowie die „nicht-regulären" Gruppierungen innerhalb der Freimaurerei mit ein. Weitere Abschnitte widmen sich den *Druiden-* und *Odd-Fellow Orden, theosophisch-anthroposophisch orientierten Gemeinschaften* und neueren Strömungen. Jedem dieser Abschnitte geht eine Einführung voraus, die versucht, ihre Geschichte und das Umfeld in unserer heutigen Gesellschaft zu beleuchten.

Soweit mir dies möglich war, versuchte ich auch, Lehrinhalte und Arbeitsweise jeder Gemeinschaft allgemeinverständlich darzustellen und praktische Hinweise für die Kontaktaufnahme zu ihnen anzufügen. Dabei griff ich auf die eigenen

Darstellungen dieser Gemeinschaften zurück, soweit sie mir zugänglich waren und weise, wo erforderlich, auf die trennenden Elemente zwischen ihnen hin.

Eine Warnung möchte ich jedoch an dieser Stelle aussprechen: Im Chaos des Okkultismus finden sich neben dem Erbe der Mysterienschulen auch Gruppierungen, deren Ziele denen der traditionellen Weisheitsschulen diametral entgegen stehen und sich Satanskulten, selbstzerstörerischen und menschenverachtenden Umtrieben widmen. Hier ist Vorsicht geboten! Wer sich heute im Internet umsieht, kann sich vergewissern, dass sich solche Bünde wieder vermehrt im Aufwind befinden. Mit ihnen will sich dieser Führer nicht befassen; vielmehr habe ich mit großer Sorgfalt nur solche Gemeinschaften ausgewählt, die mit Recht als Vertreter der traditionellen Weisheitslehren des Westens verstanden werden dürfen.

Was bedeutet „Erkenntniswege des Westens"?

Unter den Erkenntniswegen des Westens verstehen wir die Lehrinhalte und Rituale der heute bei uns tätigen Initiatenorden und Bruderschaften, deren Traditionen auf den *Mysterienschulen der Alten Welt* beruhen. Ihre Praktiken und Rituale (aber nicht notwendigerweise das ihnen zugrunde liegende Wissen) unterscheiden sich von denen *der östlichen Weisheitslehren*, wie z. B. der taoistischen, buddhistischen oder hinduistischen Wege, die nicht den Entwicklungswegen des Westens entsprechen. Wie wir noch sehen werden, reichen die Traditionen unserer westlichen Lehrsysteme zwar bis zu den ägyptischen oder griechischen Mysterienschulen zurück, es gibt aber auch solche, welche die im Judentum entstandene Gnosis der Qabalah[7], Elemente des Druidentums, der Gralsbewegung oder des Templerordens beinhalten. Die schamanischen Einweihungspraktiken der nördlichen Nomaden, wie der Samen, Inuit und Indianervölker werden hingegen allgemein (und auch in diesem Buch) nicht dazu gerechnet. Einen Übergangsbereich hierzu bilden unsere keltischen und germanischen Wurzeln, die im neueren Druidentum ihre Traditionen fortsetzen.

Brüder und Schwestern, die bereits *ihren Weg* fanden und sich vielleicht nur aus Wissbegierde „in ihrer Nachbarschaft" umsehen möchten, sollten sich von diesem Buch nicht verunsichern lassen. Eine gleichzeitige Mitgliedschaft bei einer weiteren oder bei mehreren Bruderschaften wird allgemein nicht empfohlen und ist vielfach auch gar nicht erlaubt, weil es zu unglücklichen Vermischungen der Lehr- und Praxisinhalte führen könnte. Von einigen Initiatenorden wird eine Doppelmitgliedschaft jedoch toleriert, wenn der Suchende glaubt, über die notwendigen zeitlichen und geistigen Freiräume verfügen zu können, die seine Arbeit auf dem bereits beschrittenen Pfad nicht allzu sehr beeinträchtigen. Vor einem solchen Entschluss sollte jedoch ein jeder seine Gelöbnisse oder feierlichen Versprechen überdenken, die er beim Eintritt in seine derzeitige Gemeinschaft und bei seinen

Initiationen abgegeben hat. Möglicherweise stehen sie sogar im Widerspruch zu seinem neuen Vorhaben.

Auch wird in dieser Schrift nur auf den *deutschen Sprachraum* eingegangen und auf Gemeinschaften, die ihr Lehrmaterial *in deutscher Sprache* verfügbar machen. Alle legen sie Wert darauf, als „geschlossene“ und nicht als „geheime“ Gesellschaften bezeichnet zu werden, denn sie sind bei den zuständigen Behörden vereinsrechtlich registriert. Allerdings erhalten nur die eigenen Mitglieder Zugang zu ihren Lehrsystemen und Ritualen. Dies erklärt uns auch, warum soviel Spekulatives darüber in der allgemein zugänglichen Literatur zu finden ist, wenn sie von Außenstehenden verfasst wurde.

Alle in dieser Schrift aufgeführten Bruderschaften vertreten den Grundsatz der weitestgehenden Toleranz. Da ihnen jedoch nicht immer die gleiche Toleranz von der außenstehenden Gesellschaft entgegengebracht wurde und manchmal selbst heute noch in unserem „aufgeklärten“ Zeitalter entgegengebracht wird, waren und sind sie manchmal gezwungen, sich nur mit größter Vorsicht und Zurückhaltung der Öffentlichkeit vorzustellen.

Erkenntnisweg

Wer sich selbst schon auf die Suche nach *seinem Weg* aufgemacht hat, dem stellt sich die Frage nach dem „Wozu“ dieses Weges nicht mehr. Wer noch vor dieser Entscheidung steht, den mögen so manche Zweifel überkommen: Ist der Erkenntnisweg nicht ohnehin im Entwicklungsweg der Menschheit enthalten? Wenn nicht, wozu wurden wir dann erschaffen? Oder sind wir alle nur ein Produkt des Zufalls? Lässt sich Erkenntnis nur über die Einweihung erfahren? Haben uns nicht Fragen wie diese auf die Suche nach dem Erkenntnisweg gebracht? [8]

Der Erkenntnisweg ist in mancher Beziehung anders als andere Wege, die wir bisher beschritten haben. Er stellt keine Verbindung zwischen zwei Punkten dar, denn er hat weder einen Anfang noch ein Ende, und wir finden uns urplötzlich auf ihm. Für jeden von uns gibt es nur diesen einen Weg, der dazu dient, unsere persönliche spirituelle Entwicklung zu beschleunigen, gleichsam eine Rolltreppe, auf der wir aufwärts steigen, weil uns das Verweilen auf ihr zu langsam dünkt. Haben wir unseren Erkenntnisweg gefunden, dann bewegen wir uns auf ihm vorwärts, mögen manchmal vielleicht auch innehalten oder ihn gar zeitweilig wieder verlassen; er zieht uns doch immer wieder in seinen Bann. Jeder Schritt auf ihm bringt uns unserem Ziele ein Stück näher, auch wenn es immer nur kleine Schritte sind, die wir machen können, so gelangen wir doch eines Tages bis an die Pforten des „Weisheitstempels“.

Abb. 1: An der Pforte

Initiation

Die geheimen Pforten der Weisheit öffnen sich aber erst nach der geduldigen Vorbereitung des Suchenden. Dies hat sich seit den Mysterienschulen der Antike nicht geändert. Erst durch die Initiation selbst erhalten die latent in jedem Menschen seit Urzeiten vorhandenen Fähigkeiten den so lange erhofften Schub, so dass der nunmehr Eingeweihte beginnen kann, das in den Mysterien verborgene Geheimnis wirklich zu erfassen.

Betrachten wir die Weisheit der Völker in ihren Mythen, ihren Märchen und Legenden, so finden wir auch dort, dass die Vorbereitungszeit des suchenden Menschen eine große Rolle spielt. Hier wird zudem vor der Macht gewarnt, die ein Zauberlehrling noch nicht zu lenken versteht oder die egoistische oder machtbesessene Menschen nur zu ihrem Vorteil nutzen möchten.

Für den Suchenden stellt sich das Initiationsritual als ein rituelles Drama dar, in dem er seine eigene Hauptrolle spielt. Seine zukünftigen Brüder (und Schwestern) stehen ihm zwar hilfreich zur Seite, jedoch kann er seine Initiation nur selbst erfahren und muss sie sich letztlich auch selbst erteilen. Worte, Symbole und Bewegungsabläufe wie bestimmte Formen zielen in den Ritualen der Bruderschaften nur darauf ab, die daran Teilnehmenden aus der Welt der sinnlichen Wahrnehmung in höhere Bewusstseinsebenen zu führen, in denen sie direkten Kontakt mit den subtilen (feinstofflichen) Schwingungen erhalten, die der profanen Welt nicht zugänglich und durch Worte nicht vermittelbar sind. In den Initiationsritualen vollzieht sich durch sie die Transformation des Profanen zum Eingeweihten, auch wenn der Initiant die Auswirkungen auf sein Leben, Denken und Handeln anfangs noch kaum bemerken und noch viel weniger beurteilen kann, denn sie vollziehen sich zunächst unbewusst. Erst wenn er die Lehren verinnerlicht hat, vermögen sie allmählich an die Oberfläche seines Bewusstseins gelangen, so dass er sie im täglichen Leben bewusst erproben kann. Es dürfte klar geworden sein, dass es sich hierbei nur um den Anfang eines langen Entwicklungsprozesses handelt, der dem einen Ziel dient, seine persönliche spirituelle Entwicklung zu beschleunigen.

Mit der Initiation wird der Neophyt (das „neugepflanzte" Mitglied einer Bruderschaft) gleichsam Glied einer magischen Kette und zu einem Vollmitglied der Gemeinschaft. Fortan darf er an den internen Arbeiten seiner Gemeinschaft teilhaben. Vorher wäre seine Anwesenheit an den heiligen Ritualen der Mysterienschule den dort herrschenden Schwingungen abträglich gewesen und das „Heilige" (Numenon) hätte dadurch entweiht werden können. Auch ist zu bedenken, dass die rationale Vorwegnahme eines rituellen Erlebnisses, das von jedem einzelnen nur individuell erlebt werden kann, seiner späteren Initiation eher hinderlich als zuträglich wäre. An einem solchen einsuggerierten Erlebnis kann deshalb niemandem gelegen sein!

Den Ausschluss der Nicht-Initiierten von den heiligen Riten war deshalb noch in der Anfangszeit der frühen Kirche gegenwärtig, als die Katechumenen (die sich nach der Taufe Sehnenden) nach dem Lesegottesdienst und vor der eigentlichen Eucharistiefeier das Gotteshaus verlassen mussten. Sie wurden erst nach Abschluss des oft mehrere Jahre dauernden Katechumenats in der Osternacht getauft und daraufhin, in weiße Gewänder (dem Symbol der Reinheit) gehüllt, feierlich eingeweiht und in die Kirche aufgenommen. Nachdem die „äußere" Kirche das Wissen um diese Mysterien verloren gehen ließ, hat sie dieses Initiationsritual auf die heute praktizierte Taufzeremonie zumeist unmündiger Täuflinge reduziert. Geblieben sind aber noch ihre Initiationszeremonien bei der Priester- und Bischofsweihe, die in einer ununterbrochenen Kette bis zu den Stiftern des Priesteramts zurückreichen und in denen der Bischof mit seiner Handauflegung den Heiligen Geist zur Übertragung der priesterlichen Gewalt herabfleht. In der Priesterweihe wird damit die Vollmacht verliehen, die Sakramente zu spenden und den Glauben zu verkünden; die Bischofsordination überträgt darüber hinaus das volle Priesteramt mit dem alleinigen Recht, Priester und Kirchen zu weihen.

Bruderschaft

An dieser Stelle soll noch kurz auf den Begriff der Bruderschaft eingegangen werden, der so manchen, vor allem Frauen, als patriarchalisches Relikt erscheinen mag; doch stoßen wir nicht nur im Bereich der Esoterik auf den symbolischen Gebrauch von bestimmten Begriffen. Hier verhüllt er nicht nur vor einer profanen Deutung, sondern will auch verhindern, dass wir komplexe Zusammenhänge mit einer Begrifflichkeit einengen. Wenn eine Gemeinschaft sich beispielsweise auf eine gemeinsame Idee oder auf bestimmte Ideale oder Traditionen beruft, so wird dieses Gemeinsame in der Symbolik oft dem Männlichen zugeordnet. So soll sich beispielsweise die Wesenheit allen Seins in der irdischen Welt im Ideal der Brüderlichkeit ausdrücken.

Die Bedeutung der Bruderschaft liegt für den Wanderer auf dem Erkenntnispfad darin, dass sie das äußere Gefäß bildet, in dem sich seine spirituelle Entwicklung in der „brüderlichen" Harmonie einer Gemeinschaft entwickeln kann. Mit seiner Eingliederung in eine bestimmte Tradition erwirbt ein neues Mitglied auch seine feste geistige Heimat, wie sie sonst vielleicht nur eine Religionszugehörigkeit bietet. Wie *Dominique Viseux* in seinen vergleichenden Studien[9] der Lehren unterschiedlichster Kulturkreise und Zeitalter nachzuweisen versucht, ist eine solche geistige Heimat für den Heimgang unserer „Seelen" am Ende unseres Lebens von besonderer Bedeutung.

In der brüderlichen Gemeinschaft wird jedes Mitglied als Bruder oder Schwester auf dem Pfad betrachtet. Die Vielfalt der Charaktere der einzelnen Mitglieder bildet dabei den Reichtum der Bruderschaft und das Betätigungsfeld für deren Persönlichkeitsentwicklung. Sie kann nicht bestehen, wenn die niederen Kräfte der Emotionen die Oberhand gewinnen. Eine Verminderung des Lichts der Bruderschaft (der Loge, des Kapitels, des Pronaos oder der Gemeinschaft) wäre die Folge. Durch die gegenseitige Achtung hingegen, durch brüderliche Liebe und Harmonie, kann sich das Vermögen jedes Einzelnen dazu entwickeln, der wahren Bruderschaft Ausdruck zu verleihen und auch den übrigen Mitgliedern dazu zu verhelfen.

Die Mitarbeit in einer Bruderschaft erfordert deshalb Disziplin, Ernsthaftigkeit in der Arbeit und guten Willen. Neue Brüder und Schwestern kommen anfänglich meist zu den Veranstaltungen „um etwas zu erhalten". Sind sie länger dabei, wandelt sich ihr Motiv und ihr ganzes Trachten gilt jetzt mehr dem Ziel, die Gruppe zu stärken, als eine Quelle des Lichts für andere. Diese Umstellung hat eine gewaltige Wirkung auf das innere Wachstum sowohl der Gruppe, wie das seiner Mitglieder. Die sich daraus ergebende gegenseitig befruchtende Wechselwirkung kann sich aus dem Gefühl heraus entwickeln, der gleichen „spirituellen Familie" anzugehören. Die Bande der Bruderschaft wachsen damit, stetig und ständig.

Suchen – ist das Ausgehen von Altbekanntem und das Finden-Wollen von bereits Bekanntem im Neuen.
Finden – das ist das völlig Neue ... ist ein Wagnis – ein heiliges Abenteuer! Die Ungewissheit solcher Wagnisse können eigentlich nur jene auf sich nehmen, die sich im Ungeborgenen geborgen wissen, die in der Ungewissheit, in der Führerlosigkeit geführt werden, die sich im Dunklen einem unsichtbaren Stern überlassen, die sich vom Ziel anziehen lassen und nicht – menschlich beschränkt und eingeengt – selbst den Weg zum Ziel bestimmen.
Dieses Offensein für jede neue Erkenntnis, außen wie innen, das ist das Wesenhafte des modernen Menschen, der in aller Angst des Loslassens doch die Gnade des Gehaltenseins im Offenwerden neuer Möglichkeiten erfährt.

Pablo Picasso

Ein Wort an die Suchenden

Dieses Buch gelangte nicht aus Zufall in Ihre Hände, denn der Zufall existiert weder im Himmel noch auf Erden. Wenn Sie ein aufrichtiger Suchender nach Erkenntnis (nicht nach Wissen) der westlichen Traditionen sind, so werden Ihnen die hier gegebenen Informationen mit Sicherheit weiterhelfen.

Ein Initiationsweg zielt ja darauf ab, zu höheren Erkenntnisstufen zu führen. Sollten Sie sich dafür entscheiden, so wird er Ihnen zu verstehen geben, dass Sie Ihre Einstellung zu sich selbst verändern müssen, – dass Sie beginnen sollten, von nun an Ihr Leben als Mysterium zu begreifen. In seinen Ritualen versucht dieser Weg, über das äußere Bewusstsein in das Innere vorzudringen. Dieses Erlebnis führt unweigerlich zur Geburt eines neuen, höheren Menschen in Ihnen, der nach dem Erfahrbaren strebt, frei von der Dogmatik der etablierten Systeme. So sind Sie nicht mehr auf die Behauptungen anderer angewiesen, denn Ihre Realitäten werden Ihnen Wirklichkeit bedeuten. Die Zeugung eines solchen neuen Kindes muss jeder völlig allein vollbringen, niemand vermag dabei zu helfen. Deswegen spricht man in der Symbolik dann oft von „jungfräulicher Geburt“, ein Prozess, der zum Gelingen im Übrigen auch eine Reinheit des Verlangens voraussetzt.

Damit Sie aber in Ihrer Arbeit erfolgreich sein können, müssen Ihre persönlichen Ziele mit denen der Gemeinschaft, der Sie beizutreten wünschen, übereinstimmen. Deshalb ist es zwingend notwendig, sich erstens über die eigenen Vorstellungen Klarheit zu verschaffen, und zweitens, sich alle die Informationen zu besorgen, die für Ihre Entscheidung benötigt werden. Dazu möchte Ihnen dieser FÜHRER FÜR SUCHENDE AUF DEN ERKENNTNISWEGEN DES WESTENS Hilfestellung geben.

Ihrer Aufnahme in eine solche Bruderschaft muss aber immer auch ein Zustand des heißen Verlangens nach Erkenntnis (nicht nach Wissen) vorausgehen, das so stark sein muss, dass es Sie Tag und Nacht verfolgt und Ihnen alle Ihre anderen Tätigkeiten nur als Ersatzbefriedigungen erscheinen lässt. Sind nicht die wichtigsten Dinge in unserem Leben solche, die ein erfülltes Leben ausmachen, und die, wenn wir sie nicht besitzen, uns unsere Unvollkommenheit bewusst werden lassen? Materieller Wohlstand, Geld und Ehren gehören mit Sicherheit nicht dazu! Aber dieses heiße Verlangen führt immer wieder Menschen aller sozialen Schichten demütig an die Pforten der Erkenntnisschulen. Prüfen Sie sich deshalb selbst, um festzustellen, was es ist, das Sie zu diesem Schritt bewegt!

Die verschiedenen Bruderschaften, auf die im zweiten Band näher eingegangen wird, haben sich aber nicht alle gleichermaßen den Suchenden geöffnet. Dies hat seine Gründe: Je offener sich eine Gemeinschaft gibt, um so größer wird die Zahl derer sein, die nach einiger Zeit feststellen müssen, den gewünschten Anforderungen vielleicht doch nicht ganz gewachsen zu sein. Die Zahl derer, die den gewählten Weg als den ihren erkennen und ihn über Jahrzehnte gehen, bleibt meist nur gering. Im Lauf der Jahre lichten sich die Reihen und nur mehr ein harter Kern gibt nicht auf. Trotzdem müssen beide Seiten dankbar für den Weg sein, den ein Mitglied gemeinsam mit seinen Brüdern und Schwestern beschreiten durfte. Alle sind doch sicherlich in reichen Maßen beschenkt worden.

Anders als bei den offenstehenden Vereinigungen, welche die Aufnahme des Suchenden in ihre Gemeinschaft hauptsächlich der eigenen Gewissenserforschung überlassen, müssen sich die Suchenden bei den strenger verschlossenen Bruderschaften einer Prüfung durch ausgewählte Mitglieder stellen. Oft werden Bürgen benötigt und Befragungen durchgeführt. Über die Aufnahme eines Kandidaten befindet dann eine geheime Abstimmung (eine sogenannte Kugelung). Der Zustrom neuer Mitglieder wird dadurch gefiltert und die Bruderschaft kann eher davon ausgehen, dass ein einmal zugelassener Kandidat den späteren Anforderungen des Ordens gewachsen ist.

Auf seinem weiteren Weg wird der „Neugepflanzte" (Neophyt) fortan von der Bruderschaft geleitet. Aber letztendlich führen ihn doch nur sein eigenes Streben und seine eigene Arbeit vorwärts und aufwärts. Er muss sich jedoch damit abfinden, dass ihm ein einmal erreichtes Ergebnis auf dem mystischen Pfad nicht für alle Zeiten erhalten bleibt, sondern auch weiterhin sein ständiges Bemühen bedingt. Dies mögen viele übersehen. Es gibt Mitglieder, die zeitlebens von einem einmalig erfahrenen mystischen Erlebnis zehren, das sich bisher nicht mehr wiederholte. Zur Aufgabe jedes einzelnen gehört es, die Ursachen dafür zu ergründen.

Überhaupt sollte man sich bei der Begegnung mit Mitgliedern von Bruderschaften vergegenwärtigen, dass man es mit keinen „Übermenschen“, sondern mit so unvollkommenen Wesen zu tun hat wie wir selbst es sind. Sie alle haben sich die Weiterentwicklung ihrer Persönlichkeit zum Ziel gesetzt, so wie wir auch, und können sich deshalb an allen möglichen Stellen dieses Prozesses befinden. Die Einstellung eines *Bruders* oder einer *Schwester* kann deshalb immer nur seinen oder ihren augenblicklichen Entwicklungszustand ausdrücken, der nicht notwendigerweise mit dem Ziel ihrer Bruderschaft übereinstimmen muss. Leider gilt dies sogar manchmal für Amtsträger der „oberen Etagen“. Ein Logenbruder hat mir einmal ganz am Anfang meines Weges gesagt: „Wo es Menschen gibt, da *menschelt* es!“ So sollte man es sich zum Grundsatz machen, den eigenen Weg mit Entschlossenheit zu gehen und sich von niemanden davon abbringen zu lassen, auch nicht von „Brüdern“ oder „Schwestern“. Bemühen wir uns, das Wahre und Gute in allem zu sehen, auch wenn der kostbare Stein noch in seiner Druse verborgen ist.

Schließlich noch ein Wort an alle Suchenden, die mit einem Partner zusammenleben:

– Vergewissern Sie sich, dass Ihr Partner der Gemeinschaft, der Sie beitreten möchten, nicht dermaßen ablehnend gegenübersteht, dass es zu permanenten Spannungen in Ihrer Partnerschaft kommt, denn dies würde früher oder später zu einer Trennung (von dem Partner oder der Gemeinschaft) führen.

– Wenn Sie hingegen einen Partner haben, der Sie in ihrem Streben unterstützt, dann danken Sie Gott und achten Sie darauf, dass die Zugehörigkeit zu Ihrer Bruderschaft Ihnen auch noch genügend Freiraum für Ihre Partnerschaft belässt.

– Bedenken Sie auch, dass es für eine harmonische Partnerschaft immer erstrebenswert ist, wenn beide Partner derselben Gemeinschaft beitreten können. Sie müssen dann keine Geheimnisse voreinander haben, können ihre Erlebnisse teilen und sich in ihren Studien gegenseitig unterstützen.

Johann Valentin Andreaes Buch CHRISTIANOPOLIS[10] schildert den symbolischen Einweihungsweg eines Suchenden. Bevor er die heilige Stadt betreten darf, klärt ihn ihr erster Wächter auf, dass ihm die Mysterien nur dann geoffenbart werden können, wenn er sich ihnen *„mit einem unbefangenen Auge, einer beherrschten Zunge und mit rechtem Verhalten nähere“*. Dieses Motto möchte ich jedem aufrichtigen Sucher der Erkenntnis mit auf den Weg geben.

UNSER GESCHICHTLICHES ERBE

... es gilt nicht zu vergessen, dass die Geschichte lediglich das unverzichtbare Gewand, das Gefäß der darin enthaltenen Botschaft ist ... und immer dann, wenn sich Geschichte und Legenden zu vermischen beginnen, ist das Gewand durchlässig geworden und erlaubt tiefere Einsicht in bislang unsichtbare Wirklichkeiten und Zusammenhänge

Roland Marthaler[11]

Auf Erkenntnissuche

Seit dem Auftauchen des denkenden Menschen auf der Bildfläche unseres Planeten, den unsere Wissenschaftler als *homo sapiens* bezeichnen, drängt es ihn dazu, die tieferliegenden Zusammenhänge zwischen sich und seiner Umwelt zu verstehen. Durch sein Vermögen der Selbsterkenntnis unterscheidet er sich von seinen nächsten Verwandten im Evolutionsstammbaum. Die Erkenntnis der eigenen Individualität führte ihn unweigerlich aus der reinen Selbstbetrachtung heraus in die unmittelbare Beziehung zu seiner Mitwelt. Es ist ihm bewusst, dass er nicht allein auf dieser Welt lebt! Doch wozu wurde er ins Dasein geworfen? War es nur aus einem Zufall heraus? Mit diesen Gedanken drängen sich ihm Fragen nach Ursprung und Ziel der Schöpfung auf: Ist der Kosmos (die Ordnung) aus dem *Chaos*[12, 13] entstanden, dem *Tohuwabohu* der Genesis?

Heute wissen wir, dass selbst ein uns chaotisch erscheinender Zustand eigenen Gesetzmäßigkeiten unterliegt. Bezeichnen wir mit Chaos letztendlich doch nur eine Situation, deren eigene Regeln wir noch nicht verstehen. Die moderne Chaostheorie lehrt vielmehr, dass Ordnung und Chaos zusammengehören und zwei Phasen eines komplexen Prozesses bilden. Wir müssen erkennen, dass im Anfang bereits das Streben nach Höherentwicklung enthalten ist. Das Johannesevangelium formuliert dieses Gesetz als „das Wort", den göttlichen Logos, der schon „im Anfang war". Diese Gesetzmäßigkeiten zu ergründen, machte sich der denkende Mensch zur Aufgabe. Man könnte sogar noch weitergehen: Versucht nicht jede Daseinsform sich den biologischen und kosmischen Gesetzmäßigkeiten anzupassen? Und „verschwinden" nicht ganze Spezien, die diese Aufgabe nicht meistern können? Auch wir befinden uns heute möglicherweise wieder an einem solchen Scheideweg ...

Nichtsdestoweniger führte die Entwicklung der Naturwissenschaften – die sich unglückseligerweise von der Naturphilosophie trennten – unsere (naturwissenschaftliche) Erkenntnis heute an einen Punkt, wo sie den menschlichen Geist unlösbar mit den Gegebenheiten im Kosmos verbunden sieht.[14] Vor hundert Jahren war diese Ansicht noch nicht allgemein anerkannt. Dieser Erkenntnisstand besagt, dass wir unter dem Gesetz zahlloser wechselseitiger Beziehungen leben und ungezählte Kräfte oder Energien auf allen Ebenen auf uns einwirken. Gerade im nicht-materiellen Bereich müssen wir erkennen, dass wir nicht allein leben und denken; um es in heutige Sprache auszudrücken: dass wir mit allem Sein „vernetzt" sind!

Um uns den langen Erkenntnisweg unseres Kulturkreises vor Augen zu führen, wollen wir jetzt seine Entwicklung aus der Vergangenheit nachverfolgen. Der aufmerksame Leser wird bei der Lektüre der nachfolgenden Abschnitte vielleicht einen roten Faden erkennen können. In diesem Weg ist die Entwicklung aller geistigen Diszipline mit eingeschlossen: neben Philosophie und Naturwissenschaften, Soziologie und Ökologie sicherlich auch die Ausbildung und Verbreitung der Religionen, denen hinsichtlich der Weiterentwicklung und Veredelung unseres individuellen Bewusstseins (vom Kollektivbewusstsein unserer Vorfahren) mehr Verantwortung zukommt, als den derzeit doch immer noch sehr materiell ausgerichteten Naturwissenschaften.

Auf seinem Erkenntnisweg hat der Mensch die Zeit[15] entdeckt, sie aber nicht immer als seinen Partner genutzt. Heute muss er ihr zumeist als Sklave dienen. Diese Situation entstand aufgrund Nichtbeachtung der natürlichen Entwicklungsprinzipien, in denen der Zeitfaktor nur eine untergeordnete Bedeutung spielt. Die Natur legt vielmehr größeren Wert darauf, dass jede neue Entwicklungsstufe sich in allen nur denkbaren Beziehungen zu ihrer Mitwelt jeweils selbst erprobt. Fällt eine solche Erprobung negativ aus, dann hält der dem Kosmos eingeprägte Entwicklungsprozess an und versucht eine neue Variante.

Das derzeitige Wirtschaftsleben glaubt jedoch hierfür weder Zeit noch Geld aufwenden zu können. So merken wir meist viel zu spät, wenn eine von uns erdachte Lösung eines bestimmten Problems nur noch weitaus größere Nachfolgeprobleme verursacht. So lebt die heutige Menschheit in einer zeitlichen Inflation, die anzuhalten kaum mehr möglich erscheint. Der Manager von heute jagt von Projekt zu Projekt, ohne die Gegenwart mehr leben zu können. Es verbleibt ihm nicht einmal mehr die Zeit, um über die Konsequenzen seines rastlosen Verhaltens nachzudenken. Er gleicht oft eher einem Automaten. Die Zukunft lässt sich aber nur dann gestalten, wenn die Gegenwart *bewusst* gelebt wird; dabei dient die *Vergangenheit* nur dazu, um aus ihr zu lernen und um mit den aus ihr gewonnenen Erkenntnissen die *Zukunft* zu gestalten. Zwischen diesen beiden Polen bildet sich nur für den Augenblick ihrer Wahrnehmung die *Gegenwart* heraus. Geschichte formt sich so – wenigstens für den „technischen Menschen" (im Gegensatz zu seinem „mythischen" Vorfahren) – zu einer kontinuierlichen Verkettung von Ereignissen und Denkmustern. Wenn wir diese mit kreativem Geist betrachten, können wir in jedem Zeitalter die Realitäten erkennen, die unsere heutige Zivilisation geformt haben. Diese Erkenntnis auch auf die Zukunft anzuwenden ist das Bestreben der „Adepten".

So werden wir auf unserem geschichtlichen Erkenntnisweg auch immer wieder „hocherleuchteten Ingenia" begegnen, die es dazu drängte, ihnen unzulänglich und vielleicht auch überholt erscheinende Weltbilder einzureißen und beim Aufbau neuer, umfassenderer Weltbilder mitzuwirken. Wir dürfen sie als Repräsentanten des sich stetig höher entwickelnden Menschheitsbewusstseins verstehen.

Auch müssen wir mit Bewunderung feststellen, dass, trotz der durch Egoismus und menschlichem Machtstreben verursachten Kriege und Katastrophen, die schöpferisch prägenden Kräfte bisher die Oberhand behielten und die Menschheit bislang vor dem oft drohenden Untergang bewahrten. Dabei gab es doch immer Momente, in denen sich eine bestimmte Kultur an einem Scheideweg ihres Weiterbestehens befand. Auch wir stehen heute mit großer Wahrscheinlichkeit wieder an einem solchen Wendepunkt, der uns dazu einlädt, unsere Entwicklung erneut zu überdenken.

So lasst uns denn beginnen! Unsere Zeitreise wird uns durch mehrere Abschnitte der Menschheitsgeschichte[16] in die Vergangenheit zurückführen, wobei wir die mythischen Epochen (vor unserer Geschichtsschreibung) außer acht lassen wollen. Am anderen Ende unseres Planeten mag es zwar schon etliche Jahrtausende vor unseren Betrachtungen Kulturen der Buschmänner gegeben haben, aber bei uns in Nordeuropa hemmte die letzte Eiszeit die kulturelle Entwicklung unserer Vorfahren. Nun ist sie vorbei! Langsam ziehen sich die Gletscher zurück und hinterlassen dabei Moränen, in denen sich das Netzwerk unserer heutigen Flussläufe ausbildet. Die einsetzende Vegetation lässt vor unseren Augen eine Tundralandschaft entstehen; ihre menschlichen Bewohner sind Nomaden, primitive Fischer und steinzeitliche Jäger von Elch, Auerochse und Bär …

Die Vorzeit

In unserer geschichtlichen Vorzeit stand der *archaische Mensch* noch ganz im Erleben der Welteinheit: Das Unbewusste bestimmte sein Leben, bis sich irgendwann einmal der Funke des Selbstbewusstseins in den Vordergrund drängte: Dem aus seinem „traumlosen Tiefschlaf in der Allverbundenheit" Erwachten stellte sich sein Umfeld als Welt voller Rätsel dar und bewirkte in seinem Bewusstsein eine Trennung zwischen ihm und seinem Selbst. Damit stellten sich ihm die essentiellen Fragen seiner Existenz: „Wer bin ich? Woher komme ich? Wohin gehe ich?"

Abb. 2: Steinzeitlicher Jäger

Aus zunächst vielleicht uns primitiv erscheinenden Überlegungen heraus mögen sich so bei Einzelnen tiefsinnigere Deutungsversuche ausgebildet haben, die irgendwann einmal zu kosmologischen Ordnungssystemen führten. Im Laufe der Jahrtausende haben diese sich zusammen mit der Menschheit weiterentwickelt, entsprechend der ständig fortschreitenden Entwicklung ihres Lebensraums, ihrer Kulturen, ihrer Spiritualität und des jeweiligen Weltverständnisses.

Uns ist nicht bekannt, wann in die Vorstellungswelt unserer Vorfahren erste Gedanken von einem unsichtbaren Schöpferprinzip traten, das die Natur um sie herum und das gesamte Universum beseelt. Wir ahnen nur das Gefühl menschlicher Ohnmacht angesichts der noch wilden und völlig ungebändigten Kräfte der Natur. Ihren Vorstellungskräften müssen diese unheimlichen Naturgewalten als übermenschliche Wesen erschienen sein, deren Gunst sie durch Opfergaben zu gewinnen trachteten und die sie anriefen, um diese Kräfte zu beschwören. Durch sie bannten sie ihre Erkenntnisse und ihr Verständnis des Naturgeschehens um sie herum in erste klare, unmittelbar verständliche Formen. Der *magische Mensch* war erschaffen!

Nach Erde und Wasser hatten unsere Vorfahren auch noch das Feuer als weiteres Element zu beherrschen gelernt und damit eine weitere Einweihung erfahren. Durch diese Tat war es ihnen gelungen, die Angst vor diesem magischen Element zu überwinden. Sie hatten es gewagt, das Feuer in ihre Höhle zu bringen und wurden seither von ihren Artgenossen als Helden bewundert, – als Kundige aber auch gefürchtet. Hatte mit dem Feuer die Dunkelheit doch ihre Schrecken verloren! Die Menschen konnten jetzt vor dem heimischen Herd ihre vor Kälte starren Glieder erwärmen und mit dem Feuer ihre Feinde in die Flucht schlagen. Die Einweihung hat sie mächtig gemacht, – wenn sie nicht gar die Entwicklung zum *homo sapiens* erst ermöglichte![17] Denn nunmehr konnten die Menschen einen größeren Teil ihrer Zeit der aufmerksamen Beobachtung ihrer Umwelt widmen und dabei hinter den Naturphänomenen jene gewaltigen formenden Kräfte erkennen, die sie gemäß ihrem Entwicklungsstand ihrem Bewusstsein einordneten.

Während unser Vorfahre vor dem wärmenden Feuer seines Lagers seinen Blick auf die lodernden Flammen fixiert hielt oder ihn auf die Unendlichkeit des nächtlichen Sternenhimmels richtete, mochte ihm auch zum ersten Mal der göttliche Funke *in ihm selbst* bewusst geworden sein. In solchen Augenblicken tiefer Versenkung mag sich ihm die Möglichkeit der Abstimmung mit anderen, vorher unbewussten Ebenen seines Bewusstseins eröffnet haben. Die Kanäle für diese subtilere Art von Kommunikation werden seinen Nachkommen im Industriezeitalter immer mehr durch die Fülle der auf sie einwirkenden Einflüsse versiegt bleiben. Ihre Öffnung muss ein ernsthaft Strebender auf dem Pfad der Erkenntnissuche in einem meist sehr langwierigen und mühsamen Prozess erst wieder erlernen.

Wie in unserer heutigen Zeit, so wird auch früher der Zugang zu solchen Erkenntnissen der Mehrzahl unserer Artgenossen verschlossen geblieben sein.

Reifere Menschheitsvertreter suchten deshalb offensichtlich nach Möglichkeiten, wie sie ihr Wissen einer Nachwelt erhalten könnten. Und schon sehr früh müssen sie dabei auf die Symbolsprache gestoßen sein, in der sie Nachrichten an den Wänden ihrer Höhlen hinterließen oder Mitteilungen in ihre kultischen Gegenstände ritzten.

Mit seiner nunmehr selbstbewussten Aufmerksamkeit der Umwelt gegenüber begann unser Vorfahre auch die kleinen und großen Zyklen seiner Welt zu erkennen, – den Lauf der Sonne und der Gestirne, die Jahreszeiten und damit das große Geheimnis von Leben und Tod. Der Mensch schien diesen Zyklen genauso unterworfen zu sein, wie die Natur, die im Frühjahr zum Leben erwacht und nach einer Wachstums- und Reifeperiode in die winterliche Starre zurückfällt, um den nächsten Zyklus ebenso wieder zu durchlaufen. Dieses mysteriöse Wiedererstehen der Tier- und Pflanzenwelt nach der winterlichen Periode musste dem „magischen Menschen" wie eine Erneuerung des Lebens erscheinen. Besaßen diese ewigen Naturgesetze nicht auch beim Menschen und vielleicht sogar bei den übermenschlichen Göttern Gültigkeit? Waren diese Gedanken schon das, was wir als mystische Schau bezeichnen, oder sollten wir lieber von einem hellsichtigen Bewusstsein sprechen, das wir bei allen Naturvölkern und selbst bei uns im Norden Europas noch ansatzweise antreffen?

Von einem hochgelegenen Punkt aus konnte unser Vorfahre seine vom Horizont begrenzte Welt überblicken. Dahinter war für ihn alles unfassbar und gehörte einer anderen Welt an. Nur die Punkte am Horizont, an denen die Gestirne aus der „Unterwelt" auftauchen, um nach ihrem nächtlichen Lauf in ihr wieder zu versinken, schienen Übergangsstellen in diese jenseitige Welt zu bilden. An einem solchen Punkt wird auch das Tagesgestirn immer wieder neu geboren, wächst und kommt am gegenüberliegenden Punkt schließlich wieder zum Verlöschen. Hier verbinden sich die drei kosmischen Plane Erde, Himmel und Unterwelt miteinander. Die Periode zwischen dem Verlöschen des Lichts, seiner Nachtfahrt durch das Reich der Unterwelt bis zu seiner morgendlichen Wiedergeburt musste ihm als Prinzip des Todes erscheinen, durch das Bewegung und Zeit erstirbt. Diese erste bewusste Begegnung mit dem Transzendenten löste vermutlich sowohl Furcht wie Faszination aus.

Tages- und Jahreslaufsymbole[18] lassen sich bis in die frühen Entwicklungsphasen der Menschheit zurückverfolgen. Auch mag der Ursprung der ältesten uns erhalten gebliebenen Mythen auf diese Epoche zurückgehen. In Form von Erzählungen entwickelten sie sich als in bestimmte Geschichten eingekleidete Ideen, um eine Handlung zu durchleben. Es ist dies die Urform des überlieferten menschlichen Wissens, oder mehr noch, einer ewigen Idee, die dem Denken unterliegt. Mythen müssen aber keine historischen Wahrheiten beschreiben, dies wird oft übersehen; sie möchten vielmehr die ihnen unterliegenden Wahrheiten intuitiv erkennen lassen!

Mit dieser Form des Denkens begannen sich auch zwei unterschiedliche Kategorien von Menschen herauszubilden: zum einen die wenigen „Wissenden" und zum anderen die große Mehrheit derjenigen, die in ihren selbstgeschaffenen Tagesaufgaben aufgehen und überzeugt sind, dieses geheimnisvolle Wissen selbst nicht erwerben zu können oder zu brauchen. Während aber für unseren ersten Vorfahren auf Erkenntnissuche das Bewusstsein um seine Vorrangstellung nur eine untergeordnete Rolle gespielt haben mochte, hat es sicherlich auch andere gegeben, die diese Erkenntnis auf ihrem weiteren Entwicklungsweg nie mehr ganz loslassen konnten. Sie mussten es als ihre Aufgabe angesehen haben, ihre eigenen Vorstellungen und Götterbilder ihren Artgenossen gegenüber zu interpretieren und vor Missachtung zu schützen.

So begannen sich mit den Mythen verbundene Kulte zu späteren eigenständigen Religionen herauszubilden, mit einem Priestertum an ihrer Spitze, dem es obliegt, die Erkenntnisse und Traditionen zu wahren und falls nötig auch gegen Andersgesinnte zu verteidigen. Es erwartet von seinen Mitgliedern blinde Gläubigkeit seiner Vorstellungen und fraglose Hinnahme der Geltung seiner Autorität. Freies Denken mit seinen bohrenden Fragen und Zweifeln könnte dieser Autorität äußerst gefährlich werden. Die Vertreter der Priesterschaft sind somit geradezu gezwungen, ihre Vormachtstellung rigoros auszuüben, auch wenn dadurch die geistige Entwicklung der Menschheit in bestimmte Richtungen gedrängt wird, die nicht unbedingt der Entwicklung des Selbstbewusstseins und der freien geistigen Entfaltung förderlich sind. Das Zerbrechen dieser Strukturen wird dann zur Aufgabe des spirituellen Menschen eines neuen Zeitalters!

Die Höhlenmaler

Die steinzeitliche Höhlenmalerei markiert den Beginn der Kunst in der Kultur des magischen Menschen, dem es mit seinen Bildern gelingt, ein sinnlich wahrgenommenes Objekt aus sich heraus auf eine Felswand zu projizieren und damit anschaulich zu machen. Damit überwindet er die Trennung seines Inneren vom beobachteten Objekt und findet die ursprüngliche Einheit wieder, die von nun an jede darstellende Kunst begleitet …

Die Kultur der Höhlenmalerei beginnt vor etwa 60 000 Jahren und entwickelt sich von den ersten uns überlieferten Kratzbildern aus dem skandinavischen Raum bis hin zu den farbigen und plastischen Höhlenzeichnungen, wie sie sich uns in den Höhlen von Altamira in Nordspanien (Kantabrien) und Lascaux in der französischen Dordogne präsentieren. Auch hier müssen wir von magisch geprägten Motiven für die Darstellung der Jagdszenen ausgehen. Verfügten die eiszeitlichen Jäger doch zum Kampf mit den großen Beutetieren, wie Bison, Eber, Höhlenbär, Mammut und Panther nur über primitive Waffen, wie Wurfsteine, Knüppel, Lan-

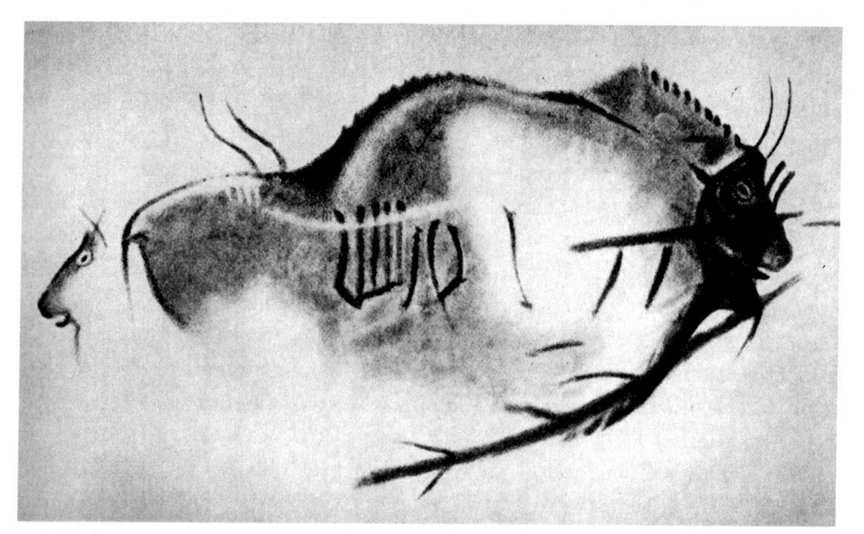

Abb. 3: Steinzeitliche Darstellung eines Bisons

zen und Pfeile, sowie das Feuer. Da das Leben dieser Jäger größtenteils von der Jagdbeute abhing, erscheint es naheliegend, dass der Frühmensch in seinem Zustand des Ausgeliefertseins an eine erfolgreiche Jagd Zuflucht zur Magie suchte; und die Darstellung verdeckter und gut getarnter Fallgruben scheint auch zu bestätigen, dass die eiszeitlichen Künstler in ihren versteckten Höhlen Jagdzauber betrieben.

Die Megalithkulturen

Der Name dieser Kulturen setzt sich aus den griechischen Ausdrücken *megas* (groß) und *lithos* (für den Stein) zusammen. Es sind also die Kulturen der großen Steindenkmäler, die Kulturen einer Epoche, die uns die Namen ihrer Volksgemeinschaften nicht überlieferte, lange vor der Einwanderung der indogermanischen oder indo-europäischen Stämme. Wir finden ihre Denkmäler an sogenannten „Orten der Kraft". Sensible Menschen können deren besondere Ausstrahlungen auch heute noch erspüren.

An und um diese Stätten bestatteten spätere Geschlechter ihre Toten, die wie ihre steinzeitlichen Vorfahren glaubten, dass Lebewesen nach ihrem Tode wieder lebendig werden könnten, wenn man nur ihre Überreste in bestimmten Ausrichtungen und mittels bestimmter Riten bestattete. Dies bestätigen uns nicht nur die Bilder steinzeitlicher Jäger in den Höhlen von Altamira und Lascaux, sondern auch viele unserer Mythen und Märchen.

Mit die ältesten steinernen Zeugen dieser Epoche der Menschheitsgesschichte finden sich auf Malta. Sie werden heute auf das sechste Jahrtausend vor unserer Zeitrechnung datiert, d.h. rund zwei Jahrtausende bevor (nach Ansicht unserer Ägyptologen) in Ägypten die großen Pyramiden errichtet wurden (und dreitausend Jahre vor der ersten Bauphase von Stonehenge). Als die ersten Siedler vor etwa 7000 Jahren auf Malta eintrafen, war die Kunst des Ackerbaus in den Tälern des Euphrat und Tigris bereits seit mehr als 5000 Jahren bekannt. Die Menschen begannen sich in Dörfern anzusiedeln. Ihre wichtigsten Werkzeuge waren immer noch aus Stein gefertigt, wenn auch schon Obsidian (vulkanisches Glas) bekannt war, wie eine Fundstelle bei Skorba beweist, die sich zwischen 5266 und 4846 v. Chr. datieren lässt. Dieses pyroklastische Gestein muss mit einem Boot von der Ägäis-Insel Melos hierhergebracht worden sein, was uns über so frühe Handelsbeziehungen staunen lässt.

Bei Xaghra, auf der Insel Gozo, findet sich die Höhle, in der Odysseus den Reizen der Sirene Kalypso erlegen sein soll. Der „Xaghra-Kreis“ mit einem Durchmesser von 45 m wurde 1826 von *Otto Bayer* ausgegraben und von *Charles von Brochtorff* erstmalig skizziert. Er findet sich nur 350 m von der „gigantischen“ Tempelanlage Ggantija entfernt, dem wohl spektakulärsten megalithischen Bauwerk auf den maltesischen Inseln.[19] Statuen und Statuetten bezeugen, dass diese und die anderen 23 erhaltenen Tempelanlagen der Großen Mutter geweiht waren, auf deren Kult wir noch näher eingehen werden.

Bekannter als die Tempelanlagen auf Malta sind bei uns jedoch die Kultstätten von *Carnac* in der französischen Bretagne und die Steinkreise (Henges) von *Avebury* und *Stonehenge* im Südwesten Englands.

Abb. 4: Stonehenge

Stonehenge ist wohl ursprünglich (um 2800 vor unserer Zeitrechnung) als Mondheiligtum errichtet worden, bevor es siebenhundert Jahre später, in seiner zweiten Bauphase, zu einem astronomischen Zentrum umgebaut wurde, um dem Sonnenkult zu dienen. An der Schwelle zwischen Steinzeit und Bronzekultur erwuchs hier ein gewaltiges Bauwerk, das uns bis heute viele Rätsel aufgibt: z.B. auf welche Weise wohl die achtzig tonnenschweren Blaubasaltsteine vor mehr als viertausend Jahren aus den rund dreihundert Kilometer entfernten Prescelly Bergen im Südwesten von Wales hierher geschafft werden konnten.

Spektakulärer noch wirken auf uns die Bauten des dritten Bauabschnitts: Die neunundzwanzig konzentrisch angeordneten Sarsen-Steine mit ihren kontinuierlich Stoß auf Stoß gearbeiteten Stürzen, die ursprünglich einen perfekten Kreis bildeten (trotz des unebenen Terrains). Sie müssen wenigstens sechsunddreißig Kilometer aus den Niederungen von Marlborough hierher transportiert worden sein. Von den hufeisenförmig angeordneten Trilithen in ihrem Inneren wiegen einige Megalithen fast sechsundzwanzig Tonnen. Die auf Stützen ruhenden horizontalen Decksteine sind über „schwalbenschwanzförmige Passungen" mit diesen verbunden. Am Tag der Sommersonnenwende geht die Sonne zwischen dem außerhalb des Steinkreises angeordneten „Fersenstein" und seinem Nachbarstein auf und sendet ihre Strahlen zwischen den ihnen gegenüberliegenden Monolithen hindurch. So präsentiert sich Stonehenge als Tempel des Universums, der sehr wohl dem Tierkreis geweiht gewesen sein könnte. Dass sich um dieses Monument im Laufe der Jahrtausende Mythen gebildet haben, wird sicherlich niemanden verwundern.

Die „Große Mutter", Göttin oder Dämonin?

Die ältesten Kult- und Kunstwerke der Menschheit, die wir kennen, sind unförmige weibliche Gestalten aus frühester Steinzeit (dem *Paläolitikum*). Ihr Vorkommen erstreckt sich von Sibirien bis zu den Pyrenäen. Allein in Europa sind uns über tausend solcher Bildnisse erhalten geblieben.[20] Gemeinsam ist allen ihr überbetont großer Rumpf. Unsere Psychologen interpretieren sie meist als archetypische Bilder der Mutterschaft, die uns, wie unseren Vorfahren, letztendlich doch immer ein großes Mysterium bleiben muss. Wir können solche Symbole der Fruchtbarkeit in praktisch allen archaischen Kulturen wiederfinden. Unsere Paläo-Ethnologen bezeichnen sie als das Symbol der „Großen Mutter", das in seiner Transzendenz gleichermaßen Himmel, Erde und Unterwelt umfasst, denn es ist sowohl Symbol für Dunkelheit und Chaos vor der Schöpfung (und des schöpferischen Urgrundes selbst), als auch der gütig aufnehmende Schoß, in den alles wieder zurückkehren muss. Die Große Mutter wandelt Sterbliches in Unsterbliches! Und dieses Urprinzip bildet deshalb auch den wesentlichen Inhalt aller traditionellen Einweihungsriten matriarchalischer Prägung.

Die uns erhaltenen Bildnisse der Großen Mutter sind fast alle gesichtslos[21] und sollten damit vielleicht ausdrücken, dass sie sich der menschlichen Interpretation entziehen. Deshalb wundert es uns auch nicht, wenn die Große Mutter in späteren schamanistischen Kulturen als Symbol für die Erde, den Ur-Ozean oder die Ur-Nacht gilt, aus der das Licht geboren wird. Das Symbol der Großen Mutter findet sich aber nicht nur bei den Schamanen aller Kontinente; Mircea Eliade beschreibt seine Geschichte in praktisch allen vorderasiatischen Kulturen, angefangen von der akkadischen *Tiamat*, bis hin zu den Mysterien der phrygischen Göttin *Kybele*, die später auch im Römerreich als *magna mater* weitverbreiteten Einfluss gewann.

Abb. 5: Venus von Willendorf, Symbol der Großen Mutter?

Selbst im jüdischen Volksglauben finden wir die ursprünglich sumerische *Lilitu* (Inanna) als Lilith wieder: Ihr dunkler Körper, aus unreinen Sedimenten geformt, ist hier Inbegriff verdorbener Sexualität, Gegenpol zu Eva, die aus der „Rippe" des aus dem Staub der Erde geformten Adam hervorging und zur Stammmutter der Menschheit erklärt wurde. Dagegen wollte sich Lilith beim Liebesakt dem Manne (Adam) nicht unterordnen und verließ ihn, um sich in der Wildnis den Dämonen hinzugeben; auf einen solchen Ort bezieht sich die auf unterschiedlichste Weise übersetzte und interpretierte Stelle in Isaiah 34:14f, in der es heißt:

> *... Wildkatzen und Hyänen begegnen sich dort,*
> *am Treffpunkt der Dämonen (Satyre),*
> *wo auch Lilith einhält und ihr Lager errichtet;*
> *hier baut die Nachteule ihr Nest,*
> *um in seinem Schatten ihre Brut zu versorgen ...*

Nicht erst mit dem Christentum mussten die Relikte matriarchalischer Gesellschaftsformen verschwinden. Zunächst stellte man den Göttinnen Ehegatten zur Seite; später übernahmen diese dann selbst die ursprüngliche Funktion der Muttergottheiten Im Zusammenhang mit der Verdrängung der weiblichen Komponente aus der christlichen Lehre (auf die später eingegangen wird) wundert es uns nicht mehr, dass, zusammen mit den Mysterienkulten, auch der Mythos der Großen Mutter in den Untergrund abgedrängt wurde, – von wo aus er heute allerdings erneu(er)t wieder seine Auferstehung erfährt. [22]

Beginnt unsere Kulturgeschichte im Osten?

Bis vor noch nicht allzu langer Zeit lernten wir in der Schule, das Kulturgefälle ziehe vom Osten nach Westen[23] und von Süden zum Norden. Zusammen mit den heute vorhandenen technischen Möglichkeiten und den damit verbundenen genaueren Meßmethoden hat der derzeitige Stand der Forschungen dieses Bild jedoch gründlich revidiert: So werden die Megalith-Tempel des Mittelmeerraumes immer weiter zurückdatiert, ohne dass unsere „klassischen" Altertumskulturen zeitlich noch mithalten können: Untersuchungen an Kultanlagen auf Korsika, Malta und Sardinien setzen erstaunlich exakte Gestirnsbeobachtungen und -berechnungen bei deren Erbauern voraus, lange bevor sich vielleicht Chaldäer und Ägypter mit Astronomie befassten, und, wie uns der Fund der „Himmelsscheibe von Nebra" belehrt, können sich auch die bronzezeitlichen Beobachtungen des Sternenhimmels im heutigen Mitteldeutschland durchaus mit denen anderenorts messen.

Neue Ausgrabungen am Göbekli Tepe in der Osttürkei belegen, dass die kulturelle Entwicklung auch hier wesentlich früher anzusetzen ist, als es bisher für möglich gehalten wurde. Sollte sich Wissen und Erkenntnis an mehreren Stellen unseres Planeten „isoliert" entwickelt haben? Viele Archäologen und Historiker können sich eine solche „synchrone" Entstehung (im Sinne C.G. Jungs) im Hinblick auf die damals allgemein vorherrschenden recht niedrigen Kulturstufen nomadisierender und erster ackerbautreibender Völker nur sehr schwer vorstellen. Jan Assmanns Konzept eines „kulturellen Gedächtnisses" ist da sicherlich wesentlich plausibler, als die Spekulationen so mancher Utopisten, dass Wissende uns unbekannter „Kulturkreise" eingegriffen haben könnten. Aber kennt die Natur nicht das „Sowohl-als-auch" und liebt geradezu krasse Gegensätze? So könnten gleichwohl schon frühe Wissende „den Himmel erstürmt haben", während weniger entwickelte Artgenossen ihre Beute noch mit einem gezielten Steinwurf zu erlegen versuchten.

Die Himmelsscheibe von Nebra

Diese kleine Bronzescheibe aus der jüngeren Frühbronzezeit (um ca. 1600 v. Chr.), dokumentiert uns das astronomische Wissen unserer Vorfahren im vorgeschichtlichen Europa. Ihre Entdeckung beginnt als Krimi: Die Himmelsscheibe von Nebra wurde 1997 oder 1998 von Raubgräbern auf dem Mittelberg bei Nebra in Sachsen-Anhalt entdeckt und ausgegraben.2002 gelang es dann den Justizbehörden, diesen wichtigsten archäologischen Fund des Jahrhunderts sicherzustellen. Seitdem kennt die Begeisterung bei Experten und Laien keine Grenzen.[24]

Abb. 6: Himmelsscheibe von Nebra

Wolfhard Schlosser weist in seinen astronomischen Untersuchungen[25] nach, dass Sichelmond und Vollmond auf der Himmelsscheibe zusammen mit dem sichtbaren Sternbild der Plejaden am westlichen Himmel den Zeitpunkt von Aussaat am 10. März bzw. Ernte am 17. Oktober bestimmten. Die ursprünglich angebrachten beiden Horizontbögen (von denen nur mehr der rechte erhalten ist), nahmen genau den Winkel von 82 Grad ein (der geographischen Breite des „Observatoriums") und ihre Enden weisen auf Sonnenuntergang (links) und Sonnenaufgang (rechts) zwischen Sommer- und Wintersonnenwende.

Hinter dem (später hinzugefügten) Himmelsschiff könnte sich auch noch eine mythologische Symbolik verbergen, denn bronzezeitliche Schiffsdarstellungen finden wir oft mit dem Symbol des Radkreuzes dargestellt, beispielweise auf skandinavischen Ritzzeichnungen.[26]

Am Nabel unserer Welt

Die Ausgrabungen der Steintempel am Göbekli Tepe (Nabelberg), im Südosten der heutigen Türkei, füllten noch vor kurzem die Schlagzeilen unserer Presse: Im Hochland zwischen den Oberläufen von Euphrat und Tigris war der Berliner Archäologe Klaus Schmidt auf einem kahlen Hügel nahe Urfa auf die Kultstätte einer geheimnisvollen Kultur gestoßen, von der bisher (2006) vier Tempel ausgegraben wurden, während die Existenz weiterer 16 Tempel durch magnetometrische Messungen festgestellt werden konnte.[27] Diese Kultstätte schmücken mit Motiven von Löwen, Spinnen und Tausendfüßlern verzierte Stelen oder Totempfähle, deren Alter Klaus Schmidt auf 11.000 Jahre schätzt [28], fünftausend Jahre vor der Entstehung der ersten Städte am Unterlauf der beiden Ströme. Reibschalen in den Ruinen belegen die Verarbeitung wilden Getreides. Sollte sich das Alter der Kultstätte bestätigen, dann müsste wohl unsere Kulturgeschichte insgesamt umgeschrieben werden: Die „neolithische Revolution" mit ihrem Übergang vom Sammler- und Jägerdasein zum sesshaften Ackerbauern und Viehzüchter hätte dann bereits unmittelbar nach der letzten Eiszeit eingesetzt. Die Siedlung hatte ca. 3000 Jahre lang Bestand. Das Wachstum seiner Urbevölkerung war in dieser Periode wohl an seine Grenzen gestoßen. Als das Biotop ausgeplündert war, mussten die frühen Nachkommen des biblischen Adam wohl um das Jahr 6000 vor unserer Zeitrechnung ihr Paradies verlassen. Sie verfüllten die Tempel am Göbekli Tepe mit Erdreich und zogen hinab in die fruchtbaren Ebenen am Persischen Golf.

Wie uns die vorliegenden geschichtlichen Betrachtungen vor Augen führen, finden unsere wissenschaftlichen Thesen vielfach Resonanz in Mythen und Traditionen; aber auch die biblische Geschichte lässt Anklänge an unsere Geschichtsschreibung erkennen. So berichtet uns das Alte Testament im elften Kapitel der Genesis, dass *„alle Welt nur eine Sprache und dieselben Laute hatte. Als man vom Osten her aufbrach, fand man im Lande Sinear*[29] *eine Ebene und wohnte daselbst. Da sprachen sie* (die Bewohner dieses Landstrichs) *zueinander: ‚Wohlan, lasst uns Ziegel streichen und sie hart brennen!' Und es diente ihnen der Ziegel als Stein, und das Erdpech diente ihnen als Mörtel ...*" (Gen 11/1-3)[30]

Auf Menschen vertraue nicht,
erhebe Dein Auge, blicke mich an!
Ich bin die Ischtar von Arbela,
Assur habe ich Dir gnädig gestimmt;
als Du klein warst, stand ich bei Dir,
fürchte Dich nicht!

Inschrift auf einer babylonischen Stele

Mesopotamien

Die Altertumsforschung gebührte lange Zeit dem Zweistromland den Ruhm, die älteste historisch eindeutig fassbare Kultur unserer Entwicklungsperiode hervorgebracht zu haben, die der *Sumerer*. Die Historiker datieren den Beginn dieser frühen Epoche der menschlichen Entwicklungsgeschichte (in *Eridu*, südlich von Ur) um das vierte Jahrtausend vor unserer Zeitrechnung. Die Tempel, Paläste und Wohnhäuser in den ersten Städten *Ur* und *Erech* waren aus gebrannten Lehmziegeln errichtet und mit Malereien und Mosaiken kunstvoll ausgeschmückt. Ihre Waffen fertigten sie aus Bronze und ihren Schmuck aus Silber oder Gold. Sie wussten das Rad zu nutzen und sie hatten die Keilschrift entwickelt, die erste uns heute bekannte „Schrift" der Menschheit, mittels der sie uns über die Jahrtausende hinweg auf Tontafeln Kunde ihrer Kultur übermitteln.

Aus diesen Tontafeln geht hervor, dass die Sumerer das Jahr bereits in zwölf Monate und den lichten Tag in zwölf Stunden eingeteilt hatten. Eine Stunde umfasste sechzig Minuten und der Kreis dreihundertsechzig Grad. Diese Definitionen benutzen wir heute noch! Ihre Sprache war das indo-europäische *Sumerisch*, bis sich semitische Stämme im Norden des Landes niederließen. Mit ihnen verbreitete sich eine semitische Sprache, das *Akkadisch*. Es ist mit dem späteren Aramäisch und Hebräisch, sowie mit dem Phönizischen und Kanaanitischen verwandt. Der Name Akkad taucht in der Bibel bei der Auflistung der Nachkommen Noes (nach der Sintflut) auf: „*Die Söhne Noes, die aus der Arche kamen waren Sem, Cham und Japhet … die Söhne Chams: Kusch, Misrajim, Put und Kanaan … Kusch zeugte den Nimrod … er war ein gewaltiger Jäger vor dem Herrn. Der Anfang seiner Königsherrschaft war Babel, Erech, Akkad und Kalne im Lande Sinear … Von diesem Land zog er nach Assur und erbaute Ninive*[31]*, Rechobot-Ir und Kelach …*“ (1 Mos. 10/9-11)

Die Keilschrift, der sich beide Sprachfamilien (Sumerisch und Akkadisch) bedienten, entstand sicherlich nicht über Nacht, sondern systematisierte in einem langen und komplizierten Prozess die ursprüngliche Bilderschrift. Die ersten uns bekannten Tontafeln stammen aus dem Tempelbezirk von *Ur* und listen Korn- und Viehbestand auf. Unter späteren Tafeln finden sich dann nicht nur Berichte über die sozialen Strukturen im Zweistromland und über ihr Geldwesen, sondern auch Lehrtafeln zum Erlernen der Keilschrift, sowie akkadisch-sumerische Wörterbücher.

Wir kennen keine älteren göttlichen Genealogien und keine älteren Göttermythen als die der Sumerer. Neben den „lokalen“ Gottheiten der Provinzstädte (unter ihnen *Marduk, Ischtar* und *Schamasch*) wurden die zehn (ursprünglichen) „Himmelsgötter“ verehrt, „die es schon vor der Erschaffung der Erde gab“. Es waren dies:

Nr.	Name	Bedeutung	Planet
1.	AP.SU	Der von Anfang an war	Sonne
2.	MUM.MU	Apsus Ratgeber und Gesandter	Merkur
3.	LAHAMU	Herrin der Schlachten	Venus
4.	LAHMU	Gott des Krieges	Mars
5.	TIAMAT	Jungfrau, die Leben gab	—
6.	KI.SCHAR	Erster des festen Landes	Jupiter
7.	AN.SCHAR	Erster des Himmels	Saturn
8.	GAGA	Ratgeber und Gesandter Anschars	Pluto[32]
9.	ANU	Der (Herr) des Himmels	Uranus
10.	EA	Schöpferischer Künstler	Neptun

Tabelle 1: Sumerische Himmelsgötter

Tabelle 1 stellt sie in ihrer Beziehung zu den Himmelskörpern unseres Sonnensystems – vor der Entstehung von Erde und Mond – dar. [33, 34] Dass die Tabelle bereits alle uns heute bekannten Planeten enthält, mag verwundern.

In den überlieferten Mythen ist das Oberhaupt der Götterfamilie (vorläufig noch) *AN* (Anu in den babylonisch-assyrischen Texten), Vater der beiden Söhne *Enki* (EA) und *Enlil* sowie der Tochter *Ninurta*. Enkis erstgeborener Sohn ist *Marduk*, der später die Macht an sich reißt und dann die Stellung Anus einnimmt. Die Kinder Enlils sind *Ishkur* und *Nannar*, der seinerseits Vater des Zwillingspaars Inanna *(Ischtar)* und Utu *(Schamasch)* ist. Viele der alten sumerischen Mythen (wie beispielsweise der Bruderzwist zwischen Enki und Enlil) erinnern an biblische Erzählungen für die sie als Vorlagen gedient haben mögen. Vielleicht werden wir darüber noch mehr erfahren, wenn die 30.000 Tontafeln von Nippur, dem religiösen Zentrum von Sumer und Akkad, völlig entziffert und veröffentlicht sein werden!

Im 2. Jahrtausend beginnt die Herrschaft der sich rivalisierenden Dynastien der *Assyrer* und *Babylonier*, deren kulturelles, historisches und religiöses Bindeglied jedoch die akkadische Sprache bleibt. Auch tragen die Könige Babyloniens weiterhin den Titel „König von Ur", „König von Sumer und Akkad" und „König der vier Weltgegenden", obwohl das Sumerische zu dieser Zeit bereits nicht mehr gesprochen, sondern – nun zur Gelehrtensprache reduziert – nur mehr schriftlich überliefert wird. König *Hammurapis* (1792 - 1750) umfassendes Straf-, Zivil- und Handelsrecht wurde lange Zeit als erstes Beispiel einer geschriebenen Gesetzgebung betrachtet; allerdings beweisen die später entzifferten Tontafeln von Ur-Nammu (2112 - 2095), dass die Sumerer eine solche bereits 500 Jahre zuvor besaßen. Unter König Hammurapi scheint sich auch das ursprünglich matriarchalisch geprägte Priestertum auf männliche Priester gewandelt zu haben.

Die Babylonier errichteten ihre Tempel auf den *Zikkurats*, ihren himmelansteigenden Stufenpyramiden, in denen sie vor allem ihre lokalen Gottheiten, wie Schamasch, Ischtar und Marduk verehrten. Die Zikkurat von Babylon findet in der Bibel „als ein Turm" Erwähnung, „dessen Spitze bis in den Himmel reicht". Der biblische Text fährt fort: *„Nichts von dem, was sie* (die Babylonier) *vorhaben, wird ihnen unmöglich sein"* (1 Mos. 11,4ff). Aus diesem (uns unverständlichen) Grund *„fuhr der Herr (vom Himmel) herab, um sich die Stadt und den Turm anzusehen, ... ihre Sprache zu verwirren und sie über die ganze Erde zu zerstreuen"*.

Marduk stellt in der sich entfaltenden Mythologie Mesopotamiens eine herausragende Persönlichkeit dar: In seiner Rolle als der Sieger über die Dunkelheit (Tiamat) symbolisiert er die Frühlingssonne zum Zeitpunkt der Tag-und-Nachtgleiche, den Sieg der Ordnung über das Chaos (der Noch-nicht-Ordnung)! Psalm 19 beschreibt diese Aussage.

Aber die babylonischen Gottheiten sind nicht nur den einzelnen Städten zugeordnet, sondern spiegeln sich auch in ihrem ausgeklügelten (hexadezimalen[35])

Zahlensystem wieder, in dem jeder Gottheit eine (durch fünf teilbare) Zahl zugewiesen ist. Die Zahl 60 wird darin der obersten Gottheit ANU (später Marduk) zuerkannt

Im zweiten Kapitel des Buches Daniel führt die Bibel den Stamm der *Chaldäer* im Zusammenhang mit Wahrsagern, Beschwörern und Zauberern auf, die den Traum des letzten babylonischen Königs *Belsazar*[36] nicht zu deuten vermochten. Sie gehören streng genommen zu einer (semitischen) Bevölkerungsgruppe im Süden des Landes; diese Bezeichnung wird aber oft auch für alle Bewohner Mesopotamiens verwendet. Der griechische Geschichtsschreiber Diodor (ca. 80 - 20 v. Chr.) aus Sizilien zählt sie „zu den ältesten Einwohnern Babyloniens".

Babylonien erweist sich immer wieder als eine erstaunlich ergiebige Quelle kultureller Entdeckungen dieser frühen Epoche der Menschheit. Periodische Dürrekatastrophen und feindliche Invasionen stürzten das Land aber auch immer wieder in politisches Chaos. Den babylonischen Priesterkönigen schien vielleicht auch am Kriegshandwerk nicht unbedingt viel gelegen zu haben, denn im Laufe der Geschichte konnten die Nachbarstämme ihr Reich zunehmend bedrohen, angreifen und schließlich erobern. So konnte sich der kriegerische Stamm der Assyrer zuletzt, neben Ägypten, Kanaan und Syrien, ganz Mesopotamien einverleiben. Ihr letzter König *Assurbanipal* (669 - 627 v. Chr.) – wohl eine charakterliche Ausnahmeerscheinung und ein großer Gelehrter – ließ das gesamte Wissen seiner Zeit in Ninive auf zwanzigtausend Tontafeln zusammentragen, darunter das Gilgamesch-Epos, die erste uns bekannte große Dichtung der Menschheit. Ein Großteil dieser Tontafeln befindet sich heute im Britischen Museum in London. Eine davon überliefert uns seine stolzen Worte: *„Ich las die kunstvoll geschriebenen Tafeln in schwer verständlichem Sumerisch und dunklem Akkadisch, das schwer*

Abb. 7: Assurbanipal als „Erbauer"

zu entziffern ist. Ich hatte meine Freude am Lesen von Steinen, die aus der Zeit vor der Sintflut stammen.“ [37]

Das Gilgamesch-Epos kündet die Taten des sagenumwobenen Königs von Uruk (dem Erech der Bibel), *„der alles sah und alles wusste, das Verborgene und das Geheime erschaute und Kunde über die Tage vor der Sintflut brachte ... "* Der Dichter führt uns noch vor der eigentlichen Handlung nach Uruk hinein und zeigt uns die Stadtmauer aus gebrannten Ziegeln, die Gilgamesch erbauen ließ. Von dort zieht er aus, um gemeinsam mit seinem Freund und initiierten Bruder Enkidu die ihm auferlegten Abenteuer des Lebens zu bestehen, die Kämpfe mit dem Dämonen Chumbaba und mit dem Himmelsstier Gu.anna (denen wir auch noch in anderen Mythen begegnen). Als sich Gilgamesch erdreistet, die Göttin Ischtar zurückzuweisen, müssen die Götter ein Exempel statuieren: Sie lassen Enkidu im „Haus der Finsternis“ sterben, woraufhin sich Gilgamesch aufmacht, um das ewige Leben zu suchen und „das Licht der Sonne in sich aufzunehmen“ ... *„Die Dichtung enthüllt Unaussprechliches und Geheimnisvolles und verhüllt es doch mit Worten, so dass kein Uneingeweihter den tieferen Sinn ergründen kann ... “* [38]

Wie Marduk so war auch Gilgamesch nur zu einem Teil göttlicher Herkunft: Während Marduk nur einen göttlichen Vater besaß, war Gilgamesch' Herkunft väterlicherseits irdischer Natur. Erstaunlicherweise finden wir Andeutungen solcher Verbindungen auch in unserer Bibel: So schildert ein nicht nur dem Laien schwer verständlicher Text im ersten Buch Moses die Zeit, *„in der sich die Menschen auf Erden zu vermehren begannen und ihnen schöne Töchter geboren wurden, die sich die Gottes- (oder Götter-)söhne zu Frauen nahmen“* [39] (1 Mos. 6/1-3). Neben verschiedenen Texten der Psalmen könnten sehr wohl auch babylonische Mythen Eingang in das Alte Testament gefunden haben, als die Armee Nebukadnezars II. (604 - 562 v. Chr.) nach der Einnahme Jerusalems und der Zerstörung des salomonischen Tempels das Volk Israel in das „Babylonische Exil“ führte ...

Kanaaniter und Israeliter

Das „Land der Purpurschnecke“ *Kanaan* ist seit der frühen uns bekannten Geschichte der Menschheit besiedelt. Wenn die englische Archäologin *Kathleen Kenyon* und der deutsche Prähistoriker *Gottfried Kurth* recht behalten, dann könnte Jericho schon vor der Sintflut existiert haben.[40] Hierhin zog es immer wieder die verschiedensten Nomadenvölker. Sie werden als „Kanaaniter“ zusammengefasst und teilten sich das südwestliche Band des alten fruchtbaren Bodens, das wir heute Israel, dem Libanon und dem südlichen Syrien zuordnen. Ihre Sprache gehört zur westsemitischen Sprachfamilie, der auch das Akkadisch und Aramäisch angehören. Neben den Texten der Ugarit-Inschriften[41] steht uns als Informationsquelle wiederum die Bibel zur Verfügung, deren erste Bücher, nach heutigem Wissensstand, allerdings frühestens im 6. vorchristlichen Jahrhundert niedergeschrieben wurden. Die darin enthaltenen Jahresangaben vor dieser Zeit haben deshalb – wissenschaftlich gesehen – keine geschichtliche Relevanz.

Über die Geschichte der Sippe Abrahams, des Stammvaters der späteren Stämme Israels berichtet die Bibel (1 Mos 11): Abram aus Ur (im Lande Sumer) folgt darin der Stimme Gottes und macht sich zusammen mit seinem Neffen Lot, seinem Herdenbesitz und seiner ganzen Sippe auf die beschwerliche Reise nach Kanaan auf. Ihm ist es bestimmt, Stammvater der Israeliter (wie auch der Ismaeliter [42]) zu werden. Zeiten der Dürre zwingen ihn – und später auch seine israelitischen Nachkommen – immer wieder nach Ägypten auszuweichen. Dort werden die Nachkommen zunächst als Flüchtlinge aufgenommen, aber später zu Sklaven degradiert. Sie müssen harte Fronarbeit für die Ägypter leisten und, wie manche glauben, sich auch für deren große Bauwerke in den Steinbrüchen plagen. Wir alle kennen ihre weitere Geschichte: Gott offenbart sich Moses „im brennenden Dornbusch". Sein Name symbolisiert das hebräische Vierbuchstabenwort IHVH [43] (Jahve) – das *Tetragrammaton* – das in sich die „kosmo-theistische" [44] Vorstellung der Mysterien birgt, nämlich dass Gott alles ist, was war, ist und sein wird, und somit auch alles beinhaltet, so dass er nicht benannt werden kann.

Zum Führer erkoren, leitet Moses das Volk Israel durch das Schilfmeer in den Sinai. Dort, so der biblische Bericht, empfängt er von Gott „in dichtem Gewölk, damit das Volk es hören kann" [45] (ohne ihn sehen zu können) den Wortlaut des Gesetzes (der Torah) mit den zehn[46] Geboten (2 Mos. 19ff) und die Verheißung des Landes (Kanaan), „das von Milch und Honig überfließt".

Das Volk errichtet indes im Tal den „alten" (vielleicht hethitischen) Göttern des Himmels und der Erde Altäre und tanzt um das goldene Kalb (1 Mos 32).

In den vierzig (symbolischen) Jahren, in denen die Israeliter als Nomaden von Wasserstelle zu Wasserstelle ziehen, lehrt Moses ihnen die neue monotheistische Religion, die in der später schriftlich niedergelegten Torah und in mündlicher Überlieferung (Halacha) weitergegeben wird. Seine 613 Gebote sind praxisorientiert und beschränken sich nicht auf exegetische (interpretative) Glaubenswahrheiten. Die „Heiligkeit" der Gläubigen hängt vielmehr von ihrem sittlichen Verhalten ab, – sie können diese auch wieder verlieren, wenn sie den mit Gott geschlossenen Bund brechen.

Die zwölf Stämme erreichen schließlich das ihnen „verheißene Land" Kanaan, dessen Stadtstaaten sie – gemäß der Bibel – überfallen und einnehmen. Historiker bezweifeln allerdings die biblische Schilderung.[47] Auch ließ sich die Zeit des Exodus (des Auszugs aus Ägypten) und der Landnahme Kanaans bisher nicht nachweisen ...[48] Handelt es sich hier nur um ein symbolisches Lehrstück? Was auch meist vergessen wird, ist die Bedingung, an die jene Verheißung geknüpft ist, nämlich dass das auserwählte Volk nur solange im Lande Israel leben dürfe, solange es an den Geboten festhalte – die Bestandteil des mit Gott geschlossenen Bundes sind; andernfalls werde es schonungslos aus ihm vertrieben werden. (2 Mos 3)

Der Ägyptologe Jan Assmann schließt sich in seinem Buch MOSES DER ÄGYPTER der Meinung früherer Forscher an, dass der von Moses verkündete „Monotheismus“ auf ägyptischer Mysterienweisheit beruhe: Bei der Sinai-Offenbarung handele es sich um nichts anderes, als um „die Freilichtaufführung eines ägyptischen Initiationsritus', die nicht (wie in den ägyptischen Mysterien) für nur einige (wenige) Auserwählte, sondern für das ganze Volk veranstaltet wird“.[49]

Wie auch immer, die Stämme Israels nehmen Kanaan als ihre neue Heimat an und aus den Nomaden werden sesshafte Bauern, die Dörfer und Städte gründen. Die Gefahr der einfallenden Philister[50] eint die zwölf Stämme (wenigstens vorübergehend). Sie schließen sich zu einem Kultbund zusammen und wählen den Benjaminiter *Saul* zu ihrem König. *David*, sein Widersacher, verdingt sich zunächst als Söldner bei den Philistern, den Feinden Israels. Nachdem König Saul im Kampf gegen sie Krone und Leben verlor, richtet David den Kampf gegen seinen ehemaligen Kriegsherren und vermag ihn mit seiner Armee zu schlagen. Daraufhin gründet er eine geschlossene Herrschaft und beginnt die Nachbarstaaten nacheinander zu unterwerfen: *Moabiter, Aramäer, Ammoniter* und *Edomiter*. Als König David im Jahre 963 stirbt, ist Israel zu einer Großmacht im Mittleren Osten aufgestiegen.

Sein Sohn *Salomo* baut Jerusalem zur prachtvollen Metropole aus, mit einem Palastviertel, aus dem sich sein gewaltiger Tempel erhebt, besungen von den Dichtern aller Zeiten. Die Unterstützung, die er von *Hiram*, dem König von Tyros bei seinem Bau erhält, bezeugt die enge Bindung beider Länder. Kunst und Wissenschaft nehmen einen gewaltigen Aufschwung.

Die Niederschrift des zunächst wohl nur mündlich tradierten Inhalts der „fünf Bücher Moses“ entstand wohl erst sehr viel später, zur Zeit des Babylonischen Exils (598 - 539). Unser derzeitiger wissenschaftlicher Stand geht außerdem davon aus, dass sich der Pentateuch (die fünf Bücher Moses) aus insgesamt vier Quellen zusammensetzt, die mit D (Deuteronomium), E (Elohim), J (Jahwe) und P (Priesterkodex) bezeichnet werden. Zusammen mit den Sammlungen der Lieder, Psalmen und Sprüchen (den sog. „Schriften“) und den „Geschichtsbüchern“ der Propheten fand er Eingang in den Kanon der heiligen jüdischen Schriften und hierüber in das „Alte Testament“ der christlichen Bibel. Aber erst mit dem Buch der Richter und dem Buch Samuel beginnt die eigentliche Geschichtsschreibung, so dass derzeit in Wissenschaftskreisen Ursprung, Alter und Autorschaft der alt-testamentlichen Schriften heftig diskutiert wird.

Auf jeden Fall nimmt das Schicksal des „Auserwählten Volkes“ einen verhängnisvollen Lauf, nachdem es sich in die beiden Teilreiche des Nordens (Israel) und des Südens (Judäa) aufspaltete. Das Haus David bestimmt die Erbfolge in Judäa, während in Israel Intrige und Aufruhr die weitere Geschichte kennzeichnen: Innerhalb von nur vierzig Jahren folgen achtzehn Könige auf dem Thron, von denen sechzehn ermordet werden. Im Jahr 722 v. Chr. fallen die Assyrer ein und deportieren die gesamte Oberschicht des Landes nach Mesopotamien. Israel wird als Staat zerschlagen.

Das Königreich Judäa vermag sich noch über ein weiteres Jahrhundert zu halten. Doch im Jahre 598 v. Chr. nimmt König Nebukadnezar II. (604 - 562) aus Babylon – nach einem kurzen ägyptischen Intermezzo – Kanaan ein. Seine den Kanaanitern gegenüber zunächst eher mild gestimmte Politik ändert sich indessen, als man im Jahre 587 v. Chr. die Ränkespiele des judäischen Königs Jojakim aufdeckt. Jerusalem wird belagert und schließlich zerstört und mit ihr der Tempel Salomos in Schutt und Asche gelegt. Das Volk Israel muss den harten Weg in das Babylonische Exil antreten, wie es uns Psalm 137 anschaulich darstellt: „An den Strömen Babylons saßen wir und weinten …“[51]

Die Zerstörung des Tempels und seiner Opferaltäre leitet die Wandlung des ursprünglich magischen Opferkultes in den späteren Gebets- und Lesegottesdienst ein, für den die Synagogen die Voraussetzung schaffen. Er wird später vom Christentum übernommen.

Die „mosaische Unterscheidung“

Mit diesem Begriff bezeichnet Jan Assmann die theologische Unterscheidung zwischen „wahr“ und „falsch“, die seit der Abkehr Israels von der Vielgötterei gilt und die alle drei mosaischen Religionen fortan bestimmt. Mit dieser Unterscheidung bildete sich ein ereignishafter Bruch in der Menschheitsgeschichte aus, in dem die polytheistische Welt mit ihren magischen Ritualen entmystifiziert und der Mensch aus seiner spirituellen Gemeinschaft mit den Götter herausgerissen wird, um nunmehr einem „jenseitigen Gott“ gegenüberzustehen. Anstelle der Ökumene der polytheistischen Götter tritt nunmehr der „eifernde Gott“ des Monotheismus. Der Preis dafür ist religiöse Intoleranz und Gewalt.

Ägypten

Bereits in der Antike betrachtete man das Land am Nil als Quelle aller Weisheit, denn hier hat weitaus mehr seinen Anfang genommen, als uns meist bewusst ist: Verwendeten die alten Ägypter doch schon ausgiebig Mathematik und Physik bei der Planung und Errichtung ihrer Hoch- und Tiefbauten und ihrer Bewässerungsanlagen und kannten sie nicht auch bereits die Herstellungs- und Bearbeitungsverfahren von Glas, Metallen, Papier und anderer Materialien; ebenso beherrschten sie die Anatomie, verfügten über exzellente Kenntnisse der Astronomie und verwendeten einen Kalender mit 365 Tagen.[52]

Die uns bekannte Geschichte Ägyptens beginnt mit dem mythischen König *Menes*, der gemäß unserer Geschichtsbücher zwischen 3200 und 2850 v. Chr. die beiden Länder am Unter- und Oberlauf des Nils einigte und als erster Pharao unter seine Macht stellte. Die Zeit davor enthüllte uns bisher wenig von ihren Geheimnissen. Nach Menes folgen dreißig Dynastien in ununterbrochener – wenn auch nicht unbedingt immer linearer – Reihenfolge.

Abb. 8: Sphinx und Große Pyramide auf dem Gizeh-Plateau

Gemäß traditioneller Geschichtsschreibung sollen die großen Pyramiden zur Zeit der 4. und 5. Dynastie (Mitte des 3. Jahrtausends v. Chr.) von den Pharaonen Cheops, Chefren und Mykerinos erbaut worden sein, vielleicht wurden sie ihnen zu ihrer Zeit aber auch nur zugeordnet, denn es mehren sich Theorien, dass diese Bauwerke, wie der aus dem gewachsenen Felsen des Gizeh-Plateaus gehauene Sphinx einer viel früheren Periode zuzuordnen seien.[53]

So können wir die mit diesen Bauwerken verbundenen Geheimnisse bei weitem noch nicht alle als gelöst betrachten. Der belgische Forscher Robert Bauval versucht beispielsweise in seinem Buch DAS GEHEIMNIS DES ORION[54] nachzuweisen, dass die drei großen Pyramiden in Lage und Größe ein exaktes Abbild der drei Gürtelsterne des Orion (Alnitak, Alnilam und Mintaka) darstellen und die beiden sogenannten „Lüftungsschächte" der Königskammer exakt auf den Sirius (Sarapis) bzw. den Gürtelsternen des Orion ausgerichtet waren. Die Priesterkönige dieser Epoche hätten im Bauplan der Großen Pyramide das „Goldene Zeitalter" (Tep Zepi) festgehalten, in dem die Götter noch direkt mit dem Menschen verkehrten. War mit dieser Epoche das Zeitalter nach der Sintflut gemeint, über das Plato in seinem TIMAIOS berichtet und gemäß dem die Wissensträger von Atlantis den Weg nach Ägypten gefunden haben sollen?

Mit der Entstehung der Pyramiden wird auch die der Mysterien des Osiriskults in Verbindung gebracht. Zwischen der materiellen und der spirituellen Welt war im alten Ägypten die Welt der Toten (und Dämonen[55]) angesiedelt, mit der sich ein Eingeweihter vertraut machen musste.[56]

Die Gestalt des Osiris symbolisierte in den Mysterien zunächst den Menschen, der die Elemente dieser Welten in sich trägt. Als sich jedoch später in den Mysterienkulten Osiris vom Symbol des Menschen zum Gott der Unterwelt wandelt, verbindet sich mit seinem Namen bald ein weitläufiger Totenkult, von dem wir Kunde aus den Pyramidentexten der 5. und 6. Dynastie (ca. 2544 - ca. 2255) haben und der sich bis weit ins christliche Zeitalter hinein erhält. [57]

Nach der 5. Dynastie werden keine großen Pyramiden mehr errichtet und mit der 6. setzt ein Verfall der Königsherrschaft ein, die erst wieder in der 12. Dynastie (ca. 1990 - 1782 v. Chr.) ihr hohes Ansehen zurückerhält und Ägypten wirtschaftlich und politisch erstarken lässt. Nun dauert es allerdings bis zur 18. Dynastie, dass sich das „Neue Reich" wieder zu einer kulturellen Hochblüte entwickeln kann; denn vor dieser Zeit gelang es den *Hyksos* [58], den semitischen „Schäferkönigen", das Nildelta zu erobern und ihre eigenen, die 15. und 16. Dynastie zu begründen. Sie beherrschen Unterägypten etwa zeitgleich mit der 17. Dynastie in Oberägypten. Erst den thebanischen Fürsten dieser Dynastie sollte es gelingen, jene Ursupatoren wieder zu vertreiben. Dadurch konnten sich die Gaufürsten von Theben als neue Herrscher beider Länder durchsetzen und den Grundstein für das Neue Reich (1550 - 1070 v. Chr.) legen. Diese Epoche spielt in der Geschichte der Mysterienschulen eine wichtige Rolle, auf die wir später eingehen wollen.

Die 18. Dynastie beinhaltet auch die lange und fruchtbare Alleinherrschaft der „bauwütigen" Königin *Hatschepsut*, von der der Ägyptologe *Jan Assmann* annimmt, sie sei vielleicht die Person gewesen, die nachweislich zum ersten Male die Stimme Gottes in sich vernommen habe [59], den Moses später im Symbol des brennenden Dornbusches als das ICH BIN DER ICH BIN erfahren haben soll. Hatschepsut nannte dieses „Raunen" in ihr *Amun*, ließ ihre erste Zwiesprache mit ihm auf ihrem wunderbaren Tempel (von Deir el Bahari in Theben-West) dokumentieren, und der Siegeszug eines ursprünglich lokalen Gottes begann ... Mit der Identifizierung ihrer Mumie rückt diese große Pharaonin in diesen Tagen erneut in unser Bewusstsein, deren Aufgabe es war „das Zerstörte wiederherzustellen und das Unvollendete aufzubauen" (Inschrift auf ihrem Totentempel).

Die 18. Dynastie war aber auch die Epoche des großen Pharao Thutmoses III., der Ägypten zur Weltmacht (der Alten Welt) erhob und der gemäß den Traditionen einiger Initiatenorden die Mysterienschule am Pharaonenhof einer breiteren Schülerschar eröffnete. Mit der Aufnahme Suchender aus anderen Ländern gelangten die Weisheitslehren unter seinen Nachfolgern auch in die griechische Geisteswelt, deren Mysterienkulte – nach Meinung des Geschichtsschreibers *Herodot* (etwa 484 - 425 v. Chr.) – Ägypten viel verdankten.

Mit dieser Mysterienschule wird vielfach die Große Pyramide von Gizeh in Verbindung gebracht, die bis heute als die geheimnisvollste aller sieben Weltwunder der Antike gilt, nicht nur, weil sie allein von allen bis heute überlebte, sondern

Abb. 9: Ech-n-aton

auch weil ihre Grabkammern wohl nur symbolische Bedeutung innehatten. So weist *Dr. Harvey Spencer Lewis* – auf den wir in späteren Kapiteln noch eingehen werden – bereits 1936 in einem seiner Bücher[60] auf die unterirdischen Passagen zwischen dem Sphinx und den drei Pyramiden hin, die den Mitgliedern der ägyptischen Mysterienschule zu ihren geheimen Initiationsriten gedient haben sollen.[61]

Thutmoses' Ururenkel *Amenophis IV* (1350? - 34? v. Chr.), von manchen Historikern als erster Verkünder des Monotheismus und damit als Wegbereiter der drei monotheistischen Weltreligionen angesehen, und seine schöne Gattin *Nofretete* („Die Vollendete, die Schöne ist gekommen") ließen im sogenannten Amarna-Stil Malerei und Baukunst zu neuen Formen aufbrechen. Mit fanatischem Rigorismus bekämpfte der sich nunmehr in *Ech-n-aton* umbenannte Pharao den politischen und theologisch-spirituellen Machtmissbrauch der thebanischen Amun-Priesterschaft, deren wachsender Reichtum und Einfluss auf die herrschende Pharaonendynastie die Stabilität des Staates immer mehr gefährdete.

Die Sonnenscheibe *Aton* symbolisiert in *Ech-n-atons* Kosmologie die alleinige Schöpfungskraft hinter unserer sichtbaren Welt, der eine polytheistische Götterwelt nicht gerecht werden kann.[62] Die von ihm veranlasste Schließung der Tempel fast aller alten Götterkulte musste aber die Priesterschaft vor allem in der alten Hauptstadt Theben mobilisieren, aus der sich Ech-n-aton zurückgezogen hatte. Seine neue Hauptstadt verlegte er nach Achet-Aton (im heutigen Tell el-Amarna), das er innerhalb von nur drei Jahren aus dem Wüstenboden stampfen ließ. Achet-Aton lag genau in der Mitte seines damaligen Reiches und symbolisiert so vielleicht die Mitte einer erneuerten Weltsicht. Jedoch beendete Ech-n-atons früher Tod den vermutlich ersten Versuch, eine völkerübergreifende Religion zu schaffen, die unter dem Symbol Atons das einzige und alleinige Urprinzip der Schöpfung verehrt. Diese neue Religion mag vielleicht nicht für alle, den alten Traditionen verhafteten Schichten verständlich gewesen sein. So vermochte die mächtige Amun-Priesterschaft in Theben bald schon nach seinem Tod ihre alte Macht wieder zurückzugewinnen und eine blutige Restauration der alten Kulte einleiten. Zu Beginn der 19. Dynastie verschwanden die Kartuschen mit dem Namen des „Ketzerpharaos" von allen Pylonen, Obelisken und Tempelwänden im Niltal.

Auch die Schätze im Grab von Ech-n-atons Sohn *Tut-anch-amun* gehören in diese Periode. Ihr Fund[63] und das rätselhafte Sterben seiner Entdecker riefen den Mythos vom „Fluch der Pharaonen" ins Leben. Die 18. Dynastie endet schließlich mit der Herrschaft des Pharao *Haremhab*, dem die Ägyptologen lange Zeit fälschlich jene Restauration des alten Kultes und die Zerstörung von Achet-Aton anlasteten.

Mit den „Ramesiden" (den Pharaonen Ramses I. bis XI.) der 19. und 20. Dynastie (ca.1279 - 1070 v. Chr.) geht die klassische Periode Ägyptens zu Ende. Die ägyptischen Mysterien inspirierten jedoch weiterhin die gesamte damalige geistige Welt. Kaum einer der großen Denker der Antike, der sein Wissen dort erwarb, versäumte es, sich in die Mysterien einweihen zu lassen.

In der dritten Zwischenzeit (ca.1069 - 525 v. Chr.) zerfällt Ägypten politisch und wird nach der Herrschaft der mächtigen Amun-Priesterschaft von nubischen Königen regiert. Im Jahre 671 stehen die Assyrer vor Memphis und lösen die „Schwarzen Pharaonen" ab; im Jahre 525 muss sich das Land schließlich den Persern ergeben, bis Alexander der Große im Jahr 332 v. Chr. seine Herrschaft auch auf Ägypten ausdehnt. Er gründet 331 im Nildelta seine Stadt Alexandria, die nicht nur zur Hauptstadt seiner makedonischen Herrscherdynastie heranwächst, sondern sich zum geistigen Zentrum der Alten Welt erhebt. Ihr Leuchtturm, eines der sieben antiken Weltwunder, hat sicher auch für das geistige Licht, das sie ausstrahlte, Symbolwert.

Unter der Herrschaft der Ptolemäer vermischen sich dann griechische und römische Kultur mit der heimatlichen, bis *Octavian*, der spätere Kaiser *Augustus*, im Jahre 30 v. Chr. Ägypten zur römischen Provinz erklärt. Die Romanze zwischen *Julius Cäsar* und *Kleopatra* [64] – mit dem politischen Hintergrund der Errichtung eines römisch-ägyptischen Doppelherrschertums im östlichen Mittelmeerraum – inspirierte die Werke vieler Dichter und Komponisten bis in unsere Zeit. Mit ihr endet eine Epoche der Menschheitsgeschichte; Alexandria bleibt jedoch auch weiterhin Zentrum des geistigen Lichts und wird – wie wir sehen werden – unsere Kultur noch maßgeblich beeinflussen.

Das ägyptische Erbe ging nachfolgend auf die *Kopten* [65] über, deren christliche Gemeinden die spätere koptische Kirche gründeten, während die ägyptische Religion mit ihrem Kulturgut von ihren letzten Priestern mit ins Grab genommen wurde. Das siegreiche Christentum verstand es, alle heidnischen Kulte zu verdrängen. Da die Kopten jedoch die alten Schriften an den Tempelwänden noch zu lesen und die Bilder auch zu interpretieren verstanden, konnte dieses Wissen unbemerkt in die neue Religion einfließen. Andererseits waren es aber auch gerade diese Kenntnisse der koptischen Christen, die sie veranlassten, Namen, Gesichter und Darstellung magischer Handlungen an den Tempelwänden auszumeißeln und christliche Symbole dort anzubringen.

Gemäß koptischer Tradition geht die Gründung ihrer Kirche auf den Evangelisten *Markus* und auf das spätere Patriarchat von Alexandria zurück. Zusammen mit den Patriarchaten von Jerusalem und Antiochia bildete es die ersten christlichen Kirchen. Von ihnen konnte die Koptische (orthodoxe) Kirche ihre ureigene Tradition bis heute bewahren.

Götterglaube und Schöpfungsmythos

Die Ägypter betrachteten die Sonne wohl immer schon als Symbol ihres Schöpfergottes *Atum*. Sie verehrten ihn im morgendlichen Sonnenaufgang als *Cheper* (Aufgang), im Zenit des Himmels in ihrer mittäglichen Strahlkraft als *Re* und schließlich in der Abendsonne als *Re-Atum*. Im Lauf der Geschichte war dieser Schöpfergott aber von der Priesterschaft in weitere Aspekte zerlegt worden, um als Vatergott *Re* (der sich selbst erschafft und keines anderen bedarf), als *Ptah* (die dem Menschen zugewandte Seite der Gottheit) und *Amun* (der alle Welt mit seinem Geist belebt) in den Heiligtümern von Heliopolis, Theben und Memphis besondere Verehrung zu genießen. Dagegen hatte Ech-n-atons Theologie die Absicht verfolgt, die Sonnenscheibe *Aton* auch dem einfachen Volk als Symbol eines alleinigen Gottes und Schöpfungsprinzips vorzustellen. Wie wir sahen, war die Gegenwehr der Priesterschaft (in Theben) jedoch zu mächtig, als dass Ech-n-atons Idee vermocht hätte, sich über seinen Tod hinaus durchzusetzen.

Im ägyptischen Schöpfungsmythos entlässt *Atum* die Welt aus seinem Mund (aus seinem Speichel). Die Schöpfung spiegelt sich darin in den beiden Elementen Wasser und Luft und in deren symbolischer Darstellung des Götterpaares *Tefnut* und *Schu* wieder. Aus diesen beiden kosmischen Größen gehen *Nut* (Himmel) und *Geb* (Erde) hervor. Die nachfolgende, vierte Generation entlässt die beiden Geschwisterpaare *Isis* und *Osiris* sowie *Nephtys* und *Seth*. Mit ihnen sind es insgesamt vier göttliche Paare und ergeben, zusammen mit dem Schöpfergott Atum, die Enneade (der neun Gottheiten) von Heliopolis, die das kosmische Geschehen bestimmen. Sie werden zum Inhalt der ägyptischen Mysterien.

Abb. 10: Schu stellt Nut (Himmel) über Geb (Erde)

... Weißt Du nicht, o Asklepios, dass Ägypten das Bild des Himmels und das Widerspiel der ganzen himmlischen Ordnung hienieden ist?
Doch Du musst wissen: Es wird eine Zeit kommen, da es scheint, als hätten die Ägypter dem Kult der Götter vergeblich mit so viel Frömmigkeit gedient, als seien all ihre heiligen Anrufungen vergeblich und unerhört geblieben. ...

Hermes Trismegistos

Mysterienbünde der Alten Welt

Aufgabe aller uns bekannten Mysterien war und ist das Tradieren von Wissen, das aus unterschiedlichen Gründen an das „gemeine" Volk noch nicht geoffenbart werden kann, um es an würdige und für diese Aufgabe wohl vorbereitete Kandidaten weiterzugeben. Um das Geheimnis zu wahren mussten die Mysterienwahrheiten für die profane Welt verschlüsselt und in Mythen oder andere heilige Geschichten und Mysterienkulte eingekleidet werden.

Jan Assmanns bereits mehrfach erwähntes Werk MOSES DER ÄGYPTER behandelt dieses Thema im Licht der „kosmotheistischen Vorstellung der göttlichen Natur", d. h. der die ganze Schöpfung durchdringenden göttlichen Schöpferkraft, im Gegensatz zu den dem gemeinen Volk geoffenbarten polytheistischen und später monotheistischen Götter- bzw. Gottesvorstellungen. Nach unseren heutigen wissenschaftlichen Erkenntnissen gingen alle diese Bilder in unsere christlichen Vorstellungen ein.

In unseren Geschichtsbüchern werden die Anfänge der Mysterienkulte meist auf die Fruchtbarkeitsriten im alten Ägypten zurückgeführt. Aber haben sie sich wirklich alle erstmalig an den Ufern des Nils entwickelt? Finden sich nicht in allen Göttermythen und Mysterienspielen die zyklischen Wechsel unseres Lebens, die periodische Folge von Tag und Nacht, die jahreszeitlich bedingten Wechsel, sowie das letzte große Mysterium von Leben und Tod, dem alle Geschöpfe unterliegen?

Ägyptische Mysterienkulte

Im Mittelpunkt aller uns überlieferten ägyptischen Mysterien, der alten, wie der neueren (der hellenistischen Periode[66]), steht der Mythos des göttlichen Paares: Osiris, der ursprünglich die befruchtenden Wasser des Nils symbolisierte, und seine Schwestergattin Isis, die darin das von ihm überschwemmte Land verkörperte. Im jahreszeitlich bedingten Wechsel Ägyptens folgte doch die Periode der Überschwemmungen im Sommer stets der winterlichen Trockenzeit und diese Wechsel sollen das Grundmuster für die ersten Mysterienkulte und des darin eingebetteten

Geheimwissens geformt haben, auch wenn uns Beschreibungen der Einweihungsrituale im alten Ägypten fehlen. Hinweise auf solche Rituale treten erst in hellenistischen Zeiten (etwa seit dem dritten vorchristlichen Jahrhundert) beispielsweise mit den Isis-Mysterien in Erscheinung.

Die ägyptischen Mysterien setzen sich vor allem auch mit der dunklen Seite des Lebens auseinander, das sich im Widersacher Seth personifiziert, dem Herrscher über das unfruchtbare Land im Süden.

Im Mythos von Tod und Wiederauferstehung des Osiris gelingt es dem neidischen Seth, seinen Bruder Osiris zu ermorden und ihn in dem eigens für ihn gezimmerten Sarkophag vom Nil flussabwärts tragen zu lassen, wo er bei Abydos an Land geschwemmt und von Isis aufgefunden wird. Ihre Trauerklagen und die ihrer Schwester Nephtys sind Teil der Hymnen der späteren Isis-Mysterien. Osiris, zuvor König der Lebenden, herrscht nunmehr über das Totenreich. Nach einer späteren Fassung raubt Seth der Isis erneut den Körper ihres toten Gatten und zerstückelt ihn in vierzehn Teile, die er über die vierzehn damaligen Gaue (sepat) Ägyptens verteilt. Isis gelingt es jedoch – bis auf den Phallus – alle Teile aufzufinden und sie wieder zusammenzusetzen. Sie empfängt von ihrem toten Gatten (ohne sein Zeugungsorgan) den Sohn Horus, wodurch sie nicht nur den Erweis der jungfräulichen Empfängnis, sondern auch den des Prinzips der Unsterblichkeit erbringt. Der Sohn Horus wird nicht bloß zum Rächer seines Vaters, – auf ihn gehen auch als Teil der göttlichen Ordnung dessen Attribute über, die später auf den Pharao, und über ihn auf die in die Mysterien Eingeweihten, übertragen werden.

In diesem Mythos verbirgt sich eine umfangreiche Philosophie der Unsterblichkeit der Seele. Der Geschichtsschreiber und in die ägyptischen Mysterien eingeweihte delphische Priester Plutarch (45 - 127 n. Chr.) meinte dazu, ... *dass diese Legende eine Art von Betrachtung enthalte, die den eigentlichen Sinn anderer Dinge in Opfer und Trauer verberge;* sie fände sich *aber auch in der Anordnung der Tempel, die sich in einigen Bereichen in weiten Säulenhallen und den für Licht und Himmel offenen Atrien ausdehnten, und zum anderen sich in verborgenen unterirdischen Verließen und dunklen Galerien und Vorkammern ausdrückten.* Mit anderen Worten gesagt, die Architektur der alten ägyptischen Tempel stellt das glorreiche Leben des Osiris, seinen Tod, sein Verweilen in der Unterwelt und danach seine Wiederauferstehung dar. Dieses Wissen war ursprünglich nur im Besitz weniger Priester und Würdenträger am Hof des Pharaos. Im Verlauf der 18. Dynastie sollen sie darauf gedrängt haben, dieses Wissen Suchenden (Neophyten) zugänglich zu machen.[67]. Wollte man eine breitere Basis dafür herstellen oder gab es noch andere Gründe? Sollten vielleicht die sorgfältig ausgewählten Anwärter der Mysterien mittels initiatischer Rituale erfahren, was der profanen Welt verborgen bleiben musste? Würde es dadurch möglich sein, den wahrhaft nach Erkenntnis Suchenden die allen Worten, rituellen Handlungen und Symbolen der Priester unterliegenden Wahrheiten tiefer erfassen zu lassen? Dabei musste der angehende Myste[68] gewillt und bereit sein, dem Tod ins Antlitz zu blicken, denn der Erwerb dieses geheimen Wissens verband sich mit großer Gefahr für Leib und Seele und musste in ihm Todesängste geweckt haben; denn die Initiationsriten hatten nicht – wie heute fast ausschließlich – nur mehr mit Symbolik zu tun. Wer sich bei und nach einer solchen Einweihung als unwürdig erwies oder die Geheimnisse verriet, war in der Regel dem Tod geweiht.

Was den Pharaonen und Großen des Reichs im Totenkult zuteil wurde, das konnte demnach in den Mysterien noch zu Lebzeiten erfahren werden: Wer den mystischen Tod im Tempel, dem Sitz der Gottheit, bewusst nachvollzogen hatte, der konnte wie Osiris wiedergeboren werden. Er musste allerdings die Erfahrung des symbolischen Todes einschließlich seiner furchtbaren Prüfungen auf sich nehmen. Nur wenn er diese Prüfungen bestanden hatte, durfte er in einer Prozession über die Säulenhalle in den inneren Tempelbezirk geführt werden. An der Schwelle des innersten Tempels waren die Worte eingemeißelt: „Rein ist, wer diese Schwelle überschreitet." Dahinter befand sich das Allerheiligste (die „Cella") als Granitblock, der nach obenhin in einer Pyramide endete. In einer Öffnung, hinter dichten Schleiern verhüllt, thronte die Gottheit. Nur ein Eingeweihter, durfte zu diesem heiligen Stein geführt werden, „um dem einzigen wahren Gott zu begegnen".[69]

… Gesegnet seien die sterblichen Bewohner der Erde,
die der großen Dramen teilhaftig werden konnten;
denn ein Nicht-Initiierter,
der die heiligen Riten nie erleben durfte,
bleibt ihrer Segnungen beraubt
und wird sie selbst dann nie besitzen,
wenn ihn der Tod in die finstere Unterwelt führt …

Homer: Hymne an Demeter

Von Ägypten nach Eleusis

Die bedeutsamsten Mysterienkulte des antiken Griechenland waren die von *Eleusis* und *Samothrake,* während der Dionysos-Kult erst sehr viel später Popularität erlangte. Von dem mythischen König *Eumolpos* sollen die eleusinischen Mysterien nach Griechenland gelangt sein, denn er wird als ihr Stifter genannt. Hier werden sie in die griechischen Göttermythen eingekleidet und im *Telesterion* durch den Zauber des rhythmischen Tanzes und melodischen Gesangs zum Ausdruck gebracht. Das Heiligtum war hier auf einer Terrasse am Osthang der *Akropolis von Eleusis* errichtet. Im Gegensatz zum *Naós*, dem üblichen griechischen Tempel, der nur den Opferaltar vor dem Kultbild des jeweiligen Gottes enthielt, konnten sich im Telesterion Tausende von Menschen versammeln.

In den eleusinischen Mysterien entführt Hades (Pluto), der Gott der Unterwelt, Demeters Tochter *Persephone* (Proserpina) und macht sie zu seiner Gemahlin im Totenreich, worauf die Mutter ihre Pflichten als Göttin der Ernte beiseite legt, um ihre Tochter zu suchen, während auf der Erde die Ernten verdorren Die himmelschreienden Klagen der Menschen bleiben im Olymp indes nicht ungehört und veranlassen die Götter einzuschreiten: Zeus und Hades vereinbaren, dass Persephone acht Monate in der Oberwelt leben dürfe, jedoch vier Monate in der Unterwelt zubringen müsse. Homer beschreibt uns diese Mysterien in seinen herrlichen Hymnen: *Wenn die Erde sich mit buntesten, duftenden Blumen schmückt, wie sie der Frühling hervorbringt, dann wirst Du aus dämmrigem Düster wiederum auferstehen – ein Wunder für Götter und Menschen.* (V.401ff)

Auf der Akropolis von Eleusis „*ließen sich* (während der Mysterien) *himmlische Stimmen und Töne vernehmen, es zeigten sich liebliche Tänze, denn Auge und Ohr wurden mit Kunstwerken geschmeichelt, und endlich öffnete der Hierophant die Propyläen zum Allerheiligsten des Tempels, und ließ die Epopten* (die „sehenden“ Eingeweihten) *eintreten und zog die Hüllen von den Götterbildern.*“ Als Hauptdarsteller im dramatischen Geschehen fiel dem *Hierophanten*, dem Hohenpriester, die Rolle des Zeus zu; seine Gattin, die *Hierophantin*, stellte Demeter dar. Dem *Fackelträger*, dem Daduchos, kam die zweithöchste Würde in der eleusinischen Hierarchie zu. Der heilige *Herold*, der Hierokeryx, hatte die Einzuweihenden während der Feier durch Zurufe und Erklärungen auf das, was geschah und zu beobachten war, aufmerksam zu machen. Ihm gebührte die dritthöchste Würde. Auch bei den griechischen Mysterienkulten wurden Uneingeweihte, die sich einschleichen wollten, mit dem Tode bestraft.[70]

Apulejus von Madaura (ca. 130 - ? n. Chr.) überließ uns in seinen METAMORPHOSEN den Bericht eines Augenzeugen dieser Mysterien, der uns als einzige historische Quelle überliefert ist:

„*Vielleicht fragst Du mich, neugieriger Leser, mit einiger Unruhe, was bei einer solchen Feier gesprochen und was vorgenommen wurde. Wie gerne würde ich es Dir sagen, wenn es sich mit Worten ausdrücken ließe. Du würdest das verstehen, wenn es dir erlaubt wäre, es zu vernehmen. Aber der Frevel wäre der gleiche für die Ohren und für die Zunge, die sich einer solchen Indiskretion und Verwegenheit schuldig machen würden.*

Doch merke auf, denn ich berichte die lautere Wahrheit: Ich habe die Grenzen des Todes erreicht. Nachdem ich die Schwelle Proserpinas betreten und durch alle vier Elemente gegangen war, bin ich von dort wieder zurückgekehrt. Mitten in tiefster

Dunkelheit sah ich die Sonne im hellsten Glanze leuchten. Ich habe die Götter unten und oben von Angesicht zu Angesicht gesehen. Ich habe sie aus nächster Nähe verehrt.

Das ist alles, was ich dir sagen kann und darf. Und, obwohl deine Ohren diese Worte vernommen haben, bist Du doch dazu verurteilt, sie nicht zu verstehen ..."[71]

Die Bruderschaft der Pythagoreer

Sucher des Lichts gab es zu allen Zeiten. In der Antike boten sich aber nur wenige Möglichkeiten, Kontakte mit anderen Gleichgesinnten zu pflegen. Meist musste der Suchende klösterliche Zurückgezogenheit und asketische Lebensweise auf sich nehmen, wollte er Meister und Mitschüler treffen.

Eine der ersten uns geschichtlich überlieferten Bruderschaften ist die der Pythagoreer. Der griechische Weise Pythagoras[72] gründete sie im damals griechischen Kroton in Süditalien, wohin er von seiner Heimatinsel Samos auswandern musste. Von hier aus breiteten sich seine Lehren bald über die gesamte griechische Welt aus.

Zu dieser Zeit konnte Pythagoras bereits auf reiche Lebenserfahrungen zurückgreifen: Schon als Jüngling hatte er sich bei den 48. Olympischen Spielen als Boxer olympische Ehren erworben. Später führte ihn seine Erkenntnissuche nach Ägypten, wo er in die Mysterien eingeweiht wurde. In Gefangenschaft geraten, soll er unter Kambyses nach Babylon deportiert worden sein, wodurch wohl die babylonischen Erkenntnisse in Astronomie und Zahlentheorie in seine Lehren einfließen konnten. Fraglich erscheint allerdings, dass er in Persien ein Schüler Zarathustras gewesen sei, wenn auch seine Vorstellungen vom „Gefängnis der Seele", die später Plato übernahm, auf altpersische Einflüsse zurückgehen mögen. Mit sechsundfünfzig Jahren kehrte er dann wieder auf seine Heimatinsel Samos zurück.

Abb. 11: Pythagoras

Als seine Vorstellungen über gesellschaftliche Reformen dem Tyrannen Polykrates unerwünscht waren, musste er jedoch seine Heimatinsel wieder verlassen. Zusammen mit seiner Mutter *Pythais* und seinem ersten Schüler *Lysos* schiffte er sich im Jahre 529 v. Chr. nach der griechischen Kolonie *Magna Graecia* in Unteritalien ein. Nach seiner Ankunft in Sybaris wählte er Kroton als seine neue Wirkungsstätte und hielt dort seine einzige bekannt gewordene öffentliche Rede, auf die hin sich – gemäß Nikomachos[73] – über 2000 anwesende Hörer seiner Gemeinschaft anschlossen. In Milon, dem reichsten Bürger Krotons, fand er auch seinen idealen Mäzen. In dessen Haus entstand die spätere Philosophenschule, Sitz der Bruderschaft der „Pythagoreer", die äußerlich an ihren Tuniken aus weißem Leinen zu erkennen waren. Ihr Leben wurde von einem strengen Sittenkodex bestimmt:

Der Tagesablauf der in die Bruderschaft aufgenommenen Adepten verlief nach strengen Regeln, die ihrer körperlichen und moralischen Ertüchtigung dienen sollten. Sie beinhalteten rituelle Waschungen, Gedächtnistraining und das eigentliche Studium der Lehren (Mathemata): unsere heutige Mathematik, Geometrie, Zahlenmystik und Musik. Die sich in allen diesen Teilbereichen manifestierende Harmonik deuteten die Pythagoreer als Ausdruck einer die ganze Schöpfung verbindende „harmonikalen Symbolik". Außerhalb der Bruderschaft fanden diese harmonikalen Betrachtungen lange Zeit nur geringe Beachtung.

Die gemeinsamen Mahlzeiten bestanden aus aufeinander abgestimmten Speisenfolgen, bei denen bekannterweise auf Ackerbohnen verzichtet werden musste. Weiterhin pflegte die Bruderschaft Musik, Tanz und Meditation. Die pythagoreischen Lebensregeln sind in den (erst später entstandenen) „goldenen Versen" enthalten, die auch das Gebot beinhalten, das Tagewerk nie ohne den obligatorischen Tagesrückblick abzuschließen (Verse 40 - 44). Während der (römischen) Kaiserzeit mussten die Pythagoreer ihre traditionelle Lebensführung (in klösterlicher Gütergemeinschaft) zeitweise aufgeben.

Das traditionelle System des Pythagoreerordens wurde in vier Stufen durchmessen, der des *Akusmatikos, Physikos-Mathematikos, Sebastikos* und *Politikos.* Der Neuplatoniker *Iamblichos* (265? - 330 n. Chr.) schreibt um 300 n. Chr. in seinem Buch ÜBER DAS LEBEN DES PYTHAGORAS: *Hatte man die Adepten auf Grund ihrer Lebensführung und ihrer sonstigen guten Lebensart nach des Meisters Urteil für würdig befunden, die Lehren zu empfangen, so wurden sie nach dem fünf Jahre langen Schweigen für den Rest ihres Lebens zu Esoterikoi und durften den Pythagoras innerhalb des Vorhangs hören und sehen, während sie vorher nur außerhalb desselben durch bloßes Hören an den Unterweisungen teilhaben konnten, ohne Pythagoras jemals zu Gesicht zu bekommen …*[74]

Im Gegensatz zu den anderen philosophischen Schulen erhielt die pythagoreische Lehre ihre Gültigkeit nicht durch philosophische Argumentation, sondern dadurch, dass sie auf Pythagoras zurückgeführt werden konnte: Sprichwörtlich berühmt geworden ist unter seinen Schülern das *autos epha* – er selbst hat's gesagt! Da es den Pythagoreern verboten war, das Gedankengut des Meisters schriftlich niederzulegen, gibt es bis zur Zeit Platos keine schriftlichen Aufzeichnungen über ihre Lehren.[75]

Im Schöpfungsprozess entstand gemäß diesen Lehren die Ordnung aus dem Chaos. Pythagoras verwendete wohl auch zum ersten Mal den Ausdruck „Kos-

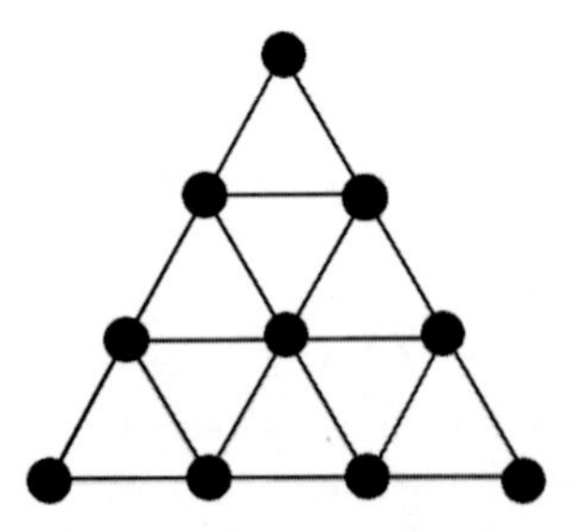
Abb. 12: Pythagoreische Tetraktys

mos“ für die Ordnung der Schöpfung. Sogar das Wort „Philosophie“ soll auf ihn zurückgehen. Im Symbol der „Tetraktys“ werden Schöpfung und Sein bildhaft in Form von zehn Punkten dargestellt. Die (Basis) Vier symbolisiert darin die ständig sich wandelnde Vielheit, die nur in der Harmonie bestehen kann.

Durch das Fehlen eben dieser Harmonie zerbrach jedoch um das Jahr 510 v. Chr. der Städtebund in der italienischen Kolonie infolge einer Reihe von Volksaufständen und mit ihm das Zentrum dieser Mysterienschule. In den nachfolgenden Unruhen mussten viele Mitglieder ihr Leben lassen, andere zogen das Exil vor, wie die Geschichtsschreiber Philolaos und Lysis, die uns neben anderem das Wissen über die Bruderschaft überlieferten. Pythagoras soll schon zwei Jahrzehnte zuvor in Metapont seine materielle Existenz verlassen haben. *„Die Metapontier behielten ihn jedoch auch nach seinem Tod in Gedächtnis und weihten sein Haus der Demeter*[76] *zum Heiligtum ...“*[77]

Essener und Therapeuten

Die Blütezeit der Gemeinschaft der Essener in Palästina und Ägypten entwickelte sich nach heutigem Forschungsstand nach dem Makkabäeraufstand (164 v. Chr.) und endet mit der Eroberung Palästinas durch die Römer im Jahr 70 n. Chr. Sie selbst führten sich bis auf die Zeiten des Moses zurück. Auf Griechisch wurden ihre Mitglieder „Therapeuti“ genannt, weshalb dieser Name oft auf ihren hellenistisch-ägyptischen Zweig (in Alexandria) bezogen wird.

Die Funde der Schriftrollen von *Nag Hammadi* (1945) und *Qumran* (1947) bestätigen das uns überlieferte Wissen über die Essener, das auch verschiedene Bruderschaften tradieren und über das die Geschichtsschreiber *Philo von Alexandria* (ca. 20 v. Chr. - ca. 50 n. Chr) und *Josephus Flavius* (ca. 37 - ca. 100 n. Chr.) berichten. Die zeitweilig vielleicht mehr als viertausend Mitglieder ihrer Gemeinschaft verteilten sich zumeist in kleineren Siedlungen über ganz Palästina. Sie formten neben den Pharisäern und Sadduzäern eine weitere religiöse Schule und unterschieden sich von diesen hauptsächlich durch ihren eigenen Sonnenkalender und ihrer noch strengeren Auslegung der mosaischen Gesetze. Sie waren überzeugt, dass der „Alte Bund“ Gottes mit Israel wegen des Ungehorsams des jüdischen Volkes zerbrochen sei. So bezeichneten sie sich als die Gemeinde des „Neuen Bundes“. Sie lebten in Gütergemeinschaft. In ihren klösterlichen Anlagen besaß jedes Mitglied seine Einzelzelle. Zu den Mahlzeiten kamen sie in ihrem gemeinsamen Speisesaal zusammen. Hier wurde auch ein Brudermahl mit Brot und Wein zelebriert, ein Ritual, das aus Ägypten übernommen worden sein könnte und später im ritualisierten eucharistischen Mahl der Christengemeinden zum Gedenken an das Erlösungswerk Jesu Christi gefeiert wird.

Wie die Pythagoreer, so kleideten sich auch die Essener in weiße Gewänder aus pflanzlichen Fasern. Strenge Vorschriften peinlichster Reinlichkeit regelten ihre Körperpflege. So gehörte zu ihrer ständigen Bereitschaftsausrüstung eine Harke, mit der sie ihre Körperausscheidungen vergruben. Bei der Aufnahme in ihre Gemeinschaft gelobten sie, Gott zu ehren und dem Nächsten stets gerecht und vorurteilsfrei zu begegnen. Der Orden kannte keinen Privatbesitz, sondern nur Gemeinschaftsvermögen, aus dem alle versorgt wurden. [78]

Die Lehre der Essener beinhaltet neben der jüdischen Tradition pythagoreische, griechische, chaldäische und auch ägyptische Elemente. Sie erwarteten einen Messias, den ihre Überlieferungen voraussagten. Eine mystisch verhüllte Geheimlehre über Engelwesen steht in enger Verbindung mit einem Offenbarungswissen über die menschliche Seele. Durch strenge Askese und geistige Übungen strebten sie ihre Seele vom negativen Karma vorangegangener Generationen zu befreien, das bis zur zweiundvierzigsten Generation zurückreichen könne. Interessanterweise zählt der Evangelist Matthäus bei der Verkündigung von Jesu Geburt beginnend mit Abraham ebenfalls zweiundvierzig Vorfahren auf. Dies bleibt aber nicht das einzige Indiz, das ihn der Nähe zu den Essenern verdächtig macht.

Hermes Trismegistos, Begründer der Hermetik

Im Pantheon der ägyptischen Götterwelt wird der ibisköpfigen Gestalt von *Thot* für die Entwicklung der Wissenschaften und Mysterienkulte im Niltal eine besondere Rolle zuerkannt: Ihm schreibt nicht nur Plato die Erfindung und Entwicklung der Hieroglyphen zu, sondern man sieht in ihm später gar die Personifizierung der Wissenschaften überhaupt, vor allem der Medizin, Astronomie und Magie. Zusammen mit seiner Gattin *Maat*, die Gerechtigkeit und Wahrheit verkörpert, führt er als Archivar des göttlichen Gerichts über das weitere Schicksal eines Verstorbenen Buch. Als Überbringer des göttlichen Lichtes in seinem nächtlichen Aspekt verkörperte er letztendlich auch das der Mysterien.

Im Verlauf der wechselvollen Geschichte des Neuen Reiches am Nil musste auch Thot seine geistige Wiedergeburt des Öfteren miterleben. Als unter der griechischen und später der römischen Herrschaft das Pantheon ihrer jeweiligen Gottheiten mit dem ägyptischen verschmolz, ging seine Person in der des Götterboten Hermes (des römischen Merkur) auf. Wie in seiner vorherigen Inkarnation blieb ihm aber auch in seiner neuen Rolle die Aufgabe als göttlicher Reisebegleiter in die Unterwelt erhalten, doch trägt er fortan geflügelte Sandalen.

Als sich im dritten vorchristlichen Jahrhundert (im Zeitalter des Hellenismus)

Alexandria als Zentrum der therapeutischen, gnostischen und anderer mystischen Strömungen herauskristallisierte, entstand hier eine Fülle von „alchimistischen" Werken, bei denen es sich um die Fortführung der – um die griechische Denkweise erweiterten – alten ägyptischen Traditionen zu handeln scheint.

Der Name Thot-Hermes mochte zu dieser Zeit nur noch für einen Ehrentitel stehen. Zumindest glaubt man, dass mit ihm verschiedene Personen tituliert wurden, unter ihnen der „dreifach große Hermes" *(Trismegistos)*. Die alexandrinischen Alchimisten stellen ihn als den Begründer ihrer Kunst vor (wenn dieser später im Arabischen als *Alchimie* bezeichnete Wissenszweig zur damaligen Zeit vielleicht auch schon in China und Indien bestanden haben mag). In griechischer Sprache abgefasst, beinhalten die Hermes Trismegistos zuerkannten Schriften praktisch die gesamte ägyptische Mysterienweisheit, nunmehr als *Hermetik* bezeichnet. Sie gibt zusammenfassend eine Erklärung über Entstehung und Bedeutung der Welt, wie sie auch spätere Systeme der Theogonie[79] und Kosmogonie enthalten.[80] Sie eröffnen dem Suchenden eine kosmologische Weltsicht, wie sie erst die naturwissenschaftlichen Erkenntnisse unserer Tage untermauern. Obwohl den damaligen Denkern diese Denkmodelle noch nicht zur Verfügung standen, ist es doch erstaunlich, dass die hermetischen Schriften ein dem griechischen Rationalismus entgegengestelltes Interpretationsmodell der Weltsicht vorstellen (wie es Umberto Eco herausstellt).

Viele der christlichen Rituale haben ihren Ursprung im ägyptischen Kultus. So kannte der Kirchenvater *Clemens von Alexandria* (ca. 150 - 213 n. Chr.) die ägyptischen Zeremonien aus den zweiundvierzig Schriften des Hermes. Andere Zeitgenossen setzen diese Zahl wesentlich höher an. Uns sind heute leider nur mehr wenige davon (in griechischer oder koptischer Fassung) erhalten geblieben, wie die im Corpus Hermeticum enthaltenen Dialoge zwischen *Hermes*, seinem Sohn *Tat* und *Asklepios*. Der Pimander beschreibt die Erschaffung der Welt und Asklepios die ägyptische Religion mit ihren magischen Riten, mittels derer sich steinerne Götterbilder „aktivieren" lassen.[81] In einer dritten Gruppe, die nur mehr in Fragmenten erhalten blieb, vermischen sich ägyptische Elemente mit solchen jüdischen und persischen Ursprungs.

Alchimie, Astrologie und Magie bilden auch den Hauptinhalt in *Klaudios Ptolemaios*' Tetrabiblos. Diese „Künste" waren feste Bestandteile der alten Religionen und in den ersten Jahrhunderten des Christentums auch in Ägypten noch vorhanden. So hatte noch Clemens von Alexandria das Tetrabiblos bei der Abfassung seiner Stromates stets bei der Hand. Erst beim Konzil von Laodice erging 366 das Verbot von Astrologie und „Zauberei" (Magie), so dass diese Schriften aus den Bibliotheken des Christentums verbannt wurden und (zusammen mit zahlreichen Schriften medizinischen Inhalts) im Abendland erst wieder über die Araber ans Licht treten konnten. Wie wir noch sehen werden, ließen sich die Denker des späten Mittelalters von den antiken Vorbildern dieser Schriften stark beeindrukken, in denen die Hermetik als Quelle der Alchimie dargestellt wird. Die Überlieferung dieser, wie vieler anderer Schriften der griechischen Geisteswelt verdanken wir somit den „Arabern“.

Die griechische Geisteswelt

Sie darf in keinem Ansatz der Geschichte der geistigen Höherentwicklung des Menschen fehlen, da sie als erste offen verkündet, was vordem nur unter Priestern und Eingeweihten kursierte. Den griechischen Philosophen galt das Streben nach Wissen um seiner selbst willen. Um die Zeitenwende beeinflusste sie praktisch alle Wissensbereiche der Alten Welt und formte, wie wir noch sehen werden, auch maßgeblich unsere abendländische Denkweise mit den christlichen Glaubenswahrheiten.

Im alten Griechenland umfasste das allgemein gepflegte Lehrsystem sowohl die physischen als auch die geistigen Künste: Im „Gymnasion“ wurden Biologie, Physik, Medizin, Landwirtschaft und körperliche Ertüchtigung gelehrt, während die geistige Bildung den „Musentempeln“ (Museen) oblag. [82]

Zur weiteren Vertiefung der nachfolgenden Abschnitte möge der Leser zur Lektüre seiner Geschichtsbücher oder zum Besuch seiner Bücherei angeregt werden; eine auch nur annähernd vollständige Aufzählung würde den dafür vorgesehenen Rahmen bei weitem sprengen; deshalb werden hier auch nur die Hauptvertreter der Philosophenschulen aufgeführt, deren Lehren dazu beitrugen, eine gewisse „geistige Unruhe“ aufzubauen, die bis heute andauert. Mit diesem Gedankengut ausgestattet konnte sich die westliche Welt auf den langen Weg der „Wahrheitssuche“ begeben. Seither bildet die Suche nach Wahrheit und die Kontemplation über das Phänomen ihrer Unfassbarkeit den inneren Antrieb, der allen Philosophien und Religionen zugrunde liegt. Die Trägheit im Herzen der Unentschlossenen zu überwinden, war Aufgabe dieser Schulen. Im Wassermannzeitalter wird sich der *homo spiritualis* vermehrt auf sie zurückbesinnen!

Die mehr als achthundertjährige Geschichte der „klassischen“ Philosophie beginnt an der kleinasiatischen Küste und seinen Inseln. Sie brachte u. a. folgende Schulen hervor:

• Die **Philosophenschule von Milet**: *Thales* (ca. 625 - 545 v. Chr.) gilt als ihr bekanntester Vertreter und möglicher Begründer. Er war Zeitgenosse von *Krösus* und *Solon* und erklärt als erster die Entstehung der Welt nicht mehr nur mythologisch sondern wissenschaftlich. Der Urstoff *(arché* [83]*)*, aus dem alle Dinge entstanden, ist für ihn das Wasser.[84] Mit diesem Element machte er auf unliebsame Weise Bekanntschaft, als er eines Tages beim Betrachten des gestirnten Himmels in einen Brunnen fiel und von einer thrakischen Magd daraufhin verspottet wurde. Für seinen Nachfolger, den Mathematiker, Astronomen und Geographen *Anaximander* (ca. 611 - 545 v. Chr.) kennzeichnet den Urgrund das unendliche und unbegrenzte *apeirón*, etwas Unbestimmtes, das ursprungslos und unvergänglich ist, da es ja keine Grenze hat; aus ihm müssen folglich alle Himmel und die Welten darin entstanden sein. Der Astronom *Anaximenes* (ca. 585 - 525 v. Chr.) hielt schließlich die Luft für den Urstoff, aus dem sich die anderen drei Elemente durch Verdichtung gebildet hätten.

• Der bekannteste Vertreter der **Schule von Ephesus**, *Heraklit* (ca. 544 - 483 v. Chr.), philosophierte als erster „spekulativer Philosoph" über das Denken selbst. Alles komme aus dem EINEN, sei dem ewigen Wechsel unterworfen und strebe schließlich dem EINEN wieder zu, wenn auch die Auseinandersetzung, der Krieg, Vater aller Dinge sei, so kehre doch die Welt der Gegensätze letztendlich wieder zur großen Harmonie der Einheit zurück. Neben dem Begriff des *Logos* für die vernunftgemäße Weltordnung und ihre Erkenntnis und Erklärung ist ein wiederkehrendes Thema seines Philosophierens der natürliche Prozess beständigen Werdens und Wandels, der später auf die Kurzformel *Panta rhei* (Alles fließt)" gebracht wird.

• Die **Schule der Pythagoreer** wird nach ihrem Gründer *Pythagoras* (ca. 570 - 496 v. Chr.) aus Samos benannt, einem Schüler des Thales. Seine Gemeinschaft lernten wir bereits im Abschnitt über die Bruderschaften der Antike kennen. Pythagoras verdanken wir unsere Grundkenntnisse der Arithmetik, Musik, Geometrie und der Sphärik sowie ihrer Zusammenhänge in der „Harmonikalen Symbolik". *„Wer die Beziehungen zwischen den Zahlen versteht, kann die geistigen Geheimnisse des Universums aufdecken und den Göttern näher kommen!"* Für Pythagoras als Wissenschaftler und religiösen Erneuerer bedeuten die Zahlen Schöpfungsprinzipien. Er fasst seine Erkenntnisse hierüber im Symbol der Tetraktys zusammen. Seine teleologische (zweckbestimmte) Betrachtungsweise ist stets zielgerichtet und beinhaltet das harmonikale Zusammenwirken aller Naturkräfte. Auch lehrt er als erster die Unsterblichkeit der Seele. Die zunächst geheim überlieferten Lehren des Pythagoras wurden erst sehr viel später über die Neupythagoreer und -platoniker allgemein bekannt gemacht.

• Die **Schule von Elea** wurde Mitte des 6. vorchristlichen Jahrhunderts (im damals griechischen Unteritalien) von *Xenophanes* begründet. Zu ihren bekanntesten Vertretern zählen *Parmenides* (ca. 540 - 480? v. Chr.) und sein Lieblingsschüler *Zenon* (ca. 490 - 430 v. Chr.), dem „Erfinder der Dialektik" (der Suche nach Erkenntnis durch die Überwindung von Widersprüchen). Parmenides verkündet die Wahrheit in homerischen Hexametern als das Wissen einer Göttin, von der er seine Einweihung erfahren haben will. Es habe das Sein niemals einen Anfang gehabt und werde auch kein Ende finden. Zur Wahrheit führten nicht die Sinne, sondern die Vernunft. Was uns bewusst wird, formt auch unsere Realität. „Denken ist Sein" nimmt Descartes' *cogito ergo sum* ca. 2400 Jahre vorweg. Die sinnliche Wahrnehmung bleibt trügerisch, weil sie uns anstelle des dauerhaften Seins eine Vielheit veränderlicher Dinge vorspiegelt.

• Die **Schule der „jüngeren" Naturphilosophie** verbindet die eleatische Seinslehre mit der Lehre über das „Werden" der Dinge. *Anaxagoras* (ca. 500 - 428 v. Chr.) wandert 463 aus Kleinasien nach Athen aus und wird Freund von Perikles und Euripides. Seine Welt aus unvergänglichen Teilchen entsteht aus dem Chaos des Urzustandes durch eine Wirbelbewegung des *nous,* der Urintelligenz. Durch „Scheidung" sei vom flüchtigen Äther bis zu den Meteoriten alles entstanden. Werden und Vergehen sollten deshalb besser Mischung und Trennung genannt werden. Der „göttliche" *Empedokles* (ca. 483 - 423 v. Chr.) ist neben seinem Amt als Priester und Schamane auch noch Staatsmann und Ingenieur. Als hervorragender Redner der Volkspartei wird er gar als „Vater der Rhetorik" betrachtet. Er stellt die Bedeutung der Erde als viertes alchimisches Element der des Wassers des Thales, der Luft des Anaximenes und des Feuers Heraklits heraus. Der Urstoff werde vom Band der Liebe zusammengehalten; durch Mischung dieses Stoffes entstünden jedoch gegensätzliche Kräfte (wie Liebe und Hass), die schließlich wieder zur Trennung führten. Alles Sein besitze Denkkraft. Die Entstehung von Pflanzen und Tieren bringt ihn auf die Selektionstheorie, zweieinhalb Jahrtausende vor Darwin. Seine Gottesauffassung beruht auf der Idee „eines heiligen und unaussprechlichen Geistes, der mit schnellen Gedanken den ganzen Weltenbau durchfliegt". Die (individuelle) Seelen(-persönlichkeit) entwickele sich in Läuterungsperioden bis zur höchsten menschlichen Stufe, von wo aus sie in ihre Urheimat zurückkehren könne. Empedokles tritt seinen Rückweg in die Götterwelt an, indem er, in ein Purpurgewand gekleidet und mit ehernen Sandalen und einem delphischen Kranz versehen, im Krater des Ätna verschwindet … Der Thrakier *Demokrit* (ca. 460 - 371 v. Chr.) verwendet sein bedeutendes Vermögen für zwei große Forschungsreisen ins Morgenland und lebt nach seiner Rückkehr ein beschauliches Leben in seiner Heimatstadt Abdera. Der wohl bekannteste Teil seiner Philosophie besteht in seiner Lehre von den Atomen und vom leeren Raum. Sein Werk NATUR UND MYSTIK sollte später in der TURBA PHILOSOPHORUM großen Einfluss auf unsere Alchimisten nehmen.

• **Sokrates und die Sophisten:** Bis um die Mitte des 5. Jahrhunderts v. Chr. pflegt man die Philosophie in fest geschlossenen Schulen. Mit den Sophisten tritt sie nun hinaus auf den Marktplatz, die Agora, hinaus ins öffentliche Leben, das sich in ungeahnter Fülle und Lebendigkeit zu entfalten beginnt. Nach dem Sieg über die Perser wird Athen Erbin des zerstörten Milet. Wer politisches und soziales Ansehen gewinnen will, bedarf jetzt mehr als nur eines aristokratischen Vaterhauses, er muss neben Bildung auch Redegewandtheit besitzen. Die in rascher Folge hintereinander entwickelten metaphysischen Systeme aus Milet und Elea haben sich derweil erschöpft; die Zuverlässigkeit der Sinnenerkenntnis ist durch die großen nachfolgenden Denker erschüttert worden. Es erhebt sich die Frage nach der Existenz von allgemeingültigen Wahrheiten. Nach *Protagoras* (ca. 485 - 415 v. Chr.), einem Landsmann Demokrits aus Abdera, ist der Mensch das Maß aller Dinge, der seienden, dass sie sind, der nicht seienden, dass sie nicht sind. Jede Vorstellung besitze relative Wahrheit, allgemeingültige Wahrheiten gebe es keine. Protagoras folgen eine lange Reihe von redegewandten Sophisten, denen *Sokrates* (469 - 399 v. Chr.) entgegentritt. Er zeichnet sich durch ein tugendreiches Leben aus, durch Rechtschaffenheit, Sittenreinheit, Bedürfnislosigkeit, Freimütigkeit, Menschenfreundlichkeit, Religiosität und Liebenswürdigkeit, aber auch durch Schlagfertigkeit, Witz und Humor. Er weiß, „dass er nichts wisse“ und drängt sich und seine Schüler zur Selbstbesinnung und zur Prüfung alles vermeintlichen Wissens. Jeder müsse selbst zur Wahrheit finden, das ist die Quintessenz seiner Philosophie! Dadurch findet er zur Definition der Dinge und Begriffe. Seine Untersuchungen folgen dem Weg der induktiven Methode immer vom Gangbaren zum Abstrakten. Damit gelangt er zu seiner Ethik. Niemand handele mit Absicht schlecht, es fehle ihm nur die Einsicht! Sokrates' Gottesvorstellung weist monotheistische Züge auf: Schon die zweckmäßige Einrichtung des Weltalls deutet auf eine weise, alles lenkende Gottheit hin. Nachdem ein Gericht Sokrates (wegen Einführung neuer Götter und Verführung der Jugend) verurteilte, den Schierlingsbecher zu trinken, tritt Plato seine Nachfolge an.

• **Die Schule der „klassischen“ Philosophen:** *Plato* (427 - 347 v. Chr.) dankt den Göttern für vier Dinge: dass er geboren sei als Mensch, als Mann, als Grieche und als Bürger Athens zu Sokrates' Zeit. Sein uns überliefertes Werk umfasst fünfunddreißig Dialoge und eine Sammlung von Briefen. Durch ihn haben wir genaue Kenntnis über seinen Meister Sokrates, der uns selbst keine Schriften hinterließ. Plato unternimmt den ersten wissenschaftlichen Versuch, die Frage nach der Erkenntnis zu stellen. Die Wissenschaft von den reinen Ideen nennt er Dialektik, weil sie in der Unterredung mit anderen oder auch im Zwiegespräch mit sich selbst Begriffe erzeugt, die in das Reich der Ideen führt. In der Physik fasst er den Schall als Schwingungsbewegung auf, erklärt die Erscheinungen von Magnetismus und Elektrizität und glaubt bereits an die Achsendrehung der Erde. Das Lebenswerk seines thrakischen Schülers (und des späteren Lehrers Alexander des Großen) *Aristoteles* (384 - 322 v. Chr.) hat nicht nur auf die Denkweise des ausgehenden Altertums Einfluss genommen, sondern über die Scholastiker auch die des abendländischen Mittelalters geprägt. Aristoteles ist ein Universalgenie und sein Werk beinhaltet neben seinen philosophischen Schriften zahlreiche Abhandlungen über Zoologie, Anatomie, Physiologie etc. Seine pragmatische Vorstellungsweise in der Philosophie leitet sich immer vom Allgemeingültigen ab, das nur der logischen Bearbeitung bedarf. Das letzte Ziel seiner Philosophie dient der Erkenntnis des Seins. Aber er sucht das Wesen der Dinge in ihnen selbst und begründet so die formale Logik, welche die Grundbegriffe wie Wesen und Substanz (ousía), Quantität und Qualität etc. beinhaltet. Seine Erkenntnis, dass sich Urteile über die Verknüpfung von Begriffen zu Schlüssen und Beweisen zusammensetzen, greift später die mittelalterlich kirchliche Dogmatik auf. Nie existiere ein Stoff ohne alle Form, wohl jedoch ein selbständiges Prinzip der Formen. Erster Beweggrund aller Dinge sei der göttliche Geist *(nous)*, ewig, unveränderlich, getrennt von allem übrigen und doch die Ursache desselben. Im Wesen und in der Ursache aller Dinge ruhe ein Zweck. „Die Natur tut nichts umsonst!" Im Unterschied zu seinem Lehrer Plato hält er die Seele für sterblich, ganz im Gegensatz zum Intellekt, der durch die Tätigkeit des Denkens und der Vernunft das Menschliche schlechthin repräsentiere. Als „Vater der Zoologie" beschreibt Aristoteles 581 Tierarten, deren Untersuchung ihm viele in Honig konservierte Kadaver ermöglichen, die ihm Alexander der Große auf seinen Eroberungsreisen zukommen ließ. So erkennt Aristoteles – neben zahlreichen Fehleinschätzungen (wie dem Phänomen der „Urzeugung") – z. B. als erster, dass es sich bei den Walen um Säugetiere handele und dass der Schwänzeltanz der Bienen der Verständigung diene. Mechanik und Mathematik interessieren ihn jedoch weniger. Wie Sokrates, so erliegt auch Aristoteles dem Ränkespiel der Priesterschaft, die nach dem Tod seines Freundes und Gönners Alexander des Großen seine Hinrichtung oder Verbannung fordern. Er stirbt wenige Monate nachdem er seine Verbannung nach Chalkis auf Euböa angetreten hatte. Mit seinem Tod endet auch die Epoche der großen Denker des antiken Griechenland.

Mit der Gründung der *platonischen Akademie* um 385 v. Chr. durch Plato entstand in Athen eine Institution, die in ihrem 900jährigen Bestehen weit über die Übergangsphase zum Mittelalter hineinreicht. Ursprünglich der Verehrung Apolls und der Musen gewidmet, forderte sie von ihren Anhängern ein enthaltsames Leben, ähnlich dem der Pythagoreer. Im Gegensatz zur Schule von Alexandria widersetzte sich die platonische Akademie jedoch der Assimilation des Christentums bis zu ihrer Schließung im Jahr 529 n. Chr. durch den oströmischen Kaiser Justinian (527 - 565).

Der Übergang von der Antike zum Hellenismus

Große politische und kulturelle Umwälzungen zeichnen sich schon gegen Ende des dritten vorchristlichen Jahrhunderts ab, als die Nachfolger Alexander des Großen in ihren so genannten „Diadochenkämpfen" versuchen, das griechische Weltreich unter sich aufzuteilen, während die Römer die einzelnen Teilreiche nach und nach für sich erobern und ihrem Imperium einverleiben.

Von diesem Zeitpunkt an übernimmt das römische Weltreich die politische Führung in der Alten Welt. Das griechische Denken bestimmt aber noch weiterhin die nachfolgenden Jahrhunderte und sein Same wird in unserer Denkweise aufgehen. Denn die Entwicklung der „globalen", allen Völkern des Reiches gemeinsamen Kultur des Hellenismus setzt einen Wendepunkt in der Geschichte der antiken Welt, auf den wir im Abschnitt über den Gnostizismus noch näher eingehen werden. Am großen philosophischen Werk beteiligen sich fortan auf dem Boden des römischen Weltreiches neben Griechen und Römer auch deren Kolonien und Vasallenstaaten; dabei nehmen die philosophischen Systeme dieser Epoche immer mehr ethischen und religiösen Charakter an, bis sie im Neuplatonismus ihren universellen Auftrag fast gänzlich ablegen müssen, um zu einer spezialisierten theosophischen Disziplin abzumagern. [85]

Philosophenschulen

Folgende Schulen markieren mit ihrer Denkweise die ausklingende Antike:

• Die hellenistisch-römisch geprägten Philosophenschulen stehen unter dem Einfluss der **Stoiker**, welche die sittliche Tüchtigkeit als Zweck aller Philosophien betrachten, sowie der **Epikureer** und **Skeptiker** (unter ihnen *Antiochus von Askalon*, Ciceros Lehrer in Athen, der die Skepsis als sich selbst widersprechend aufgibt.[86] Demgegenüber betrachtet die Lehre Epikurs ein glückliches Leben als das höchste zu erstrebende irdische Gut, das nur in Freiheit gelebt werden kann: im Freisein von Schmerz, Stress, von Politik und Ämtern – auch von den Fesseln der Ehe!

• Die **Schule der Neuplatoniker** wendet sich von der menschlichen Erkenntniskraft immer mehr ab, hin zum sittlichen Handeln. Etappen auf diesem Weg markieren die großen römischen Dichter und Philosophen *Cicero, Seneca* und *Mark Aurel.* Auch die *jüdische Philosophenschule in Alexandria* mit ihrem großen Vertreter *Philon* spielt beim Aufbau des neuplatonischen Denkgebäudes eine herausragende Rolle. In ihr verschmelzen aufs innigste jüdisches und griechisches Geistesleben. So wurde hier bereits im 3. vorchristlichen Jahrhundert das jüdische Alte Testament ins Griechische übersetzt.[87] *Apollonios von Tyana* und *Hermes Trisme-*

gistos (siehe oben) werden des öfteren als Vorläufer der Neuplatoniker betrachtet. Die Urbilder aller Dinge fußen bei ihnen auf der pythagoreischen Zahlensymbolik; Gott wird als reiner Geist verstanden. Er steht über allem Sein und aller Vernunft. Ihre dualistische Weltordnung greift auf persische und ägyptische Religionsvorstellungen zurück. *Plutarch* (45 – 127 n. Chr.), ein delphischer Priester aus dem griechischen Chaironeia, verfasst eine Reihe ethischer Schriften. Auch seine religiösen Vorstellungen beruhen auf spiritueller Erkenntnis.

Numenios, aus dem späten 2. nachchristlichen Jahrhundert, nannte sich selbst noch „Pythagoreer". Er hinterließ uns ein Werk ÜBER DAS GUTE, in dem er die Forderung aufstellt, die platonische Lehre mit der des Pythagoras und den „alten Lehren" (den Mythen) in Übereinstimmung zu bringen.

Als eigentlicher Begründer des „neuen Platonismus" gilt allgemein *Ammonios Sakkas* aus Alexandria (ca. 175 - 242 n. Chr.), zu dessen Schülern auch *Origenes* und Plotin gehören. *Plotin* (203 - 269 n. Chr.) wird noch in Ägypten geboren, begründet jedoch nach dem Tod seines Meisters seine eigene Schule in Rom, der er bis 268 vorsteht. Er kennt die gesamte griechische Geisteswelt und erfasst seinen Meister Plato vielleicht tiefer, als mancher seiner unmittelbaren Schüler. Das Denken ist für ihn ein geistiges Schauen, eine mystisch-intuitive Erkenntnis; außerhalb des denkenden Geistes existiert nichts. Raum und Zeit bestehen nur als Kategorien unseres Denkens. Aus der Überfülle des „Einen" entstand die Vielheit und die Seele dient als Vermittlerin zwischen der materiellen und der geistigen Welt.

Die Nachfolge Plotins treten die Syrer *Porphyrios* (ca. 232 - 304) und dessen Schüler *Jamblichos* († um 330) an, durch die die pythagoreischen Lehren wieder mehr in den Vordergrund gerückt werden. Sein Werk über die Mysterien (DE MYSTERIIS) gibt uns einen einmaligen Einblick in die mystischen Aspekte des späten Neuplatonismus.[88, 89]

Nachdem der alte Glaube an die Götter des Olymps dem siegreichen Christentum endgültig weichen musste, wenden sich die Neuplatoniker wieder mehr ihrer eigentlichen Gelehrtenarbeit zu, wie der Auslegung platonischer und aristotelischer Schriften. Im 5. und 6. Jahrhundert finden wir diese Philosophen in der bereits seit dem Jahr 385 v. Chr. bestehenden platonischen Akademie von Athen. Unter ihnen gilt der Syrer *Proklos* (410 - 485) mit seiner Triadenlehre als „Systematiker" der neuplatonischen Tradition. Mit *Dionysios Areopagita* findet dessen Lehre über die himmlischen Hierarchien auch Eingang in das Christentum.

Naturwissenschaften

Während sich nun Philosophie und Erkenntnistheorie von den Naturwissenschaften abwenden, um getrennte Schulen zu bilden, erleben diese aber gerade jetzt einen bis dahin nie gekannten Entwicklungsschub: Vor allem sind *Euklid* (Geometrie), *Hipparch* und *Aristarch* aus Samos (Astronomie) zu erwähnen, sowie *Eratosthenes*[90] und *Ptolemaios* aus Alexandria (Geographie und Astronomie) und *Archimedes* aus Syrakus (Mathematik und Mechanik) hier aufzuführen. Der Sage nach soll es ihm bei der Verteidigung von Syrakus gegen die römische Belagerung im Zweiten Punischen Krieg gelungen sein, die römischen Schiffe mit Hilfe von Parabolspiegeln in Brand zu setzen.[91]

Klaudios Ptolemaios fasst in seinen Schriften die astronomischen Kenntnisse seiner Zeit zusammen; sein Weltbild wird vom christlichen Abendland bis ins 16. Jahrhundert nahezu unverändert übernommen: Die Erde ruht darin im Zentrum des Kosmos, die Planeten Venus, Merkur, Mars, Jupiter und Saturn sowie Sonne und Mond befinden sich auf Kugelschalen und bewegen sich auf komplizierten, aus Kreisen zusammengesetzten Bahnen um die Erde, den Abschluss des Kosmos bildet die sich drehende kristalline Fixsternsphäre. Um das Platonische Axiom, dass sich Himmelskörper auf Kreisbahnen bewegen, zu gewährleisten und diese „Phänomene zu retten", müssen Epizykeln und Ausgleichspunkte eingeführt werden.

Wir werden Geschichte und Einfluss dieser Weltmodelle durch die Geschichte des Abendlandes weiter verfolgen.

Abb. 13: Ptolemäisches Weltbild

Dagegen möchte die Philosophie jetzt nur mehr Lebensweisheit lehren, der Philosoph Seelenarzt sein. Diese unheilvolle Polarisierung (zwischen Naturwissenschaft und Philosophie) spaltet unsere Betrachtungsweise der Phänomene bis in unsere Zeit in zwei Lager und behindert dadurch in großem Maße den Entwicklungsweg der Menschheit.

Mysterienkulte der Übergangszeit

Obwohl politisch gesehen Griechenland seine Selbständigkeit eingebüßt hatte, war doch das in ihm entstandene Gedankengut aus Kultur und Wissenschaften Gemeingut aller Mittelmeerländer geworden. In dieser unruhigen Zeit des Zusammenbruchs der alten Wertevorstellungen suchten die großen Denker allerdings vergebens, die verloren gegangene innere Ruhe wieder zu finden, während die offizielle Staatsreligion zu einer Abfolge von Ritualen mit politischem Hintergrund verkam, in der niemand mehr an die Götter des Olymps glaubte. Für die Gebildeten im römischen Weltreich war die traditionelle Religion vielmehr vom Neuplatonismus abgelöst worden oder in den Mysterienkulten aufgegangen, die vor allem aus dem Vorderen Orient in den Metropolen des Römerreichs Einzug gehalten hatten. So verbanden sich die ekstatischen Kulte des Dionysos, der Orphiker und der „großen Mutter“ (*Kybele* und ihres Geliebter *Attis*) mit den ägyptischen Mysterien, während Legionäre den Mithraskult aus den vorderasiatischen Kolonien in ihre Heimat mitbrachten. Auf einige dieser Kulte wird an anderer Stelle näher eingegangen.

In den *dionysischen Mysterien* finden später die vielfältigen Strömungen im Neuplatonismus ihren Niederschlag. Die ursprünglich ekstatischen und rauschhaften Riten dieser Mysterien werden dadurch zu den nunmehr mystisch verklärten und weltabgewandten Kulten der 3. und 4. nachchristlichen Jahrhunderte abgewandelt, in denen sich die Gegensätze zwischen der geistigen und materiellen Welt stärker akzentuieren können.

Die wachsende Bedrohung des Reiches von außen (durch die Völkerwanderung), wie von innen (durch die Bürgerkriegsgefahr während der Herrschaft der Soldatenkaiser[92]) lässt nun aber die äußere Welt fragwürdig und brüchig erscheinen. Da es in ihr keine Sicherheit mehr auf Heil und Geborgenheit zu geben scheint, versucht der Einzelne seine Seele durch Zugang zum Übernatürlichen „in eine bessere Welt hinüberzuretten“.[93] In diesem Umfeld kommt es im römischen Weltreich zur Ausbreitung der christlichen Lehre und ihrer ersten Gemeinden.

Die Urkirche, ein Mysterienkult?

Die Geschichte des Christentums beginnt mit dem Pfingsttag, an dem sich mit der Aussendung des Heiligen Geistes der Kreis der *Jünger* zu einer Gemeinschaft zusammenfügte, mit der man später den griechischen Ausdruck *Ekklesia* verband. Er wird bei uns zumeist mit „Kirche"[94] übersetzt, bezeichnete ursprünglich jedoch nur eine „einberufene Versammlung".

Wir kennen die genaue Zahl der ersten *Christen* nicht, die sich nach der ersten Apostelpredigt zusammenfand; die Apostelgeschichte berichtet von der Taufe „gegen dreitausend Seelen" (Apg. 2,41). An ihrer Spitze stand – gemäß der Tradition des abendländischen Christentums – der Apostel Petrus[95]. Seine Begräbnisstätte am Zirkus des Caligula in Rom, an dem er um das Jahr 67 den Märtyrertod[96] erlitten haben soll, sollte zum Nukleus für die neue Religion sowie zum späteren Machtsymbol seiner Päpste heranreifen.[97]

Die Jüngerschaft der ersten Christengemeinde wurde noch durch ihre Erinnerung an den Rabbi[98] Jesus und an das gemeinsame Erleben seines Wirkens zusammengehalten. Seine Botschaft war wohl in jedem der Jünger noch vollkommen gegenwärtig. Deshalb glaubten sie an seine alsbaldige Wiederkehr mit der Verwirklichung des Gottesreiches hier auf Erden.

Mit dem Geheimnis ihres Glaubens an Tod, Auferstehung und Wiederkunft des Herrn besaß die Urgemeinde alle Charakteristiken einer Mysterienreligion, indem sie die Trennung von Eingeweihten und Nichteingeweihten betonte und die Bewahrung des Kultgeheimnisses beachtete. Neben dem gemeinsamen Gebet kannte die Urgemeinde noch drei sehr einfach gehaltene Riten. Es waren dies das Aufnahmeritual in die Gemeinschaft in der *Taufe*, die Übertragung der göttlichen Kräfte durch *Handauflegung* und das gemeinsame Liebesmahl, der *Agape*, das erst um 210 n. Chr. von *Hippolyt* [99] zu einem liturgisch ritualisierten *eucharistischen Mahl* erhoben wurde. Weitere feste Formen von Liturgien sollten sich erst sehr viel später ausbilden.

Abb. 14: Mandala des Pfingstwunders

Da sich die Jünger Jesu noch nicht von der Synagoge und dem jüdischen Gesetz abgesondert hatten, unterschieden sie sich von den übrigen Juden nur in ihrem Glauben an Jesus Christus als den Messias[100]. In diesem Glauben blühte ein stark religiös geprägtes Leben auf, in dem die neue Gemeinschaft versuchte, das Gebot der Liebe in die Tat umzusetzen. Dazu gehörte auch eine Gütergemeinschaft wie bei den Essenern: *„Die Gesamtheit der Gläubigen war ein Herz und eine Seele, und nicht ein einziger nannte etwas von dem, was er besaß, sein eigen, sondern sie hatten alles gemeinsam.“* (Apg. 4,32)

Aus dem Raum um Jerusalem breitete sich die neue Glaubensgemeinschaft in kurzer Zeit über ganz Palästina und andere Stätten der Mittelmeeranrainer aus, gefördert durch die Juden der Diaspora[101], die eine enge Verbindung zu Jerusalem unterhielten und deshalb auch dort für den neuen Glauben gewonnen werden konnten. Aus ihnen, den griechischsprachigen „Hellenisten“, wurden beispielsweise die ersten sieben Diakone ausgewählt (unter ihnen Stephanus und Philippus), wobei es auch zum ersten dokumentierten Bruch mit dem Hohen Rat der Juden kam, wie wir der Apostelgeschichte (Apg. 4ff) entnehmen können. Die ersten Verfolgungen der neuen Christengemeinschaft unter Herodes Agrippa (37 - 44 n. Chr.), dem König von Judäa, lösten eine große Fluchtwelle unter ihren Anhängern aus, die zur Entwicklung der ersten Gemeinden außerhalb Palästinas, in Antiochia (heute das türkische Antakya), aber ebenso in anderen Ländern des Römischen Reiches führten. Der Legende nach soll das Christentum bereits damals in das von den Römern besetzte Britannien Einzug gehalten haben.

Die Beziehung der Juden zu den christlichen Gemeinden lässt sich in dieser Zeit noch nicht ganz überschauen; bildeten die Christen doch nur eine kleine Sekte inmitten anderer Gemeinschaften, wie die der Essener, Pharisäer, Sadduzäer oder Zeloten. Ihre Botschaft wurde dabei – je nach sozialer Klasse und örtlichen Gepflogenheiten – unterschiedlich aufgenommen. Eine erste innerkirchliche Kontroverse, ob nur geborene Juden oder auch „Heiden“ zu Christen getauft werden dürften, spaltete sie in Anhänger von Petrus (den Judenchristen) und von Paulus (den Hellenisten) und musste auf dem ersten Konzil in Jerusalem geklärt werden (Apg. 15).

Der Völkerapostel Paulus, von Geburt Jude, griechisch erzogen und römischer Staatsbürger, bahnte dem Christentum letztlich den Weg zum Sieg. Er gilt als der maßgebende Verkünder und Verbreiter des Evangeliums. Seine dreizehn Briefe stellen für viele bis heute – neben den vier kanonischen Evangelien – den wichtigsten Teil des neutestamentlichen Kanons dar. Aus ihnen leitet sich die dogmatische Lehre der Kirche ab, die von den Gläubigen fortan nur mehr die drei „theologischen Tugenden“ *Glaube, Hoffnung* und *Liebe* abverlangt. Sollte der zweite Korintherbrief etwa andeuten, dass die *Erkenntnis* (Gnosis) einem späteren Zeitalter vorbehalten bleiben sollte? Jedenfalls wird Paulus sowohl als Schöpfer wie (später von seinen Gegnern) auch als „Verderber des Christentums“ bezeichnet.

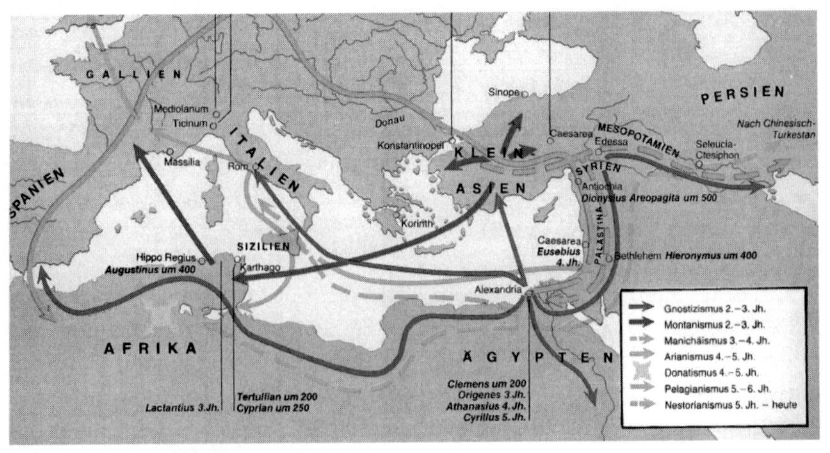

Abb. 15: Die Ausbreitung des Christentums

Auf seinen vier großen Reisen beteiligte sich Paulus maßgeblich am Aufbau der ersten christlichen Gemeinden außerhalb Palästinas: in Kleinasien (neben Antiochia, Ephesus, Galatien[102], Kolossä), Makedonien (Philippi, Thessalonich), Achaia (Korinth) und Italien (Rom). Ob er auch nach Spanien gelangte, ist uns nicht gesichert überliefert. Die *Pax Romana* sicherte dabei der neuen Religion den Siegeszug auf den Konsularwegen und Heeresstraßen der römischen Soldaten und Händler, während sich die Ausbreitung des „ägyptischen Christentums" der Kopten mehr im Stillen vollzog.

Am Ende des 1. Jahrhunderts verlagert sich der Mittelpunkt der christlichen Gemeinden von Jerusalem nach Rom und Nordafrika. Ein Jahrhundert später erreicht das Christentum Gallien und das linksrheinische Ufer, wenn man hier nicht sogar, wie örtliche Legenden behaupten, schon unmittelbar nach jenem Pfingstereignis durch andere Jünger davon erfuhr. Leider schweigt die Apostelgeschichte von den sechzig oder hundertzweiunddreißig Jüngern – wie beispielsweise Joseph aus Arimathia, dem wir später in der Gralssage wiederbegegnen werden – und die vermutlich ebenso auszogen, um Zeugnis von ihrem Meister Jesus und seinen Lehren zu geben. Wie einige Legenden überliefern, könnten sie dabei esoterische Traditionen begründet haben, die zum Teil heute noch bestehen sollen …

Von mystischen Ritualen zu Liturgien

Die einfachen Rituale des Urchristentums lösten die komplizierten, ursprünglich noch blutigen jüdischen Rituale, sowie die magischen Praktiken der heidnischen Kulte ab.

Herzstück des urchristlichen Lebens war, wie bei allen Mysterienschulen, der gemeinschaftliche Gottesdienst, in dem die Kräfte der jenseitigen Welt in die Gemeinde einströmen und sich die Eingeweihten *„in wundersamer Gemeinschaft mit den Wesen des Gottesreiches"* verbinden konnten. In diesem Gottesdienst bildet das Liebesmahl (Agape) den zentralen Teil der gemeinschaftlichen Feier. Der Kirchenvater Tertullian (ca. 150 - 230) beschreibt sie uns noch als *„beliebte Form kirchlicher Geselligkeit, in dem bei bescheidenem Essen und Trinken das allgemeine Gespräch durch den Vortrag biblischer Abschnitte, Psalmengesang oder freier Rede abgelöst wird".* Das älteste uns überlieferte christliche „Abendmahlsritual" beschreibt die DIDACHÉ[103]: In ihr ist der heilige Ritus zu Beginn des gemeinsamen Mahles noch ganz in der Mysterientradition verhaftet und vom „paulinischen Einfluss" (des kultischen Opfers) noch unberührt; wird das Sühneopfer Jesu Christi am Kreuz doch erst zwei Jahrhunderte später in das „Abendmahlsgeheimnis" hineininterpretiert, um bis heute vom Priester im Messopfer nachvollzogen zu werden: Die Idee dazu soll auf Bischof *Caecilius Cyprianus* von Karthago zurückgehen. *In jedem Kultakt wird die Gemeinde immer wieder aufs neue zur geistigen Einheit zusammengeschlossen; dies zeigt auch die Sitte, den Abwesenden die geweihte Speise ins Haus zu bringen, damit keiner ausgeschlossen bliebe.*[104]

Zur gleichen Zeit erfuhr auch das „Initiationsritual" der Taufe seine festen Formen. Bis ins 2. Jahrhundert hinein war dafür der Sabbat bestimmt, bis später die Osternacht für die Feier dieses Rituals ausgewählt wurde – wobei in Ausnahmefällen dafür auch noch die gesamte österliche Zeit (die fünfzig Tage bis zum Pfingstfest) zur Verfügung stand. Der Taufakt selbst war noch von magischen Ritualen umrahmt, wenn beispielsweise das Taufwasser von den ihm innewohnenden Elementargeistern und der Täufling von seinen unreinen Dämonen befreit werden musste, ehe der Geist Christi in ihm Wohnung nehmen konnte. Einige dieser Zeremonien haben sich bis heute erhalten. Den ursprünglichen Ablauf des Rituals der Taufe beschreibt uns wiederum Tertullian[105]: *Nach der Vorbereitung stieg der Täufling in das Taufbecken und leistete mit dem Taufbekenntnis seinem neuen Herrn den Diensteid* (das „Sacramentum"), *bevor er vom Diakon dreimal untergetaucht wurde. Anschließend empfing er vom Presbyter* (Priester) *die Salbung, bekleidete sich und zog mit den anderen Neugetauften aus dem Baptisterium in die* (Haupt-)*kirche ein, wo ihnen der Bischof nach Salbung, Bekreuzigung und Friedenskuss, durch Handauflegung die Gabe des heiligen Geistes übermittelte und sie in die Gemeinschaft der Kirche Christi aufnahm. Im nachfolgenden heiligen Mahl wurde der* (ägyptischen) *Tradition folgend neben Brot und Wein auch noch Milch und Honig gereicht.*

Nicht nur der griechische Philosoph *Kelsos* stellt um 178 n. Chr. in seinem ALETHES LOGOS (WAHRES WORT) die christlichen Gemeinden als Mysterienschulen dar, die mit ihren Kulten die (heidnischen) Mysterien nachahmten, selbst Bischof Ambrosius von Mailand kann in seinen DE MYSTERIIS (cap. 55) die später zu Sakramenten erhobenen Riten als Mysterien deuten, *„durch die Christus seine Kirche stärkt und so im Gläubigen das Bewusstsein der Wiedergeburt wach hält."*

Von der Urkirche zur katholischen Kirche

Mit dem Heraustreten aus dem Verborgenen beginnt jedoch die Wandlung des ursprünglichen Mysterienkults in eine Religion, in der die unterschiedlichen Rituale der Römischen Kirche wie der Ostkirchen[106] als entsprechende Liturgien festgelegt werden. Mit ihnen bildet sich auch ein eigenständiger Klerus (Priesterstand) aus, wobei der Bischof dem alttestamentlichen Hohenpriester, der Presbyter dem Priester und der Diakon dem jüdischen Leviten entspricht. Vormals stellten die Presbyter nur eine besondere Klasse der Gläubigen dar und weder Bischöfe noch Päpste mussten überhaupt dem Priesterstand angehören.

Von der mündlichen zur schriftlichen Überlieferung

Die einzelnen christlichen Gemeinden genossen anfänglich auch noch eine große Unabhängigkeit, nicht nur in der Praxis ihrer Riten, sondern auch in der Weitergabe ihres ursprünglich wohl recht einfachen Glaubensinhalts, da keinerlei kirchliche Hierarchie die organisatorische Führung beanspruchte. Die Handlungen ihrer Mitglieder wurden dadurch weniger vom Kopf als vom Herzen geleitet, vergleichbar vielleicht mit jenen, von denen die Schriftrollen von Qumran berichten. Gab es anfangs doch noch keine neutestamentlichen Schriften, so dass sich die Gemeinden nur an den jüdischen Kanon halten konnten, dem „Alten Testament", von dem sie allerdings annahmen, dass es ein christliches Buch sei, welches von Jesus Christus Zeugnis ablege. Der Sinn der alttestamentlichen Texte erschöpfte sich für sie deshalb keinesfalls nur in ihrem buchstäblichen Verständnis, sondern enthüllte ihnen seine tiefere Bedeutung erst in seiner Erfüllung in Jesus Christus.

Während bis zur Aufzeichnung der kanonischen und späteren apokryphen[107] Evangelien die Lehren Jesu nur mündlich weitergegeben worden waren, entstanden im nachfolgenden Jahrhundert die ersten nachapostolischen Schriften der Kirchenväter, die – meist noch in erzählerischer Form abgefasst – auch noch keine theologischen Argumente zu verteidigen hatten. Wie wir den Funden von Nag-Hammadi[108] und Qumran entnehmen können, gehen jedoch – neben einer mystisch orientierten Strömung – auch „gnostisch orientierte Lehren" bereits auf diese frühe Zeit des Christentums zurück, so dass die Schriften der nachfolgenden Generation der *Apologeten* die Verteidigung des „rechten" Glaubens nicht nur gegenüber Heidentum und Judentum, sondern auch gegen kontroverse innerchristliche Strömungen mit dialektischen Argumenten vertreten mussten. So richteten die Schriften der zweiten und dritten Generation (nach den Zeitgenossen Jesu) die neue Lehre aus der Vielfalt der Strömungen – insbesondere der urchristlicher Mystik, die ihr Licht „aus dem Inneren" zu schöpfen suchte – auf einen mehr „gemeinschaftlich ausgerichteten" Glauben aus. Inwieweit dabei die Persönlichkeiten der Kirchenväter die sich entwickelnde Botschaft verfärbten, muss hier ungeklärt bleiben.

Das Kirchenjahr: Vom Mond- zum Sonnenkalender

Während die Urchristen in Kleinasien noch die Auferstehung des Erlösers zeitgleich mit dem jüdischen Passahfest, dem 14. Nisan des jüdischen (Mond-)Kalenders feierten, entschieden sich die römischen Gemeinden – die bereits den julianischen „Sonnenkalender" benutzten – etwa um das Jahr 160 dazu, an seine Stelle den Sonntag nach dem Passahfest, dem ersten Sonntag nach Vollmond nach Frühlingsanfang zu wählen. Da die Gemeinden in Kleinasien weiterhin an der alten Tradition festhielten, forderte schließlich der römische Bischof Viktor (189 - 199) von allen christlichen Gemeinden, das Osterfest doch gemeinsam mit der Kirche von Rom zu begehen. Dies hatte die Einführung des Julianischen (Sonnen-)Kalenders in allen christlich geprägten Ländern zur Folge.

Mit Einführung des Sonnenkalenders konnte sich das Christentum von der engen Einbindung ihrer Gläubigen in das von unserem Erdtrabanten bestimmte Naturgeschehen lösen. Alle ursprünglichen Festtage des Mondkalenders (vor allem auch die der keltischen und germanischen Stämme) konnten nunmehr als „heidnisch" verworfen werden, wenn sie sich nicht durch christliche ersetzen ließen.

Lediglich bei der Festlegung des Osterfestes blieb zusätzlich zum Sonnenzyklus (Frühlingsanfang) die Mondphase berücksichtigt. Im Kirchenjahr ging dem *Osterfest* auch weiterhin eine vierzigtägige Fastenzeit voraus; es folgte eine fünfwöchige Freudenzeit mit dem abschließenden *Pfingstfest* (Pentecoste). Der *Himmelfahrtstag* wurde erst im 4. Jahrhundert vierzig Tage nach Ostern verlegt und das *Weihnachtsfest* auf den 25. Dezember festgesetzt; an diesem Tag feierten nämlich die römischen Legionäre den „Tag der unbesiegbaren Sonne"; im Gegensatz dazu wurde in Kleinasien zu *Epiphanias* am 6. Januar der Erscheinung des Herrn gedacht.

Ausbildung der „Glaubenswahrheiten"

Eine der ersten kirchlichen Entscheidungen im Sinne der Dogmatik führte zwangsläufig zur Schaffung eines neutestamentlichen Kanons[109] und eines Glaubensbekenntnisses, bei dem sich als Zusammenfassung des Glaubensinhalts das heute als *Apostolisches Glaubensbekenntnis* bekannte SYMBOLUM durchsetzen konnte. Während man in den ersten hundert Jahren des Bestehens der Kirche ausschließlich die Bücher des Alten Testamentes als schriftliche Zeugnisse des Glaubens herangezogen hatte (allerdings mit der erwähnten Interpretation auf deren Erfüllung in Jesus Christus), selektierte man um das Jahr 200 aus den in griechischer Sprache abgefassten Texten die siebenundzwanzig Schriften, aus denen sich heute das NEUE TESTAMENT des Christentums zusammensetzt; alle anderen Texte wurden davon als sog. „Apokryphen"[110] abgetrennt, wenn sie nicht vollkommen verschwanden, wie beispielsweise das vermutlich im 2. Jahrhundert ihn Syrien entstandene THOMAS-EVANGELIUM, das als Papyrushandschrift erst 1945/46 in Nag-Hammadi in

Oberägypten wiederentdeckt wurde. Es beinhaltet eine Sammlung von Aphorismen (Sprüchen) Jesu, die den mystischen Charakter seiner Lehre herausstellen. Ebenso sorgte im April 2006 der Fund des JUDAS EVANGELIUMS in unserer Presse für Aufsehen.[111] Im Gegensatz zu den kanonischen Evangelien gehen diese Codices von der Erlösung durch eigene Erkenntnis aus, wie dies die gnostischen Schulen[112] lehren. Der Frage, warum diese Evangelien nicht in die christliche Bibel aufgenommen wurden, geht *Elaine Pagels* Arbeit[113] nach.

Während der Periode der Ausrichtung der „Glaubenswahrheiten" waren die Apologeten *Justinus* (aus Samaria, 165 als Märtyrer enthauptet) und der spätere Bischof von Lyon *Irenäus* (156 in Smyrna geboren) maßgeblich beteiligt. ... *Außerordentlich erfolgreich wusste Irenäus die Christenheit davon zu überzeugen, dass seine Leseart ... der Evangelien die einzig richtige und seine Sicht der Dinge die „kanonische Schriftauslegung" sei.*[114] Nicht alle Kirchenväter stimmten darin überein: So meinte Origenes (184 - 254), *dass der Leser des Johannesevangeliums – oder welchen Buches der Schrift auch immer – unter die schimmernde Oberfläche des Wortlauts hinabtauchen müsse, um den darunter verborgenen Sinngehalt zu entdecken.*[115] Grundlage der anerkannten christlichen Lehre war fortan der so genannte „Kanon der Wahrheit", der den *Logos*-Begriff gemäß der stoischen Auffassung als *Weltvernunft* und als *kosmisches Prinzip* versteht, wodurch das gesamte griechische Erbe in die christliche Lehre aufgenommen werden konnte, da es ja, gemäß diesem Verständnis, vom Logos (Jesus Christus) herrührt.[116]

Die sich herausbildende christlich-theologische Dogmatik musste sich aber auch mit der griechisch-orientalischen Gedankenwelt auseinandersetzen. Wie bereits angedeutet, hatten sich an der Trennlinie der beiden Kulturen Erkenntnisschulen herausgebildet, die ein gnostisch orientiertes Christentums förderten, was zu einer Vielzahl gnostischer „Häresien" führte. Auf ihre Gedankenwelt werden wir in einem nachfolgenden Abschnitt noch näher eingehen.

Im Zuge ihrer Selbstorganisation hatten nun die eigenständigen Kirchen begonnen, auch die Heilslehre zu kommentieren, zu interpretieren und schließlich auf unterschiedlichste Art und Weise ihrem Verständnis „anzupassen". Wiederum war es die griechische Denkweise, die mehr und mehr auf den Intellekt setzte und – als Folge davon – unterschiedlichste Strömungen der Lehre aus dem Boden sprießen ließ, vor allem in Kleinasien: Der Urkirche hatte ja noch die Verkündigung des Reiches Gottes durch Jesus Christus allein genügt. Nunmehr glaubten die späteren Kirchenväter ein großes theologisches System entwickeln zu müssen, um die Gottesvorstellung und die Glaubenslehre für die damalige Welt des Wissens (sprich griechische Geisteswelt) eindeutig festlegen und definieren zu können. Insbesondere war zu klären, wie man sich das Wesen von Jesus Christus vorzustellen habe. Anstelle der biblischen konkreten Redeweise treten nun „seinshaft-metaphysische" Begriffe in die Glaubenslehre, die der einfache Gläubige nicht mehr so ohne weiteres verstand; darauf konnte auch keine Rücksicht mehr genommen werden, als die Glaubensgrundlage zur Wissenschaft erhoben wurde!

So entstand die *Trinitätslehre*, mit dem *Logos* als *Hypostase* (metaphysische Eigenständigkeit), und die *Christologie* mit ihrer Definition der Naturen des Logos als Mensch und als Gott, die wiederum auf die Trinitätslehre Einfluss nahm. Nicht alle Theologen kamen dabei zu den gleichen Ergebnissen. Vielmehr verbreiteten sich mit jeder neuen „Erkenntnis" zahlreiche neue davon abweichende Vorstellungen. Dabei nahmen die „eigenen Reihen" der Theologen eine immer offensivere Haltung Andersdenkenden gegenüber ein. Wie meist in unserer Geschichte gewann dabei der Stärkere und alle Strömungen, welche die „reine Lehre" zu verfälschen drohten wurden rigoros ausgeschaltet. Ihr Weiterbestand musste sich fortan auf das Exil oder den Untergrund beschränken!

Auf den Ruinen des alten Karthago erwuchs bald schon neben Rom die in lateinischer Sprache verfasste Literatur der „Afrikanischen Kirche". Ihr unbestrittener Führer war der sprachgewandte und weitsichtige *Tertullian* (ca. 150 - 230), der neben seinen apologetischen Schriften auch ein „theologisches Konzept" herausarbeitete: Seine Argumente der Trinitätslehr*e (die drei sind eins, nicht einer)* und der Christologie (bezüglich der menschlichen und göttlichen Natur des Logos) sollten drei Jahrhunderte später zu den Entscheidungen des Konzils von Chalkedon (451) maßgebendes beitragen. Doch blieb es selbst diesem Kirchenvater nicht erspart, als *Montanist* [117] in die Reihen der Häretiker eingereiht zu werden.

Bis ins 4. Jahrhundert hinein brachten indes die mehr praktisch veranlagten „Lateiner" kein tieferes Verständnis mehr für die spekulative Philosophie der Griechen auf. Erst infolge der arianischen Wirren erfolgte wieder ein reger theologischer Gedankenaustausch zwischen Ost und West, wie wir dies den folgenden Abschnitten entnehmen können.

Alexandria, Metropole der antiken Geistigkeit

Schon in den letzten Jahrhunderten vor unserer Zeitrechnung formierte sich Alexandria in Unterägypten zu einer Art Schmelztiegel für alle damaligen philosophischen und religiösen Kulturen. Die Stadt galt als unbestrittene Metropole der antiken Geistigkeit – nicht nur wegen ihrer einzigartigen Bibliothek[118], sondern auch, weil ihre zahlreichen Philosophenschulen und Einweihungsstätten miteinander um die Gunst der Suchenden aus aller Welt wetteiferten.[119]

Hier hatte sich noch zu ptolemäischen Zeiten eine starke jüdische Kolonie herausgebildet, in der allerdings – aufgrund des übermächtigen griechischen Einflusses – ihre eigene Sprache verloren gegangen war. So entstand der Wunsch, die jüdischen Gesetzesschriften ins Griechische zu übersetzen. Auf der einen Seite mag es sicher ein Glücksfall gewesen sein, dass die erste Übersetzung des *Pentateuch* (die fünf Bücher Mose) in eine Sprache erfolgte, die neben Konsonanten auch Vokale enthält[120]; so konnten Tausende von Mehrdeutigkeiten noch während des Übersetzungsprozesses geklärt werden; allerdings ging dies auf Kosten des gematrischen Inhalts[121] des Originals, der dabei verloren ging. Trotzdem müssen wir die Septuaginta[122] als Meisterwerk der siebzig jüdischen Gelehrten anerkennen, die dieses Mammutwerk auf sich nahmen.

Clemens von Alexandria und Origenes

Neben den Naturwissenschaften – wir erwähnten es bereits – hatte nunmehr auch das Christentum in Alexandria Eingang gefunden, und zur Heranbildung von Lehrern war dort eine Katechetenschule entstanden, die das Christentum mit hellenischer Bildung erfüllen und gebildeten Heiden die christlichen Wahrheiten verständlich machen wollte.

An ihr lehrte von 189 bis zu seinem Tode (gegen 215) *Clemens von Alexandria*, dem sein Lieblingsschüler *Origenes* (184 - 254) nachfolgte. Clemens wurde noch als Heide geboren, während für Origenes die christliche Bildung der philosophischen vorausgegangen war. Beide behaupteten, dass es ihnen nur die Philosophie ermöglicht habe, *zu höheren Stufen der Erkenntnis vorzudringen*. Clemens und Origenes schufen mit ihren Erkenntnissen das erste zusammenhängende christlich-theologische Lehrsystem.

Origenes soll bereits mit 19 Jahren mit der Leitung der Katechetenschule betraut worden sein. Sein Unterricht entspricht in seinem Aufbau den Traditionen der Philosophenschulen, deren Aussagen er mit denen der heiligen Schrift zu belegen versuchte. Damit schuf er eine der Zeit entsprechende „christliche Weltschau von eindrucksvoller Geschlossenheit". Grundlagen seines „Dramas der Welten" sind Gott, Logos, Vorsehung und Willensfreiheit der Geister. Gott *ist größer, als es der menschliche Verstand* – auch der Theologen – *je zu fassen vermöchte.* Der Logos, der Mittler zwischen Gott und der Welt, ist mit ihm eines Wesens, weil er ewig vom Vater gezeugt und nicht wie die Kreatur (die geschaffene Welt) aus dem Nichts erschaffen ist. Die dritte Stufe der göttlichen Trinität (Dreifaltigkeit), der Geist, geht vom Logos aus. Alle drei Personen bilden die Gottheit, der die geschaffene Welt gegenübersteht und in der sie sich entfaltet, während sich die Wirksamkeit des Logos nur auf vernünftige Wesen und die des Geistes auf die Heiligen beschränkt. Die entscheidende Tat zur Erlösung der „seufzenden Kreatur" ist die Menschwerdung des Logos, der sich mit einer Menschenseele verband.

Wenn wir in dieser göttlichen Trinität die ägyptische Vorstellung des Schöpfergottes (Re-Atum), des Wortgottes (Ptah) und des Geistgottes (Amun) wieder zu erkennen glauben, so ist dies jedoch nicht die einzige Stelle in der christlichen Theologie, die das alte Ägypten als Quelle ihres Gedankenguts anspricht.

Gemäß der Evolutionstheorie des Origenes steigt die menschliche Seele über den Luftraum auf und erforscht auch dessen Geheimnisse. Es eröffnen sich ihrer

Einsicht das Wesen der Sterne, ihrer Stellungen und Bahnen und das der himmlischen Harmonie. Wenn sich die Himmel auftun, schreitet sie von Sphäre zu Sphäre Jesu nach. Immer mehr vergeistigt sich die Seele und wächst zur vollkommenen Erkenntnis heran, bis sie nicht mehr Seele, sondern ganz *nous* (Urkraft) und ganz Geist wird und die Welt der vernünftigen Wesenheit „von Angesicht zu Angesicht" schaut. Das ist der von den Philosophen als höchstes Gut geahnte, aber den Christen beschiedene Weg zur Gottähnlichkeit: aus dieser Leiblichkeit empor zum reinen *nous,* zur Herrlichkeit der Gottessöhne, da Gott „alles in Allen" ist und die geläuterten Wesen nichts anderes mehr fühlen, wissen und denken als Gott allein ...[123]

Origenes Vorstellung von der Größe und Güte Gottes kann auch die „ewige Hölle" nicht akzeptieren. *„Ist überhaupt ein endlicher Mensch fähig, selbst wenn er sich gegen Gott schwer verfehlte, eine nie vorgebbare Sünde zu begehen? Kann Gott einen Teil seiner Schöpfung für immer vergessen?"* In diesen Gedanken kommt Origenes zu dem Schluss, dass die christliche Religion keinen exklusiven Anspruch auf das Heil erheben könne, denn *„auch in die Seelen der griechischen Philosophen war der Same des göttlichen Logos gestreut"*, so wie dies bereits die christlichen Apologeten verstanden hatten. Das Neue Testament könne somit nur als Durchgangspforte zum wahren, weil ewigen Evangelium betrachtet werden, dessen *Pneuma* (Geist) überhaupt nicht durch Buchstaben ausdrückbar sei. So könne das letzte Ziel aller Menschen, die völlige Erhebung zu Gott, nur durch mystische Erkenntnis erlangt werden.

Die literarische Hinterlassenschaft des Origenes gewann schon früh die Bewunderung seiner Anhängerschaft, unter ihnen *Ambrosius, Pamphylus, Eusebius* und *Hieronymus.* Beinhaltet sie doch die Schriftenerklärungen praktisch aller Texte des Alten und Neuen Testaments, eine Verteidigung des Christentums in acht Büchern, sowie den ersten kühnen Versuch, die Aussagen des Christentums über Gott, Welt und Mensch in einem geschlossenen Lehrgebäude zu vereinigen. Für die wissenschaftliche Theologie dürfte die *Hexapla* eines der wichtigsten Werke des Origenes bleiben. Nach Angaben des Geschichtsschreibers *Epiphanias* hatte sie seinen Autor „volle 28 Jahre beschäftigt". Es handelt sich dabei um eine Bibelübersetzung aus dem Originaltext, die neben der griechischen Transkription auch den Vergleich mit der griechischen *Septuaginta* und den anderen drei damals existierenden Bibelübersetzungen[124] in sechs Spalten enthält. Das Werk bestand aus 6000 Blättern.[125] Diese riesige Schriftenmenge darf uns indes nicht darüber hinwegtäuschen, dass Origenes eigentliche Lebensarbeit nicht im Schreiben, sondern in der mündlichen Unterweisung bestand.

Der Neuplatoniker *Porphyrios* erzählt uns, wie er in seiner Jugend mit dem berühmten Origenes, dem Schüler des Ammonios[126], zusammengetroffen sei, und dass Ammonios sein von den Eltern ererbtes Christentum aufgegeben habe, dass Origenes jedoch in seiner Lebenshaltung zwar Christ, in seiner Lehre über Gott und die Dinge der Welt aber Grieche geworden sei. Sein ständiges Studium habe Plato, den Neuplatonikern und den Pythagoreern gegolten.[127]

Abgesehen von einer Reise nach Rom zu Papst Zephyrin (199 - 217) und zum kaiserlichen Statthalter von Arabien, blieb Origenes in Alexandria, hielt aber auch Vorträge in Caesarea, wo ihn zwei bischöfliche Freunde um das Jahr 230 zum Presbyter weihten. Diese Weihe führte allerdings zu einer verhängnisvollen Kontroverse mit Bischof *Demetrius von Alexandria*, der sie nicht anerkennen wollte und Origenes exkommunizierte. Origenes musste daraufhin Alexandria verlassen und das Lehramt seinem Freund *Herakles*, dem späteren Nachfolger von Bischof Demetrius übertragen. Origenes setzte jetzt seine Lehrtätigkeit in Caesarea fort, bis unter den Christenverfolgungen unter Kaiser *Decius* die Stunde seines Bekenntnisses schlug: Als Folge der in ihr erlittenen Folterungen wurde er um das Jahr 254 in Tyros zu Grabe getragen.

Angesichts der theologischen Kontroversen um diesen frühen Kirchenvater meinte der Kirchenhistoriker *Vinzenz von Lerin* vierhundert Jahre später: *„Lieber mit Origenes irren, als mit den anderen recht behalten."*

Das römische Kaiserreich der Übergangszeit

In der Zwischenzeit hatten sich im römischen Reich ganze Völkerschaften auf die Wanderschaft begeben. Dabei beschränkte sich die Völkerwanderung keineswegs nur auf Westeuropa. So mussten sich bereits die ersten Herrscher der Sassanidendynastie in der Persis *Ardaschir* (226 - 241) und *Schapur I.* (241 - 272) bemühen, neben den Ostgoten und Armeniern auch den aus Südrussland bis nach Syrien, Palästina und Ägypten drängenden Nomadenvölkern Einhalt zu gebieten. Militärisch hatte sich so der Schwerpunkt des Römischen Reiches nach Osten hin verschoben. Die Verlegung der Hauptstadt von Rom nach Osten war schon im Hinblick auf die Versorgung des Heeres eine Notwendigkeit und sollte zu einer Neuordnung der Gesamtwirtschaft im Reich führen. Kaiser *Diokletian* (284 - 305), der uns zumeist nur im Zusammenhang mit seinen fanatischen Christenverfolgungen bekannt gemacht wird, war aber andererseits ein kluger Staatsmann, der auf militärischer und wirtschaftlicher Seite eine Reihe durchgreifender Reformen einleiten konnte. So schrieb er beispielsweise in einem Edikt die Preise für Bedarfsgüter und Arbeitsleistungen im Reich fest und setzte mit dem Solitus die Goldwährung als feste Basis ein. Um seine militärischen Pläne besser umsetzen zu können, übertrug er die Verteidigung der diversen Grenzgebiete an zwei bzw. vier Mitkaiser (einer „Tetrarchie"), die es verstanden, jegliche Rebellion erfolgreich niederzuwerfen.

Konstantin, erster christlicher Kaiser

Der spätere Kaiser Konstantin wurde um das Jahr 280 in Naissus (dem heutigen serbischen Niš) als Sohn des römischen Offiziers (und späteren Tetrachen) *Con-*

82

stantius Chlorus geboren und später am Hofe Diokletians in Nikomedia (Izmit) erzogen. Er nahm 306 am Britannienfeldzug seines Vaters teil und wurde nach dessen Tod 306 in Eburacum, dem heutigen York zum Nachfolger und neuen Augustus ausgerufen. Dieses Amt des Kaisers zog indes *Maxentius* in Rom ohne Legitimation an sich. So war Konstantin gezwungen, auf das Festland zurückzukehren. Er überquerte die Alpen und besiegte seinen Herausforderer 312 (nach den beiden Schlachten bei Turin und Verona) unmittelbar vor den Toren Roms an der *Milvischen Brücke*. Der Überlieferung zufolge soll ihm tags zuvor das Monogramm XP (die griechischen Anfangsbuchstaben für *Christos*) am Himmel mit dem Hinweis erschienen sein: „in hoc signum vinces" (in diesem Zeichen wirst du siegen). Astronomen glauben, dieses Zeichen am 27. Oktober 312 aus der Position der Planeten Mars, Jupiter, Saturn und Venus zusammensetzen zu können.

Als römischer Kaiser erließ Konstantin (324 - 337) zusammen mit seinem Schwager *Licinius*, der damals noch Herrscher des Ostreichs war, im nachfolgenden Jahr 313, im Toleranzedikt von Mailand die Anerkennung des Christentums neben den anderen im Kaiserreich anerkannten Kulten. Damit wurde den Christen gestattet, öffentlich zu ihrer religiösen Überzeugung zu stehen[128]. Als Konstantin im Jahr 324 auch Licinius besiegt hatte, war er nunmehr Alleinherrscher und konnte an die Lösung der dringend gewordenen innenpolitischen Probleme gehen. Eines davon war die Festigung oder Wiederherstellung des Kaiserkults, in dem die römischen Legionäre auf das Staatsoberhaupt eingeschworen wurden; denn mit dem Einzug fremder Kulte und dem Verschwinden des Glaubens an die antiken Götterwelten war auch dem Kaiserkult der Boden entzogen worden. So kam Kaiser Konstantin die Idee, das neu entstandene Christentum als Staatsreligion in die Bresche springen zu lassen.

Anfänge der Römischen Staatskirche

Die großen Christenverfolgungen, die bereits unter Kaiser *Nero* im Jahre 64, nach dem Brand Roms, ihren Anfang genommen und im Verlauf der beiden folgenden Jahrhunderte an Stärke und Grausamkeit noch zugenommen hatten, erreichten unter *Decius* (250) und *Diokletian* (303) ihren traurigen Höhepunkt; dazwischen verblieben der Kirche jedoch immer wieder längere Pausen, in denen sie wieder neue Kräfte zu sammeln vermochte. So konnten selbst in diesen schwierigen Zeiten Synoden und Konzilien abgehalten werden, um die Glaubensgrundsätze festzuschreiben.

Der Kirche musste es als Wunder erschienen sein, als ihr Kaiser Konstantin unmittelbar nach seinem Sieg über Licinius das Monopol als alleinige Staatsreligion übertrug und sie später – während der Regierungsperiode Kaiser Theodosius' (379 - 395) – die Stelle des Kaiserkults übernehmen konnte. Fortan ersetzte das christliche Glaubensbekenntnis als *Sacramentum* den Fahneneid der Soldaten, der diese an den Kaiser als ihren obersten Feldherrn band.

„Man muss sich die für die Kirche ganz neue Situation vor Augen führen: Nachdem sie 300 Jahre lang verfolgt worden war, erlebt sie nun unmittelbar nach dem Ende der schwersten aller Christenverfolgungen, dass ein Kaiser sich zum christlichen Glauben bekennt[129] und ihn sogar fördert."[130] Ihre Vertreter erhielten damit Privilegien, wie sie zuvor nur den römischen Priestern zugestanden hatten. Ihre Symbolik durfte jetzt in aller Öffentlichkeit gezeigt werden; der Sonntag wird als „Tag des Herrn" eingeführt und die Stellung des Bischofs vom Staat anerkannt.[131]

Die Kirche übernimmt jetzt auch die Organisationsform des römischen Staates: Aus der *civitas* entstehen die kirchlichen *Diözesen* mit ihrem Bischofssitz und aus der römischen *Provinz* die *Kirchenprovinzen* mit ihren Metropolitan-Erzbischöfen, über denen die *Patriarchate* rangieren. Das Amt des Patriarchen der römischen Kirche nimmt der Bischof von Rom wahr. Noch ist er nur *primus inter pares* (Erster unter Gleichen), jedoch wächst seine Macht stetig. Der spätere Titel „Papst" leitet sich von dem Attribut „Vater *(papas)* der Christenheit" ab.

Als im Jahr 330 Kaiser Konstantin Byzanz zur neuen Reichshauptstadt „Konstantinopel" erhebt, werden gleichzeitig die Gesetze der Kirche im gesamten Römischen Reich zu Staatsgesetzen erklärt – dafür muss die Kirche allerdings das Plazet des Kaisers zu dogmatischen und disziplinären Fragen akzeptieren; auch allgemeine Konzilien bedürfen nun der Einladung des Kaisers. Sie sollten dieses Jahrhundert bestimmen!

Der Kampf gegen das „Heidentum"

Mit dem ersten christlichen Kaiser besetzt das Christentum nunmehr die Spitze des Römerreiches. Zwar fühlt sich Konstantin anfangs auch noch für die weitestgehend andersgläubigen Bürger seines Reiches verantwortlich, drängt jedoch mit der Begünstigung des Christentums die anderen Kulte ins Abseits. Damit kann das Christentum nunmehr das Werk der Vertreibung von Nichtchristen und die Zerstörung ihrer Kulte in Angriff nehmen. Während man vom Berg Athos zunächst alle Nichtchristen „nur" vertreibt und ihre Tempel zerstört, geht man in Kleinasien weitaus rigoroser vor: An der Orakelstätte Didyma (bei Milet) werden alle heidnischen Priester getötet. Wollte man damit Rache für die grausamen Christenverfolgungen nehmen, oder hatte man die Liebesbotschaft des Heilands nur nicht richtig verstanden? Der Kampf um die komplette Auslöschung aller antiken Mysterienkulte sollte noch ganze zwei Jahrhunderte andauern!

Um Konstantins „neues Rom" (Konstantinopel) auszuschmücken, wird im Jahr 330 die Plünderung aller Tempel Griechenlands angeordnet. Der erste „byzantinische Kaiser" Constantius II. (337 – 361), einer der drei Söhne Konstantins, verabschiedet 353 ein Edikt, das die Verehrung von heidnischen Idolen unter Todesstrafe stellt. Der Versuch des nachfolgenden „abtrünnigen" Kaisers Julian (360 - 363), das Rad der Geschichte zurückzudrehen und die traditionellen Kulte weiterhin zu tolerieren, endet mit seinem mysteriösen Tod im fernen Mesopotamien. Mit dem Erlass 372 durch den fanatischen Kaiser Valens (364 - 378), alle Texte des „Hellenentums" komplett zu vernichten, beginnt auch das Niederbrennen der großen Bibliotheken, wie der von Antiochia, der 415 die Zerstörung der Akademie von Alexandria folgt: Die Schriftstücke der im Serapistempel untergebrachten alexandrinischen Bibliothek gehen zusammen mit den Altären und Ikonen in den Flammen des Tempels unter und mit ihnen das gesammelte Wissen von sechs Jahrhunderten!

Nachdem im Jahr 380 unter Kaiser Theodosius I. (379 - 395) das Christentum zur alleinigen Staatsreligion erklärt wurde, kann das Zerstörungswerk im großen Stile fortgesetzt werden. Fanatiker ziehen nunmehr durch ganz Griechenland, Kleinasien und Ägypten und zerstören alle Tempel und Bibliotheken. Der letzte Hierophant der Eleusischen Mysterien hat mit seiner Verkündigung der „Herrschaft der geistigen Dunkelheit" bei ihrer Schließung (380) recht behalten. 392 ergeht es den Mysterien von Samothrake ebenso. Auch die olympischen Spiele werden alsbald als „Götzendienst" untersagt.

Das gesamte „heidnische Erbe" wird mit solcher Vehemenz und Systematik vernichtet, dass wir heute keine einzige Liturgie antiker Kulte mehr besitzen. Aus den verzweifelnden Worten des Ritenforschers Albrecht Dieterich (1903) lässt sich die auswegslose Lage unserer wissenschaftlichen Forschung ableiten. Sie erklären uns auch, warum die Quellen moderner Mysterienschulen (mit denen wir uns im zweiten Band befassen werden) irgendwann in der Vergangenheit versiegen müssen.

„... Kein Text blieb uns erhalten, der (uns) in ungestörter Folge mehrerer Sätze die sakralen Aktionen und die Formeln der Gebete überlieferte. (Nur) ein paar ärmliche abgerissene Sätzchen sind uns erhalten geblieben von einem ungeheueren Reichtum, und sie geben kaum irgendwo etwas an, von dem rituellen Tun der heiligen Aktion. Sie können um so weniger einer Rekonstruktion des Verlorenen dienen, als auch nicht ein Beispiel uns ein Gesamtbild gibt, mit dem verglichen dieses oder jenes Fragment seinen rechten Platz erhalten könnte. Wir haben wohl Spuren, die gelegentlich einmal die antike Philologie wenigstens den hymnischen Gebeten, die in Kulten gebraucht wurden, ihr Interesse zugewendet hat, (und) dass es wohl eine Sammlung solcher Hymnen ... in der alexandrinischen Bibliothek gegeben hat ..."[131]

Der Kampf um die „reine Lehre"

Wie schon weiter oben angedeutet, beginnt der Kampf um die „wahre" Lehre, als der menschliche Intellekt glaubt, sich unbedingt ein Abbild vom Absoluten,

Transzendentalen und für seinen eng begrenzten Verstand Unfassbaren schaffen zu müssen. Verbietet deshalb nicht der Dekalog (der zehn Gebote), sich ein Bildnis *„von dem was oben im Himmel ist"* zu machen? In ihrem Versuch, Logos und Geist als Erscheinungsformen (Hypostasen) des einen unteilbaren Gottes zu definieren, nehmen die Exegeten der Kirche jetzt Zuflucht zu menschlichen Bildern und Begriffen wie „Natur", „Person" und „Wesen" und konstruieren dadurch eine anthropomorphe (menschliche) Gottesvorstellung, die das Christentum bis heute bestimmt. Einig sind sich alle nur darin, dass Gott ewig und unwandelbar ist. Wie aber soll man in ihm auch noch *Logos* und *Geist* unterbringen? Nach der gnostischen Auffassung des Origenes, Gott der Vater habe noch vor der Erschaffung unseres Kosmos, also vor aller Zeit, eine Welt geistiger Wesenheiten ins Leben gerufen? Diese geistigen Wesenheiten werden nun von den Kirchenvätern auf den Logos und den Geist beschränkt, die demnach Gott selbst „zeugte", im Gegensatz zum Kosmos mit seinen Geschöpfen, die er im Schöpfungsakt „ins Dasein warf".

Arianismus

Dem stellt sich der Priester *Arius* aus Alexandria (wie einst Pharao Ech-n-aton) entgegen. Sein zentrales Anliegen richtet sich darauf, die Einzigartigkeit und Transzendenz des *einen* Gottes herauszustellen. Er spricht dem Logos die Wesensgleichheit mit dem Vater ab. Gemäß seiner Vorstellung kann er nur ein Geschöpf Gottes sein, aus dem Nichts geschaffen. Wort (Logos) und Weisheit (Sophia) sind für ihn somit keine Personen einer göttlichen Trinität. Ein Teil der orientalischen Patriarchate schließt sich dieser Auffassung an.

Als Kaiser Konstantin die Herrschaft über das Römische Reich antritt, findet er die Ostkirchen im heftigsten Streit entzweit, für den er nicht das geringste Verständnis aufbringen kann. Hatte er doch der Kirche in seinem Reich eine ganz andere Aufgabe zugedacht, nämlich die, seine Untertanen zu einem den römischen Gesetzen gegenüber loyalen Verhalten anzuleiten. Statt dessen bekämpften sich die Köpfe der theologischen Führungsschicht nun gegenseitig mit spitzfindigen Argumenten. Da musste der Kaiser einschreiten! Er lud deshalb im Jahre 325 zum ersten großen ökumenischen Konzil in seine nicht weit vom Marmarameer entfernte kaiserliche Residenz nach Nicäa ein. Auf seiner Reise dorthin begleitete *Athanasios*, der spätere Heilige[133], seinen Bischof *Alexander* aus Alexandria, um ihn in seinem Kampf gegen die Arianer zu unterstützen.

Wie wir bereits erkannten, war für Konstantin das Glaubensbekenntnis keine bloße religiöse Angelegenheit: Als Ausdruck der Staatsreligion sollte es vielmehr alle seine Untertane in ein Loyalitätsverhältnis mit ihm, als Kaiser, dem Vertreter Gottes auf Erden einbinden. Deshalb musste es auch für alle im Reich den gleichen Wortlaut besitzen.

Bei der Formulierung des feierlichen Glaubensbekenntnisses (SYMBOLUM NICÄNUM) auf der ersten Gesamtkirchenversammlung soll Kaiser Konstantin mehrfach persönlich eingegriffen und erreicht haben, dass man sich schließlich auf folgenden Wortlaut einigte:

Gottesvorstellung im Nicäischen Glaubensbekenntnis

Wir glauben an einen Gott, den Vater, den Allmächtigen, den Schöpfer aller sichtbaren und unsichtbaren Dinge; und an einen Herrn Jesus Christus, den Sohn Gottes, aus dem Vater gezeugt, den Einziggeborenen, das heißt aus dem Wesen des Vaters, Gott aus Gott, Licht vom Licht, wahrhaftigen Gott aus wahrhaftigem Gott, gezeugt, nicht geschaffen, eines Wesens mit dem Vater ...

Das entscheidende Stichwort des nicäischen Bekenntnisses, *eines Wesens* (homousios), vom Kaiser selbst eingebracht, beruht auf der griechischen Übersetzung des bereits von Tertullian verwendeten Ausdrucks der einen Substanz oder Wesenheit[134] von Vater und Sohn. Auf diesem Konzil rührt es wohl von Bischof Ossisus von Córdoba, dem Ratgeber des Kaisers her. Diesen Wortlaut können fast alle Konzilsteilnehmer (einschließlich vieler arianisch orientierten Abgeordneten) akzeptieren. Lediglich Arius und zwei treu zu ihm haltende Freunde verweigern ihre Unterschrift und werden dafür exkommuniziert.

Arius hatte sein Glaubensbekenntnis schon lange vor dem Konzil seinem Bischof Alexander und später auch Papst Silvester I. (314 - 335) folgendermaßen vorgestellt:

Gottesvorstellung im Arianischen Glaubensbekenntnis

Wir anerkennen einen Gott, der allein ungeworden, allein ewig, allein anfangslos, allein wahrhaftig, allein unsterblich, allein weise, allein gut ... unveränderlich und unwandelbar ist ... der vor unvorstellbaren Zeiten einen eingeborenen Sohn gezeugt hat, durch welchen er auch die Äonen und das All schuf. Er hat ihn jedoch nicht (bloß) zum Scheine[135], sondern in Wahrheit gezeugt und durch seinen eigenen Willen ins Dasein gerufen, unveränderlich und unwandelbar, als ein vollkommenes Geschöpf Gottes, aber nicht wie eines der (übrigen) Geschöpfe, als Erzeugnis, noch so, dass einer, der (bereits) vorher dagewesen war, nachträglich als Sohn geboren oder hinzuerschaffen worden wäre ... vielmehr, sagen wir, ist er durch den Willen Gottes vor Zeiten und Äonen geschaffen worden und hat vom Vater Leben, Sein und Herrlichkeit empfangen, welche der Vater gleichzeitig mit ihm ins Dasein treten ließ. Denn der Vater hat sich, als er ihm alles zum Erbe gab, nicht selbst dessen beraubt, was er ohne Werden in sich trägt; ist er doch die Quelle allen Seins ...[136]

Liest sich das nicht wie das Bekenntnis eines ehrlichen und tiefgläubigen Menschen? Fällt es uns nicht schwer, diesem überzeugten Kämpfer unsere Sympathie zu verweigern? Die Hüter des Glaubens der Kirche waren indes anderer Meinung und verwarfen die Lehre des Arius insgesamt als häretisch; sie sollte jedoch noch großen Einfluss auf die Christianisierung Europas nehmen: Nicht nur die Ostkirchen, sondern auch die Mehrzahl der germanischen Völker werden sich zum Arianismus bekennen!

So bekehrte Bischof Wulfila[137] im Jahr 383 die am Schwarzen Meer lebenden Goten zum arianischen Christentum. Dort bildete sich eine gut organisierte Staatskirche heraus. Die großen Heerführer der Völkerwanderungsstämme wie Alarich (395 - 410) und Theoderich I. (471 - 526) nahmen alle den arianischen Glauben an. Der römische Statthalter von Oberitalien und spätere Heilige und Kirchenvater Ambrosius (um 340 in Trier geboren) versuchte noch vor seiner eigenen Taufe den Streit zwischen den Arianern und den anderen christlichen Gemeinden in Oberitalien zu schlichten. Dies brachte ihm beim Volk eine derartige Beliebtheit ein, dass sie ihn noch als Laien im Jahr 374 zum Bischof von Mailand wählten. In Ravenna, dem späteren Sitz der weströmischen Kaiser, ist uns das Baptisterium der arianischen Kirche in S. Maria in Cosmedin bis heute erhalten.

Die strenge Ausgrenzung des arianischen Bekenntnisses findet sich auch noch im Gebetbuch der anglikanischen Hochkirche. Dort, im „Glaubensbekenntnis des hl. Athanasius", stehen neben der Erwähnung des „allein seligmachenden katholischen Glaubens" die damals getroffenen Definitionen zur Trinitätslehre ebenso bildreich festgeschrieben wie in unserem heutigen allgemeingültigen „ökumenischen Glaubensbekenntnis", das 451 in Chalkedon festgelegt wurde.

Monophysiten und Nestorianer

Den theologischen Dissens hatte indes auch Kaiser Konstantin nur vorübergehend beilegen können: Nach seinem Tod schwelte er heftig weiter: Jetzt ging es nicht mehr nur um das Wesen, sondern um die Natur Jesu Christi, wobei sich die Väter dieser Polemik als würdige Schüler ihrer philosophischen Lehrer aus Alexandria, Antiochia oder Athen erwiesen.[138] Gemäß der *monophysitischen Lehre* ist nur die eine, göttliche Natur Christi von Bedeutung, während die byzantinische – wie die römische – Kirche von zwei Naturen ausgeht. Die beiden unterschiedlichen Auffassungen trennen die byzantinisch-römische von der orientalischen Welt. Um ein Schisma zu verhindern, versuchten die Theologen der Patriarchate von Jerusalem und Konstantinopel zwar in einer Kompromissformel die beiden Naturen Christi als von einer einzigen Wirkungsweise (energeia) beseelt darzustellen; dieser These war jedoch keine lange Dauer beschieden, selbst als später die *energeia* durch *thelema* (Wille) ersetzt wurde: Während die Theologen in Alexandria in Christus den Gottmenschen sahen, in dem sich göttliche und menschliche Natur nach seiner Menschwerdung vereinigt hatte, betrachteten die Antiochier die beiden Naturen Jesus Christus als nebeneinander bestehend. Bei seiner Menschwerdung habe sich Gottvater der Jungfrau Maria nur als Gefäß bedient. Für die monophysitischen

Abb. 16: Nestorius, Patriarch von Konstantinopel

Alexandriner ist Maria deshalb eine Gottesmutter, während die Anhänger des Bischofs Nestorius (ca. 381 - 451) aus Antiochia dies entschieden ablehnen.

Die nach Chalkedon 451 einberufene ökumenische Synode entschied sich schließlich gegen die Auffassung der orientalischen Theologen und verwarf die Lehre sowohl der Monophysiten wie die der Nestorianer als häretisch. Diese Entscheidung sollte für das christliche Abendland noch schwerwiegende Folgen haben: Sie wurde mit dem politischen Abfall des christlichen Orients von Konstantinopel quittiert, der den späteren Vormarsch des Islam erleichtern sollte! An der Synode von Chalkedon nahmen allerdings die regionalen (autokephalen) orientalischen Kirchen nicht mehr teil. Diese eigenständigen *„altorientalischen"* Kirchen werden deshalb vielfach als vorchalkedonisch bezeichnet, wie die armenische und die syrisch-orthodoxe Kirche – einschließlich der indischen (syrisch-orthodoxen) „Thomaschristen" – sowie der koptischen und äthiopischen Kirchen. Sie weigern sich bis heute, die Christologie (Jesus Christus als Gott und Mensch) der römischen und byzantinischen „Westkirchen" anzuerkennen.

Die Nestorianer[139] wandten sich daraufhin von der Orthodoxie ab und wurden zu treuen Untertanen des sassanidischen[140] Großkönigs. Von dort aus entstanden Bistümer bis nach Afghanistan und Ostturkistan. Neben dem Evangelium wurde durch sie auch die persische Kultur nach Zentralasien und von dort in den Fernen Osten getragen.

Im Jahr 614 eroberten die Perser Jerusalem und entführten in ihre Hauptstadt Ktesiphon als höchstes Zeichen ihres Sieges das von Konstantins Mutter Helena entdeckte heilige Kreuz. Neben Tarsus wurde nunmehr auch Ägypten persische Provinz, wo die monophysitischen Kopten mit den persischen Nestorianern gemeinsame Sache machten. Syrische und ägyptische Mönche hatten bereits zu Anfang des 3. Jahrhunderts die heiligen Schriften in das Syrische und Koptische übertragen, wodurch sich diese beiden Sprachen zu Literatursprachen entwickeln konnten. Syrische und koptische Abschriften der gnostischen Evangelien lieferten uns bisher auch bereits verloren geglaubte apokryphische Texte. Als sich die geistige

Führungsschicht der Griechen im Jahr 630 aus Alexandria nach Konstantinopel zurückziehen musste, verblieb die Aufgabe der Bewahrung der griechischen Literatur in Ägypten allein den Mönchen im neugegründeten Katharinenkloster auf dem Sinai. Hier werden 1200 Jahre später die ältesten Evangelientexte [141] wiederentdeckt.

Der Codex Sinaiticus

Bei dieser Handschrift aus dem 4. Jahrhundert – hergestellt auf Pergament aus den Häuten von 700 Ziegen – handelt es sich um die älteste uns bekannte Bibelniederschrift, die wahrscheinlich von Kaiser Konstantin in Auftrag gegeben wurde. Ihre uns heute noch verfügbaren Teile beinhalten das komplette Neue Testament, Teile des Alten Testaments, sowie die beiden apokryphischen Schriften Barnabasbrief und Der Hirte des Hermas. Dieser Codex wurde 1859 von Constantin von Tischendorf im Katharinenkloster auf dem Sinai entdeckt, dem 43 Blätter daraus übereignet wurden. Sie befinden sich heute in der Leipziger Universitätsbibliothek. Für den russischen Zaren Alexander II. (1855 - 81) „entlieh" sich Tischendorf später vom Katharinenkloster gegen Quittung den Großteil der übrigen Blätter, die die British Library in London 1933 von der damaligen Sowjetunion für £100.000 erwarb. Das Katharinenkloster betrachtet diese Blätter als gestohlen und fordert sie von Großbritannien zurück.

Die verschiedenen Teile dieses Codex' befinden sich heute an vier Standorten. Es sind dies die British Library in London, das Katharinen-Kloster auf der ägyptischen Sinai-Halbinsel, die russische Nationalbibliothek in Sankt Petersburg und die Universitätsbibliothek Leipzig. Dank einer eher selten anzutreffenden wissenschaftlichen Ökumene und den Errungenschaften unserer elektronischen Medienwelt wurden sie digitalisiert im Internet wieder zusammengefügt.[143]

Hesychasmus – ein „östlicher" Erkenntnisweg?

Für unsere Betrachtung der mystischen Strömungen im Christentum ist die Ausprägung des *Hesychasmus* mit seinem „Herzensgebet" (Kyrie eleison) in den Klöstern der Ostkirche von einigem Interesse, da diese geistige Bewegung Charakteristiken aufweist, die denen bestimmter Mysterientraditionen und auch solchen östlicher Lehren sehr ähnlich sind. Der Hesychasmus wurde im 13. Jahrhundert von *Gregorius Sinaitis* auf dem Berg Athos eingeführt, von wo aus diese Tradition bis heute nachverfolgt werden kann. In dieser Lehre ist es das Herz und nicht der Verstand, das als Zentrum der Empfindung der Erleuchtung durch das geistige Licht *(nous)* fähig ist. Folgende Kennzeichen des Hesychasmus lassen uns seine Nähe zu solchen östlicher Erkenntniswege erahnen:

- Die Tradition der Lehre, die auf die Apostel (oder ersten Anachoreten) zurückgehen soll,
- die Notwendigkeit der Unterweisung durch einen Lehrer, der für seinen Schüler verantwortlich ist,

– die Ausübung einer praktischen Askese, eines geistigen „Herzensgebets“, oder Anrufung eines heiligen Namens, zusammen mit der Konzentration auf die Atmung,
– das Ziel der mystischen Vereinigung mit dem Göttlichen und
– das Fehlen jeglichen formellen Rituals.

Eine Untersuchung der Verbindung zwischen Hesychasmus und anderen geistigen oder spirituellen Systemen ist uns nicht bekannt. Grund könnte sein, dass der Hesychasmus im Abendland bisher kaum Beachtung fand[144].

Während der Epoche der dogmatischen Auseinandersetzungen in den Ostkirchen entwickelte die *Kirche in Nordafrika* aus der strengen Auffassung *Tertullians* (ca. 150 - 230) heraus die These, die Heiligkeit der Kirche ergebe sich aus der Heiligkeit ihrer Glieder; deshalb seien von Sündern vollzogene Sakramente unwirksam (Donatismus). Unter Durchsetzung dieser Meinung hätte die klerikale Ordnung der Kirche manche Epochen nicht überstehen können. Die Morallehre des britischen Kirchenvaters *Pelagius* ging schließlich von der absoluten Willensfreiheit des Menschen aus, mittels derer er auch jede Sünde vermeiden könne. Erbsünde und Gnade wurden damit gegenstandslos. Dies konnte die Kirche so nicht hinnehmen! Bei der Entscheidung über diese Morallehren griff Augustinus ein und verwarf beide als häretisch.

Augustinus und die abendländischen Kirchenväter

Die Christenheit kennt keinen Theologen von so tiefgreifender Wirkung auf die Ausrichtung ihrer Lehren wie *Aurelius Augustinus* (354 - 430), den Bischof *Ambrosius* aus Mailand (339 - 397). Vor seiner Taufe im Jahre 387 hatte Augustinus bereits eine bewegte geistige Entwicklung hinter sich gebracht: In seiner Jugend fast zehn Jahre lang Manichäer, liebäugelte er später mit der Schule der Skeptiker, um sich schließlich den Neuplatonikern anzuschließen. Manche verehren Augustinus als den Mann der Vorsehung, der das klassische Erbe der Kirche in das Mittelalter hinüberzuretten verhalf. Mit seinen universellen Kenntnissen praktisch aller damals bekannten philosophischen und theologischen Schulen gehört er sicherlich zu den großen Architekten der römischen Kirche.

So zählt er zu den frühen Mönchsvätern – die augustinische Mönchsregel ist die älteste im Abendland – wird aber schon bald aus seiner Zelle herausgeholt und auf Druck der Gemeinde zum Bischof des nordafrikanischen Hippo gesalbt. Schon früh lernt er die christliche Mystik kennen, verbindet allerdings das kontemplative Leben als Mönch mit der Seelsorge des Priesters, was im Verlauf der mittelalterlichen Ordensgründungen (der Augustiner-Chorherren und Prämonstratenser) noch erhebliche Bedeutung gewinnen sollte. Seine Schriften und Bücher sind ohne Zahl, und es gibt kaum ein denkerisches Problem, für dessen Analyse er keinen maßgeblichen Einstieg formuliert hat. Dabei will Augustinus weniger unterrichten als *entzünden*. Wegen seiner herausragenden Bedeutung kommt ihm aber auch eine besonders verhängnisvolle Rolle bei der Auseinandersetzung mit den Häretikern zu. Seine Intoleranz, im Alter, den Andersgläubigen gegenüber sollte die Haltung der katholischen Kirche bis in unsere Zeit hinein bestimmen.[145] Lehnt er doch nicht nur die Religionsfreiheit ab, sondern vertritt später sogar die Meinung, dass der Religionszwang besser als Toleranz sei. *„Der Zwang als solcher ist"*, gemäß Augustinus, *„neutral, und ausschlaggebend sei lediglich, wozu jemand gezwungen werde."*[146]

Die Kosmologie, die im „griechischen Denken" bisher eine Hauptrolle spielte, tritt bei Augustinus völlig zurück. *„Der Christ braucht nicht die Erkenntnis aller Naturzusammenhänge zu besitzen, die solle er doch lieber den Wissenschaftlern überlassen."* Viel wichtiger erscheint es ihm, sich über die Zusammenhänge zwischen Gut und Böse Klarheit zu verschaffen: Das Böse hat für Augustinus keine Substanz, sondern ist ein Mangel und hat seinen Sitz im bösen Willen. Der Grad einer Sünde sei davon abhängig, in welcher Gesinnung oder Absicht sie erfolge. In Adam habe die ganze Menschheit gesündigt und *„nur durch die Gnade, nicht durch eigene Verdienste könne die Seligkeit erlangt werden"* (auch die Taufe, durch welche die Erbsünde getilgt wird, bleibe der göttlichen Gnade unterworfen). Hieraus entwikkelt sich seine *Prädestinationslehre*: *„Der Kern des menschlichen Wesens liegt zwar in seinem Willen, seine Erkenntnisse sind jedoch der göttlichen Gnade untergeordnet. Die Willensfreiheit beschränkt sich deshalb nur auf Adam, denn die unsere unterliegt der göttlichen Vorsehung. Auch die weltgeschichtliche Entwicklung steht von vornherein durch Gottes Ratschluss unverbrüchlich fest, ohne dass der Mensch selbsttätig eingreifen könnte. Der Gottesstaat existiert bereits im himmlischen Jerusalem und zieht seine noch auf Erden weilenden Glieder allmählich an sich. Die Entwicklung der Menschheit erfolgt so, gemäß Gottes Plan, in sechs Stufen, in deren letzten wir uns jetzt befinden. Für die Gläubigen bedeutet das Ende der Welt der Einzug in das himmlische Jerusalem, für die Angehörigen des weltlichen Staates* (der profanen Welt) *jedoch die ewige Verdammnis."*[147]

Es kann nicht Aufgabe dieses Abschnitts sein, die Universalität dieses großen abendländischen Kirchenlehrers und „späten Apostels" weiter zu durchleuchten. Seine große innere Zerrissenheit, seine rastlose Suche nach „Gott in all seinen Werken" sowie sein ewiges Ringen um ein Verständnis der Polaritäten in der Welt und den rechten Umgang damit stempeln ihn bald zum Symbol des Menschenlebens schlechthin: „der von Gott Getriebene". Die große Stunde des *„Augustinismus"* sollte rund tausend Jahre später in der Reformation schlagen: Kein anderer Kirchenvater hat den Augustinermönch Luther so tief beeinflusst wie der Bischof von Hippo.[148]

Neben Augustinus erhob die römische Kirche *Ambrosius*, *Hieronymus* und Papst *Gregor I.*, den Großen, zu „Heiligen der Altäre" und zu abendländischen Kirchenvätern, während die Orthodoxie *Basilius*, *Gregor von Nazianz* und *Chrysostomos* als ihre „ökumenischen Lehrer" betrachtet.[149]

Das Böse und die ewige Verdammnis

Wie wir in unseren anfänglichen Überlegungen bereits andeuteten, reichen Vorstellungen von den Menschen bedrohenden Dämonen und Geistern bis in die Anfänge der Menschheitsgeschichte zurück. Wir müssen sie als archetypische Symbole verstehen, angesichts der übermächtigen Natur, die unsere Vorfahren bedrohten. Für die Kirchenväter des sich entwickelnden Christentums schien es vielleicht eine unausweichliche Notwendigkeit gewesen zu sein, die Erfahrung der Dunkelheit des Menschen und seine Angst vor ihr in den Bildern von Teufel und Hölle der jeweiligen Mythologie und der später übernommenen jüdischen Tradition weiter bestehen zu lassen. Doch zweifelte bereits ein Origenes (siehe oben) am Konzept der ewigen Verdammnis aus theologischen Erwägungen heraus: War es für ihn doch unvorstellbar, dass ein unendlich großer und gütiger Gott einen Teil seiner Schöpfung für immer vergessen könne!

Im Judentum ist Satan auch keineswegs Gegenspieler Gottes und Symbol für das absolut Böse, sondern vielmehr dienender Mitwirker des Schöpfers. Beispielsweise steht Satan bei der Glaubensprüfung des Hiob (1 Job 6ff) von vorneherein auf der Verliererseite. Entsprechendes ließe sich zur Szene der Versuchung Jesu im Neuen Testament (Math 4,1) sagen. Auch die Hölle (Scheol) repräsentiert im jüdischen Glauben nur tiefste Finsternis im Gegensatz zur Lichtfülle Gottes; dort finden sich die „Schatten" der Verstorbenen. Während deren Körper „im Staub der Erde" ihre Auferstehung erwarten, harren ihre individuellen Seelen auf ihre Wiedervereinigung mit der Allseele.

Der „Lichtbringer" Luzifer[150] ist in der römischen Mythologie Sohn der Morgenröte (Aurora), der als Morgenstern im Osten den neuen Tag ankündigt. Er darf keineswegs mit dem „vom Himmel gefallene Glanzstern" im Alten Testament (in Jesajas 14,12) verwechselt werden; diese Bibelstelle bezieht sich auf keinen gefallenen Engel sondern auf den König von Babel. Wurde Luzifer nur deshalb in die ewige Hölle verbannt, um mittels der Angst vor ewiger Verdammung und vor Tod und Hölle jede Form von Dissens von der „wahren Lehre" im Keim zu ersticken? Dabei ist doch gerade die Überwindung der Angst vor Hölle und Tod Inhalt und Ziel des Erlösungswerkes und der Heilsbotschaft Jesu Christi, wie dies die Befreiungstheologie und Theologen der Gegenwart (beispielsweise Eugen Biser[151]) immer wieder zum Ausdruck bringen.

Mit dem Sieg des Christentums über die heidnischen Kulte mussten aber auch deren Götterwelten in das Reich der Dunkelheit verbannt werden. Man erinnerte sich zu dieser Zeit der jüdischen Mythen und Legenden von den gefallenen Engeln, ihres Aufstandes und ihrer Verbannung in die „Abgründe der Hölle". Die himmlischen Heerscharen mussten nunmehr denen der Hölle entgegenstehen, als ein Gegenstück zu den christlichen Heeren im Kampf gegen die heidnischen Völker. So wundert es nicht, dass dieser Glaube im Christentum seinen Höhepunkt im Zeitalter der Kreuzzüge erfuhr.

Rund zweihundert Jahre später werden dann die Überreste heidnischer Traditionen und Überlieferungen, die sich im Volksglauben erhielten, mit dem Teufel in Verbindung gebracht und gebrandmarkt. Wetterzauber, Teufelspakt und Teufelsbuhlschaft, um nur einige davon zu nennen, führten in diesem Prozess zum Hexenwahn, dem wir einen eigenen Abschnitt widmen.

Wiederum Jahrhunderte später, im Zeitalter der Aufklärung, wandelt sich der Schwerpunkt des Glaubens an die Macht des Satans erneut und es werden nunmehr die wissenschaftlichen Entdeckungen als Blendwerk des Teufels verfemt. So wird während der zweitausendjährigen Geschichte des Christentums die Herrschaft des Teufels situationsbezogen immer wieder dem jeweiligen Ziel der kirchlichen Gegnerschaft angepasst.

Abkehr von der Reinkarnationslehre

In den Evangelien finden wir das Christuswort: *Ich bin die Auferstehung und das Leben. Wer an mich glaubt, der wird leben, auch wenn er stirbt, und jeder, der lebt und an mich glaubt, wird nicht sterben in Ewigkeit* (Joh. 11,25-26). Nach christlicher Auffassung wird sich am „Jüngsten Tag" der Erdenleib augenblicklich in einen verklärten „Auferstehungsleib" verwandeln (den Christus bereits bei seiner Auferstehung am Ostertag erlangte).

Mit dem christlichen Verständnis der „Auferstehung des Leibes" erfuhr der Glaube an die Reinkarnation eine neue Richtung, der bis zu diesem Zeitpunkt universell anerkannt und wesentlicher Bestandteil praktisch aller Kulte war: Der Leib konnte nun nicht mehr als das den antiken Traditionen teuere Bild des „Gefängnisses der allein unsterblichen Seele" betrachtet werden; vielmehr glaubten die Interpreten der neuen Lehre aus ihr zu entnehmen, dass alle Christen lebend in das Himmelreich eingehen würden. Aus dieser Sichtweise heraus bedeutete die „ewige Seeligkeit" somit keinen außersinnlichen Zustand mehr, sondern den des verklärten „geistigen Leibes" des verwandelten menschlichen Wesens. (1Kor. 51f)

Indes zog sich die ihr vorausgesagte Endzeit immer länger hin, so dass der frühen Christenheit langsam bewusst wurde, dass sie sich mit ihren menschlichen Körpern wohl noch für längere Zeit abfinden müssten. Was die Toten betraf, so befanden sich diese wohl bis zum Jüngsten Tag in einem quasi „schlafenden Zustand“ (der Psychopannychia), wenn sie nicht als Selige, wie (der später zum Heiligen erhobene) Papst Benedikt II. (683 - 85) meinte, bereits unmittelbar nach ihrem Hinscheiden Gott selber schauen dürften. Da gemäß dieser Sichtweise das autokorrektive System der Reinkarnationslehre mit seinem damit verbundenen karmischen Prinzip für ein Endgericht am Jüngsten Tag seine Bedeutung verloren hatte, beschloss das zweite Konzil von Konstantinopel im Jahr 553 die Reinkarnationslehre abzuschaffen.

Ächtung der Sexualität

Einen Großteil ihrer derzeitigen Probleme handelte sich die (insbesondere katholische) Kirche mit ihrer Unterdrückung der Sexualität und damit verbunden allem Femininen ein. Dies findet seinen Ausdruck nicht nur im Zölibat und der Verurteilung der Empfängnisverhütung, sondern auch in der fehlenden Gleichberechtigung (z. B. im Ausschluss der Frauen vom Priesteramt[152]). Dieser Problemkreis trifft heute nicht nur außerhalb der Kirche auf Unverständnis, sondern im beträchtlichen (und zunehmenden) Maße auch innerhalb der eigenen Reihen. Verdrängung im allgemeinen (nicht nur von Sexualität) erweist sich nämlich auch als ein Hindernis bei der Entfaltung des geistigen Menschentums, wie das in späteren Kapiteln noch anklingen wird.

Vielleicht hat aber auch nur die patriarchalisch ausgerichtete Denkweise unserer christlichen Kultur dazu geführt, der höchsten Seinsform eine männliche Natur zuschreiben zu wollen, wo die göttliche Natur in ihrer Alleinheit doch wohl über den polaren Gegensätzen erhaben sein muss. Sind in IHM doch alle kausalen Wirkkräfte (die den gesamten Kosmos durchdringenden und bewegenden Urkräfte) vereinigt, wie die universelle Lebenskraft oder die schöpferische Zeugungskraft, die in diesem Sinn die göttliche Schöpfungskraft im Menschen ist. Unser ureigenes SELBST (als Abbild Gottes) vereinigt so die solaren (männlichen) und lunaren (weiblichen) Komponenten unseres Wesens. Da uns unsere gegensätzlichen Attribute zunächst fremd sind, findet der Suchende in seinem Bewusstsein nur allmählich Zugang zu ihnen.

In unseren patriarchalischen Gesellschaftssystemen, die den biblischen Schöpfungsmythos in ihrem Sinne interpretieren, liegt auch die Ursache für die Unterdrückung der Gleichberechtigung des Femininen begründet: Die Erschaffung des Menschen in beiderlei Geschlechtern von Mann und Frau finden wir an zwei Stellen des Alten Testaments: Einmal bei der Schilderung des sechsten Schöpfungstags in Gen. 1,26: *Lasset uns Menschen machen, nach unserem Abbild, uns ähnlich;* und *... so schuf Gott den Menschen nach seinem Abbild, nach Gottes Bild schuf er ihn, als Mann und Frau erschuf er sie* (Gen. 1,27), und dann später in Gen. 2,21, als der Schöpfer den Mann (Adam) in einen Tiefschlaf fallen lässt und ihm eine seiner „Rippen“ entnimmt, um daraus die Frau (Eva) zu formen. Je nachdem ob die

Unterordnung der Frau, dem Mann gegenüber, herausgestellt werden soll oder nicht, berufen sich die Kirchen auf die eine oder andere Stelle im Schöpfungsbericht.

Dabei bildete sich in der christlichen Lehre – im Gegensatz zu vielen heidnischen Kulten[153] – eine eher asketische, körper- und lustfeindliche Tendenz heraus. Die freiwillig auf sich genommene Askese der Wüstenväter und ersten Kirchenlehrer wird dabei als allgemein anzuwendendes Gebot übernommen, obschon sich in den Evangelien des Neuen Testaments keinerlei Andeutungen finden, die darauf schließen lassen, Jesus Christus habe ein gespanntes Verhältnis zum anderen Geschlecht oder zur Sexualität gehabt. Vielmehr befanden sich unter seiner Jüngerschaft auch Frauen, wie das Lukasevangelium vermerkt: Zumindest wird von Maria aus Magdala, Susanna und Johanna berichtet, „die mit ihrem Vermögen für seine Bedürfnisse sorgten" (Lk 8,2). Als pharisäischer Rabbi[154] hat Jesus mit Sicherheit *Torah* und *Talmud* bestens gekannt und befolgt. Im vorrabbinischen Judentum wird das Leben der sozialen Gesellschaft in der *Halacha* (dem religiösen Gesetz) geregelt. Auf frauenfeindliche Äußerungen stoßen wir dort nicht. Das gespannte Verhältnis zur Sexualität findet im Neuen Testament zuerst bei Paulus seinen Ausdruck, während der Apologet *Irenäus* die Enthaltsamkeit noch als „Ungehorsam gegen Gott" bezeichnete.

Schwer verständlich erscheint uns auch die Meinung des hochgelehrten und sonst so fairen Bischofs von Mailand, *Ambrosius* (ca. 340 - 97), dass „die Frau von Natur aus weniger Verstand, dafür aber mehr Laster besitze als der Mann und sich ihm deshalb unterzuordnen habe. Nur der Mann sei mit genügend Ratio ausgestattet, um andere zur sittlichen Vervollkommnung zu führen." Sein Zögling *Augustinus*, der selbst in seiner Jugend die fleischlichen Freuden voll ausgekostet hat, trägt später die Thesen seines Lehrers mit weitaus größerer Schärfe vor. In seiner Exegese wird die Erbsünde mit der Zeugung und der damit verbundenen sexuellen Begierde an die Kinder weitergegeben. Die Leib- und Lustfeindlichkeit des frühen Christentums gipfelt dann in den Lehren des frommen Papstes *Gregor des Großen* (590 - 604): In seinem Katalog der sieben *Hauptsünden*, die den Verlust der göttlichen Gnade nach sich ziehen, nimmt die Wollust einen herausragenden Platz ein, „eine *Gott beleidigende* Lasterhaftigkeit".

Mit der Erhebung Marias zur „unbefleckten" Gottesmutter und „reinen" Jungfrau werden Mutterschaft und Sexualität getrennt. Gleichzeitig wird das „Böse" in die Stammmutter Eva hineinprojiziert. Die Annahme der eigenen Sexualität ist seither sündhaft. Papst Pius IX. erhebt 1854 die „unbefleckte Empfängnis Marias" – ihre Zeugung ohne Erbsünde – zum Dogma, wobei das theologische Paradoxon der Erbsünde sichtbar wird: Die freie Entscheidung, eine Sünde begehen zu wollen, kann doch wohl kaum einem Erbe unterliegen!

Der vielleicht herausragendste Theologe des Mittelalters, *Thomas von Aquin* (1224 - 74) betrachtet die Frau gar als eine „Missbildung der Natur". Als im

13. Jahrhundert der Teufel zum Gegenspieler Gottes aufsteigt, konstruiert man auch noch einen Zusammenhang zwischen ihm und der Sexualität. Im 19. Jahrhundert wird das sechste Gebot gar von *„Du sollst nicht ehebrechen"* zu *„Du sollst nicht Unkeuschheit treiben"* umgedeutet. Dazwischen liegen sechs Jahrhunderte der Hexenverfolgungen, in denen Hunderttausende von Menschen, hauptsächlich Frauen, auf den Scheiterhaufen sterben mussten.

Wenn heute das Pendel in genau entgegengesetzter Richtung ausschlägt, dürfen wir dies auch als eine Reaktion gegen die jahrhundertelange Unterdrückung und Tabuisierung der Sexualität deuten.

Andere geistige Strömungen

Wie wir erkennen können, leitet sich die christliche Lehre nicht allein aus den Aufzeichnungen der Evangelien, sondern auch aus ihren jüdischen Wurzeln ab. Daneben wurde sie – insbesondere in den ersten Jahrhunderten ihrer Geschichte – von den großen philosophischen Systemen der Antike und den vorderasiatischen Religionen befruchtet. Eine Betrachtung der mit dem Christentum in Berührung gekommenen geistigen Strömungen fügen wir zum besseren Verständnis der Entwicklung unserer abendländischen Kulturgeschichte nachfolgend ein.

So brachte das alte Persien zu den verschiedensten Epochen immer wieder Propheten, Eingeweihte und Religionsstifter hervor, deren Lehren alle mit ihm in Verbindung stehenden Religionen beeinflussten, angefangen vom Mazdaismus Zarathustras bis hin zur Baha'i-Religion unserer Tage. Vergessen wir auch nicht, dass es nach christlicher Überlieferung persische Magier waren, die, von einem Stern geleitet, nach Bethlehem kamen, um dem neugeborenen „König der Juden" mit den symbolischen Geschenken von Erkenntnis (Gold), Göttlichkeit (Weihrauch) und Unsterblichkeit (Myrrhe) zu huldigen. Dieser Besuch der Magier beim Gründer der späteren christlichen Religion mag mehr als nur eine symbolische Geste gewesen sein und bietet nicht nur Anlass zur Frage, welche Erwartungen wohl jene Weisen mit diesem Kind verbanden, sondern für uns, was die Christenheit dem alten Persien schuldet.

Zarathustras Kosmologie der Gegensätze

Über den Propheten Zarathustra wissen wir praktisch nur das, was uns seine Gâtâs, die Gesänge des AVESTA, des heiligen Buches der Zoroastrier, überliefern. Aus der archaischen Zend-Sprache wurde dieses heilige Buch später in die Pahlevi-(Pehlvi-)Sprache übertra-

Abb. 17: Farvahar, Symbol der Zoroastrier

gen, die sich aus dem Aramäischen ableitet. Den Sassanidenherrschern (224 - 651) verdanken wir die Aufzeichnung der uns heute noch verfügbaren Fragmente des Avesta.

Die Bekenntnisse seines eigenen Unvermögens, sein undogmatisches Denken und sein ständiges Streben nach Erkenntnis und Wahrheit machen Zarathustra zu einem für uns so sympathischen Religionsstifter. Über den Zeitpunkt seines Auftretens gehen die Meinungen der Wissenschaftler stark auseinander. Die Mehrzahl verlegt seine Existenz in das 6. vorchristliche Jahrhundert. Zur damaligen Zeit herrschte im Iran der mächtige Stamm die Meder, zu deren Vasallen auch der Stamm der Perser gehörte.

Der Legende nach suchte Zarathustra schon in jungen Jahren die Einsamkeit der Berge und lebte dort zehn Jahre lang in einer Höhle. Hier wurde er in einer seiner tiefen Meditationen „wie auf Adlers Fittichen in die Tiefe des Raumes getragen" und fand sich urplötzlich vor dem Thron des „Herrn der Weisheit" *Ahura Mazda*, der ihn die „oberen Welten" schauen ließ. Ahura Mazda (dessen Name im neuiranischen zu *Ormuzd* zusammengezogen wird) verkörpert das Prinzip der göttlichen Intelligenz, im Gegensatz zur „Unbekannten Gottheit", des „in uns verschlungenen Wesens".

Zarathustra verkündete später das so Geschaute in seinen Gâtâs. Er reformierte die ursprünglich wohl animistische Volksreligion der *Magier* (von denen sich unser Wort *Magie* ableitet). Im Mittelpunkt ihrer Rituale stand der Feuerkult, den auch Zarathustra in seine neue Religion übernahm. Das Feuer genießt in der Kosmologie Zarathustras überhaupt zentrale Bedeutung:

Abb. 18: Zarathustra

Die erste, geistige Welt entstand gemäß seiner Lehre aus dem *Urfeuer*, aus dessen energetischen Schwingungen ihre Substanz aufgebaut ist. Das *Urwort* wurde von der *Unbekannten Gottheit* ausgesprochen, das *„in tiefer Stille in das Gemüt des Reinen eintretend, auf seine Fragen Antwort gibt."* Erkenntnis ergießt sich somit dauerhaft aus der Allweisheit. Parallelen hierzu finden wir in den Lehren der Mysterienschulen, der kabbalistischen Lehre oder im griechischen Logos. Die Vibrationen des Urfeuers gebaren das *Urlicht*, das in allen Erscheinungsformen der ersten, geistigen Welt enthalten ist. Aus ihr entwickelte sich die zweite, materielle Welt der Gegensätze, in der wir verhaftet sind.

Zarathustras Kosmologie wird vom Kampf dieser kosmischen Gegensätze gekennzeichnet: Dem Schöpfungsprinzip der Weisheit, Ahura Mazda, steht sein sich von ihm unterscheidender „Zwilling" *Ahriman* gegenüber. Dem menschlichen Verstand erscheint Ahura Mazda als das Prinzip des Guten, während Ahriman (Angra Mainyu) dieses Prinzip mit allen Mitteln bekämpft. Die menschliche Erklärung dafür mochte sein, dass Ahriman diesen Beschluss „aus Neid" fasste. Ahura Mazda steht jedoch über den Gegensätzen der Schöpfung, während sich das Reich des geistigen wie das des körperlichen Seins in einen Bereich des Guten und einen anderen des Bösen aufteilt. In der dualistischen Welt Zarathustras wird gegenwärtig der kosmische Kampf zwischen diesen beiden Mächten ausgetragen. Zeiten, in denen der eine oder der andere die Oberhand gewinnt, wechseln sich ab. Gegenwärtig scheint Ahriman unser Zeitalter zu bestimmen!

Im Schöpfungsmodell Zarathustras wirken sieben „heilige Geister", die Amaschapands (Amesha Spentas in der Zend-Sprache). Aus der Einheit Ahura Mazdas entsteht Bahman, der Wille, Weisheit und Erkenntnis ausdrückt, das göttliche Feuer (Ardibeheschť), das Licht im Licht (Shahriver), die Erde (Sapandomad), die Gesundheit (Amerdad) und die Ewigkeit (Khordad). Sie bilden die Stufen des esoterischen Befreiungsweges des Avesta. Dieser „Weg der Wandlungen" besteht in der Opferung der eigenen Persönlichkeit, um durch Erwerb der Einsicht seiner niederen Seinsstufen, über die Bewusstseinswerte der Amaschapands, die Einswerdung mit Ahura Mazda wieder zu erreichen.

Man wird hierbei zweifelsohne an die kabbalistische Geheimlehre erinnert, der ein eigener Abschnitt im zweiten Band gewidmet ist. In der Tat müssen die Juden während ihres babylonischen Exils um 600 v. Chr. mit dem Mazdaismus Zarathustras in Berührung gekommen sein. Dabei flossen wohl neben der Vorstellungswelt von Engeln und Dämonen und der Idee eines Messias, der das Ende der Zeiten ankündigen wird, sicherlich auch die ersten grundlegenden Ideen der kabbalistischen Tradition in ihre Lehre ein.

Dem Perserreich brachte Zarathustras Religion eine hohe Zivilisation, die später die islamische Welt übernehmen konnte. Während und nach dem Prozess der Eroberung des Irans durch den Islam im Jahr 651 n. Chr. wurde allerdings die Mehrzahl der Anhänger Zarathustras aus Persien vertrieben. Viele von ihnen erhielten Asyl in Indien (vor allem in der Gegend um Bombay), wo sie noch heute als Parsen (Perser) die größte Gruppe dieser Religionsgemeinschaft bilden. Im Iran verblieben die „Sardoschti" als religiöse Minderheit der „authentischen Perser", insbesondere im Umkreis um die Oasenstadt Yazd. Zusammen mit Christen und Juden gehören sie heute zu den gesetzlich „anerkannten Religionen"[155] im Iran.

Der Mysterienbund der Mithrasjünger

Der Dualismus Zarathustras fand auch im Mithraskult seinen Niederschlag, der sich um die Zeitenwende mit den aus dem Orient kommenden römischen Legionären über ganz Westeuropa[156] ausbreiten konnte und im 3. nachchristlichen Jahrhundert die frühen Mysterien weitestgehend verdrängte.

Mithras ist eine altiranische Gottheit, die schon in den zoroastrischen Schriften des Avesta enthalten ist und im Persischen soviel wie „Vertrag" bedeutet. Der Name bezeichnet einen „weitschauenden, immer wachenden" Gott, Schützer des vertraglichen Rechts, „einen sicherer Halt", wie ihn der „abtrünnige" Kaiser Julian (360 - 363 n. Chr.), selbst ein Mithrasmyste, bezeichnete. Als dieser Kult aus dem persischen Raum in das Abendland kam, vereinigte sich die sonnenhafte Gottheit mit der griechisch/römischen Götterwelt zu Mithras-Apollon-Helios, wie sie früher schon in ihrem Heimatland mancherorts als Mithra-Ahura verehrt wurde.

Kern der heiligen Geschichte dieses Kultes war offenbar das Stieropfer, das die physische und psychische Erneuerung des Eingeweihten durch das Blut des Opfertiers, als Symbol für die schöpferische Urkraft, des Chaos, beinhaltete. Initiationen mit körperlichen Torturen waren Bestandteil der Mithrasmysterien, und es wird von hier aus verständlich, warum man in einen solchen Kult keine Frauen aufnahm: eher aus Rücksicht, denn aus Missachtung.[157]

Mithras versinnbildlicht die unbesiegbare Sonne, die jeden Tag aufs Neue die Dunkelheit bezwingt. Als dieser Kult mit der Welt der chaldäischen Astrologie in Berührung kam, verband er die archaischen Gestalten, Gedanken und Gebräuche des Mazdaismus mit den planetarischen Kräften: Seine sieben Einweihungsgrade standen fortan unter dem Schutz und der Führung (*tutela*) je eines der sieben Planetengötter. Durch die sieben planetarischen Sphären führt der Weg der Seele hinauf bis zum Fixsternhimmel. In jedem Gottesdienst wurde dem Mithrasjünger wie auf einer Himmelsleiter die Hierarchie des Kultes vor Augen geführt. Vor seinem Aufstieg erblickte er das Licht auf dem Altar, den Mischkrug (*crater*) mit den heiligen Substanzen, den Lebensbaum und die Himmelswächter *Cautes* und *Cautopates*.

In der römisch geprägten Welt benannte man die sieben Einweihungsstufen mit *Corax* (Rabe), *Nymphus* (Okkulter), *Miles* (Soldat), *Leo* (Löwe), *Perses* (Perser), *Heliodromus* (Sonnenläufer) und *Pater* (Vater). Sie stehen jede unter der Tutela eines der sieben Planetengötter der Alten Welt:

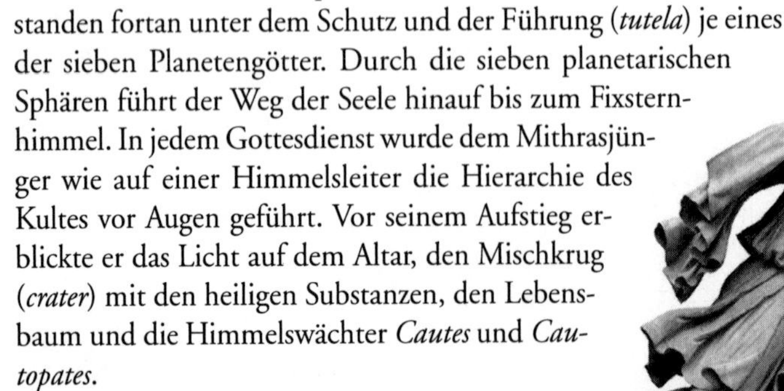

Abb. 19: Mithras

Grad	Lat. Name	Bedeutung	Planet
1.	*Corax*	Rabe	Merkur
2.	*Nymphus*	Puppe, Raupe	Venus
3.	*Miles*	Soldat	Mars
4.	*Leo*	Löwe	Jupiter
5.	*Perses*	Perser	Mond
6.	*Heliodromus*	Sonnenläufer	Sonne
7.	*Pater*	Vater	Saturn

Tab. 2: Einweihungsstufen des Mithraskultes

Auf der ersten Stufe (unter der Führung des Planeten Merkur) überbringt der *Rabe* die Aufforderung zum (Stier-)Opfer. Als *Nymphus* im Zeichen der Venus „verpuppt" sich der Novize quasi in der Verborgenheit, um sich später, wie ein Schmetterling, zur nächsten Entwicklungsstufe zu erheben. Helm, Lanze und Tornister repräsentieren den Soldaten (*Miles*) im Zeichen des Mars. Hier muss sich der Myste im Zweikampf den Mächten des Bösen stellen und den rituellen Tod erleiden. Die vierte Stufe *Leo*, unter dem Zeichen des Blitze schleudernden Jupiters, leitet zu den höheren Weihen über. Das Feuermal auf der Stirn muss sich der Myste in der Feuerprobe erwerben, durch die er seinen Anteil an den kosmischen Kräften gewinnt. Die fünfte Stufe des *Persers* erinnert an das Ursprungsland des Mithras. Peitsche, Strahlenkranz und Fackel sind die Symbole der sechsten Stufe, die an die Himmelfahrt Mithras' im Sonnenwagen des *Sol-Helios* erinnern. Als *Heliodromus* darf der Eingeweihte schließlich mit dem *Pater* zusammen das heilige Mahl abhalten. In der siebten Stufe, der dem Planetengott Saturn geweiht ist, erreicht der Myste das große Tor, hinter dem er einen Blick auf die ewigen Reiche seiner Seele werfen kann. Als *Pater* wird er zum Stammverwandten der Götter und zum Hohepriester, der das Stieropfer vollziehen darf. Als sichtbares Zeichen dieser Einweihung erhält der Myste die phrygische Mütze des Mithras, sowie Stab und Opferschale der persischen Magier.

Der Mithraskult sollte ein gefährlicher Konkurrent für das junge Christentum werden, mit dem er auch eine erstaunliche Vielzahl von Analogien teilt: Wie bei Christus gebar den Mithras eine irdische Jungfrau; seine Geburt in einer Grotte wurde drei Tage nach der Wintersonnenwende am 25. Dezember, dem *dies natalis solis invicti* gefeiert; man hielt ein Abend(Bruder-)mahl und gedachte seiner Himmelfahrt.

Die großen Taten der heiligen Geschichte boten den Gläubigen Teilhabe am Heilsgeschehen durch ihren Nachvollzug im Ritus, in denen die Mysten in einen höheren Seinszustand (auch mit Hilfe des heiligen Trunks *Haoma*) erhoben wurden, der ihnen Aussicht auf eine dauernde Vereinigung mit ihrem Gott gewährte. Doch angesichts des siegreichen Christentums war den Mysterienreligionen kein Weiterleben bestimmt. Was ihre Stärke inmitten einer polytheistischen Glaubenswelt gewesen war, erwies sich nun als Schwäche! [158]

Was die Befreiung bringt, ist die Erkenntnis, wer wir waren, was wir wurden; wo wir waren, wohinein wir geworfen wurden; wohin wir eilen, woraus wir erlöst werden; was Geburt ist und was Wiedergeburt.

Theodoto, der Valentinianer 78,2

Gnostische Denkrichtungen

Bald schon nach seinem Entstehen musste sich das frühe Christentum mit der „ersten großen Häresie" der christlichen Gnostiker auseinandersetzen, die mit dem Zusammentreffen der östlichen Religionen und Geistesrichtungen um das zweite nachchristliche Jahrhundert gesehen wird. Allerdings wissen wir heute, dass sich der Gnostizismus als religiöse Strömung in seinen Grundzügen bereits vor dem Erscheinen des Christentums, im Zeitalter des Hellenismus[159], auszubilden begonnen hatte. Wurde doch mit dem Hellenismus ein Wendepunkt in der Geschichte der antiken Welt gesetzt, mit dem die „Globalisierung" der hellenistischen Kultur einsetzte. Wie wir bereits weiter oben erkennen konnten, bildete sich in seiner späten Phase der „neue Platonismus" aus, der für neue Denkrichtungen eine günstige Umgebung schuf. Dass aber der Gnostizismus nicht erst mit dem Christentum seinen Anfang nahm, dürften die Gemeinschaften der Mandäer und Sabäer[160] bezeugen, den beiden gnostischen Strömungen außerhalb der hellenistischen Welt.

Als wesentlicher Grundzug des Gnostizismus manifestiert sich in allen seinen Schulen, ähnlich wie im Mazdaismus Zarathustras, der radikale Dualismus von Gott und „Welt". Er bestimmt auch die gnostische Erlösungslehre, deren Ziel die Befreiung des „Inneren Selbst" aus der Knechtschaft der Welt ist und die Rückkehr in das Reich des Lichts beinhaltet. Die göttliche Lichtwelt und das Wesen Gottes sind im Gnostizismus der irdischen Welt fremd. So hat der Gott der Gnostiker das Universum weder geschaffen, noch regiert er es; vielmehr steht der Kosmos, als Werk der Finsternis, dem göttlichen Reich des Lichts gegenüber. Die Welt ist das Werk des Demiurgen (Ialdabaoth) und seiner Archonten, die den wahren Gott nicht kennen. Das Wissen über ihn lässt sich nur durch göttliche Offenbarung oder durch Erleuchtung erwerben.[161]

Gnostizismus im Christentum

In der Literatur stellt sich uns die christliche Gnosis (und der Gnostizismus) als Fortbestand der Mysterienweisheit dar, nachdem sich aus der ursprünglichen „Mysterienschule des Urchristentums" eine dogmatische Institution ausgebildet hatte, die (nach Außen hin) die eigentliche Mysterienweisheit bekämpfte.[162] Dabei sollten wir zwischen dem Gnostizismus (dieser theologischen Strömung) und der Gnosis (der ihr unterliegenden Erkenntnislehre) unterscheiden; sie ist früher oder später in jeder Hochreligion anzutreffen und beinhaltet esoterische Unterweisungen, wie Hans Leisegang meint, ohne dass damit notwendigerweise eine Häresie verbunden wäre.[163]

Die gnostischen Schulen konnten zweifelsohne der abendländischen Mystik starke Impulse verleihen. Doch wie die christlichen Kirchenväter, so verlegten auch die Gnostiker das Denken mehr in den Kopf, wo es doch dem Herzen hätte nahe bleiben sollen. Ihr Hang zur Dogmenbildung führte damit zu unzähligen Schulen (angefangen von *Simon dem Magier* und *Apollonios von Tyana*[164] bis hin zu *Basilides, Valentinus, Karpokrates* und *Markion*). Die wahre Gnosis wurde dadurch zum Feind der Kirche erklärt, wobei die Hüter der christlichen Lehre sie fast acht Jahrhunderte lang bekämpften. Gerechterweise muss allerdings erwähnt werden, dass an der Peripherie des Gnostizismus auch Auswüchse entstehen konnten, die selbst heute noch die Grenzen unserer Toleranz sprengen: Hierzu gehören, neben den so genannten „Sperma-Gnostikern", sicherlich auch so manche Gemeinschaften der Ophiten und Barbelo-Gnostiker. Sie finden hier Erwähnung, weil sich auf ihre Traditionen mancherlei dubiose Gruppierungen berufen, auf die wir später noch zurückkommen werden.

Mit der Wiederentdeckung der Apokryphen-Evangelien, vor allem mit dem 2006 vorgestellten Judas-Evangelium gewinnt die gnostische Denkweise im Christentum erneut an Aktualität.

Gnostische Schulen

Der Lehrinhalt des Gnostizismus stellt sich uns „wie ein aus unzähligen Mosaiksteinchen zusammengesetztes Bild dar, das sowohl jüdische wie christliche, persische, babylonische, ägyptische und griechische Elemente beinhaltet" (Leisegang). Darin lassen sich wenigstens drei Dutzend unterschiedliche Systeme unterscheiden, in das oft auch noch das Manichäertum einbezogen wird. Leisegang weist jedoch darauf hin, dass „die religionswissenschaftliche Forschung viel zu wenig darauf achtete, dass der Gnostizismus einen geschlossenen Sinn ergibt, der nur aus dem Geiste seiner Schöpfer begriffen werden könne." Die griechische Denkweise bildet dabei den „Kitt", der die gnostische Denkweise zusammenfügt. War doch die griechische Sprache im Hellenismus zur Weltsprache aufgestiegen und hatten mit ihr die fremden Völker griechisch denken gelernt, so dass die Philosophie dazu übergegangen war, Begriffe aus der Mysteriensprache zu verwenden, wann immer sie die Erkenntnis des Übersinnlichen beschreiben wollte.[165]

Für *Basilides* war der Einzug der Seele in immer neue Körper die Folge einer ihr innewohnenden Begierde. Jeder Drang – einschließlich der nach Erkenntnis (Gnosis) – sei aber auch die Ursache des Leides und erzeuge nach dem Tod den Wunsch nach Wiedergeburt. Somit ist die Begierde in der Seele verankert und verdammt sie zu immer neuen Wiedergeburten. Das größte Glück des Menschen liegt daher für die *Basilidianer* im Nichtwissen (Agnosia) und der Abwehr jeglicher Form der Begierde.

Im Gegensatz dazu waren die *Karpokratianer* davon überzeugt, in jedem neuen Leben, alle Möglichkeiten ihrer Begierden ausschöpfen zu müssen, um sich ihrer, noch vor ihrem Tode, zu entledigen. Alle moralischen Erwägungen blieben bei ihnen unberücksichtigt. Nach *Karpokrates* gibt es gute und böse Werke nur nach menschlichem Ermessen. Auch in dieser Schule muss der Mensch in seinem materiellen Körper (als Träger des göttlichen Funkens) so lange wiedergeboren werden, bis er alle Taten der Welt erfahren hat. Erst dann kann sich seine nunmehr freigewordene Seele wieder mit der Weltseele vereinigen …

Die Lehren der doch recht unterschiedlichen gnostischen Schulen auf einen gemeinsamen Nenner zu bringen ist ein schwieriges Unterfangen. Vielleicht könnte eine Synthese des Hauptstranges ihrer Denkweise folgendermaßen lauten:

Für die Gnostiker schuf der göttliche Allgeist aus der göttlichen Weisheit *(Sophia)* die spirituellen Welten der geistigen Hierarchien (Engel, Erzengel, Thronen, Mächte und Herrschaften, bis hin zu den gottnächsten Cherubim und Seraphim) und der Halbgötter (der Äonen, Wesen, zugleich der göttlichen und der menschlichen Natur teilhaftig). Der Demiurg (Weltenschöpfer) Ialdabaoth soll dabei die sichtbare Welt ohne die Einwilligung Gottes, aus selbstsüchtiger Leidenschaft, aus der Materie geformt haben, so dass diese Welt ihrer eigentlichen Natur nach unvollkommen sein muss. Er galt deshalb bei den verschiedenen gnostischen Schulen bald als der „Gott des Alten Testaments“ oder als Daimon (Satan). Doch mit dem ersten Gottessohn, dem Lichtträger Luzifer, der mit dem Licht auch das Bewusstsein in die Welt brachte, lernte der Mensch das Böse vom Guten zu unterscheiden.

Der zweite Gottessohn, (der höchste Äon) Christus, betrat – aus gnostischem Verständnis heraus – die Welt in einem Scheinleib, um den Menschen aus der Herrschaft der Finsternis der Archonten zu erlösen. Er inkarnierte in Jesus und der Geist senkte sich bei dessen Taufe im Jordan in Taubengestalt auf ihn herab, wodurch Jesus zum Sohn des *Vaters* wurde und in die *höheren Welten* (des Pleroma) aufsteigen konnte.

Gegenüber der rein patriarchalisch geprägten christlichen Dogmatik steht im Gnostizismus dem Absoluten das weibliche Prinzip der (Pistis) Sophia (Weltseele) oder allgemeiner gesprochen der *Ennoia* (Gedanke) gegenüber, das sich mit der

Thelesis (dem Wollen) verbindet. Dadurch wird die ursprüngliche (göttliche) Einheit geteilt. Die göttliche Substanz zog sich dabei fast vollständig aus der materiellen Welt zurück und überließ das gesamte Universum seinem eigenen Streben nach Vergöttlichung. Deshalb sahen es die Gnostiker als ihre Aufgabe an, mitzuwirken, die Spuren des entschwundenen Göttlichen (Logos) wieder in die höheren Welten (ins Pleroma) zurückzubringen.

Die gnostische Kosmologie der Pistis Sophia

Den Lehren der Pistis Sophia[167] zufolge, der zahlreiche gnostische Schulen folgen (und die lange Zeit dem Valentinus zugeschrieben wurde), stürzte die Lichtsubstanz der Weltseele aus dem Lichtkreis (des Göttlichen) in das Chaos der Finsternis. Hier gebar sie den Demiurgen (Weltenschöpfer) *Ialdabaoth* und fiel seinen vier Leidenschaften zum Opfer:

- der Angst vor dem Nichtwissen, die Dämonen erzeugt,
- der Betrübnis darüber, nichts ergreifen zu können, die den Wunsch nach Verkörperung erzeugt,
- der Angst vor dem Verlust des Lebens, die die demiurgischen Begierden hervorbringt und schließlich
- der Hoffnung, die Quelle des Lichts wieder zu finden, die Begierde nach Reue und Bekehrung erzeugt.

Diese vier Leidenschaften entweichen der „gefallenen" Sophia als Ängste, Schweiß, Tränen und Lachen. Es sind Ausflüsse, die sich in vier „Archonten" (kosmische Herrscher) verkörpern. Sie dienen dem Machttrieb des Demiurgen, um Seelen zu formen. Die Substanz dieser Seelen besteht aus ihrem Kern, der den Drang zum Licht noch in sich trägt und der ihn umgebenden animalischen Seele, die mit Finsternis vermengt ist. Die dritte Substanz der äußeren Umhüllung der Seele, der „Widersachergeist" ist am stärksten von der Finsternis korrumpiert und enthält die materiellen Begierden.

Ähnlich dem buddhistischen Denkmodell sind es somit die Begierden, die den Kreislauf der Wiedergeburt auch nach gnostischer Auffassung nach sich ziehen.

Die gnostische Erlösungslehre

Das gnostische Weltbild geht von der antiken geozentrischen Weltsicht aus, in der unsere Welt, wie eine Zwiebel, zunächst von der *Mondsphäre* und dann von den restlichen Planetensphären und den zwölf Äonen des Fixsternhimmels umschlossen wird. Diese kosmischen Sphären werden schließlich von der Lichtwelt umgeben. Jede der Sphären wird von einem Archonten regiert. Die drei Naturen der Seele (die pneumatische, psychische und hylische) entsprechen den drei Welten und bestimmen den Weg der Wiedergeburt und der endgültigen Erlösung. In der jeweiligen „Hölle" (Fegefeuer) müssen die Seelennaturen von allen psychischen Rückständen gereinigt werden, die sich während ihres weltlichen Daseins angesammelt haben und für die sie sühnen müssen. Zugang zum spirituellen Leben erhält die Seele jedoch nur durch die Übertragung der Mysterien in der Taufe (durch Wasser, Geist und Feuer). Andernfalls ist sie zur Seelenwanderung verurteilt.

Lichtsubstanzen	**Seelennaturen**	**Entstehung**	**Welten**	**Höllen**
Seelenkern	Tugend	Lachen (Atem)	Fixsternhimmel	Räume des Drachen
Animalische Seele	Schicksal	Tränen	Planetenhimmel	Weg der Mitte
Widersachergeist	Sphäre	Schweiß	Mondsphäre	Chaoshölle

Tab. 3: Die gnostischen Seelennaturen und ihre kosmischen Beziehungen

„Der Weg der Erlösung beginnt mit dem göttlichen Ruf, der an jeden einzelnen Menschen ergeht. Wer ihn aufnimmt, dem öffnen sich die Augen dank der Lehre vom unsagbaren Gott, der Gnosis: Er wird weise. Die Finsternis des Irrtums muss weichen; eines Irrtums, der erst am Ende der Zeiten völlig verschwinden wird, wenn sich die Welt der Materie im Feuer läutert."[168]

Die Erlösung durch Jesus Christus erfahren die vom göttlichen Geist erfassten *Pneumatiker*, die sich den mystischen Weihen und asketischen Übungen unterwerfen und damit das Sinnliche abtöten. Die *Pistiker* hingegen erreichen nur das Stadium des Glaubens, während alle übrigen im Fleischlichen rein sinnlich verbleiben und so den göttlichen Funken in sich nicht erkennen können.

Nach Beendigung des Lebens einer durch die Taufgeheimnisse erlösten Seele kann die Weltseele (Sophia) die in den „Höllen" gereinigten Seelenelemente aus dem Reich der Archonten wieder in sich vereinigen.

In der Schöpfungsmythologie der *Ophiten* tragen sechs der sieben Archonten (des Planetenhimmels) jüdische Gottesnamen: Neben ihrem Anführer Ialdabaoth sind dies IAO, Sabaoth, Adonai, Elohim, Hor und Astaphaios.

Die Gnostiker dieser Schulen waren somit Christen, welche die Bücher des Alten Testamentes als das ausschließliche Erbe des jüdischen Volkes ganz oder auch nur teilweise ablehnten. Der Unterweisungen der griechischen Philosophen eingedenk, musste nach ihrer Auffassung das Böse aus der göttlichen Schöpfung ausgeschlossen werden, da Gott nur vollkommen sein kann.

Die Hochburg der gnostischen Gemeinschaften befand sich – wie kann es anders sein – in Alexandria, wo sich die intellektuelle Elite ihrer Zeit zusammenfand. Aus diesem Umstand erklärt sich auch die Vermischung von Magie, Philosophie und symbolhafter Mythologie, die man in allen Lehren findet, die ihren Ursprung aus der Gnosis herleiten.[169]

Die manichäische „Weltreligion"

Der Name der Manichäer leitet sich von dem Parther *Mani* (griechisch *Manes*) ab, der im Jahr 217 n. Chr. in einem Dorf am Tigris in Zentralbabylonien das Licht der Welt erblickte. Seine Eltern bekannten sich ursprünglich zur Religion des Zarathustra, bis sich sein Vater Pattek einer Täufersekte[170] in Palmyra anschloss, in der Mani aufwuchs. Mit zwölf Jahren gab ihm sein „Zwilling" (oder Spiegelbild – der Engel at-Taum) zu verstehen, dass das Leben in der Gemeinschaft der „Weißgekleideten" nicht sein Lebensziel und er zu höheren Aufgaben berufen sei; zwölf Jahre danach lautete die zweite Botschaft: „Jetzt ist die Zeit gekommen, zeige dich und verkünde laut deine Lehre!"

Man nimmt an, Mani habe in den zwölf Jahren zwischen diesen beiden Botschaften theologische Studien betrieben. Am Ende dieser Zeit unternahm er eine Reise nach Indien, um nach seiner Rückkehr zuerst am Hofe des Sassaniden-Herrschers Schapur (241 - 272) und während der darauf folgenden zweiunddreißig Jahre im gesamten persischen Reich seine neue Lehre zu verkünden, die sich so neben der des Zarathustra ausbreiten konnte. Im Jahr 272 starb jedoch sein königlicher Gönner und dessen beide Söhne übernahmen kurz hintereinander die Regierung. Während Ormazd ihn noch unterstützte, blieb Bahram ein leidenschaftlicher Anhänger der alten Religion, deren Priester die Gelegenheit dazu benutzten, sich Manis zu entledigen. Er wurde schließlich eingekerkert und an die Mauern seines Gefängnisses gekettet, wo er im Jahre 277 starb. Einer anderen Überlieferung zufolge soll er gekreuzigt worden sein.

Wie später sein Landsmann Baha'u'llah[171], so gilt auch Mani als Begründer einer Universalreligion, die alle damals bekannten großen Religionen verbinden wollte. Nach seiner Lehre haben die drei Propheten Buddha, Zarathustra und Jesus nur zu ihrem eigenen Volk gesprochen und das Wissen deshalb auch nur bruchstückhaft weitergegeben. Mani betrachtete sich als das vorläufig letzte Glied in der Kette der Propheten, als der letzte Bote Gottes, der Paraklet des Johannesevangeliums, der die göttlichen Offenbarungen selbst aufgeschrieben hat.

Die Liebe zu allen Geschöpfen und ein einfaches Leben in Harmonie mit der Natur ist in der Lehre Manis ebenso enthalten, wie in der Gauthama Buddhas oder später in der des heiligen Franziskus. Manis Lehre stiftet aber nicht nur eine Synthese der drei großen Offenbarungsreligionen, sondern beinhaltet auch eine Gnosis, die das Wissen von der Existenz der beiden Prinzipien des Guten und des Bösen enthält, die als Licht und Finsternis dargestellt werden. Gott verkörpert darin das Gute, die Materie das Böse.

Erstaunlicherweise finden sich in der manichäischen Mythologie eine Reihe von Analogien mit der germanischen Götterwelt, in denen manche Wissenschaftler eine Verbindung mit dem Volk der Skythen sehen: So findet sich der Sitz des

Guten im Norden (im Reich von Thule), während die Äonen in der feuchten Hitze des Südens (der semitischen Völker) dem Kommando der Archonten lauschen. Im Süden herrscht das Chaos, im Norden die Ordnung!

In einem Augenblick, aus dem heraus die Zeit entsteht, greift der Fürst der Finsternis die Welt des Lichtes an. Doch der erste Mensch Ahura Mazda stellt sich ihm – zusammen mit seinen Verbündeten, den fünf Elementen Luft, Feuer, Licht, Wasser und Wind – entgegen, wird aber besiegt und von der Finsternis verschlungen. So gelangt ein Bestandteil der göttlichen Natur in die Gefangenschaft der Materie. Der Mensch betet sieben Mal um Befreiung zu Gott und erhält von ihm jedes Mal zu seiner Unterstützung eine Emanation (Ausfluss des Göttlichen). So wird er gerettet, muss aber seine Seele, die Substanz, die dem Guten entströmt und das Licht enthält, im Reich der Dunkelheit zurücklassen, wo sie durch ihren Kontakt mit der Materie befleckt wird.

Die Dämonen schaffen mit dem Rest der göttlichen Energie, die sie besitzen, Adam und Eva. Aber deren Seelen weisen eine so enge Verbindung mit der Materie auf, dass sie sich ihrer göttlichen Herkunft nicht mehr erinnern können. Ihr natürlicher Zustand ist deshalb die Unwissenheit. Gesandte Gottes bringen der Menschheit jedoch das verloren gegangene Wissen wieder zurück.

Die Lehre der Manichäer kennen wir nicht zuletzt durch den Kirchenvater Augustinus, der in seiner Jugend lange Zeit selbst dieser Richtung angehörte, bevor er zum Christentum konvertierte. Die manichäische Ethik beinhaltet das Streben des Menschen, seine ursprüngliche Reinheit wieder zu finden. Da die äußere Welt auf dämonischem Ursprung beruht, muss jede materielle Verbesserung, jeder Fortschritt naturgemäß dazu beitragen, die Macht des Bösen zu vermehren. So besitzt diese Ethik eher einen fortschrittsfeindlichen Charakter.

Es gab unter den Manichäern die einfachen Gläubigen und die *Reinen* oder *Auserwählten*, die sich zur strengen Askese verpflichteten. Da nur sie nach ihrem Tod in das Reich des Lichts eintreten dürfen, müssen die einfachen Gläubigen so oft wiedergeboren werden, bis sie selbst in ihrem letzten Leben zu Reinen werden. Wir werden diesen Glauben bei den Katharern wiederfinden. Wie ihr Religionsgründer lebten die Manichäer ein einfaches Leben im Einklang mit der Natur. Sie kannten keine Sakramente und errichteten wohl auch keine eigenen Tempel, sondern verrichteten ihre schlichten Rituale in freier Natur. Jedenfalls hat man bisher keine besonderen manichäischen Kultstätten gefunden. Die byzantinische Kirche, in deren Sakramentalien sich vieles aus den persischen Kulten findet, war indes einer der größten Gegner von Manis Religion. Im Jahre 389 verbot Kaiser Theodosius alle nicht-christlichen Kulthandlungen und verhängte die Todesstrafe über die Manichäer.

Der Islam zwischen Hingabe und Heiligem Krieg

„Islâm" bedeutet Hingabe, was die Religion des Propheten Mohammed[172] (569 - 632) in besonderem Maße auszeichnet. Ihre Triebkraft besteht in dem Verlangen, ein Gottesreich bereits auf Erden zu verwirklichen.

Legenden beschreiben Geburt und Kindheit des Propheten in Mekka als von wundersamen Umständen begleitet. Nach dem frühen Tode seiner Mutter wächst er im Hause seines Großvaters und später in dem seines Onkels Abu Talib auf. Auf zahlreichen Reisen kommt er als Kaufmann sowohl mit Juden als auch mit Christen zusammen. Mit fünfundzwanzig Jahren heiratet er Chadidjeh, eine reiche Kaufmannswitwe, aber erst nach weiteren fünfzehn Jahren erfährt er seine Berufung zum Propheten. Ein Engel überbringt ihm den Befehl: „Stehe auf und warne!" (Sure 93, 6ff.), eine Warnung vor dem bevorstehenden Endgericht an alle arabischen Stämme und Völker, die sich von dem wahren und einzigen Gott (Allah) abgewandt haben.

Mohammed folgt dieser Aufforderung und verkündet in den folgenden dreizehn Jahren die Botschaft seiner monotheistischen Religion in seiner Heimatstadt Mekka: Die fünf Hauptpflichten eines gläubigen Moslems bestehen im *Glaubensbekenntnis* (Shahada), im fünfmaligen täglichen *Gebet* (Salat), im Einhalten des *Fastenmonats* Ramadan (Saum), in der *Wohltätigkeit* (Zakat) und wenigstens einmal im Leben in der *Pilgerreise* nach Mekka (Haj).

Seine Botschaft nehmen aber neben seinen Familienangehörigen und Stammesgenossen nur wenige bedeutsame Persönlichkeiten auf, wie die späteren Kalifen Abu Bekr und Umar. Seine kleine Gemeinschaft in Mekka wird vielmehr verfolgt, so dass Mohammed 622 beschließt, sich in dem von Juden beherrschten Medina mit einem anderen arabischen Stamm zu verbünden, um gegen seine Feinde zu kämpfen. Mit diesem Ereignis, der *Hedschra*, nimmt später die islamische Zeitrechnung ihren Anfang. Als Heerführer siegt Mohammed bei Bedr über die Kureischi-

Abb. 20: Standartenträger und Trompeter der Kalifen

ten: *„Nicht ihr habt den Feind in der Schlacht von Bedr erschlagen, sondern Allah erschlug sie* (Sure 8, 19) *... und so bekämpft sie, bis keine Versuchung mehr ist, sondern alle Anbetung Allah allein gewidmet ist.“* (Sure 8, 40)

Im Jahre 630 kann der Prophet widerstandslos in Mekka einziehen und das alt-arabische Heiligtum der Kaaba (d. h. Würfel) zum Mittelpunkt der islamischen Welt machen: Fortan wird die Gebetshaltung statt ursprünglich nach Jerusalem nunmehr nach Mekka ausgerichtet.

Allah ist der gerechte und erbarmende Gott. Dem Frommen, dem er seine Gnade zuwendet, verheißt er das Paradies, den Ungläubigen, die sich an Gott „nicht erinnern“, die Dschehennam, den Ort, den wir besser mit „Ort der Reinigung“ als mit „Hölle“ übersetzen sollten, denn auch den dort Weilenden wird die Barmherzigkeit Allahs schließlich nicht verwehrt werden: Nach ihrer Auseinandersetzung mit den negativen Energien ihres Versagens werden auch sie zu Gott zurückkehren. Der Wille Allahs erscheint in dem islamischen Gesetz Qur-ân (Koran), dessen Pflichtenlehre das tägliche Leben der Gläubigen bestimmt. Dieses Gesetzesbuch erstand etwa 30 Jahre nach dem Tod des Propheten, während der Herrschaft des 3. Kalifen Uthman ibn Affan (644 - 656) aus dem schriftlichen, wie mündlichen Nachlass des Propheten.[173]

Nach dem Tod des Propheten am 8. Juni 632 setzt sich eine Mehrheit der Gläubigen durch, die einen Kalifen (Stellvertreter) zum weltlichen und geistlichen Herrscher der Gemeinschaft wählt. Er tritt die Nachfolge des Propheten als Verkünder der Lehre an. Aus dieser Sunna (Gewohnheit) entwickelt sich die Glaubensrichtung der Sunniten. Der Ausbreitung der neuen Religion in Arabien und seinen Nachbarländern folgen Ägypten, Syrien (einschließlich Palästina) und Persien. Dabei absorbiert der Islam das geistige Erbe dieser Länder, vor allem das der Perser. Im hohen Maße hatte dies Einfluss auf Kunst, Architektur, Handwerk und nicht zuletzt auf die öffentliche Verwaltung, die dem sassanidischen Perserreich entlehnt wird. Im Heiligen Krieg (Dschihad) gelingt es dem Kalifen *Omar Ibn al-Khattab* 636 das byzantinische Heer vernichtend zu schlagen und dem Christentum praktisch den gesamten Vorderen Orient zu entreißen; später folgt die Eroberung Nordafrikas, Spaniens und des Balkans.

Diese Länder formen sich bald zu moslemischen Reichen, von denen einige allerdings die Nachfolge des Propheten in Frage stellen: Werden die Kalifen doch durch menschliche Entscheidung eingesetzt. Sie, die *Schiiten* (von Schia, Partei) glauben vielmehr, dass die Aufgabe, die Gemeinschaft der Gläubigen zu führen, allein den leiblichen Nachkommen des Propheten zustünde, da diese Gott erwählt habe. Der Islam spaltet sich dadurch in zwei Hauptströmungen: Während die *Sunniten* ihre Kalifen verteidigen, bestimmen die Schiiten Mohammeds Neffen und Schwiegersohn Ali zum vierten Kalifen. Er wird aber bereits nach fünf Jahren Herrschaft 661 in Nadschaf ermordet, während sein Sohn Hussein in der Schlacht von Kerbela gegen die Armee des rivalisierenden Kalifen 680 ums Leben kommt. Die Nachkommen von Husseins einzigem Sohn, der das Massaker überlebt, werden für die Schiiten zu Trägern einer unwiderlegbaren inneren Wahrheit, die später an die Imame (Ayatollahs) übertragen wird, während die Sunniten keine theokratische Hierarchie gelten lassen.

Für uns Sucher der Wahrheit dürfte die Entwicklung der Bruderschaften im islamischen Mystizismus von Interesse sein, die sich alle im Einflussbereich der Schia ausbildeten. Glauben die Schiiten doch in ihren jeweiligen geistigen Häuptern ein Wiedererscheinen Alis erkennen zu können. Das spirituelle Erbe dieser Nachfolge zeichnet sich im Glauben an eine Seelenwanderung *(tanâsuh)* ab. Dass sich diese Lehre gerade im Vorderen Orient (Persien, Afghanistan und der Türkei) ausbilden konnte, wird mit dem Zusammentreffen des Islam mit gnostischen, neuplatonischen, indischen und buddhistischen Traditionen erklärt. So finden wir die Reinkarnationslehre u. a. bei den Ismaeliten und Drusen und vor allem bei den Sufis, den türkischen und kurdischen Bruderschaften, wie der *Bektaschi* und *Mevlevi.* Sie glauben die Bestätigung dieser Lehre mit der anhaltenden schöpferischen Aktivität Gottes zu rechtfertigen, der – wie *Ibrahim Hakki Erzerumi* (16. Jahrhundert) es ausdrückte – *den Geist wieder mit dem körperlichen Gewand der Welt einhüllt, um ein neues Leben zu leben.*

Im islamischen Mystizismus sind auch die Lehren der *tauhîd*, der „göttlichen Einheit“ beheimatet, die u.a. in den Bagdader Schulen des 10. Jahrhunderts gepflegt wurden. Mit ihnen wollen wir uns in einem späteren Kapitel befassen.

Das Mittelalter

Es umfasst die tausend Jahre zwischen dem Untergang des Römerreiches im 5. Jahrhundert unserer Zeitrechnung bis zu den Umwälzungen auf allen Ebenen von Kultur und Wissenschaften, die mit den großen Erfindungen und Entdeckungen des 15. Jahrhunderts die „Neuzeit“ einleiten.

Auf der kulturellen, politischen und wirtschaftlichen Ebene nimmt das Mittelalter seinen Anfang mit der Besiedlung des Abendlandes durch germanische und slawische Stämme und ihrer Christianisierung durch die Arianer und die beiden großen christlichen Kirchen von Byzanz und Rom. Darin entwickeln sich das byzantinische und das römisch-germanische Kaiserreich. Im von uns später als „Heiliges Römisches Reich“ benannten Kaiserreich bildeten sich die deutschen Herrscher- (Ottonen, Salier, Staufer, etc.) und Handelsgeschlechter (Hanse, Fugger,

Welser, etc.) sowie der Deutsche Orden heraus. In diesem Umfeld entwickelten sich Städte und Bürgertum, während Kaiser und Papst Jahrhunderte lang um die Vorherrschaft ringen. In unsere Geschichtsbücher ist diese geschichtliche Epoche als das düstere Zeitalter der Kreuzzüge, der Inquisition und der großen Bedrängnisse des Abendlandes eingegangen. Durch die kriegerischen Auseinandersetzungen zwischen den Völkern Europas und der religiösen Intoleranz ihrer Führer wurde der Same für soziale Ungerechtigkeit, für Hass und Neid gepflanzt, der über lange Jahrhunderte unseren Kontinent entzweite und erst in unseren Tagen der Einsicht unseres gemeinsamen abendländischen Erbes Platz macht. Von außen bedrängten Europa u. a. die Einfälle der Mongolen und Hunnen, aber auch der Schwarze Tod, die Pest, der ein Drittel seiner Bevölkerung zum Opfer fiel.

Am Ende des Mittelalters erfuhr die Entwicklung des Abendlandes durch drei folgenschwere Geschehnisse, die im Südwesten unseres Kontinents ihren Anfang nahmen, in einem einzigen Jahr, 1492, eine neue Wende: nämlich mit der (Wieder-)Entdeckung der Neuen Welt durch *Christoph Kolumbus*, der Rückeroberung der letzten islamischen Bastion auf iberischem Boden (dem Kalifat Granada) und mit der Vertreibung der Mauren und Juden aus Spanien. Alle diese Geschehnisse wollen wir in unsere geschichtlichen Betrachtungen mit einbeziehen!

Vom Römerreich zum Heiligen Römischen Reich

Der Tod des letzten gesamtrömischen Kaisers *Theodosius I.* (379 - 395) besiegelt das Ende des ehemaligen römischen Kaiserreiches, das nunmehr zwischen dem Oströmischen Reich unter *Arkadius* (395 - 408) und dem Weströmischen Reich unter *Honorius* (395 - 423) und ihren Nachfolgern aufgeteilt wird. Aus dem römischen Ostreich entsteht das Byzantinische Kaiserreich, in dem die griechisch-orientalische Kultur vorherrscht, während sich im Westen mit der wachsenden Macht des Papstes und der römisch-germanischen Welt neue politische Gewalten entwikkeln. Nach der kulturellen Entfremdung zwischen Rom und Byzanz, der die politische Trennung folgt, gehen nun auch beide Kirchen getrennte Wege. Im Jahr 1054 findet diese Trennung im Griechischen Schisma[174] ihren traurigen Höhepunkt. Im Westen geht dadurch die Bedeutung der griechischen Sprache verloren. Die neuen germanischen Reiche zementieren diesen Bruch mit dem Osten bis in unsere Tage. Sie beschleunigen damit den Zerfallsprozess der Antike und nehmen damit auch den Verlust des griechischen Erbes und seine Vereinnahmung durch den Islam in Kauf. Durch dessen Invasion im Südosten und Südwesten Europas spielt sich das beginnende Mittelalter auf einer geographisch enger begrenzten Bühne ab als die zu Ende gegangene Epoche des Altertums. Dieser begrenzte Aktionsraum begünstigt die Bildung des christlichen Westens unter der Führung der Päpste.

Die Völkerwanderung
Mit dem Tod des Kaisers Theodosius I. verliert das Römerreich nicht nur seinen gesamten Osten; es gibt auch niemanden mehr, der seine Grenzen verteidigen könnte. So gelingt es zu Beginn des 5. Jahrhunderts den germanischen Stämmen, auf ihrer Suche nach einer neuen Heimat von Nordosten her die Grenzbefestigungen am Limes zu überschreiten. Sie drohen die alten Kulturen zu überrennen, stünde nicht die römische Kirche bereit, das abendländische Erbe in ihre Obhut zu nehmen und in das Mittelalter hinüberzuretten.

Die germanischen Stämme branden Welle um Welle heran, wie die Sturmflut nach einem Deichbruch, und erschüttern das Reich bis tief in sein inneres Mark hinein. Die erste große Welle bringt die *Westgoten* aus ihrer damaligen Heimat im Donaubecken, aus der sie der Unterwerfung durch die Hunnen entgehen wollen. Nach der Plünderung Roms im Jahre 410 dringen sie über den Süden Galliens bis zur Iberischen Halbinsel vor und gründen dort das erste germanische Reich im Süden. Ihnen folgen die *Vandalen.* Auch sie plündern die alte Hauptstadt des Römischen Reiches, bevor sie nach Nordafrika übersetzen. Die *Ostgoten* aus den Niederungen nördlich des Schwarzen Meeres lassen sich längs der Adriaküste nieder, während die *Normannen* den Süden der Apenninenhalbinsel, Apulien, Kalabrien und Sizilien unterwerfen.

Die Plünderung Roms[175], der „ewigen Stadt", hatte gewaltigen Einfluss auf die Denkweise des noch in der Antike verwurzelten Zeitalters, das in der römischen Kirche seine Fortsetzung findet. Es veranlasst den Kirchenvater Augustinus zu seinem letzten großen Werk der CIVITAS DEI, in dem er zwischen dem unanfechtbaren Gottesreich und dem anfälligen und schwachen Römerreich hier auf Erden unterscheidet.

Das römische Kaiserreich, das der Ostgotenherrscher Theoderich nach seinem Einfall in die Apenninenhalbinsel im Jahr 489 vorfindet, ist faktisch bereits in das Byzantinische- und das Westreich[176] aufgeteilt, in dem Rom – längst zur Provinzhauptstadt herabgesunken – sich unter dem Schutz von Byzanz in trügerischer Sicherheit wähnt. Seine Bewohner wenden sich Zuflucht suchend an die neu entstandene Kirche. Dies bereitet den Boden vor, für deren weltliche Macht und der ihrer künftigen Kirchenfürsten.

Bevor wir auf die Entstehung der römisch-germanischen Machtverhältnisse des Mittelalters näher eingehen, wollen wir noch eine kurze Episode aus den wenigen uns erhalten gebliebenen literarischen Beiträgen der Völkerwanderungszeit – und dem damit verbundenen Untergang des römischen Westreichs – einfügen, weil wir glauben, dass sie uns einen einzigartigen Einblick in die politischen und kirchlichen Wirren (einschließlich der Denkweise des Neuplatonismus) dieser Epoche liefert.

Boethius' Trost der Philosophie

Wohl gegen das Jahr 524 wird auf Befehl des ostgotischen Herrschers Theoderich (493 - 526) dessen vormaliger Günstling, der römische Magister officiorum *Anicius Manlius Severinus Boethius* (476/480? - 524) des Hochverrats angeklagt, inhaftiert und hingerichtet. Das ihm angelastete Vergehen der Verschwörung gegen die ostgotische Herrschaft war wohl nur ein Vorwand. Boethius hatte sich lediglich für seinen Schwiegervater *Symmachus* und den Konsular *Albinus* eingesetzt, dessen an den Kaiserhof in Konstantinopel gerichtetes Schreiben von den Ostgoten abgefangen und als Hochverrat interpretiert worden war.

Der gelehrte Boethius[177] war noch während der Herrschaft des „Barbarenfürsten" Odo(v)akar[178] in einer noblen römischen Familie zwischen 476 und 480 geboren worden. Nach dem frühen Tod seines Vaters durfte er seine Erziehung und Bildung im Hause seines künftigen Schwiegervaters Symmachus genießen, während etwa zur gleichen Zeit der ostgotische Königssohn Theoderich als Geisel am Kaiserhof zu Konstantinopel die griechisch-römische Bildung ebenso erfahren konnte. Theoderich war nach dem Tode seines Vaters Thiudemer, erst einundzwanzigjährig, von seinem Volk zum König erhoben worden. Mit seiner Thronbesteigung beginnt 493 die ostgotische Herrschaft in Italien, die er durch die Ermordung Odoakars im königlichen Palast zu Ravenna erlangte.

Aber kehren wir in die Todeszelle des Boethius zurück! Wie war er in diese verhängnisvolle Lage gelangt, wo er doch bislang ein Günstling Theoderichs war? Nun, es sieht so aus, dass Boethius in eine politische Intrige geraten war. Durch die Beilegung des acacianischen Schismas[179] war die kirchliche Gemeinschaft zwischen Rom und Konstantinopel wiederhergestellt und die römische Kirche bedurfte somit der Hilfe Theoderichs im arianischen Streit gegenüber der Ostkirche nicht mehr. Theoderich hatte bisher Nutzen aus seiner Stellung gezogen und der Prozess gegen die drei hochgeschätzten Patrizier muss aller Wahrscheinlichkeit nach als eine an die Adresse Konstantinopels gerichtete Drohung aufgefasst werden, die Arianer nicht weiter zu bedrängen. Dies war wohl der wahre Grund für die Verurteilung des Boethius.

Abb. 21: Die Philosophia tröstet Boethius

Während seiner Inhaftierung *in agro Calventino*, nahe Pavia, legt nun Boethius sein geistiges Vermächtnis in seiner PHILOSOPHIAE CONSOLATIO (Trost der Philosophie)[180] nieder. Angesichts des Todes, in seiner durchaus mit Sokrates vergleichbaren Lage, wählt er dazu die Form des platonischen Dialogs, den er mit der erhabenen Gestalt der *Philosophia* führt, die ihm seine Haft versüßt. Die Prosatexte und 39 Verse der CONSOLATIO bleiben ganz der neuplatonischen Geistigkeit verpflichtet. Was für Boethius jetzt noch zählt, ist weder Reichtum, noch Ehre oder Ruhm, sondern einzig und allein die ewige Wahrheit, die er in den fünf Büchern der CONSOLATIO als sein Vermächtnis enthüllt:

Ein einziges Wesen regiert in Harmonie und Ordnung den gesamten (Makro-) Kosmos. Es ist das menschliche Unvermögen, das Unordnung in unsere Welt, den Mikrokosmos, bringt. Doch kann dies von dem überwunden werden, der das letzte Ziel des Geistes erkennt: das der Fülle, der Glückseligkeit, des *Summum bonum*, das mit Gott identisch ist. In der (geistigen) Vereinigung mit ihm erlangt der Erleuchtete die letzte Freiheit. Mit Gleichmut kann er dann das Recht gegenüber der weltlichen Macht verteidigen …

*

Während sich auf dem europäischen Festland die politischen Gewalten neu formieren, bemächtigen sich im Nordwesten unseres Kontinents die Jüten und die ebenfalls ursprünglich in Jütland und Schleswig heimischen *Angeln* und *Sachsen* der Britischen Inseln und drängen die keltische Urbevölkerung in die Randgebiete von Schottland, Wales und Cornwall und später in die Bretagne ab. Alle diese Stämme treffen bald auf das Christentum, das sie in ihren unterschiedlichen Formen annehmen und das in ihren Mythen einen festen Platz einnehmen wird, wie in der Arthussage und im Gralsmythos.

Der Ursprung der Arthuslegende

Die Sage von König Arthus und seiner Tafelrunde beflügelte – zusammen mit der Parzival-Legende – die Dichter, Barden und Minnesänger des gesamten mittelalterlichen Abendlandes zu Dichtung und Verbreitung ihrer ritterlichen Heldenepen. Dabei handelte es sich ursprünglich nur um ein britisches Ritterepos, das uns vom Kampf der unter der Römerherrschaft bereits christianisierten Bri-

Abb. 22: König Artus' Tafelrunde

tannier gegen die Übermacht der „barbarischen“ Angelsachsen erzählen will; und es ist – vor allem außerhalb Englands – unbedeutend, ob es den historischen König Arthus wirklich gegeben hat oder wen er verkörpert.[181]

Nachdem die Römer ihre Legionen aus ihrer britannischen Provinz abziehen mussten, um das gefährdete Mutterland gegen die Angriffe der germanischen Stämme zu unterstützen, landen die Sachsen im Jahr 449 auf den Britischen Inseln und gründen das Königreich *Kent* und später das von *Sussex* (South Saxons) im Südosten der Insel. Im Norden und Westen des Landes werden die Bewohner aber gleichzeitig auch noch von den Plünderungszügen der Pikten[182] und Iren heimgesucht. In dieser Zeit des 5. Jahrhunderts muss Arthus gelebt haben, einer Zeit, in der nicht nur die frühe Kultur der Britannier untergeht, sondern mit ihr auch die Erinnerung an sie; Sagen und Mythen nehmen ihre Stelle ein.

Arthus ist ein christlicher König, eine Symbolfigur für den Widerstand der Britannier gegen die germanischen Eindringlinge. Seinen Heldentaten mögen jedoch die anderer Helden, wie beispielsweise *Riothamus* oder *Vortigern*, zugeschanzt worden sein, deren Kunde zwischen 468 und 470 auch das europäische Festland erreicht. *Geoffrey of Monmouth* beschreibt Mitte des 12. Jahrhunderts Leben und Heldentaten des Arthus mit solcher Brillanz, dass jedermann von seiner Realität überzeugt sein musste. Historisch lässt sich der Held jedoch nicht eindeutig belegen. Auf dem schmalen Grat zwischen Mythos und Geschichte spielt der Seher *Merlin* eine Schlüsselrolle. In zwölf (symbolischen?) Schlachten bezwingt Arthus seine Feinde. Wenige Orte dieser Schlachten lassen sich heute überhaupt identifizieren. Auch in seiner letzten Schlacht am Berg Badon führt er die Britannier zum Sieg, muss dabei jedoch sein Leben lassen. Wenn es sich hierbei um die Schlacht von Bath (im Jahr 493) gegen die eindringenden Angelsachsen gehandelt hat, so ist die britische Überlegenheit nicht von langer Dauer. Denn schon kurz nach 550 drängen die Angelsachsen erneut westwärts und schneiden nach den Schlachten bei Salisbury und Dyrham den Südwesten vom restlichen Britannien ab. Dadurch werden die Ureinwohner immer weiter aus ihrem Kernland verdrängt, so dass sich ihre Kultur nur mehr in Wales, Cornwall und dem schottischen Nordwesten erhalten kann, was einen Besuch dieser Gegenden heute zu einer geschichtsträchtigen und spirituellen Entdeckungsreise macht.

Mittelalterliche Barden, unter ihnen *Thomas Malory*, weben dann später eine immer reicher werdende Sammlung von Geschichten um die Ritterschaft an Arthus' Tafelrunde; unter ihnen die über Sir Galahad, Symbolfigur des christlichen Ritters, Sir Perceval, den wir später im Parzival-Epos begegnen werden, Sir Tristan, der sich durch einen Liebestrank unlösbar mit Isolde verbindet; aber auch über Sir Mordred, Symbolfigur des Bösen, Äquivalent zu Hagen in der Siegfriedsage, oder den unbesiegbaren „Superman“ Lancelot, der mit seiner unglücklichen Liebe zu Königin Guinevere schließlich diese hehre Ritterrunde zu Fall bringt …

Im gleichen Zeitraum formieren sich auf der anderen Seite des Kanals die fränkischen Stämme, die von allen germanischen Völkern auf dem Boden des ehemaligen Römischen Reiches dazu bestimmt sind, die Zukunft des christlichen Abendlandes zu gestalten.

Der Anschluss Germaniens an die Römische Kirche

Mit brutalem Mord und systematischer Ausrottung der Nebenkönigsfamilien gelingt es dem merowingischen König Chlodwig I. (466 - 511), die Teilstämme der Franken unter sich zu vereinen. Wie Konstantin, so soll sich auch Chlodwig bereits vor der Schlacht (von *Soissons* im Jahre 486 gegen die Römer und ihren germanischen Verbündeten) dem Christengott verschrieben haben in dessen Namen er zehn Jahre später getauft wird.

Unter seinen Nachfolgern tritt die Rolle des Priesterkönigtums – unter Rückbesinnung auf Abstammung von den alten germanischen Göttern und seines Königsheils – wieder stärker in den Vordergrund, wobei die Aufsicht über Verwaltung und Organisation des Heeres sogenannte „Hausmeier" ausüben. Das im Alten Testament beschriebene Priesterkönigtum passt sehr gut in dieses Konzept.

Die Taufe Chlodwigs zum Glauben der Amtskirche in Rom im Jahre 496[183] kann aus Sicht der römischen Kirche sicherlich als Großtat angesehen werden, denn sie zieht zunächst die Bekehrung des gesamten Frankenvolkes und später auch aller von ihm beherrschten Stämme nach sich. Dadurch sichert die römische Kirche ihren Fortbestand gegen die arianische Kirche, der die meisten germanischen Stämme bislang angehörten. Dieses Werk vollbringt Papst *Gregor der Große* (590 - 604): Während seines Pontifikats kommt es zur Einigung der zersplitterten germanischen Kirchen und damit – unter seiner Führung – zum christlichen Abendland seiner Prägung. An dieser Aufgabe tragen die Klosterbrüder der irischen Mönchskirche wesentlichen Anteil, die nach der Missionierung der Pikten in Schottland und der Angelsachsen in England auch auf das europäische Festland herüberkommen.

Abb. 23: Taufe Chlodwigs

Die Missionierung Irlands und der Britischen Inseln taucht aus dem Nebel der Mythen auf und führt übergangslos in gesicherte Historie. Wie bereits erwähnt, haben sich diese Mythen in den keltischsprachigen Provinzen Britanniens bis heute erhalten. Hinter ihnen mögen sich reale Wahrheiten verbergen. So soll bereits um das Jahr 50 n. Chr. der reiche jüdische Kaufmann (oder Ratsherr) Joseph aus Arimathia, der im Zusammenhang mit Jesu Grablegung in allen vier Evangelien erwähnt wird, mit zwölf (!) Gefolgsleuten nach Cornwall gekommen sein. Dieser Joseph sei der Legende nach noch vor der ersten Christenverfolgung aus Palästina geflohen und habe neben der christlichen Lehre auch den Abendmahlskelch mit sich gebracht. Wir werden auf diese Legende im Abschnitt über die Gralssage noch näher eingehen. Wenn damals auch noch ein reger Handel zwischen diesem südwestlichen Zipfel Britanniens und dem Rest der römischen Welt bestanden haben mag, so könnte diese Legende doch auch geschickt lanciert worden sein, um die Bedeutung des Klosters Glastonbury herauszustellen. Gemäß dessen Chronik aus dem Jahr 1230 sei hier bereits im Jahr 63 die erste christliche Kirche auf britannischem Boden errichtet worden. Vor ein paar Jahren will man dort auch noch die Reste einer kleinen hölzernen Kirche aus dem 1. Jahrhundert ausgegraben haben. Später erhebt sich an dieser Stelle die größte Kathedrale auf englischem Boden, der wiederum Jahrhunderte später ein großes Zisterzienserkloster angeschlossen wird. Bis zur Auflösung aller romtreuen Kirchen und Klöster, 1534 durch König Heinrich VIII., hat diese Stätte stets unzählige Pilger angezogen. Hier scheint es sich auch um das Zentrum gehandelt zu haben, von dem aus sich das Christentum noch unter römischer Herrschaft auf Irland und alle Teile der Britischen Inseln ausbilden konnte. Von hier aus wird später auch das europäische Festland missioniert.

Seit dem Jahr 719 leitet die Christianisierung der deutschsprachigen Gebiete des Frankenreiches der angelsächsische Mönch Winfried *Bonifatius*, der als päpstlicher Legat Hessen, Thüringen und Friesland missioniert, die Kirche in Baiern[184] reorganisiert und 746/47 den Stuhl eines Erzbischofs von Mainz ersteigt. Seinem Bischofssitz am Schnittpunkt der alten Völkerstraßen in Nord-Süd- und Ost-West-Richtung werden künftig weitere dreizehn sogenannte Suffragan-Bistümer unterstehen, darunter Speyer, Worms und Straßburg im Rheinland, Augsburg und Konstanz in Schwaben und Chur in Rätien, sowie Eichstätt und Würzburg in Baiern; im Osten reicht die Mainzer Jurisdiktion lange Zeit noch bis nach Prag; lediglich Bischof Virgil († 784) von Salzburg kann erfolgreich seiner Unterstellung widerstehen. Bonifatius geht später als „Apostel der Deutschen" in unsere Geschichtsbücher ein.

Nach Chlodwigs Tod wird das Reich unter seine vier Söhnen aufgeteilt und verliert dadurch zunehmend an Macht, während die Hausmeier immer mehr an Einfluss über die unfähigen und degenerierten Merowinger-Könige gewinnen. Einer von ihnen, *Pippin von Heristal,* steht im Verdacht, den Merowinger-König *Dagobert II.* ermordet haben zu lassen. Pippins Sohn *Karl* Martell steigt zum „Retter des Christentums" auf, als er 732 in der *Schlacht bei Poitiers* die maurischen

Invasoren besiegt und wieder hinter die Pyrenäen zurückdrängt. Karls Sohn *Pippin der Jüngere* entmachtet schließlich den letzten Merowinger-König *Childerich III.* und begründet die Dynastie der *Karolinger.*

Vom Reich der Franken zum Heiligen Römischen Reich

Durch eine Gesandtschaft lanciert Pippin bei Papst Zacharias[185] die Frage „ob es denn gut sei, dass diejenigen, die keine wirkliche Macht besitzen *Könige der Franken* genannt werden". Der einerseits von den Langobarden und zum anderen von Byzanz arg bedrängte Papst, der sich Hilfe von Pippin erhofft, verneint diese Frage und verspricht ihm seinen Segen. Nun fühlt sich Pippin stark genug dem Merowinger-Fürsten *Childerich III.* (743 - 751) das lange Königshaar scheren zu lassen und ins Kloster zu schicken. Ende 751 lässt er sich zum König ausrufen und vom päpstlichen Legaten Bonifatius als *Pippin I.* (751 - 768) zum König salben. Auf der Flucht vor den Langobarden sucht zwei Jahre darauf Zacharias' Nachfolger, Papst *Stephan II.* Zuflucht in Pippins Königspfalz in Ponthion (in den Ardennen). Bei dessen Ankunft wirft sich Pippin ihm zu Füssen und führt das Pferd des greisen Papstes am Halfter in seine Burg. Dieser Akt der Unterwürfigkeit sollte bis ins 16. Jahrhundert von den deutschen Königen weitergepflegt werden. 754 salbt ihn dieser Papst ein zweites Mal zum König, diesmal im Dom zu St. Denis bei Paris.

Kaiser und Päpste

Mit der Weihe der fränkischen Könige (und späteren Kaiser des Heiligen Römischen Reiches) durch den Papst (oder seinen Legaten) greift die Kirche nunmehr aus der geistlichen in die politisch-weltliche Sphäre (der deutschen Könige) hinein, was für das gesamte Mittelalter gelten sollte. Für die aus dem italienischen Raum immer wieder bedrängten Päpste war die enge Anbindung an die Deutschen ein günstiger Ausweg. Dabei berufen sie sich auf die CLAUSULA DE UNCTIONE PIPPINI, in der sich die fränkischen Großen verpflichten, niemals einen König aus einem anderen Fürstengeschlecht als dem Pippins zu wählen. Später wird dafür auch noch die sogenannte „Konstantinische Schenkung" herangezogen, eine mittlerweile von der Mehrzahl der Historiker auf das späte 8. Jahrhundert datierte dubiose Urkunde.[186] Irrtümer, durch die Kalenderreformen, aber auch bewusste Fälschungen, machten das „dunkle" Mittelalter zu dem, was es für Historiker heute immer noch ist: eine Epoche, in der sich historische Fakten nur sehr schwer wissenschaftlich absichern lassen.[187]

Pippin zieht zur Unterstützung des Papstes zweimal nach Italien und überlässt ihm die den Langobarden abgenommenen Gebiete in Latium, Umbrien, in den Marken und der Romagna. 755 führt diese Schenkung zur *Gründung des Kirchenstaates,* der 1100 Jahre lang Bestand hat.[188] Seit dieser Zeit führt der deutsche König den Titel „Schutzherr der Römer" *(patricius romanorum).*

Am Weihnachtsfest des Jahres 800 lässt sich Pippins Sohn Karl in Rom vom Papst zum Kaiser des Weströmischen Reiches krönen. Er sollte als *Karl der Große* (768 - 814) in unsere Geschichtsbücher eingehen. Noch heute streiten sich die Historiker, ob *Papst Leo III.* (795 - 816) den „ahnungslosen" Franken dabei überrumpelte, oder ob es sich um karolingisches Kalkül handelte. Auf jeden Fall wird damit erstmalig ein „Barbarenkönig" weströmischer Kaiser. Diese Krönung nimmt die Tradition des römischen Kaisertums wieder auf, die für über dreihundert Jahre mit der erzwungenen Abdankung von *Romulus Augustulus* 476 erloschen war.

Dabei besaß der Papst rein formal gar keine Berechtigung, jemanden zum Kaiser zu erheben, denn das Römische Reich bestand ja noch im Byzantinischen Kaiserreich fort. So bezeichneten sich die Byzantiner bis zum Fall Konstantinopels im Jahr 1453 ausschließlich als „Römer" und betrachteten ihren Monarchen als legitimen Nachfolger der römischen Cäsaren. Deshalb hätte auch nur die zu dieser Zeit herrschende *Kaiserin Irene* (797 - 802) Befugnis gehabt, jemanden zum Mitkaiser zu ernennen. Da auch der Papst (formal) der Oberhoheit des Kaisers in Konstantinopel unterstand, müssen wir hier im Ausbau seiner Vormachtstellung den Hauptgrund für diese Amtsanmaßung suchen. Die Entfremdung der beiden Kirchen kam Leo III. dabei nicht ganz ungelegen und so nutzte er die Gunst der Stunde. In ihrem Streben nach politischer Unabhängigkeit erschien der römischen Kirche die Abhängigkeit eines „weströmischen Kaisers" vom Heiligen Stuhl als eine weitere günstige Voraussetzung zur Absicherung ihrer Machtansprüche. Was mit der Krönung der merowingischen Könige begonnen hatte, sollte mit der Krönung der (west-)römischen Kaiser fortgeführt werden. Symbolisch wurde Karl bei seiner Krönung der Rang Konstantins des Großen (306 - 337) übertragen, des Begründers des christlichen Kaisertums. Aber es waren nun nicht mehr die Paläste Konstantinopels, sondern die Pfalzen des Frankenreiches, die den weltlichen Herrscher des Abendlandes und „Beschützer der Christenheit" beherbergten.

Notgedrungener Maßen mussten die Byzantiner das Kaisertum Karls des Großen als rechtmäßig anerkennen und damit die Wiedergeburt des weströmischen Reiches auf germanischer Grundlage sanktionieren. Als Zeichen dafür sandten sie 814 die byzantinischen Zeremonialgewänder nach Aachen, die den Kaiser allerdings nicht mehr unter den Lebenden antrafen und dem toten Kaiser nur mehr mit ins Grab gelegt werden konnten.

Karl der Große und das Karolingerreich

Zeit seines Lebens hatte es sich Karl der Große zur Aufgabe gemacht, das Reich der Franken (Gallien) und Deutschen mit dem Langobarden-Reich (Norditalien) zu einem christlich-römischen Kaiserreich zu vereinigen und angrenzende Völkerschaften (der Slawen, Sachsen und Awaren) seiner Oberhoheit gewaltsam unterzuordnen. Am Ende seiner Eroberungszüge erstreckte sich sein Reich von Terracina (südlich von Rom) bis zur Nordsee und von der französischen Atlantikküste bis zur pannonischen Mark (im heutigen Ungarn). Alle späteren deutschen und französischen Könige betrachten sich als seine Nachfolger. Für Deutsche wie Franzosen gilt er als die Kaisergestalt schlechthin!

Für seine Söhne und die der Grafen richtete Karl eine Palastschule in Aachen ein, die er unter die Leitung des angelsächsischen Gelehrten *Alkuin* stellte. Auch sonst umgab er sich mit gelehrten Männern: neben *Einhard* (seinem Biographen), mit *Paulus Diaconus, Johannes Scotus* und anderen. Sie leiteten die „karolingische Renaissance" ein, die an den griechisch-römischen Traditionen anknüpft und für die Erneuerung der Schriftkultur und der Wissenschaften einsteht. Mit Unterstützung Alkuins plante Karl nichts weniger als die Errichtung eines augustinischen „Gottesstaates" unter der Führung des römischen Kaisers. Bis 1806 sollten die karolingischen Reichsinsignien, Reichsapfel, Schwert und die achteckige Kaiserkrone[189] – wenn auch im 10. oder 12. Jahrhundert erneuert oder nur verändert – bei der Krönung der nachfolgenden Könige und Kaiser des *Heiligen Römischen Reiches* und des späteren Habsburgerreiches als Symbole der von Gott verliehenen Macht dienen.

Das Karolingerreich und mit ihm das Reich der Franken (das gemeinsame Reich von Franzosen und Deutschen) hatte jedoch nur noch weitere hundert Jahre Bestand; durch ständige Erbteilung und -fehden welkte das Geschlecht der Karolinger in der Folgezeit dahin. 916 übernahmen zunächst die Herzöge der Sachsen den Osten und später die Kapetinger den Westteil des karolingischen Reichsgebietes, wobei die beiden Bruderstämme glaubten, sich über tausend Jahre hindurch bekämpfen zu müssen!

Das Ende der Karolingerzeit wird auch noch durch die Psychose des Jüngsten Gerichts charakterisiert: Prophezeiungen einiger *chiliastischer* (mit der Jahrtausendwende verbundener apokalyptischer) Bewegungen, dass mit der Jahrtausendwende auch das Ende der ganzen Welt bestimmt sei und die Apokalypse der Bibel begänne, leiteten eine Weltuntergangsstimmung ein, die das Leben dieser Epoche in weiten Bereichen lähmte.

Otto der Große und das Heilige Römische Reich deutscher Nation

Nach Ende der Karolingerzeit ging die Krone zunächst auf *Konrad I* (911 – 918) und später auf die nunmehr mächtigsten Herzöge der Sachsen, die angesehenen *Liudolfinger* über. König *Heinrich I.*, der Vogler (916 - 936) schaffte es im zähen Ringen, die in der Zwischenzeit selbständig gewordenen deutschen Herzogtümer wieder zu einem starken Reichsverband zu einigen, dem als „Friedensordnung" besondere Bedeutung zukommt: Kein Reichsstand durfte einem anderen mehr den Krieg erklären! In zweiter Ehe heiratete Heinrich *Mathilde*, Enkelin des berühmten Sachsenführers *Widukind*, und sorgte damit für eine der Kuriosa der Weltgeschichte: Sachsen, das dreißig Jahre lang härtesten Widerstand gegen die

Eingliederung in das Fränkische Reich und gegen die Christianisierung geleistet hatte, wird nun zum Träger von Reich und Religion.

Heinrichs Sohn, *Otto I.* (936 - 973), geht nach der endgültigen Beseitigung der Ungarngefahr als „Otto der Große" in unsere Geschichtsbücher ein. Als unbestrittene Führungsfigur in Europa und „Imperator des Römischen Reiches" schickt ihm sogar der Kaiser in Byzanz, selbst kinderlos, seine Nichte *Theophanu*, die später Gattin seines Sohns und Nachfolgers Kaiser *Ottos II.* und nach dessen Tod 983 bedeutende Reichsregentin wird.

Am 7. August 936 wird Otto I. im Münster zu Aachen von den Herzögen und Großen „aller fünf Stämme" zum König berufen und von den Erzbischöfen von Mainz und Köln gesalbt, mit den königlichen Gewändern bekleidet und gekrönt. Beim anschließenden Königsmahl leisten ihm die Herzöge von Lothringen, Franken, Schwaben und Baiern die Hofdienste als Kämmerer, Truchsess, Mundschenk und Marschall. Eine von jetzt an gültige Ritualisierung der Königskrönung soll das Spirituelle des Amtes in Robe und Zivil stärker verdeutlichen. Aus dieser Zeit stammen vermutlich die uns heute verbliebenen Reichsinsignien, zumindest als Überarbeitungen. Sie symbolisieren das traditionelle Ziel des Menschen, die Herrschaft über sein inneres, spirituelles Reich, das in der westlich-ägyptischen Tradition immer schon unter dem Begriff des *Priesterkönigtums* stand und mit den jüdischen Königen im „Alten Testament" der christlichen Bibel verankert ist.[190]

Andererseits lassen die Kaiser aus dem sächsischen Hause, nunmehr als höchste Repräsentanten des „Gottesreiches auf Erden", als das sich das Fränkische Reich spätestens seit Karl dem Großen verstehen will, auch keinen Zweifel mehr aufkommen, dass sie dem Papst nur mehr die zweite Rolle zuweisen.

So schlägt unter Otto dem Großen auch die eigentliche Geburtsstunde des *Heiligen Römischen Reiches Deutscher Nation*[191] und entfaltet sich die Romanik von Sachsen aus zu höchster Blüte. Auch richtet man jetzt das Augenmerk auf eine Osterweiterung, in der die Slawen als Partner, Gegner oder „Missionierungsopfer" einbezogen werden.

Der Sieg über das Reitervolk der Ungarn wird vor allem der heiligen Lanze zugeschrieben, die Heinrich I. aus Burgund erhalten hatte. Zahlreiche Legendenstränge führen sie über den heiligen Mauritius[192] bzw. den römischen Centurionen (Hauptmann) *Longinus*, der Jesus auf Golgatha mit dieser Lanze die Seite durchbohrt haben soll, bis hin zu Pineas, dem Neffen des Moses, Ahnherr des Priesterstandes der Leviten. Diese Lanze sollte später das bedeutendste Stück der Reichsinsignien darstellen.[193] Als Symbol für die Manifestierung eines Impulses (einer Idee oder Tradition) steht sie in enger Beziehung zu dem, was aus alten Traditionen nach Mitteleuropa floss. Otto I. erkürt nun Mauritius mit dieser heiligen Lanze zum Schutzpatron der Deutschen, wobei dieser seinen Ehrenplatz im Magdeburger Dom erhält.

Unter den sächsischen Kaisern können sich jetzt Spiritualität und Mystik voll entfalten, was Inhalt eines späteren Abschnitts sein wird. Über die Gemahlin Ottos II. und spätere Reichsregentin, der byzantinischen Prinzessin Theophanu und ihrem Sohn, dem gelehrten späteren Kaiser Otto III[194] (983 - 1002) kann sich griechisches Gedankengut wieder verstärkt mit dem Abendland verbinden.

Die Auseinandersetzung mit der römischen Kirche und ihrem Einfluss spitzt sich erst unter Kaiser Heinrich II. (1002 - 1024), dem Sohn des Baiern-Herzogs Heinrich dem Zänker zu, als er plant, in Bamberg ein deutsches Gegenzentrum zu Rom für das *Reichschristentum* zu errichten. Sein Tod verhinderte dies, die Idee bleibt indes lebendig. Ihr werden wir im Gralsmythos wiederbegegnen.

Als Papst Innozenz III. (1198 - 1216) im Heiligen Jahr 1200 das kaiserliche Paar Heinrich und Kunigunde zu Heiligen der Altäre erhob, mochte sich die römische Kurie der großen Gefahr, die ihrem Weiterbestehen drohte, vielleicht nicht mehr voll bewusst gewesen sein. Die Krone war ja nach Kaiser Heinrichs Tod an das Haus der Salier gegangen, das die Auseinandersetzung zwischen Kaiser- und Papsttum mit allen Höhen und Tiefen ausfechten musste. Diese Epoche wollen wir jedoch überspringen.

Staufer und Welfen

Der Konflikt zwischen Kaiser und Päpsten zieht sich noch durch das gesamte Mittelalter hindurch (und wird erst unter den Habsburgern beendet). Nach der Herrschaft der Salier besteigen die Staufer den Thron des Heiligen Römischen Reiches und ringen mit dem Geschlecht der Welfen um die Vorherrschaft im Heiligen Römischen Reich. In diesem Streit polarisieren sich über zwei Jahrhunderte die oberitalienischen Städte und unterstützen entweder als papsttreue *Guelfen* die Welfen oder als antipäpstliche *Ghibellinen* die staufischen Kaiser.

Die beiden staufischen Regierungsperioden werden von der des Welfen Otto IV. (1198 - 1218) unterbrochen. Als die schillerndsten staufischen Herrschergestalten in diesem Zeitalter der Kreuzzüge (mit denen wir uns später noch beschäftigen wollen) präsentieren sich uns Friedrich I. Barbarossa (1152 - 90) und sein Enkel, Friedrich II. (1212 - 50), der auf Sizilien herrscht. Von beiden erwartet das Volk die Wiederherstellung von Ruhe und Ordnung im Reich. Das Gemetzel auf der Engelsbrücke zwischen Römern und Deutschen unmittelbar nach der Kaiserkrönung Friedrich Barbarossas im Petersdom (1155) war jedoch kein guter Auftakt seiner Herrschaft, die noch von drei weiteren Italienfeldzügen, einem 18 Jahre dauernden Kirchenkonflikt (mit der Ernennung von drei Gegenpäpsten) und den Auseinandersetzungen mit dem Welfen Heinrich dem Löwen geprägt wird. Sie endet in Kleinasien, wo der rotbärtige Kaiser 1190 auf dem dritten Kreuzzug im Fluss Saleph ertrank.

Ganz anders entfaltete sich die Herrschaft Friedrich II., des als *stupor mundi* (Staunen der Welt) und „Herrscher über Orient und Okzident" in die Geschichte einging. Der kalabresische Abt *Gioacchino da Fiore* hatte die Ankunft des „Antichrist" für diese Zeit geweissagt und manche Gegner dieses Staufer-Herrschers hielten ihn auch dafür.

1196 hatten die deutschen Fürsten den erst Zweijährigen zum König gewählt, Papst Coelestin (1191 - 98) verweigerte jedoch seine Krönung. Kaiserin Konstanze, Friedrichs normannische Mutter, holt ihn, nach dem Tod seines Vaters Heinrich VI. (1190 - 97) zu sich nach Palermo auf Sizilien und bestellt den nachfolgenden Papst Innozenz III. (1198 -1216) zu seinem Vormund. In den folgenden Jahren der Anarchie, nach dem Tod seiner Mutter, wächst der junge Friedrich unter Griechen, Arabern und Juden „wie ein Lamm unter Wölfen" auf und erlernt deren Sprachen, bis er, erst als Zwölfjähriger, in den Genuss höfischer Erziehung kommen kann.

1220 zum Kaiser gekrönt, überlässt Friedrich Deutschland seinem Sohn Heinrich (VII.) und kümmert sich selbst vermehrt um die Belange seines sizilianischen Reiches, das er von seinem Großvater, dem Normannen Roger II. (1105 - 1154) übernommen hat. Die Normannen hatten im 11. Jahrhundert nicht nur die britischen Inseln, sondern auch Süditalien, Sizilien und Malta in ihren Besitz gebracht und mit ihren Bauten die dort vorgefundenen byzantinischen und arabischen Baustile zu einer architektonischen Hochkultur eigener Prägung weiterentwickelt.[195]

Friedrich zentralisiert die Verwaltung auf Sizilien, gründet die erste Staatsuniversität und gliedert die unterworfenen Sarazenen seiner Leibwache ein. Obschon im päpstlichen Bann, zieht Friedrich 1228 ins Heilige Land, wo er kampflos, nur durch Diplomatie, einen Waffenstillstand mit dem Kalifen *al-Mustansir* erreicht und sich in Jerusalem die Krone des Königreichs Jerusalem aufs Haupt setzen kann.

Ob seiner unkonventionellen jedoch erfolgreichen Diplomatie, seiner unvoreingenommenen und toleranten Haltung den verschiedenen Kulturen und Religionen gegenüber und seinen Bemühungen, die Kontroversen zwischen heidnischer Wissenschaft und christlicher Tradition aufzulösen, nicht zuletzt aber ob seiner Baukunst, betrachten manche Geheimgesellschaften Kaiser Friedrich als einen ihrer Ahnherren.

Abb. 24: Castel del Monte

Spätestens mit dem Film „Der Name der Rose" wurde uns Friedrichs *Castel del Monte* bekannt gemacht, das die Bibliothek enthält, um die sich die ganze Handlung in Umberto Ecos gleichnamigem Roman dreht. Das Bauwerk birgt zahlreiche Symbole und wurde von Friedrich wohl bewusst als Abbild der oktogonalen Kaiserkrone entworfen. Wahrscheinlich sollte das Kastell als „Steinerne Krone Apuliens" die Macht des Kaisers symbolisieren. Vermutlich waren die Türme früher höher und ließen den Eindruck eines gekrönten Berges deutlicher hervortreten als heute. Seit 1996 gehört es zum UNESCO-Weltkulturerbe und ziert auch die Rückseite der italienischen 1-Cent-Münzen.

Phantastische Theorien wollen in dem Kastell einen riesigen Himmelskalender erkennen. Jedenfalls wird über die Funktion der Burg emsig gerätselt. Neben seiner esoterischen Symbolik drängt dieses Bauwerkes aber auch seinen Bezug zu den Kaiserpfalzen in Deutschland auf, denn auch die Pfalzkapelle in Aachen, in der Friedrich gekrönt wurde, besitzt acht Ecken, ebenso wie die Barbarossapfalz von Hagenau, seinem Lieblingsaufenthalt in Deutschland.

Kaiser Ludwig der Baier

Rund hundert Jahre nach Kaiser Friedrich betritt ein weiterer schillernder Herrscher die Bühne des Heiligen Römischen Reiches: der deutsche König und spätere Kaiser *Ludwig der Baier* [196] (1314/1328 - 1347). Auch er muss zeit seines Lebens bemüht sein, sich gegen einen anmaßenden Widerstand gegen seine Person zu wehren.

Seine Auseinandersetzungen mit Papst *Johannes XXII.* nehmen ihren Anfang, als er 1323 den Grafen *Berthold von Neiffen* zum Generalvikar für das römische Reichsgebiet ernennt. Überall als König respektiert, will er damit nach staufischem Vorbild die Rechte des Reiches auch in Italien wieder wahrnehmen. Als dann der neue Reichsvikar für Italien im Auftrag Ludwigs mit einer kleinen Heeresabteilung Mailand von seinen päpstlichen Belagerern befreit, beginnt der letzte große Zusammenstoß zwischen Kaiser- und Papsttum im abendländischen Mittelalter. Papst Johannes XXII. tituliert Ludwig abwertend stets ohne alle seine königlichen Attribute nur mit „Ludovicus Bavarus"; mit diesem Namen sollte Ludwig in die Geschichte eingehen. In seinem Kampf gegen den Wittelsbacher setzt der Papst alle ihm zur Verfügung stehenden Mittel ein: Bann, Exkommunikation und Verdammung als Ketzer durch die Inquisition.

Nicht nur über den Kaiser, über ganz Baiern wird das Interdikt verhängt: Dabei dürfen keine Kirchenglocken mehr geläutet, keine Messen gelesen und keine Sakramente mehr gespendet werden. Mit dieser Maßnahme erhofft sich die Kirche, das gläubige Volk gegen den Verursacher des Interdikts aufwiegeln zu können. Aber Ludwig weiß um seine Stärke und lässt die Reichskleinodien in die Kapelle der Herzogsburg nach Munichen (München) in Sicherheit bringen. Damit sichert er sich die Krone des Heiligen Römischen Reiches und kann sich gegen den von den Habsburgern als König eingesetzten Friedrich den Schönen durchsetzen, den er auf der letzten großen Ritterschlacht auf deutschen Boden, 1322, auf der Giggelfehnwiese bei Mühldorf schlägt.

Ludwig schert sich auch wenig um die päpstlichen Strafmaßnahmen (aus Avignon) und lässt sich 1327 in Mailand die Lombardenkrone aufsetzen. Am Tag des Minoriten-Heiligen *Antonius von Padua*, dem 17. Januar 1328, empfängt er in der alten Petersbasilika in Rom, mit Zustimmung des römischen Senats, aus der Hand von *Sciara Colonna* die Kaiserkrone. Die „rechtmäßigen" Päpste regieren zu dieser Zeit im „babylonischen Exil der Kirche" in Avignon (1309 - 78), während in Rom Gegenpäpste residieren.

Als Ausdruck der Rechtmäßigkeit seiner Kaiserherrschaft lässt sich Ludwig in Ettal einen Gralstempel errichten, mittels dem er, gleichsam als neuer *Titurel* [197], die Wiederherstellung der „wahren Ordnung" im Heiligen Römischen Reich allen vor Augen führen will. Zu dieser Idee soll der exkommunizierte Kaiser auf seinem Rückzug aus Italien inspiriert worden sein; jedenfalls wird in der Gründungslegende „unserer frawen êtal" und dem angeschlossenen Ritterstift von einem „grün gewandeten Engel" berichtet, der dem Kaiser alsbaldige Hilfe zusicherte, wenn er in diesem Tal ein Kloster errichte.

Der Schutz des Kaisers wurde auch einer Reihe weiterer „Querdenker" zuteil, die bei den Münchner Franziskanern Unterschlupf finden, im neu errichteten „Hauskloster" des Herzogssitzes, das man 1282 nicht weit vom „Alten Hof" in Munichen errichtet. Es gewinnt für die Politik und Verwaltung des Landes besonderes Ansehen, neben seinem Verdienst als Zufluchtsstätte für Flüchtlinge der antipäpstlichen Opposition: Dazu gehören unter vielen anderen der im „Armutsstreit" unterlegene Ordensgeneral der Franziskaner *Michael von Cesena*, die Pariser Magistri *Johannes und Marsilius von Padua*, der erste Verfechter der Volkssouveränität, der Provinzial der oberdeutschen Minoriten-Provinz *Heinrich von Talheim*, der von 1328 bis 1330 zeitweilig das Amt des Reichskanzlers innehatte, wie auch der Franziskanermönch *William von Ockham*, dem weiter unten ein eigener Abschnitt gewidmet ist.

1338 bestätigt der Kurverein zu Rhense (im Rheinland) das Vorgehen Ludwigs des Baiern, nämlich dass der rechtmäßig gewählte römische König der päpstlichen Bestätigung nicht bedürfe, um seine kaiserlichen Rechte auszuüben. Als Ludwig sich der Grafschaften am Rheinmündungsgebiet bemächtigt, fallen die rheinischen Erzbischöfe allerdings von ihm wieder ab und wählen 1346 den ältesten Sohn des Luxemburger Königs zum Gegenkönig. Ludwig erliegt kurze Zeit darauf einem tödlichen Schlaganfall auf einer Bärenhatz in der Nähe von Fürstenfeldbruck.

Mit Kaiser Ludwig wird auch das absolute Kaisertum zu Grabe getragen, denn fortan erwählen sieben *Kurfürsten*, den deutschen Kaiser: drei von ihnen sind geistliche Herren, nämlich die Erzbischöfe von Mainz, Trier und Köln, und vier weltliche, nämlich die Kurfürsten von Brandenburg, Sachsen, der Pfalz und der König von Böhmen. In der „Goldenen Bulle" wird den Kurfürsten 1356 diese Aufgabe zuerkannt und damit eine Entwicklung legalisiert, die sich schon lange abzeichnete: Der Zerfall des Heiligen Römischen Reiches, das sich in kleine und kleinste Territorialstaaten aufzulösen beginnt; der Kaiser muss damit an die Kurfürsten die Rechte des Reiches über Erzgruben und Salzbergwerke, aber auch die Verfügungsgewalt über seine Bürger abgeben. Mit ihren Ständen soll uns der folgende Abschnitt vertraut machen.

Die mittelalterliche Ständegesellschaft

Ihre Einteilung in die drei klassischen Stände – den Wehr-, Lehr- und Nährständen von Ritterschaft, Geistlichkeit und Bauern (zu denen sich später die Zünfte der Handwerker und die Kaufleute gesellen) – ist keine Erfindung unserer Zeit, sondern das Produkt eines theologisch motivierten Denkens über „die wahre Ordnung der Welt". Es gleicht in vielerlei Hinsicht dem von uns heute so unverständlich anmutenden Kastenwesen in Indien. Die Ständegesellschaft wird von den „nobel geborenen" Fürsten angeführt. Jedem Stand im Reich untersteht die eigene Gerichtsbarkeit

Seit der Frühzeit erfuhr das Landschaftsbilds Mitteleuropas große Veränderungen. Die riesigen zusammenhängenden Wälder waren umfangreichen Rodungen zum Opfer gefallen und auf den so gewonnenen Feldern mühten sich die Bauern. Von dessen kargen Erträgen müssen sie noch den Zehnten (Teil) an ihre feudalen Landbesitzer abliefern. Das kärgliche Brot reicht oft nicht einmal zum Überleben. Die Mehrzahl der Bauern müssen das Los der Unfreiheit tragen, denn ihre Vorfahren hatten sich dem Schutz ihrer Lehnsherren unterwerfen müssen. Erst im 12. und 13. Jahrhundert gelangen zahlreiche adelige Grundbesitzer zur Einsicht, dass sie durch die Verpachtung der Landwirtschaft größere Einnahmen erzielen können als durch die Bewirtschaftung durch ihre Leibeigenen.[198]

Diejenigen, die nicht von den Erträgen des Bodens leben können, widmen sich dem Handwerk oder dem Handel. Demzufolge nimmt die Bevölkerung in den Städten ständig zu, die die Landwirtschaft ernähren muss. Vom wohlhabenden Patrizier und dem Stadtherrn verläuft die Rangordnung hier über die Handwerker und Kaufleute bis hin zu den Bettlern. Am unteren Ende der Skala rangieren Scharfrichter und Schinder, mancherorts auch die Bader.

Die Handwerker schließen sich im beginnenden 12. Jahrhundert zu Zünften zusammen, die sich später auch um die Krankenpflege und Betreuung der Alten kümmern. Anfangs verstehen sich diese Vereinigungen zudem oft als religiöse Bruderschaften. Diese Handwerkerbruderschaften gewinnen mit dem Bau der Kathedralen noch große Bedeutung. Durch die Einführung von geheimen Erkennungszeichen versuchen sie das Wissen um diese hohe Kunst vor anderen zu schützen. In Frankreich entsteht daraus die „Compagnonnage", die vielfach als eine Vorläuferbewegung der Freimaurerei angesehen wird. Sie hat sich bis zum Ersten Weltkrieg erhalten und erfährt heute wieder ihre Renaissance. Wie die „Compagnons du Tour de France", so erfordert die Tradition der Wandergesellen (Tippelbrüder) auch bei uns, sich die Kenntnisse während der Jahre der Walz (Wanderschaft) anzueignen. Sie sind bis heute in sogenannte *Schächte* organisiert. Anders als in Frankreich stellen sie bei uns allerdings keine bedeutende initiatorische Bewegung mehr dar.

Unter den Kaufleuten nehmen die Juden seit ihrer Eingliederung in die Territorien der fränkischen Könige einen hohen Anteil ein. Im 13. Jahrhundert verbietet Papst Innozenz III. (1198 - 1216) den Christen das Zinsnehmen, so dass der gesamte Geldverleih als Monopol in die Hand der Juden fällt. Die Schuld am Zinswucher schreibt man meist ihrer Geldgier zu, und dies ist wohl – neben der religiösen Hetze zur Zeit der Kreuzzüge – Grund für immer wieder ausbrechende Ausschreitungen (Pogrome).

Die Kaufleute haben in ihrem Warenangebot auch die Mittel, um die Haltbarkeit der Speisen zu verlängern. Dazu gehört das Salz, das aus so manchem Bergstock gewonnen wird. Bis in die Schweiz und nach Böhmen exportieren die Baiern ihr „weißes Gold" aus dem Rupertiwinkel. Zu seiner Gewinnung entwickelt man bereits im 13. Jahrhundert ausgefeilte Technologien. Viele Orte mit dem ihrem Namen beigefügten Attribut „Hall" weisen auf die Salzgewinnung hin. Andere Orte vermögen sich so etwas wie das Monopol des Transportes und seiner Verteilung zu sichern. So verdankt auch München seine Entstehung dem Salzhandel.[199]

Neben dem Salz gewinnen die „Pfeffersäcke" (Kaufleute) ihren Reichtum aber auch aus dem Gewürzhandel. Ihn beherrschen im Osten zunächst ausschließlich die Araber. Nur sie verfügen über die geographischen und nautischen Kenntnisse und über die notwendige Infrastruktur der Handelswege zu Wasser und zu Land. Viele dieser Gewürzpflanzen finden auch als Arzneien Verwendung. Der Kaufwert der Handelsgüter aus dem Orient ist nur mit Silber und Gold vergleichbar, wodurch die großen Handelsunternehmungen zu Reichtum und zu politischem Einfluss gelangen.

Mit ihren Waren bringen die Kaufleute aber nicht nur Wohlstand, sondern auch Seuchen und Tod ins Land: Im Oktober 1347 wird über den Seehafen von Messina die Pest nach Europa eingeschleppt, „der Ratten und Menschen gleicherweise erliegen."[200] Die Bevölkerung ganzer Landstriche siecht dahin und stirbt. Unbestellte Felder lassen weiträumig das Ausmaß dieser Plage erahnen. Nach Italien, Frankreich und Portugal greift der Schwarze Tod auch auf England und Schottland über und ostwärts auf ganz Mitteleuropa, bis nach Südrussland. In nur vier

Jahren fallen ihm fünfundzwanzig Millionen Menschen zum Opfer und ein Ende lässt sich nicht absehen. Bis zum Ende des 14. Jahrhunderts vergeht kein Jahrzehnt, in dem eine der Pestarten, vor allem die Beulenpest, nicht wenigstens einmal eine Epidemie verursacht. Die Kirche erklärt diese Seuche als eine Strafe Gottes, der die so Eingeschüchterten durch Gebet und Selbstkasteiung zu entkommen suchen.

Orden und Klöster

Das christliche Mönchstum war mit den „Wüstenvätern" wohl schon im 1. Jahrhundert in Ägypten entstanden, als sich syrische und koptische Mönche als Einsiedler in der Wüste niederließen, um ihr weiteres Leben in geistiger Einkehr zu verbringen. Im späteren griechisch-orientalischen Mönchstum unterschied man bereits zwischen den als Einsiedler „zurückgezogenen" *Anachoreten* und den „in Gemeinschaft lebenden" *Cönobiten.* In Europa begann die Ansiedlung christlicher Mönche wohl zunächst auf den Britischen Inseln. Auf dem europäischen Kontinent kann sie ab dem 3. Jahrhundert nachgewiesen werden. 529 gründete *Benedikt von Nursia* (ca. 480 - 547) südlich von Rom das Kloster *Montecassino*, Wiege und Zentrum der *benediktinischen Mönchsbewegung.* Legendenhafte Überlieferungen, die sich um den schon früh verehrten Benedikt ranken, sprechen davon, dass seine Ordensregel mit ihrer strengen Arbeitseinteilung auf einer sehr viel älteren Tradition fuße, die als *„Regel des Meisters"* kursierte; aufgrund dessen will man gelegentlich Benedikt mit der Tradition der Essener in Verbindung bringen.

Benediktinisches Mönchstum

Bei den Benediktinern bildete ursprünglich jedes Kloster eine von der Amtskirche unabhängige Gemeinschaft unter der Leitung eines Abtes. Auch später unterstanden die Klöster auf Reichsgebiet keiner weltlichen oder kirchlichen Macht, außer der des Papstes, so dass sie sich bis zur Säkularisation (im napoleonischen Zeitalter) als unabhängige Ländereien entwickeln konnten.

Papst *Gregor I.* (590 - 604) legte die benediktinische Ordensregel für alle Klöster des Abendlands als verbindlich fest, wodurch frühere Ordensregeln (z. B. die des hl. Kolumban) verdrängt wurden und es für dreihundert Jahre, bis zur Gründung der Reformorden, nur mehr eine Mönchsform gab. Im Gegensatz dazu hat es in den Ostkirchen nie allgemeinverbindliche Ordensregeln gegeben; jedes Kloster legt sie vielmehr selbst fest.

Während des Pontifikats Gregors I., der als erster Mönch die Papstwürde erlangt hatte, und im darauf folgenden Jahrhundert entstanden Hunderte von Klöstern in allen Teilen des Abendlandes, die Leben und Hoffnung in die durch die Völkerwanderung weithin entvölkerten Landstriche brachten. Da jede Klostergemeinschaft ganz auf sich allein gestellt war, musste sie alles Lebensnotwendige selbst erzeugen. Dazu verfügten sie über umfangreiche Ländereien, deren Erträge meist weit über dem gewöhnlichen Durchschnitt lagen.

Neben der Verherrlichung Gottes im liturgischen Gottesdienst legte das benediktinische Mönchstum auch Wert auf körperliche und geistige Arbeit unter dem Wahlspruch „ora et labora“ (bete und arbeite). Gemäß dieser Losung bewirtschafteten die Brüder ihre Güter mit Getreide, legten Kräuter-, Gemüse- und Obstgärten an, kultivierten Brachland und befassten sich mit dem Anbau und Nutzen neuer wie seltener Pflanzen und Heilkräuter. Sie züchteten Nutztiere und nutzten das Wasser für die Fischzucht. Außerdem schrieben sie alte Handschriften ab und betätigten sich als Baumeister von Kirchen und Klöstern. Architektur, Buchmalerei und Kunst gelangten dabei zu hoher Blüte. Was Förderung, Erforschung und Ausübung von Kunst und Wissenschaft betraf, so lag sie im gesamten Mittelalter in den Händen der Kirche. Höhere Bildung war nur über die Klöster möglich, denn die Mönche unterrichteten nicht nur in ihren Klosterschulen, sondern schufen auch die ersten Bibliotheken im christlichen Abendland. Dadurch wurden die Klöster für lange Zeit zu Trägern der höheren Bildung.

Aus dem einstimmigen (monodischen) gregorianischen Chorgesang heraus entwickelte sich auch unsere komplette abendländische Musik, worauf wir später noch näher eingehen!

Während sich die Ordenspriester meist aus dem Adel rekrutierten und sich vor allem geistigen Disziplinen widmeten, waren die Laienbrüder in der Regel von bäuerlichem Stand und für den Unterhalt des Klosters zuständig. Der sich entfaltende wirtschaftliche Reichtum förderte indes zunehmend die Gefahr der Abkehr von den strengen klösterlichen Ordensregeln. Daneben waren die zumeist adeligen Äbte auf Reichsgebiet auch Landesfürsten, so dass ihre Stellung auch politischen Einfluss mit sich brachte, der dem Kloster nicht immer zu Ruhm gereichte. Dem versuchten klösterliche Reformbewegungen entgegen zu wirken:

Reformbewegungen

So führt das im Jahre 910 in Burgund gegründete Benediktinerkloster Cluny[201] zur „kluniazensischen Klosterreform“. Eine weitere Reform führt das Kloster Citeaux (1098) durch, die fortan den „Zisterzienser-Mönchen als Regel dient. Um das Jahr 1112 sendet der Abt von Citeaux seinen Mitbruder Bernhard mit zwölf Gefährten in ein finsteres Tal, Schlupfwinkel von Banditen, in das er Licht bringen will. Er nennt seine Abtei deshalb *Clairvaux,* lichtvolles Tal; er will sie zur ursprünglichen Sittenstrenge der Mönchsgemeinschaften mit ihrer asketischen Lebensweise zurückführen und auch allen überflüssigen Schmuck aus der Abtei verbannen. Dazu mag ihn der byzantinische Bildersturm veranlasst haben, der im 8. und 9. Jahrhundert die Ostkirchen entzweite. Dem Mutterkloster Clairvaux schließen sich im Lauf der Jahre 70 Tochterklöster an. Bis zu seinem Tod (1153) bleibt der redegewandte und später heiliggesprochene Bernhard Abt von Clairvaux, wobei er ein umfangreiches Werk mystischer Theologie entwickelt.

Die Zisterzienserabtei Maulbronn – im Salzachtal zwischen Schwarzwald und Odenwald – gilt bei uns als die am vollständigsten erhaltene und damit eindrucksvollste Klosteranlage des Mittelalters nördlich der Alpen und wurde 1993 von der UNESCO zum Weltkulturerbe erhoben. Ihr Bauplan soll auf den hl. Bernhard von Clairvaux zurückgehen.

Franziskanische Gefährtenbewegung

Franz von Assisi (1182 - 1226), Sohn eines reichen umbrischen Tuchhändlers, folgte einem ähnlichen Weg, wie ihn mehr als anderthalb Jahrtausende vor ihm der indische Prinz Siddharta (Gautama Buddha) beschritten hatte: Er nahm seinen im Traum erhaltenen Auftrag zur Rettung des maroden Christentums sehr ernst, vertauschte seine feine Kleidung mit der rauen Kutte der armen Bauern und verkündete barfuss die Botschaft von der Liebe Gottes. Seine *Nachfolge (imitatio) Christi* forderte von den ursprünglich zwölf Gefährten und den sich daraus entwickelnden „Minderbrüdern" (des späteren Franziskanerordens) neben Armut und Gehorsam Demut, einfachen Glauben und die Liebe zu allen Lebewesen. Die in Prunk residierenden kirchlichen Würdenträger konnten diese Botschaft allerdings nur schwer akzeptieren. Tausende von Brüdern und Schwestern (des späteren Klarissenordens) schlossen sich indes der franziskanischen Gefährtenbewegung an und folgten begeistert ihrem radikalen Weg, der weder privates noch gemeinschaftliches Eigentum zuließ. Wenn diese Rigorosität auch mit der Ausbreitung der Bruderschaft nachlassen musste, waren die Bettelmönche oder Medikanten doch lange Zeit Ausdruck einer dem bürgerlichen Wohlstandsdenken entgegengesetzten Lebensform. Franziskus bleibt auch heu-

Abb. 25: Franziskus stützt die marode Kirche

te noch einer der am meisten verehrten Heiligen der Christenheit, der in unserer heutigen Zeit des unnötigen Besitzstrebens zur Rückbesinnung auf ein einfaches Leben in Harmonie mit Gottes Schöpfung und Liebe zu seinen Geschöpfen einlädt.

Im Gegensatz zu den meisten Schriften des Heiligen Franziskus ist uns die altitalienische Fassung seines SONNENGESANGS *(Il Cantico di Frate Sole)*[202] erhalten geblieben. Franziskus dichtete ihn wohl noch kurz vor seinem Tod am 3. Oktober 1226 in San Damiano bei Assisi.

Mit der franziskanischen Gefährtenbewegung, die sich dem strikten Armutsideal nach dem Vorbild des Ordensgründers verschrieb, betrat nun neben dem traditionellen (benediktinischen) Mönchstum eine vollkommen neue Gruppe von Mönchen die Bühne des Lebens, die der „Barfüßler" oder Minoriten, der Augustiner-Eremiten und der Klarissen. Zwischen ihnen und den Kurienkardinälen, mit ihren wohl-dotierten Pfründen und ihrem feinen Leben im französischen Exil in Avignon, zog sich über viele Jahre hinweg der sogenannte „Armutsstreit" hin; insbesondere als die *Spiritualen*, die konsequenten Armutsverfechter der *paupertas evangelica* (die Armut gemäß dem Evangelium) in der gesamten Kirche verwirklicht sehen wollten. Der Kampf wurde auf dem Konzil von Vienne 1323 ausgetragen, das die extreme Armutsforderung als Häresie verurteilte ...

Aus dem Orden der „Franziskaner" gingen bedeutende Persönlichkeiten hervor, unter ihnen mehrere Päpste sowie die Theologen und Philosophen *Antonius von Padua*, *Bonaventura von Bagnoregio*, *Roger Bacon* und *William von Ockham* (siehe nachfolgende Abschnitte KIRCHENLEHRER UND MYSTIKER, sowie GEGEN ANDERSDENKENDE). Auch viele kleinere religiöse Lebensgemeinschaften gingen aus der franziskanischen Gefährtenbewegung hervor, beispielsweise die *Beginen*, die jedoch mit Argwohn betrachtet und später (der Ketzerei verdächtig) verboten wurden.

Joachimiten

Eine weitere Denkrichtung bildete sich unter dem Einfluss monastischen Lebens heraus: Die in seinem EWIGEN EVANGELIUM niedergelegte Lehre von den drei Reichen des kalabresischen Abtes *Gioacchino da Fiore* (um 1130 - 1202) führte zu den „Heiligen-Geist-Bewegungen" des 13. Jahrhunderts. In dieser Lehre steht das Zeitalter des Alten Testaments unter der Herrschaft von Gott Vater, das nachfolgende unter der seines Sohnes Jesus Christus. Seit dem Jahre 1200 sollte aber unter der Herrschaft des Heiligen Geistes ein Drittes (Tausendjähriges) Reich entstehen, ein Gnadenreich das von Liebe und humaner Vernunft durch größere Bewusstheit geprägt sein sollte und in dem sich auch die Kirche erneuern würde. Die aus Stein errichtete Kirche würde durch die des Heiligen Johannes ersetzt werden. Es wurde damit die Sehnsucht nach einem Goldenen Zeitalter geweckt, wie sie in vielen alten Mythen, vor allem auch bei Plato und in der Gnosis zu finden ist. Diese

Wunschvorstellung werden wir später auch bei den prophetischen und endzeitlichen Berechnungen der Apokalyptiker des 16. Jahrhunderts, vor allem bei *Simon Studion* (1543 - ca. 1605) wiederfinden. Der französische Religionshistoriker *Henry Corbin* (1907 - 78) glaubt in der Tradition der Joachimiten des XII. und XIII. Jahrhunderts nicht nur *Arnald de Villa Nova, Cola di Rienzi, Jakob Böhme, Schelling, Franz von Baader* und *Nikolas Berdiev*, sondern, neben vielen anderen, auch die Anfänge des Rosenkreuzertums zu sehen.[203]

Spirituelle Orden

Der Begriff *Orden* (von Ordnung, Regel) bezeichnet Gemeinschaften, deren Mitglieder ein feierliches Gelübde ablegen – gleichgültig, ob „ewig" oder zeitlich begrenzt. Die katholische Kirche definiert dabei als das *feierliche Gelübde* (die sogenannte *Ordensprofess*), das öffentlich vor der Kirchengemeinde und nicht wie das *einfache Gelübde* nur im inneren Kreis einer Kongregation[204] abgelegt wird.

Der Unterschied zwischen kirchlichen und anderen spirituellen Orden besteht in ihrer Zielsetzung: So beschränken sich kirchliche Orden – neben ihrem Dienst am Nächsten – auf die Missionierung des christlichen Glaubensinhalts. Spirituelle Bruderschaften wollen zumeist die gesamte Menschheit mitsamt der Natur umfassen und ihrer „Erlösung" zuführen. Ihre Ziele weisen zeitlos in die Zukunft, während ihre Traditionen weit zurückreichen: So lassen sich spirituelle Orden von den Schulen der Orphiker, Pythagoreer, Neuplatoniker und Stoiker ableiten, die innerhalb ihrer Einweihungsriten besondere kontemplative Mysterienkulte kannten. Andere sehen in diesen Traditionen gar Vorbilder der Therapeuten und Essener oder gehen noch weiter bis zu den ägyptischen Palastschulen der Pharaonen der 18. Dynastie zurück.

Der Ursprung der Orden ist jedenfalls umstritten. Manchen Historikern zufolge soll das feierliche Gelübde auf die jüdische Sekte der *Nasiräer* zurückgehen, die sich als Zeichen ihrer Gottesfurcht und -liebe für eine nicht festgelegte Zeit durch ein Gelübde zur Enthaltsamkeit von Wein und anderen berauschenden Nahrungsmitteln verpflichteten. Ferner wollten sie kein Schermesser über ihr Haupt kommen lassen und jede Verunreinigung nach dem jüdischen Gesetz vermeiden. Sollte die Vorliebe der Priesterkönige der germanischen Stämme für langes Haar und die Adelsperücken des Rokoko und Barock gar auf das Symbol der Gottgeweihtheit zurückgehen?

Kreuzritterorden

An dieser Stelle wollen wir auch noch die militärisch organisierten römisch-christlichen Ritterorden erwähnen, die im Zeitalter der Kreuzzüge entstanden oder aus Ritterkongregationen zum Rang religiöser Orden mit militärischem Auftrag erhoben wurden. Das Kreuzsymbol auf deren Mänteln sollte auf diese Aufgabe hinweisen, auf die Templer, Johanniter, Deutschritter oder den Orden vom Heiligen Grab und den St.-Lazarus-Orden.

Diese Orden bildeten sich also zu einer Zeit aus, als der römische Westen wieder zu einer Vorrangstellung im Mittelmeer fand, insbesondere mit den Monarchien Frankreichs und Spaniens, die die Kraft und Entschiedenheit aufbrachten, sich gegen die moslemische Expansion zu stellen, deren Einfluss sich in fünf Jahrhunderten von Bagdad bis nach Spanien ausdehnen konnte. In späteren Abschnitten werden wir näher darauf eingehen, auch auf die Entzweiung der römischen und orthodoxen Kirchen, die im Mächtespiel der politischen Gewalten nicht unbeteiligt waren. Die christlichen Ritterorden erhielten darin politische Macht und Einfluss auf die europäischen Adelsfamilien, aus denen sie meist ihre Mitglieder rekrutierten. Nur römische Katholiken fanden in ihren Reihen Aufnahme.

In diesem Orden entwickelte sich eine Hierarchie, deren Ränge verschiedene Grade von Macht und Aufgaben entsprachen; es waren dies die eigentlichen Ritter, die Priester und die Waffenbrüder. Ihren Großmeister wählten die Ritter aus den eigenen Reihen. Die Priester hatten, neben ihren liturgischen Pflichten, die Aufgabe, den Kranken spirituellen und materiellen Beistand zu leisten. Die Waffenbrüder bildeten eine Hilfstruppe für die militärischen Verpflichtungen der Ritter. Bald bildete sich eine interne Rangordnung auf der Grundlage der sozialen Schichten heraus. Der Ritterstand entwickelte sich dabei zu einem „exklusiven Gehege der Adligen“[205], die anderen Dienstgrade überließ man den bürgerlichen Abkömmlingen. Auch begann man damit bei den Geistlichen zwischen Klosterpriestern und Magisterkaplanen zu unterscheiden, die sich den Prioreien verpflichteten, die die Orden in ganz Europa unterhielten. In ihnen richteten die Orden Residenzen für ihre Ritter ein, die von dort aus den Landbesitz dieser Komtureien verwalteten.

Entstehung der Abendländischen Musik

Zum Lobe Gottes dienen im Gottesdienst gregorianische Choräle. Der kirchlichen Tradition zufolge sollen die Tonarten unserer abendländischen Musik auf die beiden Kirchenlehrer und Heiligen *Ambrosius* und *Gregor den Großen* zurückgehen, was allerdings zweifelhaft ist. Die acht ursprünglichen so genannten „Kirchentonarten“ oder *modi* (eigentlich Tonleiter[206]), tragen allesamt altgriechische Namen, wie dorisch, phrygisch, lydisch, etc., während die Ostkirchen von unseren Systemen abweichende, so genannte „Echoi“ verwenden.

Jeder *modus* enthält eine „dominante“ Note und eine Schlussnote *(finalis),* auf der das Musikstück enden muss. Die Regeln bestimmten auch, wann, wo und wie die Musik gepflegt werden durfte und Übertretungen der Regeln hatten harte Strafen zur Folge. Indem man das streng überwachte System der *modi* mit Heiligen und

Kirchenlehrern in Verbindung brachte, konnten sie als „göttliche Regeln" dargestellt werden, über die es nichts zu debattieren gab, denn Kirchen und Klöster waren die einzigen Orte, in denen das komplizierte System erlernt werden konnte, wobei Latein die offizielle Sprache auch für den Musikunterricht blieb.

Der Benediktinermönch und Chorleiter *Guido d'Arrezzo* (ca. 995 - 1050) brachte beispielsweise seinen Chorknaben das Singen unter Verwendung der jeweils ersten Silbe der Zeilen eines lateinischen Gebetes[207] bei, das fortan die lateinischen Notennamen do re mi ... bestimmte.

Abb. 26: Gregor der Große, vom Heiligen Geist inspiriert

So entwickelte sich aus den Regeln der mittelalterlichen Kirchenmusik unser komplettes abendländisches Notensystem heraus, wie unsere *Dur-Tonart* aus dem *ionischen Modus* und die *natürliche Moll-Tonart* aus dem *aeolischen Modus*. Vieles, was einem aufgeschlossenen Musikliebhaber heute unverständlich erscheint, lässt sich auf die komplizierten mittelalterlichen Regeln und Notierungen zurückführen!

Bau der Kathedralen

Die Jahrtausendwende war indessen vorübergegangen, ohne dass der prophezeite Weltuntergang stattgefunden hatte. Langsam regte sich das Leben wieder auf dem Land und in den Städten. Mit neu erstarktem Glauben wurden große Pilgerreisen zu den Heiligtümern der Christenheit unternommen, nach Rom, das mittlerweile Jerusalem den Rang abgelaufen hatte, nach Santiago de Compostela in Galizien, zu den Stätten der heiligen Reliquien und zu den großen Orten der Marienverehrung. Bei der Beschaffung der Reliquien ging man dabei nicht unbedingt zimperlich vor, wie z. B. bei der „Überführung" der Gebeine der „Heiligen Drei Könige" von Mailand nach Köln im Jahr 1164. Die ursprünglichen Reliquien – Stab und Gefängnisketten des hl. Petrus – konnten damit weit übertrumpft werden, so dass man erhoffte, die altehrwürdige Bischofsstadt am Endpunkt der alten Römerstraße könne damit die Bedeutung von Santiago erlangen.[208] Neben den heiligen Märtyrern und Namenspatronen richtete sich der Volksglaube vielerorts auch zur Verehrung einer „Schwarzen Madonna" hin, Ausdruck einer Erinnerung an die archaische „Große Mutter“ der Schöpfung[209], für die das Christentum keinen Platz mehr bot. Dieses Wissen hatte jedoch auch in den Ritualen der Bruderschaften und Handwerkszünften die Epoche der Dunkelheit überdauert.

Neue und höhere Gotteshäuser aus Stein sollten nunmehr die alten hölzernen Kirchen ersetzen. Der Feuersbrünste eingedenk, versuchte man auf offene Dachstühle und Holzdecken zu verzichten. So entstand innerhalb von wenigen Jahrzehnten eine enorme Zahl vielgestaltiger Gotteshäuser, die unter der Fertigkeit der Steinmetze höchste Vollendung erreichten.

Die Strömung geistiger Erneuerung im spirituellen Leben findet gegen Ende des 12. Jahrhunderts im neuen Baustil der Gotik[210] ihren höchsten Ausdruck, der sich mit einem Male (nach dem ersten Kreuzzug?) auf unerklärliche Weise[211] im gesamten Abendland ausbreitet. Licht sollte fortan die ehemals dunklen Kirchenschiffe erhellen, das Himmelanstrebende die Erdgebundenheit ersetzen. Hatte in den romanischen Basiliken den Säulenkapitellen alle Liebe gegolten und den Gläubigen biblische und mythische Szenen vor Augen geführt, so werden sie jetzt zu abstrakten Formen stilisiert. Die Gewölberippen des Kirchenschiffes vereinigen sich dabei zu phantastischen Stern- und Fächergebilden. Die neuen gotischen Kathedralen beeindrucken die Gläubigen nicht nur durch die Eleganz ihrer Formen, sondern auch durch ihre riesigen Dimensionen: ein Kirchenschiff von über hundert Metern Länge ist keine Seltenheit, die Höhe von dreißig, vierzig oder gar fünfzig Metern einfach atemberaubend!

In den Städten und Bistümern musste immer mehr Geld gesammelt werden, um möglichst das größte und herrlichste Bauwerk der Gegend errichten zu können. Wer kein Geld besaß, arbeitete selbst mit oder spendete in Naturalien.

Die gotischen Kathedralen sollten ein Abbild des Universums sein, mit den drei Ebenen des Himmels, der Erde und der Unterwelt, so wie sich diese Dreiteilung den Wissenden in Seele, Geist und Körper des Menschen widerspiegelt. Diese Dreiteilung wird sowohl im Grundriss wie im

Abb. 27: Kathedralenbau

Aufriss der Kathedralen realisiert, in Krypta, Kirchenschiff und Gewölbe bzw. im Eingangsbereich, dem Kirchenschiff und der Vierung mit dem Chor.

Die großen Kathedralen stehen meist an sogenannten „Orten der Kraft", an denen sich bereits in der Frühzeit germanische, keltische oder noch frühere, oft megalithische Heiligtümer befanden.[212] Auf ihnen hatten dann später die ersten christlichen Gemeinden ihre zunächst noch bescheidenen Gotteshäuser errichtet. Mit wenigen Ausnahmen hielten sich auch die neuen Dombaumeister bei der Planung und Durchführung dieser neuen Symbolik der Christenheit streng an die vier Himmelsrichtungen. Der Eingang durch das westliche Portal sollte die Wiedergeburt vom Tod zum Leben symbolisieren. Das Kirchenschiff steht für den Heilsweg und die Vierung am Schnittpunkt mit dem Querhaus für das Geheimnis des Glaubens. Es ist in mancher Hinsicht ein Abbild der Mysterientempel, in denen der Eingeweihte die Schlüssel zu den großen Geheimnissen finden musste, die nur durch Studium und Kontemplation verständlich werden. Alle Proportionen tragen symbolische Bedeutungen, alle Grundrisse basieren auf ausgeklügelten Berechnungen. *Gott geometrisiert*, heißt es. Wie die großen Pyramiden, so beinhalten auch die gotischen Kathedralen das Wissen der Meister der Vergangenheit. Verwundert es da, wenn diese „königliche Kunst" des Dombaus mit dem geheimen Wissen gewisser Bruderschaften verbunden wird, wie die der Templer, die 1128 aus dem Heiligen Land zurückkamen?

Dem eigentlichen Bauvorhaben der Kathedralen gingen vier wichtige Tätigkeiten voraus, die durchaus mit den Stufen eines Rituals verglichen werden können. Es sind dies:

- Die Wahl des Ortes,
- die Errichtung der vertikalen Achse,
- die Ausrichtung auf die vier Himmelsrichtungen und schließlich
- die Quadratur des Grundrisses am Schnittpunkt zwischen Langschiff und Querhaus,

Rechnen wir Bau und Einsegnung hinzu, so ergeben sich sechs Tätigkeiten, die uns Entsprechungen zu den sechs Schöpfungstagen aufdrängen. Diese Arbeiten werden somit zu heiligen Handlungen, und der „Meister der Kunst" erfüllt die Aufgaben eines Priesters und wird zum Stellvertreter des „Großen Baumeisters des Universums".

Nach außen hin (exoterisch) musste jede Bauhütte über eine klar gegliederte Hierarchie verfügen, die (auch heute noch) dem Dombaumeister[213] untersteht. Unter seiner Führung stellten die spezialisierten Handwerkerzünfte die Arbeitsgruppen der Maurer, Zimmerleute, Steinmetze, Schmiede, Glaser, Bildhauer, etc. zusammen. Sie rekrutierten sich zumeist aus den Wandergesellen, die von Stadt zu Stadt zogen, um von den Bauhütten unter Vertrag genommen zu werden. Bis zur

Mitte des 16. Jahrhunderts unterstanden sie den Mönchsorden, meist den Benediktinern und den ihnen zugehörenden Zisterziensern. Aus ihnen bildeten sich die Bauhüttenbrüderschaften heraus, die später weltlichen Charakter annahmen.

Für den einfachen Gläubigen bedeutete die Kathedrale aber nicht nur ein Gotteshaus, sondern zugleich auch Schule, Bilderbuch und Theaterbühne. Die Figuren am Eingangsportal führten ihm das vorbildliche Leben der Heiligen vor Augen. Die Bilder im Innern vermittelten auch Analphabeten die Heilsgeschichte. An den hohen Festtagen der Christenheit erfüllten sich unter den kirchlichen Ritualen die Herzen der Gläubigen mit neu erstarktem Glauben. Die neuen Gotteshäuser entwickelten sich so von ursprünglich reinen Anbetungsstätten zu Ausdruckszentren der christlichen Lehre.

Das mittelalterliche Weltbild

Im Weltbild des Mittelalters bestimmt die Erde, durch Gottes Ratschluss als ruhender Pol, den Mittelpunkt der Welt, umgeben vom Himmel in seiner absoluten Vollkommenheit. Es beruhte auf den Erkenntnissen des griechischen Gelehrten *Klaudios Ptolemaios*[214] (ca. 100 bis ca. 178 n. Chr.) aus Alexandria, die das Ende der Antike und die Völkerwanderung unbeschadet überdauerten. Sein Wissen, wiederum auf den Erkenntnissen seines großen Vorgängers *Hipparchos* (ca. 190 bis 120 v. Chr.) aufgebaut, ist in seinem Handbuch der Himmelskunde zusammengefasst, das über tausendvierhundert Jahre der astronomischen Wissenschaft als einzigartige Quelle diente. Das dreizehnbändige Werk fand Eingang in die Sammlungen der mittelalterlichen Klosterbibliotheken und genoss als ALMAGEST DES CLAUDIUS PTOLEMÄUS höchstes Ansehen. In ihm steht die Erde unbewegt im Mittelpunkt des Univer-

Abb. 28: Mensch und Kosmos

sums verankert, während sich um sie herum die Himmelskörper drehen; denn, so folgerte er, *„wenn die Erde umherwirbele, so könnten sich die Vögel doch wohl nie und nimmer auf ihren Sitzstangen halten."* Die Planeten beschreiben in diesem Modell exakte Kreisbahnen um die Erde, und die „Unregelmäßigkeiten ihrer rückläufigen Bewegungen" lassen sich durch Nebenkreise der Planetenbahnen erklären. Der Almagest diente dem Dogma der Kirche über das Wesen des Universums als Stütze. Nur wenige Menschen wagten dem zu widersprechen, denn sie wussten, dass ihnen damit nur Kerker, Folter oder Tod drohte. Ansonsten war seit dem Ausklang der Antike eine Epoche eingetreten, in der keine neueren Erkenntnisse mehr verkündet werden konnten und sich deshalb die geistige Arbeit auf die Bewahrung des überlieferten Gedankengutes der Antike beschränken musste.

Die Scholastik

Im Zeitalter der *Scholastik* versuchte die Kirche nun, diesen Wissensstand auch mittels wissenschaftlicher Methodik festzuschreiben. Sie begründete hierzu ein Lehrsystem, in dem sich ihre Dogmen über die Ausdrucksmöglichkeiten der Vernunft vermitteln und weiter ausbilden ließen. Der Name Scholastik leitet sich von den *doctores scholastici* ab, die anfangs an den Dom- und Klosterschulen und später an den Universitäten die sieben freien Künste[215] lehrten. Ihre Philosophie ist kirchlich, ihre Sprache das Kirchenlatein, ihr Vorbild *Aristoteles*. Ihre Denkweise wirkte in unseren Schulen bis weit ins 19. Jahrhundert hinein.

In der Scholastik tritt der Gegensatz zwischen *Nominalismus* und *Realismus* deutlich hervor. Die Realisten betrachteten dabei die Begriffe als etwas wesenhaftes, das in den Dingen lebt und nur von der menschlichen Erkenntnis daraus hervorgeholt wird, während sich im Nominalismus die Begriffe nur als von Menschen ausgedachte Namen darstellen, die selbst kein Dasein haben. Diese unterschiedliche Auffassung erschwert uns bis heute (in unserem „nominalistischen" Zeitalter) das Verständnis der Werke „realistischer Autoren", wie beispielsweise die Rudolf Steiners, mit dem wir uns im zweiten Band näher auseinandersetzen wollen.

Zu den Vätern der Scholastik gehört sicherlich auch der arabische Gelehrte Ibn Ruschd genannt *Averroes* (ca. 1126 - 1198), der mit seinen Kommentaren zu Plato und Aristoteles (die in die lateinische Sprache übersetzt wurden) das Erbe der klassisch griechischen Philosophie und Naturwissenschaften wieder in das Bewusstsein des Abendlandes zurückbrachte.

Was das theologisch-philosophische Verständnis betrifft, so ist *Anselm von Canterbury* (1033 - 1109), ein Vertreter der Hochscholastik, davon überzeugt, dass der Glaube selbst nach rationalem Verstehen dränge und die wahre Vernunft deshalb automatisch zu den Wahrheiten des Glaubens führen würde. Aufgabe des Christen sei es deshalb, seinen Glauben auch intellektuell zu verstehen. Auch *Peter Abaelard* (1079 - 1142) versucht in seiner Theologie Glauben und Wissen miteinander zu versöhnen. Vernunft dürfe dem Glauben nicht untergeordnet werden. In seiner Ethik vertritt er die Meinung, es komme nicht so sehr auf den Standpunkt, sondern auf die Gesinnung an.

Kirchenlehrer und Mystiker

Als Vorläufer der Universitäten bildeten sich während der Scholastik kirchliche Schulen aus, wie z. B. die von Chartres, Paris und Köln, an denen die bedeutendsten Kirchenlehrer dieser Zeit die Erkenntnisse der römischen Kirche lehrten. Auch die Gründung einiger Kollegien der späteren Universität von Oxford reichen bis in diese Zeit zurück. Wie wir noch sehen werden, übten sie auf die Entwicklung unseres Geisteslebens einen nicht zu unterschätzenden Einfluss aus, der das mittelalterliche Europa in eine spätere geistige und politische Führungsposition hob. Im Gegensatz zur *cognitio dei doctrinalis,* der Erkenntnis Gottes über die intellektuell arbeitenden Theologen, machten sich die Mystiker auf ihre Gottsuche mittels ihres unmittelbaren Erlebens höherer Bewusstseinsebenen, die sich dem rationellen Verstand entziehen.

Hildegard von Bingen

Zu ihnen zählt auch *Hildegard von Bingen* (1098 - 1179), eine der bedeutendsten Frauengestalten des Mittelalters. In der Klause der Einsiedlerin *Jutta von Sponheim* lernte sie mit acht Jahren lesen und schreiben. Schon früh „schaute sie vieles“ was anderen verborgen blieb. „Im lebendigen Licht“, so schrieb sie später, „würden ihr die besonderen Zusammenhänge zwischen Gott und Mensch offenbar.“ Diese seherische Gabe begleitete sie ihr Leben lang. Mit fünfzehn Jahren legte sie die Profess als benediktinische Ordensfrau ab. Ihrer Persönlichkeit vermochte selbst die patriarchalisch geführte Kirche nicht zu widerstehen. Nachdem ihr der „Wachhund Gottes“, *Bernhard von Clairvaux* (1090 - 1153), als Autorität die Gabe tiefster Gotteserfahrung zugeschrieben hatte, durfte sie nicht nur Klöster gründen, sondern auch öffentlich predigen. Zu ihrer erstaunlich vielseitigen Tätigkeit gehören neben ihren theologischen Schriften umfangreiche botanische Studien, eine auch in unseren Tagen wieder florierende Heilkunde und ein umfangreiches musikalisches Werk.

Erst mit zweiundvierzig Jahren begann sie mit der Niederschrift ihrer Visionen: *Wisse den Weg* (SCIVIAS). Sie sollten die seelische und moralische Erneuerung einer verweltlichten Geistlichkeit bewirken und dem gleichgültig gewordenen Klerus den Weg zur Erlösung weisen.[216]

Petrus Lombardus
Mit *Petrus Lombardus* (ca. 1100 - ca. 1160) als Bischof von Paris wendet sich die Scholastik vom mystischen Erlebnis zur Mitteilung des Glaubensinhalts hin. Seine *Sentenzen* in vier Büchern (SENTENTIARIUM LIBRI IV) behandeln die Lehre von Gott, seinen Geschöpfen, die Erlösung, die Tugenden und die Sakramente. Für Jahrhunderte stellten sie das allgemein anerkannte Kompendium der Dogmatik dar, das bald zu einem festen Bestandteil des Lehrplans aller Universitäten erklärt wurde. Sie enthalten auch die sieben Todsünden, die bei uns noch heute als solche bekannt sind: Hoffart (Hochmut), Geiz, Wollust, Zorn, Völlerei, Neid und Trägheit des Herzens.

Thomas von Aquin
Der Dominikaner und spätere Kirchenvater *Thomas von Aquin* (1225 - 1274) aus Neapel, ein Großneffe Kaiser Friedrichs II. und wohl bekanntester Schüler des Albertus Magnus (siehe nächster Abschnitt), gilt als der bedeutendste Systematiker des Mittelalters. Er postulierte, dass sich Glaube und Vernunft nicht widersprechen könnten, da doch beide von Gott stammen; so wenig könnten Theologie und Philosophie zu verschiedenen Wahrheiten führen, sondern sich nur in ihrer Methodik unterscheiden. Für Thomas gibt es eine stetige Entwicklungsreihe von den niedrigsten Daseinsformen, über das pflanzliche und tierische Leben hinauf zu der vernünftigen Seele des Menschen und weiter zur Welt reiner Geister, die die Gestirne lenken, ja bis hin zur Gottheit.

Roger Bacon
Der englische Franziskanermönch *Roger Bacon* (1214 - 1292) widmete sich dem Studium der Mathematik und Naturwissenschaften. Für Bacon war das Kennen der Dinge wichtiger als die intellektuelle Beschäftigung damit. So bemängelt er die umfangreichen Abhandlungen über Aristoteles des Thomas von Aquin, der selbst weder Griechisch verstünde noch mathematisch-physikalische Kenntnisse besäße. Schlimmste Feinde des wissenschaftlichen Fortschritts sind nach Meinung Bacons die „blinde Anbetung der Autoritäten“ sowie die Ansicht, die Wissenschaften seien schon abgeschlossen. Für ihn galt stets „an der Quelle studieren!“ Wolle man die Lehren der Weisen verstehen, müsse man Griechisch, Hebräisch und Arabisch studieren, strebe man danach, die Natur wahrhaft kennen zu lernen, dann komme man nicht umhin, mit physikalischen und astronomischen Instrumenten zu arbeiten. Für Bacon blieb dies jedoch keine bloße Theorie; er verwendete vielmehr sein ganzes ererbtes Vermögen für seine physikalischen Experimente. Er gilt deshalb als einer der Väter der Naturwissenschaften. Neben philosophischen Schriften verfasste er für Papst Clemens IV. sein OPUS MAIUS. Bis zu seinem Tode arbeitet er an dem geplanten Hauptwerk OPUS PRINCIPALE, das er jedoch nicht mehr vollenden

konnte. Allgemeinere Bekanntheit genießt wohl Bacons Lehre vom Licht, das *„eine sich selbst erzeugende Substanz und Träger der in der Natur wirkenden Kräfte"* sei. Roger Bacon gilt auch als Erfinder der Brille – wir erinnern uns dabei an den Film DER NAME DER ROSE – zu deren Konstruktion er wohl durch die Schriften[217] des arabischen Gelehrten *Alhazen* (965 - 1039/40) zur Lichtbrechung inspiriert wurde.

Bonaventura

Der italienische Franziskanermönch *Bonaventura* (1217/21 - 1274) aus Bagnoregio glaubte schließlich, dass der Mensch (als veränderliches Wesen) die Wahrheit unveränderlicher Prinzipien nur in der Erleuchtung erfassen könne. Bonaventura wurde dem einfachen Kirchenvolk insbesondere durch seine „verbindliche" Biographie des heiligen Franziskus von Assisi bekannt, die helfen sollte, die Divergenzen in der Auslegung der Ordensregeln und der Armutspraxis zu schlichten und die fortan die beiden älteren Biographien des *Thomas von Celano* (1190 - 1260) ablösten.

Daneben gilt als Bonaventuras einflussreichstes Werk sein REISEBERICHT DES GEISTES ZU GOTT (ITINERARIUM MENTIS IN DEUM). Anlass für dieses Werk war sein Besuch 1259 auf dem Berg La Verna, auf dem der hl. Franziskus kurz vor seinem Tod die mystische Vision des gekreuzigten Christus in Gestalt eines Seraphen[218] hatte, die Bonaventura zum Aufhänger seiner ABHANDLUNG ÜBER DIE GOTTESERKENNTNIS diente.

Raimundus Lullus

Der Mallorquiner *Ramón Llull*[219] (1232 - 1316) lebte im Brennpunkt des Austausches zwischen islamischer und jüdischer Philosophie mit der christlicher Tradition und betrachtete sich als deren *procurator* (Anwalt). Kreuzten sich auf Mallorca doch die Handelswege des westlichen Mittelmeerraumes mit denen der maurischen Emirate, den katholischen Königreichen Spaniens und Portugals, bis nach England. Dabei bildete Mallorca – ähnlich den maurischen Königreichen – einen Ort der Begegnung zwischen den drei abrahamitischen Religionen: Christentum, Judentum und Islam.

In seinem 30. Lebensjahr beschließt der ehemalige Dichter und Troubadour Ramón Llull, nach einem Offenbarungserlebnis, dem höfischen Leben zu entsagen, um sich fortan für die Verbreitung der christlichen Wahrheit einzusetzen Er verschenkt seine Habe bis auf das, was seine Familie für ihre Bedürfnisse benötigt und schickt sich an, die arabische Sprache zu erlernen, gemäß Roger Bacons Einsicht, dass man den Heiden nur dann das Evangelium predigen könne, wenn man auch ihre Sprache spreche. Dieses Studium macht ihn zugleich mit dem Reichtum der islamischen Kultur bekannt und erweckt in ihm den Wunsch, eine Universität zum Studium der orientalischen Literatur auf Mallorca zu gründen. König Jaime

II. (1276 - 1311) von Mallorca unterstützt später den Freund und Erzieher seiner beiden Söhne bei der Gründung des Klosters von Miramar. Hier will Llull „Könige und Päpste zur Stiftung von Klöstern bewegen, in denen Arabisch und Hebräisch erlernt werden kann". Hier entsteht auch das bedeutendste Zeugnis der altkatalanischen Literatur, Llulls utopischer Roman BLAQUERNA, in dem er durch den Papst (Blaquerna) sein Reformanliegen verwirklichen lässt: das einer geeinten Menschheit, die den Weltfrieden sichert.

Llulls Lebenswerk wird fortan von seiner Vermittlerrolle zwischen den (drei abrahamitischen) Religionen bestimmt. Auslösemoment mag eine Episode aus der Zeit seiner islamischen Studien (1265 - 74) gewesen sein: Aus einem Disput mit seinem maurischer Arabischlehrer (über die Trinitäts- und Inkarnationslehren) hatte sich eine handgreifliche Auseinandersetzung entwickelt, die letztlich dazu führte, dass Ramón seinen Lehrer einsperrte. Noch während er sich überlegt, wie er mit ihm weiter verfahren solle, erhängt sich der Muslim. Der Schock dieses Ereignisses lässt nun in Ramón die Erkenntnis reifen, dass sich auf dem Wege der Gewalt nichts erreichen lässt und dass es gilt, nicht die Menschen, sondern die von ihren Ressentiments und Vorurteilen geprägten Vorstellungen (denen er selbst erlegen war) zu bekämpfen. Nur mittels eines auf gleicher Ebene geführten Dialogs und rational einsichtiger Gründe könne ein Gedankenaustausch Früchte bringen, wo-

Abb. 29: Ramón Llull und sein maurischer Lehrer

bei Respekt und Freundschaft die Voraussetzung dazu bilden müsse. Llulls LIBER MAGNUS CONTEMPLATIONIS (Großes Betrachtungsbuch) enthält dazu bereits alle Themen seiner im darauffolgenden Lebensabschnitt (1274 - 1316) verfassten 280 Bücher.[220] Es hatte großen Einfluss auf die spätere Bewegung der *devotio moderna* (der wir uns in späteren Abschnitten zuwenden wollen), vor allem auf *Nikolaus von Kues* und *Jan van Ruysbroeck*.

Im BUCH VOM HEIDEN UND DEN DREI WEISEN lässt Llull einen Juden, einen Christen und einen Muslim die Grundsätze ihres Glaubens darlegen und begründen. An Stelle der Konfrontation tritt der Dialog, der sich um das Verständnis über Gemeinsamkeiten und Unterschiede bemüht.

Seinem eigenen Zeugnis entsprechend empfing Llull aufgrund einer göttlichen Inspiration um 1274 auf dem Berg Randa die Idee zu einer Wissenschaft, die er als ARS INVENIENDI VERITATEM (die Kunst der Wahrheitsfindung) bezeichnet. Sie sollte es Muslimen wie Juden ermöglichen, mit „notwendigen Vernunftgründen" die christlichen Lehren zu verstehen, vor allem jene, die sie am heftigsten ablehnten, wie die Trinitäts- und Inkarnationslehren.

In Llulls Modell des Universums spiegeln sich die Erhabenheiten Gottes als Urbilder und Ursachen alles Kreativen wider. Sie kommen in zehn Emanationen zum Ausdruck, die er mit Güte, Größe, Ewigkeit, Macht, Weisheit, Wille, Tugend, Wahrheit und Herrlichkeit benennt. Sie bieten ihm eine Brücke zum Verständnis Gottes und eine „Leiter der Schöpfung, mit der wir bis zur Dreiheit an der Spitze hinaufsteigen können". Die Namen Gottes sollen aber, gemäß Llull, zudem Grundelemente einer allgemeinen Grammatik bilden, als Basis für eine übergreifende Verständigung: Über die Einheit der Sprache zur Einheit der Religionen! Dieser Idee können wir einige hundert Jahre später bei dem Jesuiten Athanasius Kircher wieder begegnen. Llulls Versuche, auf zwei Reisen in das heutige Tunesien selbst unter den Muselmanen und Sarazenen zu missionieren, schlugen indes völlig fehl. Für die esoterische Geistesgeschichte des Abendlandes sollten sein Werk und Engagement aber noch einen nachhaltigen Einfluss gewinnen, vor allem für die christlichen Kabbalisten.

Mechthild von Magdeburg

Mechthild von Magdeburg (1207/10 - 1282/1294) verließ um 1230 Heimat und Familie und lebte ca. 40 Jahre in Magdeburg, zeitweise in einem Beginenhaus[221] der Dominikaner. Mit 12 Jahren hatte sie ihre ersten mystischen Gotteserfahrungen, die in dem siebenbändigen Werk DASFLIESSENDE LICHT DER GOTTHEIT zusammengefasst sind. Das Werk gilt als ein wichtiges Dokument früher (nieder)deutscher poetischer Literatur, deren erotische Sprache und reicher Bilderschatz ihrer Phantasie die Ganzheitlichkeit ihrer Gotteserfahrung bezeugen. Mechthild von Magdeburg starb im Kloster Helfta im Ruf der Heiligkeit.

Meister Eckhart

Der Mystiker *Meister Eckhart* (ca. 1260 - 1327), aus einem thüringischen Rittergeschlecht stammend, wird vielfach als der erste bedeutendere Philosoph deutscher Zunge betrachtet. Seiner Vorstellung nach findet die Erkenntnis ihre Befriedigung nur in dem *unbegreiflichen und unaussprechlichen göttlichen Urgrund aller Dinge.* Aus dem dunklen Abgrund der „stillen Wüste" entpuppt sich die göttliche Natur durch dessen bekennendes Wort zum wirklichen, lebendigen Gott. So gebiert der Urgrund das göttliche Wort, seinen Sohn, und „geistet die Minne", die ihn und den Sohn miteinander verbinden. Alles Übel bedeutet für Eckhart ein Abfall von Gottes Wesen. Das Beste unter dem Geschaffenen sieht er in der menschlichen Seele, um dessentwillen alles übrige geschaffen wurde und deren Entdecker dieser deutsche Mystiker *„recht eigentlich gewesen ist".* Auf ihrem Grunde ruht das „Fünklein", in dem das Göttliche ohne Mittel und Hülle erscheint. Der Mensch muss, wenn er zu Gott kommen will, „seine *Eigenheit aufgeben, ohne Willen sein, damit das Göttliche in ihm zur Herrschaft* komme."[222] 1326 wurde auf Veranlassung des Kölner Erzbischofs das Inquisitionsverfahren gegen Eckhart „wegen *Verbreitung glaubensgefährdender* Lehren" eröffnet, das er jedoch nicht mehr erleben musste.

Die Gottesfreunde

Mit Meister Eckhard erreichte die deutsche Mystik ihren Höhepunkt. Seine bedeutendsten Schüler wurden *Suso von Konstanz* (Heinrich Seuse, 1300 - 1365) und *Johann Tauler von Straßburg* (1300 - 1361), die den „Gottesfreunden" angehörten. Den Lehren Taulers und Eckharts sehr verwandt ist der Inhalt des 1518 von Luther herausgegebenen Büchleins THEOLOGIA DEUTSCH, das oft fast wörtlich damit übereinstimmt. Die Nachfolge Christi findet auch in der »Brüderschaft zum gemeinsamen Leben« ihren Ausdruck, aus der der berühmte *Thomas a Kempis* (1380 - 1471)[223] hervorging. In den Niederlanden wurde diese neue geistige Strömung als *Devotio moderna* (neue Frömmigkeit) von *Geerd Grote* (1340 - 1384) begründet und dabei versucht, auch Laien eine klösterliche Form des Zusammenlebens zu bieten. Um der drohenden Verstiegenheit entgegenzutreten, die mit der Mystik oft einhergeht, steht die praktische Arbeit im Mittelpunkt dieser „Gottesfreunde". So wurden in ihren *Fraterhäusern* die ersten Schulen für die unteren Bevölkerungsstände eingerichtet, die ersten öffentlich zugänglichen Druckerpressen eingeführt und auch die künstlerische Betätigung hochgehalten. Der Einfluss dieser Geisteshaltung auf den Humanismus bleibt zwar umstritten, doch sind Querverbindungen auf verschiedene Bruderschaften und geistige Gemeinschaften kaum zu übersehen. Mit ihnen endet die mittelalterliche Mystik, um den reformatorischen Kräften Platz zu machen.

Alchimisten und Goldmacher

Mit den frommen Pilgern war über den Jakobsweg auch Kunde über bestimmte alchimistische Schriften aus dem maurischen Spanien zu uns gekommen, die vorgaben, dass mittels dieser Lehre unedle Metalle in Gold verwandelt werden könnten. Es war die Gier nach Gold, die diese Lehre wieder hoffähig machte, nachdem sie Jahrhunderte zuvor aus den christlichen Bibliotheken verbannt worden war. Wenn in diesem Prozess auch die eigentliche Absicht der (spirituellen) Alchimie[224] verloren gegangen war, so hat es doch einige Vertreter der hohen Kunst gegeben, denen es nicht, oder nicht nur um den materiellen Wert des „Goldes" ging.

Albertus Magnus

Der Ordensprovinzial der Dominikaner, Albert aus Lauingen in Schwaben, genannt *Albertus Magnus* (1193 - 1280), lehrte nach Abschluss seines Studiums an der Hohen Schule zu Padua, in Paris und Köln, bevor ihn die Ernennung zum Bischof von Regensburg erreichte. In seiner Kosmologie greift er die hierarchische Struktur der Intelligenzen des *Dionysios Areopagita* [225] wieder auf. In seiner Ethik betont er den freien Willen des Menschen. Von seinen großen arabischen Vorgängern beeinflusst, reflektiert sein philosophisches Werk neben den Schriften des Aristoteles auch die ihrer arabischen und jüdischen Kommentatoren wie eines *Avicenna* (ca. 980 - 1037) und *Maimonides* (ca. 1135 - 1204). Aber es waren wohl seine besonderen Kenntnisse in Botanik, Alchimie und Physik, die dem *Doctor Universalis* den Ruf eines Zauberers einbrachten. Um metallurgische Erfahrungen sammeln zu können, nahm er die beschwerliche Arbeit im Bergwerk auf sich. Sie war wohl erfolgreich, denn es wurde gemunkelt, dass er die Kenntnis zur Herstellung des geheimnisvollen „Steins der Weisen" besessen habe; wie wir noch sehen werden, galt dieser hohen Kunst das Trachten aller „echten" und „falschen" Alchimisten bis weit in die Neuzeit hinein.

Nicolas Flamel

Einer von ihnen, Nicolas *Flamel* (ca. 1330 - 1417/18), erwarb in Paris um den Preis von zwei Gulden eine alte Handschrift, bestehend aus 3 x 7 Blättern, die in einer geheimnisvollen Sprache abgefasst und mit noch geheimnisvolleren Zeichnungen ausgestattet waren. Mit Hilfe dieser Handschrift soll ihm am 17. Januar 1382 die „Herstellung von Gold" geglückt sein. Jedenfalls hat er, obwohl in ärmlichen Verhältnissen lebend, vierzehn Hospitäler gegründet, sowie drei Kapellen errichten und sieben Kirchen renovieren lassen. So jedenfalls vermerkt es sein Grabstein aus der Kirche Saint-Jacques-la-Boucherie, den heute das Cluny-Museum in Paris aufbewahrt. Aus seinem 1416 abgefassten Vermächtnis sollen gar bis zum Jahre 1742 Spenden für Bedürftige geflossen sein. Ob er aber wirklich das Geheimnis materieller Goldherstellung oder den Stein der Weisen fand, der solches

Glück gelegentlich als eine Art Nebenwirkung nach sich zieht, ist uns nicht verbürgt.

Basilius Valentinus

Die Identität eines weiteren Vertreters dieser „hohen Kunst", *Basilius Valentinus*, wird sich wohl nie ganz klären lassen. In der 1675 von *Gudenus* erschienenen GESCHICHTE DER STADT ERFURT wird behauptet, dass im Benediktinerkloster von St. Peter 1413 ein Mönch dieses Namens gelebt haben soll, der in Arzneikunst und Naturforschung Bewundernswertes geleistet habe. Falls diese Geschichte wahr ist, könnte es möglich sein, dass der Benediktinerorden den Mitbruder damals aus kirchenpolitischen Gründen verleugnete. Auch die 1515 von Kaiser Maximilian I. (1493 - 1519) angeordnete Untersuchung zur Identifizierung dieses Mönchs brachte keine Aufschlüsse. Uns dient sie indes als Indiz, dass seine Schriften wohl im 15. Jahrhundert verfasst wurden. Um 1600 wurden sie erstmalig vom Verleger Thölde veröffentlicht. Am bekanntesten sind darunter DAS AZOTH[226] DER WEISEN ODER GEHEIME VORSCHRIFTEN ÜBER DIE SUBSTANZ DES STEINES und DER TRIUMPHWAGEN DES ANTIMON. Valentinus' Schriften genießen bis heute hohes Ansehen, und das nicht nur in den „Geheimgesellschaften" sondern erstaunlicherweise auch bei Naturwissenschaftlern.

Das Rittertum

Nach dem Verfall des Reiches von Karl dem Großen wechselte die weltliche Macht im Frankenreich mehr und mehr von der Autorität des Königs in die Hände der Herzöge, Grafen und deren Vasallen über. Zur Verteidigung ihres Gebietes und zum Schutze ihrer Bewohner errichten diese nun überall Burgen mit mächtigen Wehranlagen, die fast fünf Jahrhunderte lang das Gesicht des Abendlandes prägen sollten. Steinerne Mauern und Türme lösen die frühen hölzernen Befestigungen ab. Wenn ihr Bau auch so manchen Lehnsherrn in große Schulden stürzt, so versucht sie dieser wiederum über hohen Pachtzins von seinen Bauern einzutreiben oder über das Wegegeld von den Kaufleuten abzuverlangen.

Das von Mythen umwobene Rittertum hält sich bis zum 13. Jahrhundert als Inbegriff aller Tugenden: Tapferkeit im Kriege, Höflichkeit gegenüber der Damenwelt, Loyalität der Herrschaft gegenüber; es umfasst aber auch Liebe zu Musik, Kunst und Dichtung. Mit dem Kaisergeschlecht der Staufer erlebt die Ritterromantik ihren Höhepunkt und verewigt sich in zahlreichen Epen.

Parzival und die mittelalterlichen Ritterromane

Das Christentum betrachtet den Kelch, den Christus beim letzten Abendmahl benutzte, wohl als das heiligste aller Symbolgefäße. Für das christliche Mittelalter bedeutete die Suche nach ihm ein ebenso wichtiges Motiv wie das Gefäß selbst. Diese Suche fand in den verschiedenen Gralsdichtungen Eingang, wobei ihre Helden infolge der ihnen gestellten Aufgaben zu Einsicht und Erleuchtung gelangen. Dabei ist es unwesentlich, dass der Gral niemals gefunden wird, gilt doch die eigentliche Suche nach Weisheit als Hauptzweck und die dadurch erlangte Erkenntnis als der verdiente Lohn.[227] Die älteste Dichtung, die den heiligen Gral erwähnt, stammt aus heutiger Sicht von dem burgundischen Dichter *Robert de Boron*, dessen GESCHICHTE DES HEILIGEN GRAL Ende des 12. Jahrhunderts entstand. In ihr erhält Joseph aus Arimathia den Abendmahlskelch von Pilatus ausgehändigt und bringt ihn nach einer Reihe gefahrvoller Abenteuer nach Britannien, in die Täler von „Avaron“ (Avalon?).

Dieser Dichtung folgen weitere, darunter ist *Wolfram von Eschenbachs Parzival* die bekannteste bei uns. Er behauptet, dass seine Geschichte auf einem arabischen Manuskript beruhe, das der Provenzale Kyôt im spanischen Toledo entdeckt haben will. Hier wird der Gral zu einem magischen (Edel-)Stein umgedeutet, zu dem der Heilige Geist in Gestalt einer Taube herabsteigt.

Der Gralskönig Amfortas siecht in diesem Epos an einer geheimnisvollen Wunde dahin, der lebensspendende Gral entlässt ihn jedoch nicht in den erlösenden Tod. Seine einzige Hoffnung auf Befreiung von seinen Schmerzen richtet sich darauf, jemanden zu finden, der die rechte Frage stellt (wem man damit diene) und sich so seiner Nachfolge als würdig erweist. Als Amfortas' Enkel Parzival in Unkenntnis seiner Abstammung zu ihm kommt und versäumt, diese Frage zu stellen, muss er die Gralsburg wieder verlassen, um zuerst, als einer von *König Arthus'* Rittern, die Erkenntnis zu erlangen, die ihn befähigt, die Nachfolge als Hüter des Grals anzutreten.[228]

In der Literatur wird dieser Version des Gralsmythos ein persischer (iranischer) Ursprung zugesprochen.[229] Der Orientalist *Henry Corbin* sieht in seinem Hauptwerk EN ISLAM IRANIEN dort die Idee einer gemeinsamen Ritterschaft „abrahamitischer Tradition“, entsprechend der Idee des Westens eine „ökumenische Ritterschaft“ zu formieren, die christliches und islamisches Gedankengut verbindet.[230] Sind wir hier auf die Spuren eines kulturübergreifenden spirituellen Gedankenguts gestoßen, das in verschiedenen esoterischen Gruppierungen aller drei Offenbarungsreligionen gelehrt wird?

In einer Reihe von Dichtungen haben aber über die Jahrhunderte hinweg zahlreiche Autoren versucht, ihre eigene Botschaft in die Symbolik dieses Epos einzubringen. So könnte durchaus die von Rom abtrünnige Pelagianische Kirche in Britannien ihre Interpretation als Allegorie in die heute nur bruchstückhaft erhaltene walisische Version des PEVERIL aus dem 12. Jahrhundert lanciert haben, die wahrscheinlich als Übersetzung der altfranzösischen LA FOLIE PARZIVAL (um 1330) diente. In ihr besitzen die geistigen Nachkommen Josephs von Arimathia die vier

Abb. 30: Fünf Schlüssel aus dem Tarot von Marseille

heiligen Reliquien: den Abendmahlskelch, das Schwert, mit dem Johannes der Täufer enthauptet wurde, den Teller vom letzten Abendmahl und die Lanze, mit der Longinus bei der Kreuzigung in Jesu Seite stach.[231] Diese vier Symbole finden wir in den „Farben“ des Tarot-„spiels“ wieder (siehe DER ESOTERISCHE TAROT im Abschnitt über DIE VERSCHLÜSSELTEN WEISHEITSLEHREN im zweiten Band). Parzival, der Tor, könnte darin auf die erste Tarotkarte (der Narr) deuten; denn beide brechen sie auf, um – unvorbelastet – in ihrem neuen Lebenszyklus weitere Erfahrungen und Erkenntnisse zu suchen. Auf der Suche nach dem heiligen Gral erlebt Parzival zahlreiche Abenteuer. Es begegnen ihm sonderbare Gestalten, deren Rätsel er zu lösen trachtet: Zwei Verliebte (Tarotschlüssel 6) unter einem Baum bitten ihn, einen goldenen Apfel von einem Riesen zu holen; weiterhin begegnet ihm ein Wagenlenker (Tarotschlüssel 7) mit einer blutigen Lanze (kleine Arkana) und ein Eremit (Tarotschlüssel 9). Schließlich findet Parzival die Gralsburg durch Blitzschlag zerstört (Tarotschlüssel 16). Es wundert wohl niemanden mehr zu erfahren, dass *La Folie Parzival* und das Tarotspiel etwa zur gleichen Zeit in Europa bekannt werden …

In der deutschen Tradition übernimmt die Gralsritterschaft der Templer die Aufgabe, sich kollektiv für den Erhalt der „göttlichen Ordnung“ einzusetzen, während in der angelsächsischen Tradition die individuelle Heilssuche Ausgangspunkt der Gralssuche ist. Das Ringen zwischen Kaiser und Papst um die Vorherrschaft und damit um die Repräsentation der göttlichen Ordnung zieht sich durch das gesamte Mittelalter hindurch und wir werden immer wieder darauf zurückkommen, beispielsweise wenn der selbsternannte „Stellvertreter Gottes auf Erden“, Papst Innozenz III. (1198 - 1216) weltliche Herrschaft absetzen und ihre Verordnungen außer Kraft setzen will. Walther von der Vogelweide klagt ihn mit den Worten an: *hilf herre diner kristenheit!* Die Gralsritterschaft symbolisiert hierin das Reich, das des Papstes nicht bedarf, solange der heilige Gral als Ausdruck der göttlichen Autorität mit ihm ist!

In Italien sehen die Ghibellinen[232] den heiligen Gral als Symbol für die große Aufgabe, das gesamte Abendland in einem heiligen – auf spiritueller Grundlage basierendem – Reich zu vereinigen.[233] Mit den Streitigkeiten und Fehden seiner Fürsten um benachbarte Länder hatte das Heilige Römische Reich doch seine zentrale Autorität verloren und war Spiegelbild dessen geworden, was sich im kirchlichen Bereich zwischen Rom und Byzanz abspielte. Die „Fedeli d'Amore", zu denen u. a. *Petrarca, Dante Alighieri* und *Giovanni Boccaccio* zählen, nehmen diese Problematik in ihre Dichtungen auf. Hinter ihrer Lyrik verbirgt sich in verschleierter Form das Streben nach Erkenntnis; denn „für *alles, was damals nur im geringsten nach Ketzerei roch, war der Scheiterhaufen sehr schnell* errichtet." So werde mit den Frauennamen Bezug auf die himmlische Sophia der *Gnostiker* und auf die *Katharer* und *Templer* genommen. Der Brauch, esoterisches Gedankengut in doppelsinnigen Texten zu verstecken, sei mit den Sufis von Persien nach Europa gekommen. So besängen die Fedeli die Schönheit der Rose und verherrlichten damit die (im Okkulten) verborgene Weisheit.[234]

Im Gegensatz zu den Minnesängern sind die *Vaganten* meist nur arme Theologen, denen das Geld zur Priesterweihe fehlt oder Priester, die keine Arbeitsstätte finden und die ihren Unmut darüber in ihren derben, meist auf lateinisch formulierten Liedern zum Ausdruck bringen. Carl Orffs CARMINA BURANA setzen sich aus solchen Vagantenliedern zusammen.

Der Einfluss des Ostens

Dem Christentum war es nicht vollkommen gelungen, das heidnische Wissen auszulöschen. Über das Mittelmeer und die beiden geographischen Brücken im Südosten und Südwesten Europas konnte das Alte Wissen immer wieder in das christliche Abendland einfließen, das sich mit der christlichen Lehre (seiner jeweiligen Prägung) von ihm doch endgültig gelöst glaubte. Betrachtete das Abendland doch in seiner überheblichen Selbstüberschätzung das gesamte Mittelalter hindurch die alleinige Wahrheit zu besitzen. Alle anderen Kulturen schienen ihm unterlegen und deshalb hielt es sich davon abgeschottet, wenn Eroberungszüge oder Missionierungsversuche versagten. Dabei hatte sowohl die islamische wie die byzantinische Welt blühende Zivilisationen hervorgebracht, während sich der christliche Westen nur schwer von den Folgen der kriegerischen Invasionen der Völkerwanderung erholen konnte.

Das Byzantinische Kaiserreich

Am Schnittpunkt zwischen Abend- und Morgenland hatte Kaiser *Konstantin der Große* im Jahr 330 an der Stelle des alten Byzantium seine neue Hauptstadt Konstantinopel erbauen lassen. Über ein Jahrtausend hindurch diente es als Bollwerk der Christenheit gegen die Flut der heidnischen Heere: gegen Slawen, Awaren, Bulgaren und Moslems. Während im Abendland das dunkle Mittelalter Einzug hielt und darin wesentlicher Qualitäten seiner Kultur, des politischen Lebens und seiner Traditionen versanken, blieb sich Byzanz seiner unvergleichlichen Vergangenheit bewusst: der römischen wie der griechischen. Der oströmische Kaiser Justinian I. (527 - 565) hatte zuletzt noch versucht, das römische Kaiserreich wieder zu einen. Nach seinem Sieg über die Vandalen in Nordafrika erstreckte sich sein Reich zwischen Córdoba, Karthago, Ravenna, Sizilien, Alexandria und Jerusalem. Bis nach Georgien im Kaukasus reichte seine Macht. Doch zerfielen die Früchte seiner Bemühungen nach seinem Tod. Sein Name blieb uns jedoch mit der Kodifizierung des römischen Rechts (des *Codex Justinianus*) erhalten, die auch heute noch die Basis unserer Rechtsprechung bildet. In unserem Kulturkreis legen auch die Kirchen Ravennas Zeugnis dieser großartigen Epoche byzantinischer Herrschaft ab. In seiner Hauptstadt errichtete Justinian die größte Kirche der damaligen Christenheit, die *Hagia Sophia.* Keine andere Stadt des Abendlandes konnte mit der Metropole des byzantinischen Kaiserreiches mithalten, die damals schon eine halbe Million Einwohner zählte.

In ihm wurde der Kaiser noch, nach römischer Tradition, von Senat, Heer und Volk eingesetzt. Seit *Herakleios* I. (610 - 641) trugen die byzantinischen Herrscher den Titel *Basileios Autokrator* (Alleinherrschender König). Als erwählte Stellvertreter Gottes mussten sie gläubige Christen sein. Auch sahen sie sich selbst als Nachfolger der römischen Cäsaren an der Spitze aller christlichen Herrscher, was zu Konflikten mit den germanischen Herrschern des Westens führen musste.

Durch seine Mönche und Missionare spielte Byzanz die Mittlerin zwischen den „barbarischen Stämmen des Westens", der islamischen Welt und den Weiten Russlands. Hatte sich doch die Völkerwanderung nicht nur auf den römischen Westen beschränkt. So waren iranische Nomadenvölker bis nach Südrussland und Rumänien vorgedrungen und die Waräger hatten ihre Lager vom Ostseeraum, den russischen Strömen folgend, ans Schwarze Meer verlagert. Die „Gefahr aus dem Norden" war bereits Ursache der römisch-persischen Auseinandersetzung gewesen und die alten Prophezeiungen der aus dem Norden kommenden und in die alten Kulturen einbrechenden Völker „Gog und Magog" schienen sich zu bewahrheiten.

So waren in Kleinasien von Norden her verschiedene Nomadenstämme nach Armenien und Persien eingedrungen und bedrohten zunehmend auch das Oströmische Reich. Zum Schutz des Reiches an seiner südöstlichen Flanke hatte deshalb schon Kaiser Diokletian die *Strata Diocletiana* anlegen lassen, deren Kastelle den Golf von Akkaba mit dem Euphrat bei Circesium verbanden. Analog zum Limes erfolgte hierüber der Austausch zwischen der römisch-griechischen Kultur und der der arabischen Völker.

Die ehemals türkischen Bulgaren lebten ursprünglich an der Dnjepr-Mündung, bevor sie von den Chasaren von dort vertrieben wurden. Bis sie ihre endgültige Heimat zwischen Donau und Balkan in Besitz nehmen konnten, vermochten sich

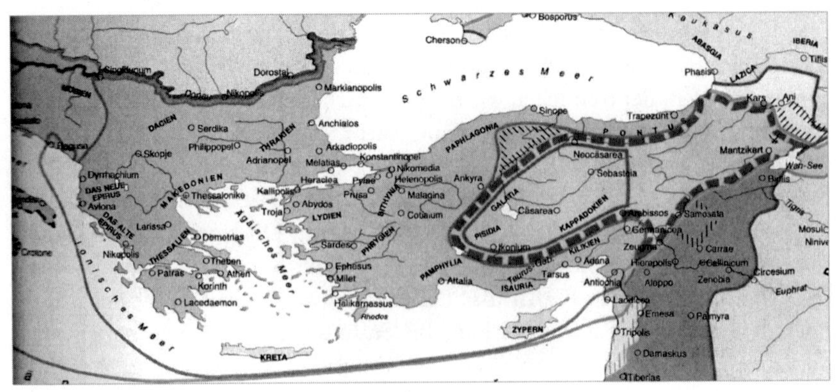

Abb. 31: Das byzantinische Kaiserreich zur Zeit der Kreuzzüge

ihre Vasallenstämme slawischer Nationalität politisch stärker durchzusetzen und die Häuptlingsschicht der Khane nach und nach auszulöschen. Der bulgarische Khan Boris (türkisch für Tiger) empfing das Christentum im Jahr 864 durch Konstantinopel und wurde als Michael getauft.

Die Slawen, die sich im Gebiet der heutigen Ukraine angesiedelt hatten, ließen sich um 850 von den beiden byzantinischen Missionaren und späteren Heiligen *Cyrill* und *Method* zum Christentum bekehren. Cyrill passte das griechische Alphabet der russischen Sprache an, das später als *„kyrillisches Alphabet"* auch Serben und Bulgaren übernahmen, als sie 1018 dem Byzantinischen Reich einverleibt wurden. Mit der Christianisierung setzte sich später dann auch das Kirchenslawische (in glagolitischer Schrift) nach und nach in den offiziellen Dokumenten durch und führte zu einer eigenen slawisch-christlichen Kultur.

Zu dieser Zeit umfasste das Byzantinische Kaiserreich neben den Ländern des südlichen Balkan ganz Kleinasien bis nach Armenien, das nördliche Mesopotamien und Syrien, das östliche Mittelmeer mit Kreta und Zypern, sowie das südliche Italien. Mit der Ausbreitung des Islam gingen dem Byzantinischen Kaiserreich diese Besitzungen allerdings wieder verloren.

Die islamische Welt

Wie sehr hat sie das christliche Abendland verteufelt und uns dabei ein völlig verzerrtes Bild über sie vermittelt! Dabei verdanken wir den Erhalt eines Großteils unseres antiken Erbes nur der Einsicht so mancher islamischer Herrscher und ihrer kundigen Berater. Beispielsweise wurde mit der Schließung der Platonischen Akademie in Athen durch Kaiser Justinian im Jahr 529 dem Weiterleben der griechischen Philosophie im Abendland der Todesstoß versetzt. Die Erben Platos, in ihrer christlichen Heimat als gefährliche Ketzer verfolgt, wanderten ins Exil nach

Abb. 32:
Araber als Lehrer des Abendlandes

Persien aus, wo sie in Gund-e-Shapur Aufnahme fanden. Mit ihnen erstarkte diese Stadt im 6. Jahrhundert zum bedeutendsten Zentrum der islamischen Gelehrsamkeit. Die Akademie von Gund-e-Shapur verfügte neben der philosophischen auch über eine astronomische und medizinische Fakultät, die eine große Zahl namhafter Ärzte und Weisen hervorbrachte. Mit ihren Gelehrten werden wir uns in einem nachfolgenden Abschnitt eingehender befassen.

Just zu einem Zeitpunkt, wo sich das Christentum völlig ihres griechischen Erbes entledigt hatte, nahm es die islamische Welt auf und versöhnte im Denkgebäude ihrer Philosophen die aristotelische mit der platonischen Philosophie. Denn an den islamischen „Universitäten" fanden neben den Lehren über Wirtschaft und Handel auch naturwissenschaftliche Fächer, wie Medizin, Astronomie, Mathematik, sowie Geschichte und Musik, Philosophie und Alchimie ihre festen Plätze. Viele Schriften der griechischen Naturphilosophen sind uns nur mehr über ihre arabischen Übersetzungen erhalten geblieben, wie z. B. die SYNTAXIS des Ptolemaios, Höhepunkt der griechischen Sternkunde, die wir schon erwähnten. Unter dem Kalifen al Ma'mun (813 - 833) wurde sie 827 ins Arabische übersetzt und erhielt den Titel ALMAGEST (Das große Werk). Unsere westliche Welt verdankt den weit vorausblickenden islamischen Herrschern dieser Epoche deshalb weit mehr als nur die arabischen Ziffern oder die Algebra.

Im Zeitalter der Kreuzzüge, vor allem aber über die Übersetzerschule im spanischen Toledo gelangte dieses Wissen dann zu uns und beeinflusste unsere Kultur maßgeblich. Unter den moslemischen Gelehrten[235] sind *Al-Kindi* († um 870) aus Bagdad und Abu Ali al-Husain ibn Sina-e Balkhi, genannt *Avicenna* (980 - 1037) aus Afschana bei Buchara (im heutigen Usbekistan) besonders herauszustellen. Beide sind Ärzte, Mathematiker und Astrologen. Avicennas CANON MEDICINAE (*Qanun al-Tibb*) diente jahrhundertelang Christen und Moslems gleichwohl als Grundlage ihres medizinischen Unterrichts. Auch die großen uns erhaltenen Schriften der Alchimie stammen aus dieser Zeit, wobei der arabische Alchimist Jabir Ibn Hayyan (*Geber*) eine herausragende Rolle spielt.

Karawanenwege (z. B. die der „Seidenstraße") hielten die Zentren der islamischen Geistigkeit eng miteinander verbunden.[236] Ihre Gemeinsamkeit erstreckte sich von Indien bis nach Spanien und basierte neben der Religion auf ihrer gemeinsamen Sprache, dem Arabischen.

Schon im Jahre 750 hatten die Nachkommen von Mohammeds Oheim *Abbas* die Kalifendynastie der *Abbasiden* gegründet und Bagdad erobert, das sie zur Hauptstadt der moslemischen Welt ausbauten. In kriegerischen Auseinandersetzungen gelang es dem Islam in den nachfolgenden Jahrhunderten, dem Byzantinischen Reich nach und nach so viele Gebiete zu entreißen, dass sich die Macht von Byzanz im 11. Jahrhundert fast nur mehr auf das Kerngebiet um den Peloponnes beschränkte.

Das ehemalige Römische Ostreich war seit dieser Zeit zwischen der islamischen Welt und der Einflusssphäre von Byzanz aufgeteilt. Während jedoch sowohl die islamische, wie die byzantinische Welt blühende Zivilisationen hervorgebracht hatten, konnte sich der christliche Westen nur schwer von den Folgen der Völkerwanderung erholen. Nun bedrohten muselmanische Truppen zunehmend die östlichen Grenzen der Christenheit: Turkstämmische Horden waren aus Zentralasien nach Westen vorgestoßen und zum Islam konvertiert und dominierten als *Seldschuken* bald das gesamte Morgenland.

Trotz dieser Kämpfe hat es doch auch immer wieder Bestrebungen gegeben, den Einigungsprozess nicht nur zwischen den zerstrittenen christlichen Kirchen, sondern auch zwischen den beiden rivalisierenden Religionen zu fördern. So schrieb der Patriarch *Nikolaus der Mystiker* im 10. Jahrhundert in seiner Botschaft an einen moslemischen Emir, *dass es zwei Reiche gäbe, die mit ihrem Licht die Welt überstrahlten, das der Sarazenen und das der Römer. Deshalb sei es notwendig, in Brüderlichkeit zusammenzuleben, denn Religion dürfe nicht Feindschaft gegeneinander bedeuten.*[237]

In Nordafrika begünstigte das Herrscherhaus der *Almoraviden* zunächst noch die fundamentalistisch geprägten Rechtsgelehrten (die *Mahdi*), die aller Philosophie und Mystik feindlich gegenüber standen. Nachdem sie aber durch die *Almohaden* 1146 besiegt wurden, entfaltete sich die wie unter einer Decke schlummernde Geistigkeit in allen moslemischen Reichen des Westens. Allerdings splitterte sich gerade jetzt das maurische Reich Al-Andalus in kleine Fürstentümer auf. Die neuen Herrscher aus dem Geschlecht der Almohaden entstammten jedoch nicht den reinen Nomadenstämmen (wie die Almoraviden), sondern dem Bauernstand des Hohen Atlas. Dies beeinflusste die Denkweise der geistigen Zentren. So hatte der Begründer ihrer Bewegung, *Ibn Tumert*, den großen persischen Theologen und

Mystiker *Abu-l-Hamid al-Ghazali* studiert und zählte sich zu den „Bekennern der göttlichen Einheit“ *(Tawhid)*, einer Lehre, welche die Vorstellung eines allzu vermenschlichten Gottesbegriffes ablehnte.

Die maurische Kultur Spaniens

Auf der Iberischen Halbinsel hoben sich bereits um die Jahrtausendwende die Unterschiede zwischen den kleinen christlichen Reichen im Norden und dem moslemischen *Al-Andalus* auf eklatante Weise ab: Córdoba war zur Hauptstadt eines mächtigen Kalifats emporgewachsen, das sich in der muselmanischen Welt als eine ihrer glanzvollsten Metropolen präsentierte. Den Glanz der Alhambra von Granada besangen nicht nur unzählige Dichter; auch ihre Philosophen wie der Jude Ibn Gabirol *(Avicebron)* und Ibn Badjdja *(Avempace)* traten in die Fußstapfen ihrer arabischen Vordenker. *Averroes* (1126 - 1198), in eine vornehme cordovesische Familie hineingeboren, arbeitete als Theologe, Jurist, Mediziner und Philosoph zugleich, später auch als Richter und Leibarzt des Kalifen. Seine Kommentare zu Aristoteles und seine metaphysischen Werke genossen später im gesamten Abendland äußerste Wertschätzung. Er verkündete die Unsterblichkeit des allen Menschen innewohnenden Geistes, durch dessen Ausbildung sich der Mensch bereits in seinem Erdenleben mit dem „tätigen Geist“ (al-akl al-fa'ál) vereinigen könne.

Durch ihre feste Basis in der Lehre von der Einheit Gottes gelang den arabischen Denkern die Synthese der streng methodisch vorgehenden Denkweise Aristoteles' mit der unmittelbar auf das Wesen der Dinge gerichteten Betrachtungsweise Platos: Gott ist einzig und über alle Welten erhaben und alles was ist, hat am göttlichen Sein teil. Somit entspringt die Vielheit der Einheit und tritt doch nie aus ihr heraus. Das eine Sein spiegelt sich in allen Facetten der Schöpfung und bleibt doch immer nur eins. Der Philosoph und Mystiker *Mohammed Ibn Masarra* (883 - 931) lebte zur Zeit des ersten spanischen Kalifen. Er versuchte das göttliche Sein in allen Dingen durch das Gleichnis vom „Sonnenstäubchen“ anschaulich zu machen, das auf Ali, den Schwiegersohn des Propheten, zurückgehen soll: Ohne den Sonnenstrahl, der auf sie fällt, wären die in der Luft schwebenden, feinsten Stäubchen nicht sichtbar und ohne die Stäubchen könnte sich der Sonnenstrahl selbst nicht in der Luft abzeichnen.

Aus dieser Betrachtungsweise heraus formt sich das System der Hierarchien, das auch christliche Mystiker überlieferten. Die arabischen Denker ordnen sie als konzentrische Kreise um die Einheit an. Aus dem „Geist“ entwickelte sich unser Verstand, Vorstellungskraft ist ein Attribut des Verstandes, usw. Andere Modelle lassen aus dem „Geist“ nacheinander Seele, Natur und Leib entstehen oder ordnen kosmologisch die Bahnen der Planeten und den Fixsternhimmel um die Erde. Für die arabischen Denker unterliegt es keinem Zufall, dass die Gestirne sowohl Licht spenden als auch die Zeit messen.

Die almohadische Baukunst, mit ihrer bewussten Beschränkung auf rein geometrische Formen, weist eine auffällige Verwandtschaft mit der gotischen Baukunst auf, wie wir sie besonders in den Zisterzienserabteien finden können. Ihr Kennzeichen ist das Spitzbogengewölbe, wie es auch die Almohaden aus dem Orient übernahmen und in die maurische Kunst einführten. Der Prunk der großen Moscheen von Córdoba und Sevilla steht dem der magrebinischen Königsstädte Fez, Marrakesch und Rabat in nichts nach. Zum Schmuck der Minarette zieren Motive durchflochtener Arkaden die großen Flächen, die ein rieselndes Spiel von Licht und Schatten überzieht …

Die Festung der Alhambra, aus rotem Stein (*al-hamra*, die Rote) auf einem von der Sierra Nevada auslaufenden Hügelzug über der Stadt errichtet, repräsentiert mehr als nur einen Königspalast: Mit ihren vom Darro-Fluss bewässerten hängenden Gärten sollte sie vielmehr ein Abbild des im Koran geschilderten Paradieses sein: *ein von Bächen durchflossener Garten*. Nach seiner Rückkehr aus einer Schlacht, soll der in Granada mit dem Zuruf „Sieger! Sieger!“ empfangene Nasridenfürst Muhammad Ibn Ahmar bescheiden geantwortet haben: *Wa lâ ghâliba illa-Llâh!* (Es gibt keinen Sieger außer Allah!) Diese Worte übernahmen die nasridischen Fürsten als Losung und ließen es in die Verzierungen der Alhambra viertausendmal einschreiben.

Mit ihrer 1349 gegründeten Universität stellte Granada eines der bedeutendsten Zentren der maurischen Geistigkeit dar. Aber auch der Handelsaustausch mit praktisch allen Ländern der damals bekannten Welt verbreitete den Ruhm der hispanischen Mauren über den gesamten Mittelmeerraum. Unter der Toleranz der moslemischen Herrscher gelang es auch dem Judentum vielerorts, ihre Kultur nicht nur zu behaupten, sondern zur vollen Blüte zu entwickeln.

Die Übersetzerschule von Toledo

Auch die arabische Alchimie, die sich im magrebinischen Fez weiterentwickelt hatte, scheint sich im Abendland jener Zeit über Spanien verbreitet zu haben. Waren doch in der berühmten Übersetzerschule von Toledo zahlreiche Folianten alchimischen, magischen und astrologischen Inhalts ins Lateinische übertragen worden, die dann mit den frommen Pilgern auf dem Jakobsweg ins christliche Abendland gelangten. Im 17. Jahrhundert werden deutsche Druckereien für die Verbreitung dieser seltenen Manuskripte sorgen. Die Bedeutung dieses Pilgerweges zwischen Spanien und der restlichen christlichen Welt sollte auch im Hinblick auf die Wiederentdeckung des griechischen Erbes wie der des esoterischen Gedankenguts nicht unterschätzt werden.

Neben Avicennas Canon Medicinae *(Qanun al-Tibb)* gehören zu diesen Manuskripten die Übersetzungen der umfangreichen Texte von *Geber* und *Rhasès* durch *Gerardo von Cremona* (1114 - 1187) oder das dem Erzbischof *Juan de Toledo* (1151-

1166) gewidmete SIFR-AL-ASRAR (das Geheimnis aller Geheimnisse). Die Übersetzung der Schrift MORIENUS von 1144 wird dem Erzdiakon von Pamplona *Robert von Chester* zugeschrieben. In seinem Vorwort erfahren wir erstmalig die Legende von den drei Personalitäten des Hermes (Trismegistos). Eine weitere Schrift, DAS BUCH DES SCHÖPFUNGSGEHEIMNISSES wurde zwischen 1140 - 1150 von *Hugo de Santalla* übersetzt. In dieser Auflage enthüllt Balinus (Apollonius von Tyana) die Entdeckung der Grabstätte des *Hermes Trismegistos*, worin er die TABULA SMARAGDINA gefunden haben will.

Mit seiner Übersetzerschule wird Toledo bald als „der Lehrstuhl für das okkulte Wissen" angesehen. Die Übersetzungen der magischen Schriften des jüdischen SEFER RAZIEL und der wohl in Ägypten entstandenen PICATRIX (Maslama al Magriti zugeschrieben) und von *Alfonso* von Kastilien und León (1221 - 1284) in Auftrag gegeben, sollte die Humanisten der Renaissance (unter ihnen Marsilio Ficino und Cornelius Agrippa) noch maßgeblich beeinflussen. Neben medizinischen Texten sind es aber vor allem die übersetzten Bücher des Aristoteles (und des „Pseudo-Aristoteles"), die die Bibliotheken des ausgehenden Mittelalters bereicherten.

Die Juden im Abendland

Nach der Auflösung des jüdischen Staates im Jahr 70 n. Chr. durch die Römer emigrierten die Juden in die Diaspora.[238] Auf der Wanderung in ihre zukünftigen Heimatländer verbreitete sich das Judentum auf unterschiedliche Weise. So nahmen die einen den Seeweg nach Unteritalien und gliederten sich dem späteren Normannenreich ein. Andere wiederum wählten den Landweg, entweder über Nordafrika oder über Damaskus, Byzanz und die Donauländer nach Norden. Die späteren *Sephardim*, die sich im Westgotenreich auf der Iberischen Halbinsel festsetzten, hatten auf ihrem Zug nach Westen das Mittelmeer im Norden gelassen und Ägypten wie die nordafrikanischen Küstenländer durchwandert. Im Gegensatz dazu wählten die Juden, die wir später in den germanischen Provinzen des Römischen Reiches antreffen, den Landweg nach Norden. Die Integranten dieses Zweigs, die sich selbst als *„Aschkenasim"* bezeichneten, lassen sich bereits im 4. Jahrhundert bei uns nachweisen. So haben wir Kenntnis von ihnen aus den in den Jahren 321 und 326 von Kaiser Konstantin an den Kölner Magistrat gesandten Dekreten, die sich bereits mit den jüdischen „Dekurionen"[239] dieser Stadt befassen.

Im Frankenreich lebten die Juden u. a. als Kaufleute, Gutsbesitzer, Zollbeamte, Ärzte und Münzmeister und brachten es meist zu Wohlstand und Ansehen. So wissen wir, dass *Karl der Große* seiner Delegation zum *Kalifen Harun al-Raschid* nach Bagdad im Jahr 797, unter Leitung der Edelleute *Lantfrid* und *Sigimund,* seinen jüdischen Dolmetscher *Isaak* zur Verfügung stellte. Nach einer abenteuerlichen Reise kehrte dieser – mit dem weißen Elefanten „Abulabaz" – als einziger wieder lebend nach Aachen zurück.

Jüdische Seefahrer und Fernkaufleute unternahmen Handelsreisen in den Nahen Osten, bis nach Persien und Indien. Sie trieben dort nicht nur mit Waren (im heutigen Sinn) Handel, sondern bereits mit Sklaven und Eunuchen und kehrten mit Gewürzen, Parfümen und Juwelen reich beladen aus dem Morgenland wieder zurück. Besonders während der den Juden gegenüber toleranten Regierungsperiode der karolingischen und ottonischen Könige kam es im weströmischen Reich zu zahlreichen jüdischen Gemeindegründungen wie in Bamberg, Erfurt, Regensburg, Wien, Prag oder Köln. Die nach ihren hebräischen Anfangsbuchstaben als SCHUM-*Gemeinden* bezeichneten Zentren von Speyer, Worms und Mainz wurden bald zum Mittelpunkt des kulturellen und geistigen jüdischen Lebens, der *Aschkenasim*, von dem ein starker Impuls für die Entwicklung des Judentums der westlichen Welt ausgehen sollte.

Die Invasion der Araber auf der Iberischen Halbinsel im 8. Jahrhundert kam den Sepharden in Spanien sehr gelegen, denn im Gegensatz zu den Westgoten zeigten sich die Moslems Andersgläubigen gegenüber äußerst tolerant. Dies änderte sich jedoch, als die religiösen Sektierer der Almoraviden aus Nordafrika im arabisch beherrschten Teil Spaniens an die Macht gelangten, so dass die Juden in die christlichen Königreiche im Norden Spaniens fliehen mussten, wo sie wohlwollend aufgenommen wurden und zunächst ungestört leben konnten.

Das Leben eines solchen Sepharden spiegelt die ganze Ambivalenz jüdischer Existenz zwischen Islam und Christentum. Es handelt sich um den vielleicht größten jüdischen Philosophen des Mittelalters *Moses Maimonides* (1135 – 1204), der im andalusischen Córdoba geboren wurde und 1204 im ägyptischen Fustat, der heutigen Altstadt von Kairo verstarb und im darauffolgenden Jahr in Tiberias beigesetzt wurde. Wie seinem Zeitgenosse Averroës gelten auch dem Maimonides die aristotelischen Schriften als zuverlässige Führer. Dadurch, dass sie die arabischen Übersetzungen Aristoteles' und seiner Kommentatoren ins Lateinische übertrugen, konnte dieses Wissen den christlichen Scholastikern erstmalig bekannt gemacht werden.

Wie wir noch sehen werden, spielte das Judentum auch außerhalb des philosophischen Rahmens eine äußerst wichtige Rolle in der abendländischen Geschichte. In Spanien, den Niederlanden und in den deutschen Ländern waren jüdische Kaufleute am Aufbau von Handel und Geldwesen maßgeblich beteiligt. Der Widerstand der heimischen Beamten und Kaufleute dem aufstrebenden Judentum gegenüber führte jedoch auch immer wieder zu Ausschreitungen. Das christliche Volk ließ sich nur allzu gern und leicht gegen Andersgläubige aufhetzen. So bildete sich die Inquisition im spanischen Kastilien vor allem aus wirtschaftlichen und sozialen Interessen heraus, wobei sich die katholische Kirche als Handlanger von Krone und Adel nur allzu gerne missbrauchen ließ.

Die Kirchenspaltung zwischen Rom und Byzanz

Die Christenheit war damals wie heute alles andere als geeint. Der Graben zwischen der römischen und der byzantinischen Kirche hatte sich aus dogmatischen Differenzen herausgebildet und über die Jahrhunderte hindurch immer weiter vertieft. Spätestens nach der ökumenischen Synode von Chalkedon (451) ließen sich die Divergenzen nicht mehr übersehen: *„Das Dogma vom Ausgang des Heiligen Geistes, die Spendung der Taufe, der Gebrauch von ungesäuertem Brot in der Eucharistiefeier, die Konsekrationsworte, das Fasten, die Anschauung über das Fegefeuer, über den Zölibat der lateinischen Priester und die orientalische Priesterehe, Bartlosigkeit oder Bartzwang, das alles waren Streitpunkte, über die sich Polemiker beider Seiten ereifern konnten."* [240]

In der Salbung der merowingischen Könige und später, in der Karolingerzeit, der Kaiserkrönung durch den Papst sah der byzantinische Kaiser eine Anmaßung von Machtbefugnissen, die legal nur ihm, dem direkten Nachfolger der römischen Cäsaren, zustand. Im kirchlichen Bereich konnte der Anspruch des Papstes – *Nikolaus I.* (858 - 867) – auf sein Primat von den Patriarchen der byzantinischen (orthodoxen) Kirchen nicht akzeptiert werden. Obschon das „Ehrenprimat des Patriarchen von Rom" auf den ökumenischen Konzilien stets anerkannt wurde, solange Rom noch Hauptstadt des ganzen Römerreiches war, so ließ sich aus der Sicht der Ostkirchen daraus keinesfalls eine generelle Vorrangstellung ableiten. Vielmehr betrachteten sich die Patriarchen von Alexandria, Antiochia, Jerusalem und Konstantinopel innerhalb der *christlichen Pentarchie* als gleichberechtigt mit dem Patriarchen von Rom. Noch krasser musste den Ostkirchen ein (späterer) Titel wie „Nachfolger Petri" oder gar „Stellvertreter Jesu Christi auf Erden" erscheinen. Alle diese Divergenzen sollten im Jahr 1054 im Griechischen Schisma ihren traurigen Höhepunkt finden.

Im Jahr 1071 besiegten die Seldschuken die Byzantiner bei Manzikert und nahmen Jerusalem ein. So sah der byzantinische Kaiser *Alexios I. Comnenos* (1081 - 1118) keinen anderen Ausweg mehr, als Kaiser Heinrich IV. (1056 - 1105) und Papst Gregor VII. (1073 - 85) um Beistand anzurufen. Dies mag als einer der Anlässe für die Kreuzzüge gelten, denen sich ein späterer Abschnitt widmet. Häufig wendeten sich die Kreuzfahrer aber nicht nur gegen die Muslime, sondern im zunehmenden Maße auch gegen die Byzantiner. Im vierten Kreuzzug (1202 - 1204) plünderten die Kreuzfahrer Konstantinopel völlig[241] , was den Niedergang des byzantinischen Reichs beschleunigte und verständlicherweise den Hass gegenüber der römischen Kirche weiter schüren musste.

Andererseits gab es aber auch immer wieder Bestrebungen, die der christlichen Lehre so entgegenstehende Spaltung der beiden Kirchen zu beenden. In diesem Zusammenhang müssen die Verhandlungen gesehen werden, mit denen der byzantinische Kaiser *Joannes VIII. Palaiologos* den griechischen Erzbischof von Nicäa,

Bessarion, 1439 betraute. Ihm schwebte bei der Auswahl der hierfür in Frage kommenden Diplomaten ein Bündnis mit Rom gegen die Türken vor. Bessarion zeichnete sich bereits 1438 auf dem Unionskonzil in Ferrara und Florenz durch seine rednerische Begabung und sein versöhnendes Wesen aus und verhalf damit dem Konzil zum Erfolg. Sein späterer Freund *Nikolaus von Cues* (1401 - 1464) verstand es dabei, den Einigungsprozess auf der Gegenseite in die rechten Bahnen zu lenken. Die erstrebte Union zwischen den beiden Kirchen zerbrach jedoch schließlich am Fanatismus der byzantinischen Theologen, die *„lieber den Turban des Sultans in der Stadt, als die Tiara des Papstes"* wünschten. Ihr Wunsch sollte in Erfüllung gehen: Am 29. Mai 1453 fiel Konstantinopel in die Hand der Türken und beendete die über tausendjährige Geschichte des byzantinischen Reichs zwischen den beiden oströmischen Kaisern Konstantin I. (307 - 337) und Konstantin XI. (1448 - 53).

Mit Kreuz und Schwert

Zur Verteidigung des Glaubens, gemäß der eigenen Lehrart, waren in der Vergangenheit der Kirche stets alle Mittel recht. Zum Schutz des eigenen Überlebens mag eine Verurteilung abweichender Lehrmeinungen als Selbstzweckeinrichtung ja noch angehen. Doch lassen sich Intoleranz Andersdenkenden gegenüber, deren Bedrohung, Verfolgung, Folter und Tötung kaum mit der von Jesus Christus gepredigten Liebeslehre vereinbaren und lasten schwer auf dem Karma der Kirchen. Noch unverständlicher erscheint uns heute die systematische Vernichtung des Wissens und des kulturellen Erbes der Antike. Wir gehen in diesem geschichtlichen Rückblick auf diese dunkle Seite des Christentums besonders deshalb ein, weil die Kirchen mit ihrem Auftrag zur geistigen Höherentwicklung der Menschheit eine große Verantwortung übernommen haben, der sie zumeist leider nicht gerecht wurden.

Dieses dunkle Kapitel begann bereits mit der Verurteilung der ersten gnostischen Häretiker, schon kurz nachdem sich die kirchliche Hierarchie in den ersten beiden nachchristlichen Jahrhunderten herauszubilden begonnen hat. Es erreichte seinen traurigen Höhepunkt in den Kreuzzügen und mit der Auslöschung der Katharer und des Templerordens. Man denke auch an die Vertreibung oder Zwangschristianisierung der Sachsen und Slawen, die Prozesse der Inquisition und die Hexenverfolgungen, die Ermordung der Hugenotten während und nach der Bartholomäusnacht, die Zwangschristianisierung der Indianer während der spanischen Konquista der Neuen Welt und die Verurteilung von andersdenkenden Lehrern und Reformatoren unseres christlichen Abendlandes. Ein Großteil von ihnen musste ihre Überzeugung auf dem Scheiterhaufen, dem Schafott, den Galeeren oder in den unmenschlichen Kerkern der kirchlichen und weltlichen Gerichte mit ihrem Leben bezahlen. Die Unterdrückung der Meinungsfreiheit endete auch nicht mit der Widerrufung Galileo Galileis, sie reicht vielmehr weit bis in die Neuzeit hinein.

Die Kreuzzüge zur Befreiung der Heiligen Stätten

Mit der Ausbreitung des Islam in Syrien und Palästina im letzten Drittel des 11. Jahrhunderts und schließlich mit der Einnahme Jerusalems 1071 durch die türkischen Seldschuken war jetzt praktisch das gesamte Byzantinische Reich in Kleinasien von den Moslems besetzt und nunmehr auch Konstantinopel bedroht. Der oströmische Kaiser Alexios I. Comnenos (1081 - 1118) sah deshalb keinen anderen Ausweg mehr, als seine weströmischen Glaubensbrüder um Hilfe anzurufen. Dieser Hilferuf an Papst Gregor VII. (1073 - 1085) griff der nachfolgende Papst Urban II. (1088 -1099) wieder auf. Auf den Kirchenversammlungen von Piacenza und Clermont (1095) ließ er für den ersten Kreuzzug werben, dem hauptsächlich Franzosen und Normannen Folge leisteten. Den Kreuzfahrern wurde dafür der Ablass aller ihrer Sünden aus dem Gnadenschatz der Kirche zugesichert. Neben religiösen Motiven spielten mit Sicherheit auch Abenteurergeist und Überdruss an der Eintönigkeit des Alltagslebens, sowie Gier nach Reichtum und Macht eine wesentliche Rolle, die einen Teil der Kreuzfahrer dazu verleitete, dem Aufruf des Papstes Folge zu leisten, um die heiligen Stätten der Christenheit von den Ungläubigen zu befreien.

Unter der Führung des französischen Ritters *Gottfried von Bouillon* formierte sich das Kreuzfahrerheer und setzt sich im darauffolgenden Jahr (1096) in Bewegung. Es wird von einem zügellosen Haufen begleitet, der plündernd und mordend durch das Rheinland und später das christliche Ungarn zieht. Nach einer beschwerlichen Landreise durch die Länder des Balkans gelangt der Zug am 19. Juni 1097 nach Nicäa, dem Tor zu Kleinasien am Eingang des Bosporus. Zwei Jahre später erreicht das Kreuzfahrerheer Jerusalem, das vielen nach den langen Strapazen möglicherweise wie das himmlische Jerusalem erscheint. Sie werfen sich auf die Knie und danken ihrem Schöpfer, dem sie sich auch für die anstehenden Schlachten anvertrauen. Erstaunlicherweise misslingt der erste Angriff am 13. Juni 1099, „weil keine Leitern vorhanden sind". Erst am 8. Juli liegen alle notwendigen Gerätschaften bereit und der Sturm kann beginnen. Am 15. Juli nehmen sie die Heilige Stadt ein. Zwei Tage lang wüten die blutgierigen Haufen und machen mit wenigen Ausnahmen alles, was sich regt, mit dem Schwert nieder, ob Jude oder Heide. Daraufhin gibt man die ganze Stadt zur Plünderung frei. Die ansässigen Christen hatten schon vorher Jerusalem verlassen müssen. Die wenigen Überlebenden werden später als Sklaven verkauft. In ganz Kleinasien verbinden sich solche Gräueltaten für immer mit dem Namen „Franken".

Es beginnen alsbald Debatten, in welcher Form denn das neugewonnene Land regiert werden soll. Während den einen ein christliches Königreich vorschwebt, finden die anderen einen König an dem Ort fehl am Platz, in dem der wahre König der Christenheit wirkte und starb. Sie optieren für eine Theokratie unter der Führung des Nachfolgers Petri. Die Adeligen, die ihre Pfründe davonschwimmen sehen, unternehmen jedoch alles, dies zu unterbinden. Sie bestimmen Gottfried von Bouillon zum König. Er lehnt indes in Bescheidenheit diesen Titel ab und nennt sich nur „Verteidiger des Heiligen Grabes".

Ungesicherten Überlieferungen zufolge formieren sich auch andere Parteien, für die eine wahre Theokratie mit einer personellen Übernahme seitens der anrüchigen römischen Kirche unvereinbar ist. Sie sehen in Gottfried von Bouillon den geeigneten Repräsentanten eines traditionellen Priesterkönigs, der weder die Politik des französischen Königs noch der Kurie betreibt, sondern nur seinem Gott verantwortlich bleibt.

Mit der Gründung des Königreiches Jerusalem und später der anderen Kreuzfahrerstaaten wird nun auch hier eine kirchliche Organisation nach römischem Vorbild geschaffen, obwohl dort schon christliche Kirchen byzantinischer und orientalischer Prägung existieren. So konstituieren sich nun auch lateinische Erzbistümer und Patriarchate. Dabei streben die weltlichen Herrscher mit Eifer danach, sich die neu gegründeten kirchlichen Einrichtungen zunutze zu machen, während deren Verantwortliche wiederum weltliche Macht und Einfluss suchen.

Die Kreuzfahrer und Pilger benötigen zunächst Unterkunft, Verpflegung und Betreuung. So sprießen neben den Bistümern und Klöstern auch Spitäler und religiöse Vereinigungen aus dem Boden. Gottfried von Bouillon gründet zunächst eine Bruderschaft, die neben der des „Streiters Christi" auch die drei mönchischen Gelübde der Armut, Keuschheit und des Gehorsams übernimmt. Als erste Aufgabe wollen sie die Straße von Jaffa nach Jerusalem militärisch schützen. So entsteht der Hospitaliterorden der Johanniter, dem später der geistliche Ritterorden der Tempelherren und der Orden der Deutschen Ritter folgen.

Auf dem Totenbett bestimmt Gottfried von Bouillon seinen Bruder Baldwin zu seinem Nachfolger, der sich bald darauf zum König von Bethlehem krönen lässt. Ihm folgt sein Vetter Baldwin II. als König von Jerusalem.

Das Gründungsjahr des Templerordens mit *Hugo von Payens* als erstem Großmeister ist vermutlich das Jahr 1118: Neun fromme und gottesfürchtige französische und flämische Ritter bitten dazu Baldwin II. um die Erlaubnis, eine Gemeinschaft gründen zu dürfen, mit der Zielsetzung *„die Pilger vor Dieben und Mördern zu schützen und die öffentlichen Landwege zu überwachen"*. Neben dem Namen Hugo von Payens sind uns Gottfried von Saint-Omer, Andreas von Montbard

(Onkel des Bernhard von Clairvaux), Payen von Mondidier und Archambaud von Saint-Amand namentlich bekannt. Von den restlichen vier Rittern haben sich nur die Vornamen überliefert: Gondemare, Rosal, Godefroy und Geoffroy Bisol. König Baldwin muss die Bitte nicht überrascht haben, die er sogleich gewährt. Auch der Patriarch der Heiligen Stadt billigt diesen Entschluss. Als Unterkunft weist man den Tempelrittern einen Flügel des königlichen Palastes zu, auf dem Hügel, auf dem einst der Tempel Salomons thronte. Später wird ihnen das komplette Grundstück abgetreten. Der Name Tempelritter oder Templer leitet sich davon ab.

Ihr Eid ist uns erhalten geblieben: *„Ich schwöre, meine Rede, meine Kräfte und mein Leben in der Verteidigung des Bekenntnisses des in den Mysterien des Glaubens gegenwärtigen Gottes zu heiligen. Ich gelobe dem Großmeister des Ordens Unterwerfung und Gehorsam. Wenn die Sarazenen in christliches Land einfallen, werde ich übers Meer fahren, um meine Brüder zu befreien. Die Hilfe meines Arms soll der Kirche und den Königen gehören im Kampf gegen die Heidenfürsten ...“* [242]

Innerhalb kurzer Zeit blüht dieser Orden zu einer wirtschaftlichen und politischen Macht ungeahnter Größe auf. Er pflegt sowohl im wissenschaftlichen wie im wirtschaftlichen Bereich den Austausch von Waren und Gedankengut. Andersgläubigen gegenüber verhalten sich die Tempelherren stets tolerant. Kaum eine Organisation geriet jemals in eine größere Legendenbildung. So hält sich auch die Legende, der Orden sei eine geheime Gründung des Patriarchen von Jerusalem und Kaiser *Alexios Comnenos*, die heiligen Stätten *jeder* Gottessuche zu schützen und die wahre esoterische Symbolik des Kreuzes zu bewahren, die von der römischen Kirche im Verbund mit den französischen Königen immer mehr verändert und verfälscht worden sei. Dies sogar bis zur Nutzung der „Kreuzzüge“ gegen Abweichler und Andersgläubige. Diese unheilvolle Verbrüderung soll bereits mit der Taufe des Frankenkönigs Chlodwig seinen Anfang genommen haben.

Abb. 33: Eid der Templer

„Als Zeichen der Anerkennung und der Wertschätzung erhielt der Orden Geld und Schenkungen aller Art. Adelige vermachten ihm Land und Schlösser, einfache Leute gaben Geld, und bald finden wir feste Niederlassungen in England, Schottland, Irland, Portugal, Spanien, Sizilien und im Orient, wo (der Orden auch) mehrere Burgen baute. Neben diesen Einnahmen erzielte der Orden aus dem Bankgeschäft enorme Gewinne. Die Unsicherheit auf den Straßen und die häufigen Überfälle auf Pilger und reisende Kaufleute kamen seinen Geldgeschäften zugute: Er stellte Wechsel aus, welche die Pilger bei ihrer Ankunft präsentieren konnten, um die bei ihrer Abreise hinterlegte Summe zu erhalten, wofür sie dem Orden eine Provision bezahlten ... Die Templer waren neben Kriegern und Geschäftsleuten aber auch Baukünstler, die ihre Kirchen und Festungen eigenhändig errichteten, wie das auch Straßen und Brücken in Spanien, Italien, Frankreich oder England beweisen. Dazu musste der Orden eigene Bauhütten bilden. Die Werkleute waren dabei vom Druck der Vasallendienste der Gemeinde wie dem König gegenüber befreit ... sie genossen Steuerfreiheit, unterlagen nicht dem Zunftzwang und konnten ihren Aufenthalt (nach eigenem Gutdünken) wechseln." [243]

Nachdem die meisten Kreuzfahrer wieder in ihre Heimatländer abgereist sind, verbleiben Baldwin nur zweihundert Ritter und eintausend Soldaten. Der Nachschub wird immer öfters schon in Anatolien abgefangen. In die Lücke stoßen die italienischen Seefahrerstädte, die mit ihren Schiffen bald das Meer und den Handel kontrollieren und die sich bildenden lateinischen Staaten an ihre Stadtstaaten binden. Den Königen im Heiligen Land gelingt es andererseits, ein Netzwerk von Burgen und Befestigungen, den *Kraks,* zwischen Tyros und Damaskus zu errichten und ein Handelsabkommen mit Damaskus abzuschließen. So können die Verbindungswege zwischen den christlichen Staaten von Edessa (einer armenischen Siedlung), Antiochien und dem katholischen Bischofssitz von Al-Bara gesichert werden. 1109 ernennen sie Tripolis zum „vierten Staat der Franken". Im Norden grenzt das neue Königreich an die Bergregion, in der die *Ismaeliten* und *Maroniten* leben, zu denen die Templer gute Beziehungen unterhalten haben sollen.[244] Während nun die Kreuzritter das Weiße Kastell und den großen Krak nördlich von Tripolis errichten, formiert sich auf der Gegenseite der Widerstand der moslemischen Staaten.

Im ständigen Kampf mit ihnen hält sich das Heilige Land nur für kurze Zeit im Besitz des christlichen Königreiches von Jerusalem. In den folgenden einhundertfünfzig Jahren erobern die Sarazenen die Heilige Stadt mehrmals zurück. Der Orden der Templer muss dabei jedes Mal empfindliche Verluste hinnehmen und kann sich nur Dank des aus Europa immer wieder herbeiströmenden Nachschubs der Kreuzritter erholen. Schließlich nehmen die Sarazenen Jerusalem nach mehreren Kreuzzügen und Schlachten im Jahre 1244 endgültig in ihren Besitz. Die Templer werden dabei bis zum letzten Mann niedergemacht. Der Fall der Stadt Akka 1291 besiegelt das Schicksal der Ritter im Orient für immer. Die Ritterorden ziehen sich nun auf ihre Besitzungen auf Zypern, Malta und Rhodos oder auf das europäische Festland zurück.

Während dieser Zeit üben die Assassinen ihr mörderisches Handwerk aus. Vom baldigen Anbruch des Jüngsten Gerichts überzeugt hatte *Sheik Hassan-i Sabbah* diesen Orden aufgebaut. Zwischen Kairo und Samarkand verfügt er über ein Netz von straff organisierten Gefolgsleuten. Dabei kann er sich auf die *Battinis,* seine „Männer des Geheimnisses", verlassen. Rund tausend Jahre später wird ein Landsmann Hassans mit den technischen Möglichkeiten des neuen Zeitalters die Welt in Atem halten ...

Der Kreuzzug gegen die Katharer

Wer seinen Urlaub in Südfrankreich verbringt, der stößt unweigerlich auf die Spuren der Katharer und lernt im Aude und Ariège in den Ruinen ihrer Festungen das Schaudern: auf *Queribus, Peyrepertuse, Puivert, Aguilar* oder *Montségur.* Wie Perlen reihen sie sich entlang dem Katharerpfad, der sich von Port la Nouvelle bis nach Foix entlang den mit Weinstöcken begrünten Hängen der Corbières schlängelt. Ihren Spuren begegnen wir dort auf Schritt und Tritt. Wer aber sind diese vielleicht berühmtesten mittelalterlichen „Ketzer"? Sie selbst nennen sich entweder nur *gute Christen* oder *Gottesfreunde.* Den Begriff Katharer oder manchmal auch Albigenser[245] verwenden die Verhörprotokolle der Inquisition erst später.

Die Religion der Katharer

Heute gehen die meisten Religionswissenschaftler davon aus, dass die Religion der Katharer des 12. Jahrhunderts unter dem Einfluss der um das Jahr 950 von dem Popen Bogomil (Gottesfreund) in Bulgarien verkündeten Lehre stand. Diese breitete sich im 10. und 11. Jahrhundert im Osten in der heutigen Türkei, im Westen über Westmakedonien und Dalmatien nach Bosnien aus, wo sie Ende des 12. Jahrhunderts sogar zur Staatsreligion erhoben wird und erst nach der türkischen Eroberung verschwindet. Wanderprediger tragen sie dann über die Handelsstraßen entlang der von Po, Rhein und Rhone durchflossenen Täler in unser westliches Abendland. 1135 erreicht sie Utrecht, 1145 Toulouse, 1160 Oxford und 1163 Köln. Als diese Strömung 1211 nach Straßburg gelangt, hat sie sich in den provenzalischen Grafschaften Toulouse und Carcassonne bereits in Bistümer organisiert.[246]

Von welcher Lehre fühlt sich aber die katholische Kirche so stark bedroht, dass sie sich im 13. Jahrhundert genötigt sieht, zu einem Kreuzzug gegen diese Ketzer aufzurufen? Die Katharer verstehen sich selbst als Bewahrer der authentischen Botschaft Christi. Ihre Lehre ist eine christliche Erlösungslehre, ihre Interpretation des Neuen Testamentes jedoch mit der der katholischen Kirche unvereinbar. So lehnen sie die sieben Sakramente der Kirche strikt ab und glauben weder an das Jüngste Gericht noch an die Auferstehung von den Toten, sondern an die Wiedergeburt oder die unmittelbare Erlösung. Es gibt für sie auch keine Hölle außerhalb der Welt, in der sie leben.

Die Gnosis der Katharer beinhaltet zwei entgegengesetzte Schöpfungsprinzipien und zwei entgegengesetzte Realitäten: einmal *das Reich* des Geistigen, Unsichtbaren und Unvergänglichen und zum anderen *die Welt* der vergänglichen Materie, die der Zeit unterliegt und der Verderbtheit wie der Zerstörung anheimfallen muss. Für sie kann das Reich des Gottes der Liebe und des Guten keinen Platz für das Böse enthalten. Das Böse ist das Nichtsein des Guten. Das Johannesevangelium sagt in seinem lateinischen Text: *„Omnia per ipsum facta sunt: et sine ipso nihil*[247] *factum est"*, das von der römischen Kirche übersetzt wird als *„durch Ihn* (Gott) *ist alles geschaffen und ohne ihn ist nichts geworden."* Die Katharer übersetzen hingegen: *„Ohne Ihn wurde das Nichts geschaffen."* „Ohne Ihn" bedeutet für sie das „andere" Schöpfungsprinzip, der Herrscher dieser Welt, der Fürst der Finsternis, der die *„Hemden aus Haut"* fertigt, um die „gute Schöpfung" zu zerstören.

Nur über sein spirituelles Ebenbild, die Seele, nimmt der Mensch am Reich des Geistes teil, über seinen Körper jedoch an der Welt der Materie und des Bösen. Die Seele ist als Teilchen der göttlichen Substanz der Welt der *Nicht-Schöpfung* als Gefangene von Materie und Zeit ausgesetzt, wodurch sie ihr wahres Wesen vergessen hat. Die Erlösung aus dieser Gefangenschaft kann nur über die Initiation erreicht werden.

Man glaubt heute, die frühen Kirchenväter wie Origenes könnten am Aufbau dieses Gedankengebäudes des Katharismus nicht ganz unbeteiligt gewesen sein.[248]

Gläubige und Priester

Das Consolament, die spirituelle Taufe durch Handauflegen, ist das einzige Sakrament der Katharer. Nur Erwachsene können es empfangen, denn zu seiner Erteilung bedarf es der freien Zustimmung und des Verständnisses dieses Sakraments, durch das der einfache Gläubige zum Priester, zum „(echten) Christen" wird. Der Name „Vollkommene(r)" (Parfait oder Parfaite, wenn es sich um eine Frau handelt) kommt erst später, wie der ihrer Religion, in den Prozessen der Inquisition in Gebrauch, nämlich der eines *hereticus perfectus*. Der einfache Gläubige empfängt das Consolament erst unmittelbar vor seinem Tode, „um *ein gutes Ende zu* vollbringen." Während seines ganzen Lebens bereitet er sich dafür vor. Vor großen Gefahren jedoch, wie bei der Belagerung von Montségur 1244, legen sie die Verpflichtung „Convenenza" ab, im Fall einer tödlichen Verwundung das *Consolament* zu wünschen. Dieses Sakrament der Weihe kann auch von Gläubigen erworben werden, die sich dazu berufen fühlen, ohne das Ende ihrer Zeit abzuwarten.

Mit ihm muss sich der echte Christ nun dazu verpflichten, fortan sexuelle Enthaltsamkeit zu üben und sich nur mehr von vegetarischen Speisen zu ernähren, die durch ein Gebet vorher gereinigt werden sollen. Für seinen Glauben verspricht er sogar den Tod zu erleiden. Nach einem Noviziat von drei Jahren, in denen man sich in einem „Hause der Vollkommenen" auf die strengen Lebensregeln und das Priesteramt vorbereitet, dürfen diese dann predigen, die Seelsorge ausüben und selbst das Consolament spenden.[249]

Die Endura bedeutet die freiwillige Beendigung des Lebens durch Nahrungsverweigerung oder durch autosuggestive Beeinflussung des Lebenswillens. Nur ein „echter Christ", dessen Lebensaufgabe als erfüllt betrachtet werden kann, darf sich ihrer bedienen, um damit schneller zu den Freuden der ewigen Glückseligkeit zu gelangen.

Die Lage im Languedoc

Ende des 12. Jahrhunderts besteht das Gebiet Okzitaniens nördlich der Pyrenäen aus unabhängigen Grafschaften, die nicht dem Königreich Frankreich unterstehen und deren Sprache, Kultur und politische Einrichtungen sich eng an die nordspanischen Königreiche von Aragón und Kastilien anlehnen. Die Literatur preist die Kultur Okzitaniens als eine harmonische Synthese von römischer und keltischer Tradition. Unter der Herrschaft der Grafen von Toulouse werden Dichtung und Minnesang gepflegt, sowie Philosophie, Griechisch und später auch Arabisch und Hebräisch gelehrt, nachdem über die großen Handelszentren islamisches und jüdisches Gedankengut ins Land gelangt ist. In Lunel und Narbonne lehren einige Schulen auch die jüdische Qabalah.[250] *„Im Unterschied zur römischen Kirche hatte die Kirche der Katharer keine feudalistische Struktur, besaß weder Großgrundbesitz noch säkulare Gewalt, übte weder steuerliche noch soziale Kontrolle auf die arbeitende Bevölkerung aus, erhob keinen Zehnten, noch ließ sie Leibeigene für sich arbeiten. Dies erklärt wohl auch zu einem großen Teil ihren Erfolg. Aber wenn die Vollkommenen auch sehr bescheiden lebten, war ihre Kirche doch sehr reich. Die Erträge der Werkstätten und die Spenden ... haben große Geldvorräte anwachsen lassen. Die Kirche nützte dieses Geld zum Ausbau der Häuser und brachte es wieder in Umlauf, indem sie es gegen Zins verlieh."*[251]

Der Genozid

Diese „revolutionären Ideen" stehen in völligem Gegensatz zum Denken der römischen Kirche und bedrohen auch die politische Gesellschaftsordnung. Deshalb sind sich Kirche und französische Krone einig, den Kampf gegen diese Abtrünnigen mit äußerster Härte durchzuführen. Zu dieser Zeit liegt die Inquisition, d. h. Aufspürung, Untersuchung und Überführung von Häretikern, noch in den Händen der Bischöfe.

Um den Ketzerherd zu zerstören, vereinigt sich nun die Kirche mit den nordfranzösischen Königen aus dem Hause der Kapetinger, wobei für letztere die Verteidigung des wahren Glaubens wohl nur als Vorwand dient; denn ihr Führer, *Simon von Montfort*, muss sich später den Vorwurf gefallen lassen, sein Kampf gegen die Albigenser habe einzig eigenen Eroberungsplänen gedient. Neun Jahre lang legen die Barone aus dem Norden das Land in Blut und Asche. Im Jahr 1209 fällt das dreißigtausend Mann starke Heer im Languedoc ein und verwüstet die gesamte Region. Die Ernten werden vernichtet, Dörfer und Städte dem Erdboden gleichgemacht und ein Großteil der Bevölkerung umgebracht. Nach Béziers, wo man allein fünfzehntausend Männer, Frauen und Kinder niedermetzelt, folgen Perpignan, Narbonne, Carcassonne und Toulouse.[252] Als Anlass zu diesem militärischen Einschreiten reicht die Ermordung des päpstlichen Legaten *Peter von Castelnau* durch einen Gefolgsmann des Grafen Raimund VI. von Toulouse, nachdem Rom über diesen den Kirchenbann verhängt hat. Die Anweisung von Papst Innozenz III., das beschlossene Vorgehen solle ausschließlich den Ketzern gelten (und nicht der Bevölkerung), verhallt ungehört und die Gräueltaten enden erst, nachdem Simon von Montfort bei der Belagerung von Toulouse tödlich verwundet wird.

Ähnlich wie bei den Kreuzzügen ins Heilige Land erhalten auch die Teilnehmer im Kampf gegen die Katharer die Vergebung aller ihrer Sünden zugesagt. Später kann man sich den Ablass bereits mit der bloßen Anwesenheit an einer der Werbungspredigten verdienen.[253]

Aber der Kreuzzug geht mit dem Tod des Simon von Montfort noch nicht zu Ende. Er zieht sich vielmehr über drei Jahrzehnte hin. Noch befindet sich das Symbol des Katharertums, der heilige Berg Montségur, in der Hand der Ketzer. Im Mai 1243 schlägt ein zehntausend Mann starkes Heer sein Lager um den heiligen Poc (Burgberg) von Montségur auf, wo sich das letzte Aufgebot der Katharer und ihrer Helfer verschanzt hält. Über ein Jahr dauert die nun einsetzende Belagerung. Die Burg, an drei Seiten von steil abfallenden Felswänden geschützt, ist praktisch uneinnehmbar. Vor jedem Posten erheben sich Steilhänge, die den Burgbewohnern Chancen zu Überraschungsangriffen bieten. Nur an wenigen Stellen gibt es Zugangsmöglichkeiten, die von den Belagerten benutzt werden, um den Kontakt mit der Außenwelt aufrecht zu erhalten. Auf dem Poc ist der katharische Bischof Bertrand unbestrittener Herr der Lage. Die Verteidigung leitet *Pierre-Roger de Mirepoix*, der selbst den Katharern nicht angehört. Er befehligt etwa zweihundert Ritter und Krieger, zusammen mit den zweihundert Croyants und hundert Parfaits etwa fünfhundert Belagerte. Die Burg verfügt über genügend Wasservorräte und Nahrungsmittel, so dass die Belagerer nach sechs Monaten immer noch keinen Fortschritt verzeichnen können. Sie beschließen deshalb Kriegsmaschinen einzusetzen. Die Experten heuert man aus dem Baskenland an. Im Dezember 1243

Abb. 34: Poc de Montségur

erklettert eine Gruppe nachts die Steilhänge im Süden und setzt sich dort auf einem Felsvorsprung fest. Hier werden die Wurfmaschinen aufgebaut, die mit sechzig bis achtzig Pfund schweren Steinkugeln ihr zerstörerisches Werk beginnen. Bischof Bertrand verfügt indessen, den Katharerschatz in Sicherheit zu bringen. Am 1. März 1244 kommt es zu ersten Übergabeverhandlungen. Man lässt den Belagerten fünfzehn Tage Bedenkzeit (über die bis heute gerätselt wird). In der Nacht vor der Übergabe gelingt vier Parfaits die Flucht; sie seilen sich über die Westwand ab. Auch diese Flucht löst später weitere Spekulationen aus. Am 16. März 1244 verlassen die Bewohner von Montségur den Poc, bis auf zweihundertundfünf Ketzer, die sich weigern, ihren Glauben zu widerrufen. Sie werden auf dem Scheiterhaufen verbrannt, den man unverzüglich am Fuß des Felsens errichtet. Heute erinnert ein schlichtes Denkmal auf dem Prat del Cramats an das Schicksal dieser Märtyrer.

Die Tradition der Katharer versinkt in den Untergrund. Ihre Lehren werden von den Mysterienschulen absorbiert.

Das Rätsel des Templerordens liegt nicht im Reichtum seiner Tresore begründet und auch nicht in dem der Untersuchungen über ihn und die möglicherweise von ihm besessenen Kenntnisse, sondern allein im Verständnis der Erleuchtung und der ihm von Gott übertragenen Offenbarungen.

Alain Desgris[254]

Gegen den Templerorden

Die Anfänge des Templerordens und seine Entwicklung im 11. und 12. Jahrhundert streiften wir bereits kurz im Abschnitt über die Kreuzzüge. Im 13. Jahrhundert zählte der mächtig gewordene Templerorden rund fünfzehntausend Mitglieder und verfügte im gesamten Abendland über Schlösser und Ländereien, zahlreiche Bankenvorläufer mit einem unermesslichen Vermögen und einer eigenen Flotte. Er musste deshalb ein Dorn im Auge der nach Geltung und Macht strebenden kirchlichen und weltlichen Fürsten sein.

Währenddessen hatte sich in Frankreich die finanzielle Lage zusehends verschlechtert, so dass der französische König Philipp IV. (1285 - 1314), der Schöne, die Geldausfuhr verbieten und sowohl dem Klerus wie dem Volk die Entrichtung von besonderen Abgaben verordnen musste. Bei den Templern war er zudem hoch verschuldet. Auf dem Throne Petri saß zu dieser Zeit Bertrand de Got als Papst *Clemens V.* (1305 - 14), erster von sieben französischen Päpsten, die in Avignon residierten, während zur gleichen Zeit in Rom Gegenpäpste[255] regierten. Lange hatte er zwar versucht, sich dem Ränkespiel Philipps des Schönen zu entziehen, fühlte sich jedoch zu schwach, um sich ihm gegenüber letztendlich behaupten zu können; zumal auch die Mehrheit des Kardinalskollegiums aus Franzosen bestand, welche die Kurie zu einem willenlosen Werkzeug des französischen Königs machten.

Am 13. Oktober 1307 war es dann soweit: Philipp der Schöne lässt alle Tempelherren in seinem Territorium (an die zweitausend) verhaften. Unter der Folter zwingt man ihnen ihre „Geständnisse" ab, Christus verleugnet, das Kreuz bespien und einen Teufel namens Baphomet verehrt zu haben. Papst Clemens, der die Pläne des Königs durchschaut, weigert sich, trotz ständigen Drucks, gegen den Orden vorzugehen, wagt es aber auch nicht, sich vor die Templer zu stellen. Möglicherweise verunsicherten ihn auch ihre seltsamen Geständnisse. Kurz vor Verkündigung der Todesurteile hebt er dann doch auf dem Verwaltungsweg den Orden auf, der seine Existenzberechtigung verloren habe, da auf seinen Mitgliedern die Schuld der Häresie laste. Dieses Verfahren war notwendig geworden, weil sich auf dem Konzil von Vienne (1311/12) vier Fünftel der Bischöfe gegen die Aufhebung ausgesprochen hatten. Dies bewahrte den Papst davor, den angeklagten Tempelrittern eine ordentliche Verteidigung gewähren zu müssen, was den *„starken Ingrimm" des*

Königs zur Folge gehabt hätte.[256] Auf Anordnung des Konzils von Paris werden am 12. Mai 1310 die ersten Hinrichtungen vollstreckt: Neunundfünfzig Templer verbrennen bei lebendigem Leibe auf dem Scheiterhaufen.[257]

Es folgt eine Hetzjagd auf alle Mitglieder des Templerordens, die sich aber größtenteils nur auf Frankreich beschränkt. Einigen französischen Templern muss es jedoch gelungen sein, dieser Verfolgung zu entrinnen, wie dem Großmeister der Auvergne, Pierre d'Aumont, der zusammen mit zwei Kommandeuren und fünf Rittern, als Maurer verkleidet nach Schottland entkommen und dort von König Robert Bruce freundlich aufgenommen worden sein soll. Dies möchten verschiedene Kreise gern mit der Gründung der ersten Freimaurerlogen in Schottland im 15. und 16. Jahrhundert in Zusammenhang gebracht sehen.

Mutigen Protektoren des Templerordens gelingt es zwar, die „Templerfrage" auf zahlreichen Konzilien in Italien, Frankreich und Spanien vorzulegen. Die gesamten Hintergründe der langen Prozessreihe sind bisher noch nicht voll aufgeklärt worden. Anscheinend wird der Orden 1312 aufgelöst. Den Großmeister des Ordens, Jacques de Molay, und den Präzeptor der Normandie, Geoffroy de Charmay, ereilt das gleiche Schicksal wie zwei Jahre zuvor ihren neunundfünfzig Mitbrüdern: Am 18. März 1314 findet die Urteilsvollstreckung auf der Ile des Javiaus, einer der drei kleinen Inseln in der Seine statt, die heute mit der Ile de la Cité verbunden sind, nicht weit von der Kathedrale Notre Dame entfernt. Eine schlichte Plakette erinnert an der Pont Neuf an die ruchlosen Taten König Philipps. Mit seinen letzten Worten soll Jacques de Molay König und Papst vor das himmlische Gericht zitiert haben:

Abb. 35: Tempelritter, Ritter der Rose

„Ich sterbe unschuldig, aber ich rufe innerhalb eines Jahres den Kaiser und den Papst vor Gottes Gericht; und der letzte Nachfahre von Philipp dem Schönen wird auf diesem Platz durch einen Templer sterben." [258, 259]

Wie der Historiker Konrad Schottmüller nachweisen konnte, hat die Kanzlei Philipp des Schönen für diesen politischen Schachzug sowohl päpstliche Bullen und Briefe wie Geständnisse von Templern und Einvernahmeprotokolle gefälscht und umdatiert.[260]

Abb. 36: Pariser Tempelbezirk

Nun beginnt der Kampf um das heißbegehrte Erbe – einer der Gründe für das ganze Verfahren. Fast scheint es so, als ob der Papst den Sieg davontragen könnte, denn das große Vermögen wird dem Orden der Hospitaliter oder Johanniter zugesprochen. Doch Philipp der Schöne kontert mit seiner Prozesskostenrechnung, die vorher abzuziehen sei. Sie entspricht dem Gesamtvermögen der Templer, Grund und Festungsbesitz inbegriffen.[261, 262]

Unter den wenigen Bauten der Templer, die bis heute überdauert haben, ragt in England – neben den sogenannten kleinen Feldlagern in Bristol, Bath und York – der Tempelbezirk (Temple Bar) im Westen der Londoner City heraus. Diesen verborgenen Schatz sollte sich kein mystisch gesinnter Besucher Londons entgehen lassen. Das große Feuer von 1666 hat er wie ein Wunder überstanden, nicht so den Angriff deutscher Bomber am 10. Mai 1941. Im Jahre 1184 errichtet, untersteht er heute den beiden „gelehrten und ehrenwerten Gesellschaften dieses Hauses" (der Gerichtsbarkeit), dem neben den vier „Inns of Court" auch der „Inner Temple" und „Middle Temple" angehören. Hier befand sich bis zur Mitte des 17. Jahrhunderts das Zentrum des Templerordens auf englischem Boden und vermutlich nicht nur für die Britischen Inseln.

Über das Londoner Zentrum mit seinen Wohnstätten und Archiven sowie seinen Ausbildungs- und Versammlungshallen wirkte der Orden in seinen sichtbaren Anliegen. Seine berühmte Rundkirche untersteht bis heute keinem Bistum und keiner Pfarrei, sondern unmittelbar der englischen Krone. Die Templer bauten sie der Kirche des Heiligen Grabes nach und konsekrierten sie am 10. Februar 1185 „zu Ehren der gebenedeiten Jungfrau Maria des Patriarchen von Jerusalem, Heraklion". An dieser Zeremonie soll auch *König Heinrich II.* (1154 - 89) zugegen gewesen sein. In zwei Gruppen liegen lebensgroße Statuen von Tempelrittern in seiner Mitte, einige davon mit gekreuzten Beinen. In den rundum angeordneten Arkaden findet sich auch ein Kompendium wundersamer Symbole aus allen templerischen Ordensprovinzen; einige der dargestellten Pflanzen und Früchte sollten eigentlich vor der „Entdeckung“ des Neuen Kontinents nicht bekannt gewesen sein;[263] daneben finden sich auch solche Symbole, die in den Templerprozessen gegen den Orden verwendet wurden.

Die exoterischen Aufgaben des Templerordens wurden nach dessen Auflösung anderen Orden zuerkannt, wie dem »Christusorden« in Portugal, dem auch *Heinrich der Seefahrer* (1304 - 1460) angehörte. Die geistigen Aufgaben der Tempelherren übernahmen andere Orden, teils in alter Gewandung, teils in neuerer Form. Auch glaubte eine Vielzahl von Orden in den letzten beiden Jahrhunderten mit ihren Riten an die templerische Tradition anknüpfen zu können, wie das *Clermontsche System*, die »Strikte Observanz der Templer« oder der »Orientalische Templerorden«, um nur einige zu nennen. Der Ritterorden der frühen Martinisten – der »Ordre des Chevaliers Maçons Elus Coëns de l'Univers« – strebte hingegen nur ein „magisches Priesteramt“ an, wenn auch sein wohl prominentestes Mitglied, *Louis-Claude de St. Martin*, des öfteren im Londoner Tempelbezirk angetroffen wurde. Ihnen allen werden wir im 2. Band begegnen. Ein Großteil all dieser und anderer Organisationen, die Namen und geistiges Erbe des Templerordens beanspruchen, sind dazu wohl nicht legitimiert und verwalten so auch wenig mehr als nur eine leere Hülle.

Die Vertreibung der Mauren und Juden aus Spanien

Wie die meisten Länder im Mittelalter so war auch Spanien noch kein Nationalstaat und die katholischen Könige herrschten über die beiden christlichen Königreiche von Kastilien und Aragón. Neben ihnen war die Iberische Halbinsel noch zwischen Portugal im Westen und den immer weiter zurückgedrängten muslimischen Ländern der Mauren im Süden aufgeteilt. Am 19. Oktober 1496 heirateten die Prinzessin Isabella von Kastilien und Prinz Ferdinand von Aragón, wobei sich beide Reiche zusammenschlossen.

In der *Reconquista* (Rückeroberung) versuchten nun die katholischen Könige die christliche Herrschaft allmählich auf alle Gebiete auszudehnen, die seit dem 8. Jahrhundert von den Muselmanen beherrscht wurden. Zunächst bezog sich dies nur auf die weltliche Herrschaft, denn der enge Kontakt zwischen Christen, Juden und Mauren hatte zu einer gemeinsamen Kultur und zu gegenseitigem Respekt dieser drei Religionsgemeinschaften geführt, auf die das mittelalterliche Spanien stolz sein konnte. So glaubte *Ferdinand III. von Kastilien* (1230 - 1252) sich mit Recht „König der drei Religionen“ nennen zu dürfen; aber Egoismus, Stolz und Missgunst bereiteten diesem über fünf Jahrhunderte währenden, zumeist friedvollen und sich gegenseitig befruchtenden Miteinanderleben dreier Kulturen ein jähes Ende.

Die Gründe sind folgende: Die Juden hatten sich immer mehr des Handels und Geldverkehrs in den Städten bemächtigt. Die alten Stände wollten sich aber mit dem wachsenden Einfluss dieser Gruppierung nicht mehr abfinden. Der feudalistische Adel, dem 97% des Bodens gehörte, empfand die Vorherrschaft dieser fremden Bevölkerungsschicht sogar als bedrohlich. So waren beide darauf bedacht, die Juden auszuschalten. Vor allem in Kastilien hielten Juden Schlüsselstellungen im Staat inne, als Minister, königliche Ratgeber, Pächter von Staatseinkünften, Geldgeber für Feldzüge und als Hausmeister auf den Gütern der Krone und des Hochadels.[264]

Mit der Reconquista hatte sich aber die tolerante Haltung gegenüber Andersgläubigen geändert. Immer öfter wurden Pogrome (systematische Ausschreitungen) gegen die jüdische Bevölkerung angezettelt. In einzelnen Regionen gingen die Behörden später dazu über, jüdische Untertanen zwangsweise zu taufen. Diese sogenannten „Conversos" (Konvertierte) trugen ihr Christentum deshalb meist nur nach außenhin als Maske, während sie in ihrem Familienverband zum größten Teil ihren jüdischen Traditionen treu blieben. Bis Mitte des 15. Jahrhunderts vermehrten sich die Familien der Conversos in Kastilien derart, dass sie, wie erwähnt, eine Herausforderung für die alte Aristokratie darstellten. Auch in Aragón hielten sie die Hälfte aller wichtigen Posten am Königshof besetzt. Obgleich die Conversos nach ihrem offiziellen Bekenntnis keine Juden mehr waren, traf sie doch bald die volle Härte des *Antisemitismus*. Von Toledo aus ergingen die ersten restriktiven Vorschriften, die den Conversos die Übernahme öffentlicher Ämter verwehrten. Sogenannte „Blutreinigungs-Vorschriften" forderten von allen, die in den Staatsdienst eintreten oder die heiraten wollten, den Nachweis, dass in ihren Adern kein jüdisches Blut flöße, was zu Fälschungen der Ahnenreihe, vor allem bei Adeligen führte. Um gegenüber den altchristlichen Kreisen nicht ins Abseits gedrängt zu werden, artete gerade in diesen Kreisen die Agitation gegenüber Juden und Conversos besonders heftig aus.

In der Reconquista hatten die Christen 1187 Zaragoza zurückerobert, 1236 folgte Córdoba und 1238 Valencia. 1248 ergibt sich Sevilla als vorläufig letztes Bollwerk des maurischen Widerstandes in Andalusien. Das maurische Königreich von Granada konnte sich jedoch noch weitere zwei Jahrhunderte halten; der listige Nasridenfürst *Muhammad Ibn Ahmar* (1232 -1273) unterstellte sein Königreich dem Schutz *König Ferdinands III.* (1217 -1252), der ihn zu seinem Vasallen machte. Dafür musste er jährlich einen Tribut an Kastilien zahlen und ihm auch bei den Eroberungen in Andalusien mit Waffen beistehen.

Die Hochzeit der katholischen Könige am 19. Oktober 1469 hatte nun das christliche Spanien vereinigt und das Schicksal Granadas, dieser letzten nicht-christlichen Bastion auf iberischem Boden besiegelt. Ihre Reconquista begann 1482 mit der Eroberung von Alhama, einer kleinen Stadt im Südwesten des Königreiches und endete im Januar 1492 mit der Kapitulation Granadas. Die Umzingelung der Stadt durch ein achtzigtausend Mann starkes Heer der katholischen Könige hungerte deren Bewohner aus. Dadurch konnte Granada den Christen unzerstört übergeben werden. Die katholischen Könige gewährten dem letzten moslemischen Herrscher *Abû'Abdi-Llâh* (Boabdil) großzügige Kapitulationsbedingungen. Sie enthielten u. a. die Klausel, dass die Mauren als freie Untertanen der Krone ihre eigene Religion unbehindert ausüben dürften; daran erinnerte man sich allerdings nur für wenige Jahre, nämlich bis der neue Erzbischof von Toledo *Jiménez de Cisneros* seine Vorstellungen durchsetzen konnte. Schon 1499 ordnete er das Verbrennen aller arabischen Schriften an. Auch dem Adel gelang es, seine Forderungen einzubringen: Mit Ausnahme weniger Gebiete im Osten Granadas, die man andalusischen Bauern zuteilte, erwarb der Adel das ganze soeben eroberte Königreich mit der Auflage, die erworbenen Gebiete mit Christen neu zu besiedeln.[265]

Nach der Vertreibung der Mauren aus Granada entwickelten sich die weiteren Ereignisse mit unerbittlicher Zwangsläufigkeit: Bereits am 31. Mai 1492 wurde ein Vertreibungsedikt erlassen, das den Juden Zeit gab, sich bis zum 31. Juli taufen zu lassen. Anderenfalls sollten sie das Land verlassen. Dem folgten hundertfünfzigtausend Juden, während fünfzigtausend den christlichen Glauben annahmen. Der Exodus von hundertfünfzigtausend Juden bedeutete auch die Zerstörung eines großen Zentrums jüdischer Geistigkeit, das das jüdische Gedankengut stark beeinflusst hatte; solche Vertreibungen blieben im christlichen Abendland keine Ausnahme. Unter den verschiedensten Begründungen, aus religiösem oder rassistischem Fanatismus oder schlichtweg aus Habgier vertrieb man sie schon länger aus fast allen Ländern Europas.

1502 bestimmte Königin *Isabella von Kastilien* mittels königlichem Erlass, dass auch alle in ihrem Königreich ansässigen Moslems zwischen Taufe und Vertreibung zu wählen hätten. Im Nachbarkönigreich Aragón entschied sich von ungefähr einer Million Moslems die Mehrheit für die Taufe, während dreihunderttausend auswanderten. Die getauften Moslems, die *Morisken,* litten jedoch auch weiterhin unter der Ablehnung der christlichen Bevölkerung und versuchten in verzweifelten Aufständen ihre Gleichstellung zu erzwingen.

Was nun die Juden betraf, so wanderten viele der Sepharden in den Nahen Osten aus. Ein Teil davon zog in das damals osmanische Saloniki, wo ein bedeutendes jüdisches Zentrum entstand. Ein anderer Teil siedelte sich in der galiläischen Stadt Safed an, wo ein Zentrum der Kabbalistik entstand, von dem aus im Laufe der kommenden vierhundert Jahre zahlreiche mystische Bewegungen ausgelöst wurden.[266]

Die meisten spanischen Juden flohen aber in das Nachbarland Portugal, wo sie König João II. freundlich aufnahm. Sein Nachfolger Manuel wählte indes eine Tochter König Ferdinands zur Gattin und musste als Morgengabe dafür sein Land „judenfrei“ machen. Es wiederholte sich die spanische Tragödie und die sephardischen Juden zogen weiter in die Niederlande und später in die protestantischen Staaten des deutschen Reiches. Dort mussten die Conversos allerdings herausfinden, dass sie als getaufte Katholiken nicht angesehener waren, als die dort bereits ansässigen aschkenasischen Juden.

Von dem wirtschaftlichen Aderlass des Großteils der städtischen Mittelschicht und der Kaufleute sollte sich Spanien allerdings bis in unsere Tage nicht mehr erholen: Mit dem Verschwinden der Juden und der Verfolgung der Conversos glitten die Geldgeschäfte alsbald in die Hände ausländischer Händler (zunächst Genuesen) und Bänker, die den Handel später zu ihrem Monopol umgestalteten. Nach den Genuesen drängten weitere Italiener und dann Deutsche ins Geschäft, das reiche Spanien blutete aus. Im 17. Jahrhundert stoßen wir auf Äußerungen spanischer Schriftsteller, dass der wachsende Reichtum von Ländern wie Holland größtenteils der Hilfe durch jüdisches, aus Spanien nach Amsterdam fließendes Kapital zu verdanken sei. Später gibt man sogar der „internationalen jüdischen Verschwörung" die Schuld am Niedergang Spaniens und dem Triumph seiner Feinde ...[267]

An dieser Stelle sei ein kleiner Rückgriff auf Ramón Llull[268] erlaubt: Als hätte er das Szenario von 1492, die Unterwerfung und spätere Vertreibung aller nicht „Rechtgläubigen", vorausgeahnt, so behandelt er gerade die Thematik, die der Vertreibung vorausgeht, in seiner Parabel VOM HEIDEN UND DEN DREI WEISEN.

Die spanische Inquisition

Das Edikt von 1492 hat das Judenproblem in Spanien also nicht gelöst. War doch ein großer Teil dieser Bevölkerungsschicht im Lande verblieben und hatte sich „freiwillig" taufen lassen. Später kehrten andere ausgeplündert und besitzlos wieder zurück. Sie wollen sich lieber in ihrer angestammten Heimat mit der Zwangstaufe abfinden, als in der Fremde heimat- und besitzlos zu sterben. Der Konflikt setzt sich somit unter neuen Formen fort.

Nachdem es über die Jahrhunderte vielen jüdischen Familien gelungen war, durch Einheirat in die Kreise des Adels einzudringen, überreicht Kardinal *Francisco de Mendoza y Bobadilla* König Philipp II. (1527 - 1598) ein Memorandum[269], das beweisen soll, der gesamte spanische Adel sei praktisch jüdischer Herkunft. Wenn die Angaben darin auch sicherlich überzeichnet sind, so zeigen sie doch den tendenziellen Sachverhalt auf. Dies gilt nicht nur für den weltlichen Adel, sondern auch für viele der höchsten geistlichen Würdenträger Kastiliens: So bezeichnenderweise für den Kardinal *Juan de Torquemada* und seinen Neffen, den späteren Großinquisitor *Tomás de Torquemada*. Ist es da verwunderlich, wenn Bedenken geäußert wurden, der Zirkel der Würdenträger jüdischer Herkunft reiche bis in die höchsten kirchlichen Ämter des Vatikan hinein?[270] Einem durchaus glaubwürdigen Bericht aus der Mitte des 16. Jahrhunderts zufolge entstammte die Mehrzahl der in Rom ansässigen spanischen Geistlichen, die dort kirchliche Sonderstellungen anstrebten, ebenfalls jüdischen Kreisen. Einer langen Tradition folgend, gaben doch viele Familien von Conversos ihre Söhne und Töchter in die Obhut der Kirche, um sie in religiösen Orden erziehen zu lassen, da der geistliche Beruf ihnen später leichtere Aufstiegsmöglichkeiten bot. So mag es uns auch nicht in Erstaunen versetzen, wenn wir hören, dass die Mystiker *Juan de Avila* (Johannes vom hl. Kreuz) und die heilige *Teresa von Avila* aus Conversos-Familien stammten. Auch geht man davon aus, dass ohne das Geld der Conversos die erste Reise des Kolumbus nicht hätte stattfinden können: Die Conversos Luis de Santangel und Gabriel Sánchez finanzierten diese Reise. Juden und Conversos bildeten auch einen Teil der Besatzung der drei Karavellen und es ist durchaus möglich, dass sogar der „Genuese" Kolumbus ursprünglich aus einer katalonischen Familie von Conversos stammte.[271]

Zu Beginn des Kreuzzuges gegen die Katharer unterstand, wie schon erwähnt, die Inquisition der Ketzer noch der bischöflichen Jurisdiktion. Viele Adelige betrachteten allerdings das Durchsetzungsvermögen der Bischöfe als zu schwach und gedachten, diese Aufgabe lieber einer dem Papst direkt unterstellten Einrichtung zuzuordnen. So wurde, auf ihr Betreiben hin, – durch päpstliche Bulle – am 1. November 1478 das Inquisitionsgericht in Kastilien eingerichtet, wie es heißt, um die Ernsthaftigkeit des Religionswechsels der Conversos zu untersuchen. Mit dieser Aufgabe betraute man, wie schon früher in Aragón (1232), den Dominikanerorden. Diesmal handelte es sich jedoch um ein Instrument der weltlichen und kirchlichen Aristokratie, die damit ihre Vorherrschaft im Lande zu festigen suchte. Es sollte aber auch jeder ausländische Einfluss – vor allem die Idee einer Reformation – sowie alles, was sich an Neuem regte, von vornherein im Keim erstickt werden. Damit nabelte sich Spanien vom geistigen Leben Europas ab, um sich bedingungslos den Dogmen der Kirche und den eigennützigen Idealen der Aristokratie zu unterwerfen.[272]

Abb.37: Ketzerverbrennung nach einem „Auto de Fe"

Weshalb sich allerdings die katholischen Könige mit der Einsetzung der ersten Großinquisitoren fast zwei

Jahre Zeit ließen, nämlich bis zum 27. September 1480, bleibt bis heute ungeklärt. Die Inquisition hatte zunächst nur über getaufte Christen zu urteilen und richtete sich deshalb anfänglich ausschließlich gegen die jüdischen Conversos. Sie verursachte damit einen Exodus von viertausend andalusischen Familien. Später weiteten sich ihre Aktivitäten auch auf moslemische Conversos und andere „Ketzer" wie Protestanten und Humanisten aus. Jede Verleugnung der päpstlichen Autorität und ihrer offiziellen Lehre wurde als Abfall von Gott und seiner Kirche geahndet. Einzig denkbare Strafe dafür konnte nur der Tod auf dem Scheiterhaufen sein.

Die Inquisition im Deutschen Reich

Wie in Spanien, so musste auch bei uns mit der Einführung der Inquisitionsgerichte das Prozessrecht verändert werden. Der Prozessablauf soll nur noch schriftlich und geheim abgewickelt werden. Nachdem Papst Gregor IX. *Konrad von Marburg* zum Generalinquisitor für den gesamten deutschsprachigen Raum ernannt hat, führt man auch bei uns allgemein die Folter ein. Im Ergebnis erzwangen sie damit jedoch nur ein fragwürdiges Geständnis. Wie in Spanien, so konnte auch hierzulande ein Inquisitor der Unterstützung von Gerichten und Behörden sicher sein, denn sie erhielten die Hälfte des von den verurteilten Ketzern eingezogenen Vermögens. Die andere Hälfte durfte der Inquisitor zugunsten weiterer Ketzerverfolgungen selbst in Anspruch nehmen. Die Finanzierung des Systems war damit gesichert. Das Verlangen, Adelige und angesehene Bürger ohne Standesunterschiede vor Gericht zu zwingen, wurde dem – im Gegensatz zu seinen Amtskollegen – völlig asketisch lebenden Mönch Konrad von Marburg allerdings zum Verhängnis: Im Jahre 1233 fand man ihn erschlagen in der Nähe von Marburg …

Nachdem sich deutsche Bischöfe – unter dem Druck der öffentlichen Meinung – gegen die Mönchsinquisition ausgesprochen hatten, versandeten die Exzesse für die nächsten zweihundertfünfzig Jahre bis zum Erscheinen der „Hexenbulle" SUMMIS DESIDERANTES AFFECTIBUS unter Papst Innozenz VIII (1484 - 92).

Die Hexenprozesse

Der Hexenwahn mit seinen unmenschlichen Auswüchsen ist keine exklusive Erfindung des Mittelalters. Hexenprozesse lassen sich schon im mosaischen Gesetz, im Römischen Reich und unter Karl dem Großen nachweisen, der in seiner Gesetzgebung nachdrücklich dem Unwesen zu Leibe rücken wollte. Doch das Christentum stachelt eine Phobie an, der nach neueren Schätzungen mehrere Millionen zumeist unschuldiger Menschen zum Opfer fallen. Der Wahn beschränkt sich dabei auch nicht nur auf katholische Länder. In den calvinistischen Hochburgen geht es noch wesentlich dramatischer zu. Dabei wäre es doch Aufgabe des Christentums, den Hexenwahn zu verhindern. Stattdessen setzt es die Hexenprozesse als eines seiner unmenschlichsten Mittel selbstsüchtig ein oder duldet sie zumindest. Erst seit die Kirche die Realität des Hexenwesens in ihren Glaubenskodex aufgenommen hat, ist dieser Tatbestand überhaupt strafbar. Bis zum 13. Jahrhundert fällt nur der Aberglaube daran unter das Kirchenrecht.

1474 wird dem Dominikaner *Heinrich Institoris* das Amt eines Inquisitors für Deutschland übertragen, mit der Weisung, *„es überall da auszuüben, wo kein anderer Inquisitor tätig ist, oder wo es ihm beliebt.“* Für die Erzbistümer Köln, Mainz und Trier ernennt man 1481 den Dominikaner *Jakob Sprenger* zum Inquisitor. Beide tun sich zusammen und berichten dem Papst *Innozenz VIII.*, von einigen der von ihnen gefolterten Frauen über die Existenz einer „riesigen Ketzersekte“ in Deutschland informiert worden zu sein. Als Antwort darauf beklagt die „Hexenbulle“: SUMMIS DESIDERANTES AFFECTIBUS, dass *„in einigen Teilen Oberdeutschlands und ebenso in den Diözesen und Provinzen von Mainz, Köln, Trier, Salzburg und Bremen eine große Anzahl von Personen beiderlei Geschlechts ... mit dem Teufel Unzucht treiben und mit ihren Zaubersprüchen und Beschwörungen und anderen abscheulichen Hexenkünsten ... die Saaten der Felder ... und die Früchte der Bäume zugrunde richten, Mensch und Tier mit entsetzlichen ... Qualen peinigen, sowie das eheliche Zusammensein der Männer und Frauen sowie die Empfängnis verhindern.“*

Mit ihrem als Anleitungsbuch zur Hexenverfolgung verfassten MALLEUS MALEFICARUM, dem HEXENHAMMER, erreichen Institoris und Sprenger, dass ihnen *Kaiser Maximilian* in einer Urkunde Schutz und in der Bulle Unterstützung verheißt. In der Druckausgabe stellen sie dieses Dokument dem Hexenhammer voran und erwecken so den Eindruck, die kaiserliche Unterstützung bezöge sich auf ihre Schrift. Auch liegt dem Hexenhammer ein Gutachten der Universität Köln bei, das die strafrechtlichen Ausführungen von den Kölner Theologen abgesegnet erscheinen lässt. Die Erklärung ist nachweisbar eine Fälschung. *„Dieses Werk sollte das verruchteste ... und dennoch unheilvollste Buch der Weltliteratur werden, denn es schuf die Grundlagen für das Entstehen eines bis zur Massenhysterie gesteigerten Verfolgungswahnes, dem Millionen von Menschen zum Opfer fielen.“* Es beinhaltet die komplette theoretische Begründung des Hexenwesens. Seine ungeheuerliche Verbreitung verdankt der Hexenhammer der Erfindung Gutenbergs. Besondere Bedeutung erlangt darin sein speziell den Juristen gewidmeter dritter Teil über die Ausrottungsmöglichkeiten der Hexen, der sich zum *Gebrauchskommentar der Richter und Schöffen* entwickelt. Juristisch-theologische Werke kommen bis weit ins 18. Jahrhundert an den Ausführungen des Hexenhammers nicht vorbei, weil die beiden Dominikaner in bewundernswerter Sisyphusarbeit nahezu alles zusammengetragen haben, was dem Zwecke der Hexenverfolgung dienlich erscheint.[273]

Der Wahn trifft besonders die Frauen, da diese doch *„seit Evas Sündenfall für die Verführungen des Teufels weitaus anfälliger sind, als der Mann.“* Ein abstoßendes

Äußeres gilt allgemein als Markenzeichen einer Hexe. Dabei geraten unverheiratete Frauen von vorneherein in Verdacht. Gerade sie stellen nach den Kriegen zahlenmäßig einen überproportionalen Bevölkerungsanteil. Unter ihnen bilden die Amfrauen (Hebammen) eine besonders gefährdete Berufsgruppe. Bereits bei ihrer Berufszulassung müssen sie den Eid ablegen, ihre Arbeit „one aberglaub und zauberey" zu leisten. Sie sind auch geradezu prädestiniert, einen unentbehrlichen Bestandteil der *Hexensalbe* beschaffen zu können: nämlich ein neugeborenes, möglichst ungetauftes Kind. Deshalb wird später vielfach dieser ganze Berufszweig mit den Hexen gleichgesetzt.

Die Hexensalbe mit ihren diversen Bestandteilen psychotroper Pflanzenextrakte dient vielerlei Zwecken: Unter die Achseln gestrichen, als Räucherung oder Getränk vermittelt sie einen Rausch der Sinne, u. a. wohl die häufig erwähnte Flugerfahrung durch Zeit und Raum; auch macht sie unempfindlich gegen die Schmerzen der Folter. Finden die Hexenjäger bei ihrer Suche ein Gefäß mit nicht definierbarem Inhalt, so sehen sie darin allein schon ein starkes Indiz für die Hexentätigkeit seines Besitzers, das die Anwendung der Folter rechtfertigt.

Im Hexenhammer werden u. a. Wetterzauber, Teufelspakt und Teufelsbuhlschaft detailliert beschrieben. Bei der Teufelsbuhlschaft handelt es sich um den vermeintlichen Geschlechtsverkehr mit dem Teufel, der bei Frauen als männlicher *Incubus* und bei Männern als weiblicher *Succubus* auftritt. Die Idee von der „Samenvermittlerrolle" des Teufels war zwar von der frühen Kirche entschieden bekämpft worden, im Mittelalter findet sich indes kein Theologe, der diesen Wahn mit schlüssigen Argumenten angreifen würde. Meint doch noch Martin Luther: „Was aber die Buhlteufel, Incubus und Succubus genannt, betrifft, so bin ich dawider nicht, sondern glaube, dass es geschehen könne ... denn ich habe ihrer viele gehört, die von ihren eigenen Exempeln gesagt haben: dem Satan geschieht gar lieb damit, wenn er uns in einer angenommenen Jünglings- oder Weibsgestalt betrügen kann."[274] So bekennen unter der Folter die Frauen weiterhin ihre Teufelsbuhlschaften, siebenjährige Kinder wie siebzigjährige Greisinnen.[275] Auch bringt man das „schnelle Anwachsen der Hexengemeinde" in Zusammenhang mit der Teufelsbuhlschaft. Im Zuge der Hexenverfolgungen finden „Fachmänner" später sogar die erbliche Hexerei, was die Ausrottung ganzer Familien bedingt. Die bald eingeführte Denunziationspflicht löst eine regelrechte Prozesshysterie aus: Minderjährige erhalten ihre Zulassung als Zeugen, Knechte sagen gegen ihre Herren aus. Sogenannte „Hexenproben" finden ihre Anwendung und dienen der allgemeinen Belustigung, während eine vernünftige Verteidigung behindert oder ausgeschaltet wird. Schuldvermutungen besitzen gleichen Wert wie die zumeist unter Zwang und Folter erpressten Notbeweise.

Nur wenige Advokaten wagen es, unter diesen Voraussetzungen die Verteidigung einer Hexe anzunehmen. Einer davon, der unerschrockene Arzt, Jurist, Offizier und Okkultist, Heinrich Cornelius Agrippa von Nettesheim (1486 - 1535), geht neben seinen aufklärenden naturwissenschaftlichen und magischen Schriften auch gegen die Grausamkeit und Bestechlichkeit der Inquisitoren vor. Mit listiger Argumentation widerlegt er das Hirngespinst der erblichen Hexerei: *„... durch das Heil der Taufe wird der Satan aus uns herausgerissen, denn zuvor sind wir alle sündhaft und verflucht auf Ewigkeit.“* So jedenfalls behaupte es die Kirche, oder könne man sich auf das Sakrament der Taufe nicht mehr verlassen? Dann aber besäße der Teufel mehr Macht als Gott, was dem Glauben widerspreche. Damit erntet er in Metz den Freispruch seiner Mandantin und den unversöhnlichen Hass der Dominikanerinquisitoren.[276] Es mag nicht verwundern, dass auch er das Exil einer Verfolgung durch die Inquisition vorziehen musst. Er stirbt 1535 in Grenoble.

Eine Wende leiten schließlich Dr. Johann Weyer, ein Schüler von Nettesheim, mit seinem Werk BLENDWERKE DER DÄMONEN (1563) und der Jesuit Friedrich Spee ein, der mit seinem mutigen Werk CAUTIO CRIMINALIS (1631) erfolgreich der weiteren Expansion des Hexenwahns Schranken setzt und zu einer aufgeklärteren Rechtsprechung in den katholisch regierten Ländern aufruft.

Abb. 38: „Vorbereitung zum Hexensabbat“ (Hans Baldung Grien, Holzschnitt 1508)

Nur den einen Rat möchte ich Euch noch geben,
dass Ihr das Gemeine den Gemeinen,
das Höhere aber und die Geheimnisse
bloß hervorragenden Männern
und vertrauten Freunden mitteilt

Der Benediktinermönch Trithemius an Agrippa von Nettesheim

Gegen Andersdenkende

Dissidenten zu vorgegebenen Weltanschauungen hat es zu allen Zeiten und in allen sozialen Ständen gegeben und seitens der Kirche beschränkt sich die Geschichte der Bekämpfung Andersdenkender nicht bloß auf das Mittelalter. Wie im Abschnitt über die Ausbildung der Glaubenswahrheiten beschrieben, begann dieser Kampf bereits während der ersten Jahrhunderte unserer Zeitrechnung, in denen der kirchliche Kanon (der Inhalt des Alten und Neuen Testaments) festgelegt wurde. Dieser Kampf zieht sich durch die gesamte Kirchengeschichte hindurch, bis in unsere Tage. Es ließe sich deshalb eine beliebig lange Liste von Dissidenten aller möglichen Schattierungen ausführen, deren Leben entweder auf dem Scheiterhaufen oder, wenn ihnen das Schicksal gnädiger gestimmt war, im Exil endete. In unseren Tagen mag auch schon die Entziehung der Lehrerlaubnis an den Universitäten genügen, um das Leben eines solchen Unruhestifters zu gefährden. So sind wir auch heute noch weit von einer Verwirklichung des Toleranzgedankens entfernt! Allerdings täten wir alle gut daran, damit bei uns selbst zu beginnen!

William von Ockham

Seine „Wiederentdeckung" in unseren Tagen verdankt *William von Ockham* (ca. 1285 - ca. 1349) der Verfilmung von Umberto Ecos Roman DER NAME DER ROSE. Er wurde um 1285 im Dorf Ockham in der Grafschaft Surrey südwestlich von London geboren und 1306 zum Subdiakon geweiht. Sein Studium absolvierte er in Oxford, wo er um 1318 als Magister die Vorlesungen über die Sentenzen des Petrus Lombardus hielt. Später lehrte er über Aristoteles an der franziskanischen Abteilung der Londoner Universität. Persönliche Animositäten veranlassten den Kanzler der Universität Oxford, ihm die Zulassung zur Promotion (zum „Magister reges") zu verweigern und ihn später als Ketzer beim Erzbischof von Canterbury anzuprangern. Damit wurde ihm die Vorlesungserlaubnis entzogen und er 1324 vor das Heilige Offizium der Inquisition nach Avignon zitiert. Der vierjährige Prozess (zeitgleich mit dem gegen Meister Eckhart) verlief jedoch im Sand.

Am 26. Mai 1328 kam William weiteren Anfeindungen zuvor und floh zusammen mit seinem Ordensgeneral *Michael von Cesena*, dem Prokurator der Franziskaner *Bongratia von Bergamo* und anderen nach Pisa, wo er sich in den Schutz

Kaiser Ludwigs des Baiern begab: „Verteidige *Du mich mit dem Schwerte, ich will Dich mit der Feder* verteidigen!" so wird uns sein Aufnahmegesuch vor Kaiser Ludwig überliefert.

Mit dem kaiserlichen Heer ziehen die Franziskaner nach München weiter, das Ludwig als erster deutscher Kaiser zu seinem festen Regierungssitz bestimmt hat und das auch ihre neue Heimat wird.

William forderte nicht nur wegen seiner Stellungnahme zum „Armutsstreit" die päpstlichen Instanzen heraus. Es sind auch seine kritischen Beiträge zu allgemeinen Glaubensfragen: Lassen sich die christlichen Glaubenssätze rational auflösen? Lässt sich das Ziel der Scholastiker, den Glauben einsichtig zu machen, überhaupt erreichen? Wie findet sich der Weg zur Erkenntnis? Heute betrachtet man *„die Erneuerung des Nominalismus"* als Ockhams wichtigste Tat für die Philosophie. Für ihn sind die Einzeldinge das Wirkliche, während allgemeine Begriffe nur im denkenden Geist existieren. Aber im Gegensatz zu seinen mehr naturwissenschaftlich orientierten Mitbrüdern (u. a. Roger Bacon, Ramón Llull), die alles beweisen wollten, meint Ockham, dass vielem, wie z. B. das Dasein Gottes und seine Eigenschaften, nicht mit der reinen Vernunft beizukommen sei. Höchstens durch Analogieschlüsse könnten Wahrscheinlichkeitsthesen aufgestellt werden. Ockham plädiert auch für die freie Meinungsäußerung: *„Es ist erlaubt, ohne die Gefährdung für die Seele, das Vorhaben eines Autors verschieden und gegensätzlich zu interpretieren, da es sich nicht um einen Verfasser der Heiligen Schrift handelt. Ein Irrtum in solcher Angelegenheit zieht keine moralische Verkehrtheit nach sich; vielmehr hat bei derartigen Unternehmen jener, ohne dass er irgend eine Gefahr befürchten muss, das Recht auf freies Urteil.*" Sind das nicht schon Ideen der Neuzeit, wie sie die „Erklärung der Menschenrechte" (1789) fordert?

Nach Ockham gibt es auch keine vorgegebenen, ewig gültigen allgemeinen Begriffe, keine Universalien. Begriffe sind vom menschlichen Geist gebildet und der Mensch ist letzten Endes ohne Gewissheit, ohne Halt ein „viator mundi", ein Wanderer auf dieser Welt …

In München differenziert Ockham mit spitzer Feder in der kleinen Schrift DEFENSORIUM (1334) zwischen der vom Heiligen Geist geführten *„Ecclesia Universalis"* und der von den *„irrenden Päpsten in Avignon"* geführten Kirche. Zusammen mit der Gruppe der spiritualen Minoritenmönche wirft er Papst Johannes XXII. in Avignon gar Simonie[277] vor, da er die hohen Ämter der Kurie gegen Geld verleihe. In der sogenannten „Sachsenhausener Appellation" bezeichnet diese Gruppe den Papst wegen seiner Stellungnahme in der Armutsfrage als Häretiker und zweifelt die Rechtmäßigkeit seines Pontifikats an. Der Streit um das Armutsgelübde, gepaart mit dem Kampf Kaisertum gegen Papsttum sorgt so für einen Höhepunkt geistiger, aber auch literarischer Auseinandersetzungen, in denen während dieser Zeit in der bayerischen Hauptstadt mehr theologische und sozialkritische Diskurse und Schriften entstehen, als in ihrer gesamten bisherigen Geschichte. Oberste Autorität besitzt für Ockham neben der apostolischen Tradition nur die Heilige Schrift.

Am 9. April 1349, zwei Jahre nachdem sein Schutzherr, der Wittelsbacher Kaiser Ludwig im Liebfrauendom zu München seine letzte Ruhestätte gefunden hat, erliegt der über sechzigjährige William dem Schwarzen Tod, der Pest. Eine Bronzetafel erinnert noch heute an ihn: *Unter dem Max-Joseph-Platz befand sich bis 1803 der Friedhof der Franziskaner. Er nahm zur letzten Ruhe auf Wilhelm von Ockham, gestorben 1349 …*

John Wycliffe

Williams Landsmann, der englische Reformator und Bibelübersetzer *John Wycliffe* (ca.1329 - 1384), hatte ebenso wie William von Ockham an der Universität von Oxford studiert und später dort auch gewirkt. Als Magister am Balliol College musste er die Schriften Williams kennengelernt haben. Bald schon stellte er sich gegen den kirchlichen Einfluss am Königshof und vertrat die Ansicht, dass nicht der kirchlichen Hierarchie, sondern vielmehr der Bibel die höchste Autorität zustünde. Als er später auch noch das Sündenbekenntnis sowie die Sündenvergebung durch die Priester ablehnte, entzog man ihm 1382 die Lehrerlaubnis und er musste Oxford verlassen. Die von ihm ausgelöste Bewegung setzte jedoch Scharen von reisenden Predigern auf den Weg. Sie wird zwei Jahrhunderte später den Reformationsgedanken in Böhmen und auch bei uns wesentlich beeinflussen.

Kaiser Karl IV.

Der spätere Habsburger *Kaiser Karl IV.* (1316 - 1378) wurde in Prag geboren wo er auch starb. Als er nach dem Tod Kaiser Ludwigs des Baiern in Rom von einem Kardinallegaten zum Kaiser gekrönt wurde, war es seine Vision, das Zentrum des Reiches in seine Vaterstadt nach Böhmen zu verlegen. Er wollte sie zur „Goldenen Stadt" ausbauen lassen, die neben Kiew und Rom den dritten Punkt eines goldenen Dreiecks bilden sollte. Noch heute zeugen der Veitsdom auf dem Prager Hradschin, die Karlsbrücke, sowie die Burg Karlstein vom Glanz dieser Epoche. Im Jahr 1344 erhielt die böhmische Kirche einen eigenen Erzbischof und erlangte dadurch Unabhängigkeit vom Mainzer Erzbistum. Das tschechische Nationalbewusstsein erfuhr dabei einen ungeheuerlichen Aufschwung. In dieser Zeit wurde auch Anna, die Tochter Karls IV., mit dem englischen *König Richard II.* (1377 - 1399) vermählt. Dies führte zu einem regen kulturellen Austausch zwischen den beiden Universitäten Oxford und Prag, wobei das Gedankengut John Wycliffes in die Karlsuniversität (Carolina) einfließen konnte. Als in der Verordnung der zunächst deutschsprachigen Universität 1348 die vier beteiligten Nationen gleichberechtigt je eine Stimme erhielten, begehrten die tschechischen Nationalisten auf und es kam zu ersten Unruhen.

Jan Hus

Um 1369 wurde *Jan Hus* in der südböhmischen „Gänsestadt“ (Hussinetz) geboren. Aus ärmlichen Verhältnissen stammend begann er sein Theologiestudium an der Carolina in Prag und erhielt 1400 die Priesterweihe. Nachdem er 1396 seinen Magistertitel erhalten hatte, stieg er 1401 zum Dekan der philosophischen Fakultät auf und wurde 1402 zum Rektor der Carolina ernannt. Aber sein Lebensziel richtete sich auf mehr: Als Prediger verkündete er das Wort Gottes in tschechischer Sprache an der Bethlehemskirche in Prag, um deren Kanzel sich immer größer werdende Volksmassen drängten. In diesen Predigten griff er bald die verlotterte und unglaubwürdig gewordene Kirche an und verteidigte die Lehren Wycliffes.

Aus seinen Worten *„Vergebung der Sünden erlangt der Mensch durch wirkliche Reue und Buße, nicht aber um Geld“* glaubt man Martin Luthers Worte – hundert Jahre später – herauszuhören. Wenige Tage darauf verbrannte eine aufgebrachte Menge öffentlich die päpstlichen Ablassschreiben. Der Erzbischof verhängte daraufhin über Jan Hus und seine Anhänger den Kirchenbann, über Prag aber das Interdikt. 1412 wurde Hus während einer Predigt von der Kanzel gezerrt und musste die „Goldene Stadt“ verlassen. Wie später Luther versteckte er sich bei Freunden.

Am 11. Oktober 1414 folgte Hus der Aufforderung, auf dem ökumenischen Konzil in Konstanz seine Rechtgläubigkeit zu verteidigen, wo man ihn im darauffolgenden Jahr, nach Abschluss der Verhöre am 6. Juli 1415 im Dom zu Konstanz als Ketzer verurteilte und der weltlichen Gewalt übergab. Die Zusicherung auf freies Geleit war längst schon vergessen ... Auf dem „Brühl“ *zwischen Stadtmauer und Graben wurde er in einem brennenden Holzstoß, der ihm bis zum Halse reichte*, hingerichtet. *„Die Asche des verbrannten Hus haben sie sorgsam gesammelt und in den Rhein geschüttet, damit auch nicht ein Stäublein übrig bliebe von diesem Mann. Manche meinen, es sei deshalb geschehen, damit die Vögel die Asche nicht als eine Reliquie nach Böhmen führten.“* [278]

Abb. 39: Jan Hus auf dem Scheiterhaufen

Abb. 40: Europa gegen Ende des Mittelalters

Die „Neuzeit“

Unsere Historiker bezeichnen damit den Zeitabschnitt, der dem Mittelalter folgt. Heute gilt uns diese Epoche kaum noch als „neuere Zeit“, auch wenn in ihr der Same zu all dem gelegt wurde, was unser „Heute“ ausmacht: Freiheit des Denkens und der Selbstfindung, zaghafte Versuche der Mitbestimmung, aber auch rücksichtslose Ausbeutung des Schwächeren.

Es bleibt jedem anheim gestellt, sich für den Beginn der Neuzeit ein passendes Datum auszuwählen. Hierfür stellen uns unsere Historiker neben vielen anderen eine Reihe von Ereignissen zur Auswahl, wie: 1440 die Erfindung des Buchdrukkes (mit beweglichen Lettern) durch Johannes Gutenberg, 1492 die (Wieder-)Entdeckung der Neuen Welt durch Christoph Kolumbus oder 1517 die Auslösung der Reformation durch Martin Luther. Aus geistiger Sicht ist die Neuzeit jedoch das Ergebnis eines Denkprozesses, den bereits Jahrhunderte zuvor eine Reihe von Wegbereitern einleiteten, deren Erkenntnisse ein *neues Weltbild* zu prägen verhalfen. Wie bei allen Vorkämpfern passten deren Erkenntnisse meist nicht in das allgemein akzeptierte Weltbild ihrer Zeit und konnten deshalb von den „geistigen Autoritäten“ nicht akzeptiert werden. Deshalb musste auch ein Großteil von ihnen die allzu freigiebige Bekanntgabe ihrer Erkenntnisse mit dem Leben bezahlen, wie uns dies der vorausgehende Abschnitt klar vor Augen führte. Mit einigen von ihnen schien das Schicksal jedoch Mitleid gehabt zu haben: Sie erblickten das Licht der Welt zu einer Zeit oder an einem Ort, wo die Verurteilung Andersdenkender nicht mehr ganz so einfach ausgesprochen werden konnte, obwohl die Kirche noch über Jahrhunderte hinweg mit aller Härte gegen jede „Einmischung in ihre Zuständigkeit“ vorgehen sollte.

Handel und Wirtschaft

Mit dem Fall Konstantinopels und Granadas hatten sich die Aktionsradien der großen Handelszentren nach Norden hin verschoben. Nun mussten die italienischen Handelsfamilien (wie die der Medici) ihre Aktivitäten ebenfalls mehr und mehr nach dem Norden und Westen Europas verlegen. Die Umschlagplätze in Flandern und die in der Hanse zusammengeschlossenen Städten gewannen dabei immer größere Bedeutung. Von dort bezogen auch die reichen Handelshäuser aus Augsburg und Nürnberg einen Großteil ihres Warenangebots. Der Reichtum der Fugger, Tucher und Welser hatte mit dem Tuchhandel begonnen. Bald kamen Bergbau und Metallhandel dazu – denn Stein, Salz und Erze waren immer schon von enormer wirtschaftlicher Bedeutung – und auch die Geldgeschäfte nahmen immer größer werdende Ausmaße an …

Jakob Fugger, ein früher „global Player"
Der Augsburger Kaufmannssohn Jakob Fugger (1459 - 1525) baute seinen und damit auch den Reichtum seiner Vaterstadt vor allem mit Geldgeschäften auf. Bereits als Vierzehnjähriger hatte er in Venedig eine grundsolide Ausbildung als Bänker erhalten[279] und konnte seine profunden wirtschaftlichen Kenntnisse – einschließlich der über die europäischen Metallmärkte – bei der späteren Übernahme des Handelskontors seines Vaters voll einbringen. Der Reichtum der Gesellschaft machte ihn damit zum Bankier von Päpsten und Königen. Er erhielt dafür Ländereien, Handelsprivilegien und Bodenschätze, so dass sich sein Einfluss bald über ganz Europa erstreckte.

Abb. 41: Jakob Fugger

Mit der Abwicklung des päpstlichen Ablasshandels 1476 war das Bankhaus Fugger allerdings auch Mitverursacher der Reformation; so verhielt es sich auch bei weiteren umstrittenen Projekten: der Hilfe Maximilians, des späteren Kaisers, bei der Übernahme Tirols 1490, bei seiner Hochzeit mit Bianca Maria Sforza 1494 oder der Finanzierung des italienischen Kriegs 1496. Im Ausgleich dafür änderte Maximilian die Gesetze zu Gunsten der Fugger oder erteilte ihnen weitere Handelsprivilegien. Im Jahre 1505 verstärkten sich die Beziehungen zur päpstlichen Kurie noch, als das Bankhaus Fugger Papst Julius II. (1503 - 30) einen Kredit zur Anwerbung der ersten Schweizer-Gardisten einräumte.

Eine der größten und berühmtesten Investitionen Jakob Fuggers war indes 1519 die Finanzierung der Wahl Karls I. von Spanien zum deutschen Kaiser Karl V. Das Bankhaus Fugger brachte dabei zur Bestechung der Kurfürsten des Reiches einen Kredit von insgesamt 852.000 Gulden auf, zu dessen Tilgung auf dem Wormser Reichstag 1521 ein Vertrag abgeschlossen wurde.

Der Niedergang des Fugger-Imperiums nahm mit dem Tod Jakob Fuggers seinen Anfang: Kreditausfälle und Bonitätsschwierigkeiten und zuletzt der spanische Staatsbankrott von 1557 brachten das Bankhaus Fugger in schwere Bedrängnis. Es überlebte zwar, konnte an seine glanzvollen Zeiten aber nie mehr anknüpfen. – Erinnert uns die Geschichte dieses frühen Handels- und Bankenimperiums nicht an gewisse Schlagzeilen aus der aktuellen Presse?

Wegbereiter der neuzeitlichen Gesellschaft

Alle Historiker sind sich darin einig, dass wir die Ausbreitung der gesellschaftlichen Veränderungen im ausgehenden 14. Jahrhundert auf der Grundlage des neuzeitlichen Weltbildes vor allem dem Buchdruck mit beweglichen Lettern verdanken, dessen Entwicklung auf dem Erfindergeist und Werk Gutenbergs beruht. Dank der „Schwarzen Kunst“ konnten nicht nur die Erkenntnisse der Naturwissenschaften, insbesondere der Astronomen und Geologen, allgemein bekannt gemacht werden, sondern sich auch die des Humanismus verbreiten und durchsetzen. Was die Religion betrifft, so kennzeichnet die Neuzeit das Aufkommen neuer Ideen, die sich dem Zwang des geistigen Despotismus der Kirche widersetzen. Allenthalben begannen auf allen Wissensgebieten neue Erkenntnisse hervorzusprudeln, ausgelöst durch die Abkehr von den Fesseln der Dogmatik. Es ist, als wenn sich gleichsam wie mit der Öffnung eines Ventils die über Jahrhunderte angestauten und unterdrückten Denkweisen plötzlich aus ihren starren Formen gelöst hätten!

Johannes Gutenberg

Johannes Gensfleisch, genannt *Gutenberg* (1397 - 1468), wird auf dem elterlichen Gutenberg-Hof der Mainzer Patrizierfamilie Gensfleisch geboren, nach dem er sich später benennt. In den Jahren 1452 bis 1455 druckt er „seine“ berühmt gewordene zweiundvierzigzeilige lateinische Bibel in Mainz und gießt dafür bewegliche Lettern, mit denen er seine Prägestöcke (Patrizen) zusammensetzt. Damit muss er als Erfinder der beweglichen Lettern und erster Drucker größerer Buchauflagen gelten. Technisch gesehen besteht Gutenbergs bahnbrechende Leistung darin, einzelne Lettern, also Normteile, in unbegrenzter Menge produzieren zu können. Dazu erfindet und realisiert er ein Handgießinstrument mit einem in der Breite variablen Gießkanal und die Technik von Patrizen und Matrizen. Seine Erfindungen gehen aber noch wesentlich weiter: Er entwickelt die chemische Zusammensetzung der für den Guss notwendigen Legierung von Blei, Antimon, Wismut und Zinn und überdenkt die Konstruktion der Setzkästen, indem er die unterschiedlichen Bewegungs- und Greifmethoden der arbeitenden Hand sorgsam analysiert und die Lettern nach ihrer Bedeutung und Benutzungshäufigkeit im Setzkasten anordnet. Sie werden in dieser Form bis in unsere Tage verwendet und erst im Elektronik-Zeitalter von den rechnergestützten Arbeitsplätzen ersetzt. Es würde hier zu weit führen, auf alle Erfindungen Gutenbergs einzugehen, die auch Papier und Druckfarbe beinhalten; bis heute bleibt die Intensität seiner Druckerschwärze unerreicht! Für weitergehende Erkundungen verweisen wir den interessierten Leser an das Gutenberg-Museum in Mainz und auf die in diesem Buch angegebene Literatur.

So universell und weitsehend der Erfindergeist Gutenbergs auch immer sein mochte, selbst sein Genius wird die weitgreifenden Folgen seiner Erfindungen auf alle unsere Lebensbereiche wohl kaum abgesehen haben. Für den Entwicklungsprozess unserer Kultur war es offensichtlich ein Glücksgeschenk, dass sie just zu einem Zeitpunkt realisiert werden konnten, als unser Lebensraum seine Erfindungen für die Verbreitung einer neuen freizügigeren Denkweise mehr als alles andere bedurfte.

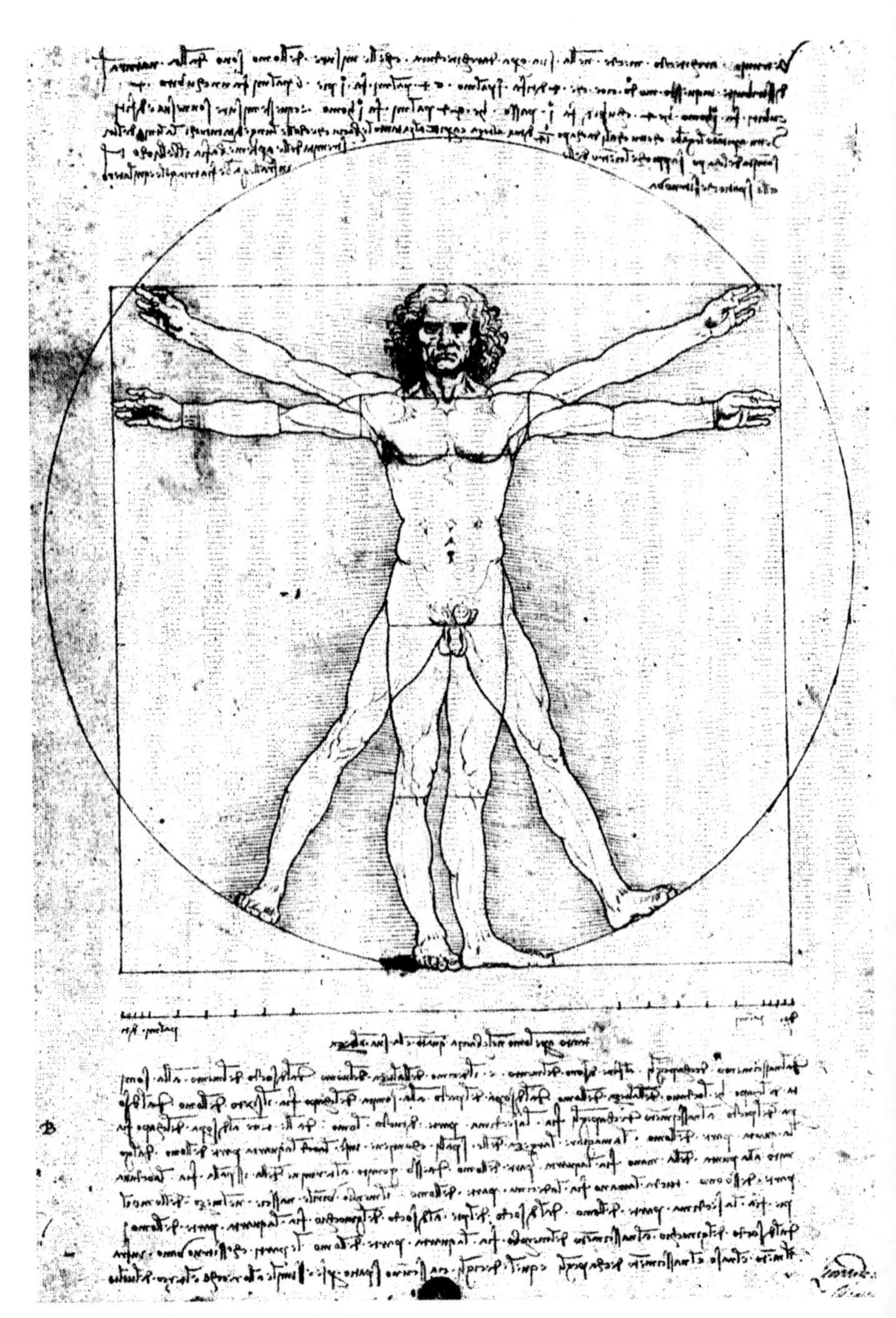

Abb. 42: Leonardos Proportionen des Vitruvio

Nikolaus von Kues
Zu den wichtigsten und genialsten Vordenkern der Neuzeit gehört sicherlich auch *Nikolaus Cusanus* (1401 - 1464) aus dem kleinen Moselort Kues. In der Schule der niederländischen Mystiker der *Devotio moderna* aufgewachsen studiert er später Astronomie, Mathematik, Physik und Medizin in Heidelberg und Padua und erwirbt, mit 22 Jahren, den Titel eines *doctor decretorum* (der Jurisprudenz). 1423 beginnt er sein Theologiestudium in Köln und damit auch seine kirchliche Laufbahn, die ihn in die Führungsspitze der römischen Kirche bringt. Cusanus übt stets die Annäherung von unterschiedlichen Ideen und ist deshalb ein immer gefragter Vermittler. Papst Eugen IV. (1431 - 47) entsendet ihn 1437 nach Konstantinopel, um den byzantinischen Kaiser *Johannes VIII.* (1425 - 48) zu überzeugen, die Hilfe des Westens gegen die Türken zu akzeptieren. Dort lernt er Bischof *Bessarion* kennen, den wir später noch begegnen werden. 1450 wird Cusanus als Bischof von Brixen in Tirol eingesetzt und zum Kardinal erhoben.

Seine mathematisch-naturwissenschaftlichen Kenntnisse sind ungeheuer vielseitig und schon zweihundert Jahre vor Galilei führt er dafür Beweise durch, dass die Erde nicht der unbewegliche Mittelpunkt des Universums sein könne. Als Philosoph vertritt er atemberaubende Thesen, die vermutlich nur deshalb nicht der inquisitorischen Kritik anheim fallen, weil sie noch niemand versteht. Alles in der Welt sei als Mikrokosmos nur Abbild des Universums, in dem alles in einer stetigen Stufenfolge vom Höchsten zum Niedrigsten geordnet sei – wie das Gefälle der göttlichen Kraft. Wir erkennen dabei eine Beziehung zwischen den Dingen, nicht aber deren Wesen an sich. Das Ziel unseres Strebens und Wissens müsse daher eine erweiterte Erkenntnis dessen sein, was die Dinge nicht sind, nämlich der vom „Gott im Nichts"; im ganzen Kosmos sei ein Prinzip der Gegensätzlichkeit verankert, wendet sich aber unser Denken dem unerkennbaren und unbegrenzbaren Gott zu, müssten in ihm alle Widersprüche zusammenfallen und zur Einheit verschmelzen. Wollte er damit das „grenzenlose Absolute" der kabbalistischen Schöpfungslehre andeuten?

Nikolaus von Kues war mit zahlreichen Wissenschaftlern befreundet, wie mit dem Florentiner Kartographen *Paolo dal Pozzo Toscanelli*, dem Astronomen *Georg von Peuerbach* und dem späteren Humanisten und Kardinal *Domenico Capranica*. Er selbst beschäftigte sich intensiv mit Mathematik, Astronomie und Arzneikunde; auch war er derjenige, der die KONSTANTINISCHE SCHENKUNG (die als Grundlage für die Errichtung des Kirchenstaates diente und über 700 Jahre lang von niemandem angezweifelt wurde) als Fälschung entlarvte. Die letzten sechs Jahre seines Lebens war Cusanus als Generalvikar und Kurienkardinal sowie als Ratgeber von Papst *Pius II.* (1458 - 1464) mit einer Reform des Klerus und der allgemeinen Kirchenreform befasst.

Das Erwachen der Renaissance

Mitte des 15. Jahrhunderts hatte sich in Florenz ein Kreis von Künstlern, Wissenschaftlern und Philosophen um den einflussreichen *Cosimo de Medici* (1389 - 1464) geschart, der hier das bedeutendste Gewerbe- und Finanzunternehmen seiner Zeit aufgebaut hatte und der eigentliche Herrscher der Stadt war. Zu den Integranten dieses Kreises, die an der erstarrten Denkweise der Scholastik nicht länger festhalten wollten, zählen neben den Künstlern *Michelangelo, Raffael, Bramante* und *Leonardo da Vinci*, die Philosophen *Marsilio Ficino* und *Pico della Mirandola,* sowie Naturwissenschaftler, unter ihnen *Galileo Galilei*. Allmählich ergriff die Bewegung alle gebildeten Stände. Auch einige fortschrittlich gesonnene Kirchenfürsten stießen dazu. Sie wollen ihre Ideale von Liebe und Schönheit nicht nur in den schönen Künsten ausgedrückt, sondern auch in den Wissenschaften verwirklicht sehen. Sie orientierten sich an ihrem großen Philosophenvorbild *Plato*, dessen Lehren sie nicht im Widerspruch zu *Aristoteles* und der christlichen Philosophie sahen. Sie stellten sich Fragen wie: „Ist der Mensch in diesem Universum frei und hat er das Recht, seine Welt begreifen zu wollen?" Die Überlegungen dazu, die in den vergangenen Jahrhunderten wie eine schwelende Glut unter der Asche der kirchlichen Dogmatik unterdrückt wurden, fachten nun ein Feuer an, dessen Folgen nicht abzuschätzen waren. So entstanden neben den Humanistenschulen Akademien und gelehrte Kollegien. Das humanistisch freizügige Denken begann Kräfte freizusetzen und regte Künstler, Schriftsteller und Wissenschaftler an, die alten Denkmuster bald vollends über Bord zu werfen.

„Ich habe dich in die Mitte der Welt gesetzt, damit du von dort bequem um dich schaust, was es alles in der Welt gibt. Wir haben dich weder als einen Himmlischen noch als einen Irdischen, weder als einen Sterblichen noch als einen Unsterblichen geschaffen, damit du als dein eigener vollkommen frei schaltender Bildhauer und Dichter dir selbst die Form bestimmst, in der du zu leben wünscht. Es steht dir frei, in der unteren Welt des Viehs zu entarten, es steht dir aber ebenso frei, dich in die höhere Welt des Göttlichen durch den Entschluss deines eigenen Geistes zu erheben", lässt Pico della Mirandola seinen Gott zum Menschen sprechen.

Leonardo da Vinci

Leonardo da Vinci (1452 - 1519), ein Universalgenie, wie die Welt vor und nach ihm kaum einen anderen hervorgebracht hat, wurde als unehelicher Sohn eines mit einem Notar liierten Bauernmädchens geboren. Diese Herkunft hinderte ihn aber nicht, sich als Künstler und Wissenschaftler Weltgeltung zu verschaffen. Mit 17 Jahren zog er mit seinem Vater aus seinem Geburtsort Anchiano (nahe der Stadt Vinci) in die Kulturmetropole Florenz, wo er zwölf Jahre lang in der Werkstatt des angesehensten florentinischen Malers und Bildhauers *Andrea del Verocchio*

(1435 - 88) arbeitete und seine Technik verfeinerte. Als Beweis seiner Fähigkeiten hatte er ihm einen Engel in so vollendeter Form dargestellt, dass, einer Legende zufolge, der Meister das Malen für immer aufgegeben habe. Nachdem Leonardo Mathematik, Geometrie und Anatomie erlernt hatte, betätigte er sich darüber hinaus auch noch als Architekt, Astronom, Ingenieur und als großer Erfinder, der auf fast allen seinen Betätigungsfeldern bahnbrechende Leistungen erbringen konnte. Einige seiner Werke wurden später als Schlüssel zur Klärung bis dahin ungelöster Probleme erkannt. So soll seine Skizze der menschlichen Proportionen (näherungsweise) den Lösungsvorschlag für die Quadratur des Kreises beinhalten.[280]

Leonardos Gedankenwelt übte gewaltigen Einfluss auf den Humanismus aus. Gewissheit ergibt sich für Leonardo nur durch eigene Erfahrung; dabei war er davon überzeugt, dass der Wert des Wissens vom Grad der Gewissheit abhänge. *„Nur dasjenige dürfen wir uns zu begreifen rühmen, das wir im eigenen Geiste entwerfen können"*. Alles bewege sich im Notwendigen und Gesetzmäßigen, das auf Maß und Zahl beruhe; selbst das Geheimnis der Schönheit. In Leonardo sehen auch verschiedene Geheimgesellschaften eines ihrer herausragenden Mitglieder. So wundert es nicht, wenn Leonardo auf der Liste der Großmeister des geheimnisumwitterten »Priorats von Sion«[281] aufgeführt wird, was in unseren Tagen zu zahlreichen Spekulationen Anlass gibt. Aber auch seine Kunstwerke erfahren derzeit wieder vermehrtes Interesse, seitdem die Trivialliteratur hinter seiner *Mona Lisa* und seinem *Abendmahl* eine „ketzerische Symbolik" zu erkennen glaubt.

Die Epoche der Renaissance mit ihrer Zuwendung zur Philosophie und den schönen Künsten veränderte aber auch die Organisation der Dombauhütten: Ihre Leitung gleitet nunmehr aus den Händen der Mönchsorden in die weltliche Sphäre. Das Privileg der geistlichen Führung am sakralen Bau ist vorbei, doch geht sein spiritueller Hintergrund nicht verloren. Die alten Werkzeuge und Symbole der Steinmetzen sowie ihre rituellen Gebräuche erfahren nunmehr eine geistige Auslegung, mit der wir uns später noch näher auseinandersetzen werden.

In Nordeuropa prägt in erster Linie *Erasmus von Rotterdam* (1467-1536) den Humanismus. Auch er will vor allem alle Erkenntnisse der Prüfung der Vernunft unterwerfen und erachtet die Willensfreiheit als das höchste Gut, wodurch er sich allerdings in Konflikt zu Martin Luther begibt. Esoterisches Gedankengut lässt sich in Erasmus Werk aber nur schwer entdecken.

Gegner und Fürsprecher der Juden

Wir hatten bereits von kabbalistischen Schulen in Spanien und den provenzalischen Marken gesprochen. Mit der Vertreibung der Juden aus diesen Ländern gelangte die Kenntnis der Qabalah zunächst nach Italien (mit seinem Schwerpunkt in Florenz) und über verschlungene Wege auch zu uns. So hatten sich mancherorts kleine esoterische Kreise jüdischer Kabbalisten im christlichen Abendland gebildet. Von den Christen wurde diese Lehre allerdings meist als „verderbliches Teufelswerk“ abgekanzelt. Ihr Studium sollte nur wenigen Suchenden und den toleranten und wissbegierigen Humanisten vorbehalten bleiben.

Pico della Mirandola

Pico della Mirandola (1463 - 1494) entstammte einer aristokratischen Familie aus der italienischen Emiglia und beschäftigte sich bereits in frühen Jahren mit der Philosophie Platos und Aristoteles', bevor er sich dem Studium der Gnostiker und Neuplatoniker zuwandte. Seine Aufgabe sah er vor allem darin, die christliche Lehre aus ihrer dogmatischen Enge und von aller scholastischen Verfremdung zu befreien. Auf seiner Suche nach arabischen und hebräischen Quellen stieß er auf die Qabalah, von der er seine einundsiebzig (bzw. zweiundsiebzig) kabbalistischen Thesen ableitete, die er in neunhundert „Conclusiones“ formulierte, um sie dem Papst vorzulegen und mit seinen Theologen zu diskutieren. Dreizehn dieser Thesen wurden allerdings von Papst *Innozenz VIII.* (1484 - 92) als häretisch befunden und daraufhin auch alle übrigen in Bausch und Bogen verworfen, auch wenn 45 davon auf *Thomas von Aquin* zurückgingen. Die Diskussion der Thesen wurde daraufhin verboten. In deutschen humanistischen Kreisen sollten sie jedoch zur Entwicklung einer *christlichen Qabalah* beitragen.

Abb. 43: Pico della Mirandola zwischen Marsilio Ficino und Poliziano

Johannes Pfefferkorns Judenspiegel

Zu dieser Zeit hatte sich auch in den deutschen Ländern, ähnlich wie in Spanien, Neid und Missgunst gegenüber der jüdischen Bevölkerung, meist aus wirtschaftlichen Gründen, aufgebaut. Die Kirche unterstützte diese Tendenzen noch, sodass der deutsche *Kaiser Maximilian I.* (1493 - 1519) am 19. August 1509 eine Verfügung erließ, mittels der er zur Beschlagnahmung der heiligen Bücher der Juden aufrief: *„Wir, Maximilian ... sind glaubwürdig unterrichtet worden, dass ihr (Juden) in euren Synagogen und Bibliotheken etliche unbegründete und unnütze Bücher habt, die unseren heiligen christlichen Glauben schmähen und verspotten. Uns als Römischer Kaiser und Schwert der Christenheit gebührt es, ein Auge darauf zu haben. Wir haben daher unseren Getreuen Johannes Pfefferkorn aus Köln, der wohlbeschlagen in eurem Glauben ist, damit beauftragt, alle eure Bücher zu überprüfen ...“*[282] So wohlbeschlagen, wie der Kaiser glaubte, war Johannes Pfefferkorn jedoch mitnichten: Als Sohn jüdischer Eltern hatte er zunächst als Fleischer gearbeitet und besaß nur geringe Kenntnisse der hebräischen Sprache. Nach seiner Taufe 1505 in Köln wandelte er sich zum Todfeind des Judentums und gab sich als Autor des 1507 erschienenen JUDENSPIEGEL aus, dem 1508 die JUDENBEICHTE und 1509 der JUDENFEIND folgten. Alle erschienen zunächst in lateinischer Sprache (die Pfefferkorn gar nicht beherrschte) und erst später in niederdeutschen und oberdeutschen Übersetzungen, wobei der Einfluss der Dominikaner unverkennbar ist! Der Protest des Mainzer Kurfürsten *Uriel von Gemmingen* bewirkte indes eine Verfügung des Kaisers, von mehreren Universitäten und angesehenen Theologen Gutachten einholen zu lassen.

Johannes Reuchlin

Einer dieser Gutachter, der Pforzheimer Humanist und Jurist *Johannes Reuchlin* (1455 - 1522) hatte Pico della Mirandola noch persönlich gekannt und dessen Thesen, trotz des kirchlichen Verbots, weiter ausgearbeitet. Da er neben dem Griechischen und Lateinischen auch das Hebräische beherrschte, konnte er 1510 in einem Gutachten für Kaiser Maximilian I. das jüdische Schrifttum versiert verteidigen. Die kabbalistischen Schriften, so meinte er, seien *„nit allein unschedlich, sondern unserem christlichen Glauben auch am höchsten nützlich“*. Als CHRISTLICHE QABALAH modifiziert, hatte er dieses Gedankengebäude bereits in seinen Werken DE

Abb. 44: Johannes Reuchlin

VERBO MIRIFICO (1494), ARCANA ACADEMIA (1517) und DE ARTE CABBALISTICA (1517) bildlich und schriftlich dargelegt. Sie wurden im 17. Jahrhundert Bestandteil der SULZBACHER EDITIONEN und trugen wesentlich zur Verschmelzung des kabbalistischen und alchimischen Gedankenguts bei, das dann später von den »Gold- und Rosenkreuzern« aufgegriffen wurde.

Während sich aber Reuchlin für die deutschen Juden einsetzte, versucht die Gegenpartei den unbequemen Humanisten loszuwerden. So musste Reuchlin drei Ketzerprozesse in Speyer, Mainz und schließlich in Rom über sich ergehen lassen, wo er zuletzt in Papst *Leo X.* (1513 - 21) auf einen unvoreingenommenen Richter stieß. Ihm widmete Reuchlin sein Werk DE ARTE CABALISTICA. An der Erfurter Universität hatten sich die Humanisten in diesem Streit vehement auf seine Seite geschlagen. In ihren weit verbreiteten „Dunkelmännerbriefen" verunglimpften sie jede kirchliche Intoleranz und Borniertheit so geschickt, dass ganz Europa sich über diesen Streit amüsierte und die Gegner des Pforzheimers immer mehr an Boden verloren. Reuchlins Großneffe *Philipp Schwartzerdt* sollte mit seinem von ihm ins Griechische übersetzten Namen *Melanchthon* später als Führer der Reformation in die Geschichte eingehen.

Johannes Trithemius

Zu Reuchlins Bekanntenkreis gehörte auch der junge zauberkundige „schwarze Abt" *Johannes Trithemius* (1462 -1516). Die Leidenschaft dieses Benediktinermönchs war das Sammeln alter Schriften und das Einrichten von Bibliotheken, mit denen er als „Bücherpapst" Berühmtheit erlangen sollte. Die Bibliothek seines Klosters zu Sponheim im Hunsrück konnte er, wie die vieler anderer der seiner „Visitation für die Reformunion" unterstellten Klöster, mit den Klassikern der Antike ausstatten. Aus dem großen Schatz der von Trithemius' verfassten Schriften erlangten vor allem die Sponheimer Klosterchronik (1040 - 1601), seine „Zauberbücher" und seine geheimnisumwitterten STEGANOGRAPHIA in sechs Bänden Berühmtheit. Letztere landete allerdings auf dem Index der verbotenen Bücher, da die Schlüsselbegriffe der darin angegebenen Chiffriermethoden meist auf kabbalistischen Geisternamen beruhten, die wohl falsch verstanden wurden. Jedoch fanden seine Kodiermethoden dann später in zahlreichen magischen Büchern Anklang, wie beispielsweise in John Dees MONAS HIEROGLYPHICA[283] oder Johann Valentin Andreaes CHYMISCHER HOCHZEIT CHRISTIANI ROSENKREUTZ: ANNO 1459.[284] Selbst das CYPHER MANUSCRIPT[285] des Golden Dawn bedient sich einer solchen Kodiermethode.

Mathematiker und Astronomen

Wenden wir uns nunmehr den Naturwissenschaftlern dieser so aufregenden Übergangszeit zu. Schafften doch erst die mathematischen Tabellen und astronomischen Arbeiten eines von ihnen die Voraussetzungen, Entdeckungsreisen zu fernen Kontinenten unternehmen zu können.

Johannes Regiomontanus

Es handelt sich um *Johannes Regiomontanus* (1436 - 76), der mit seinem Werk den Entwicklungsprozess Europas wesentlich zu beschleunigen verhalf. Sein latinisierter Name weist auf seine Geburtsstadt in Franken hin. Melanchthon hatte ihn ihm 1531 verliehen, während er in den Königsberger Kirchenbüchern noch unter dem schlichten deutschen Namen Johannes Müller eingetragen wurde. Das Schicksal meinte es indes gut mit ihm und setzte ihn ins „rechte" Zeitalter! Ohne die von Johannes Gutenberg geschaffenen Voraussetzungen hätte sein Werk wohl schwerlich die große Verbreitung finden können, die ihn zum bedeutendsten Mathematiker und Astronomen des 15. Jahrhunderts stempeln.

Schon während seines Studiums an der 1409 gegründeten Leipziger Universität[286] machte der junge Königsberger auf sich aufmerksam: Als 1448 bei Gutenberg der erste gedruckte Kalender erschien, unterzog ihn der Zwölfjährige einer Nachprüfung und fertigte noch im gleichen Jahr – in seiner noch kindlichen Handschrift – ein wesentlich genaueres astronomisches Jahrbuch an, das heute die Wiener Nationalbibliothek aufbewahrt.

Abb. 45: Disput zwischen einem Theologen und einem Astronomen

An der Wiener „Rudolfina"[287] setzte er dann als „Johannes Molitoris de Künigsperg" sein Studium fort und erstellte nebenbei (als Fünfzehnjähriger!) die Horoskope für das kaiserliche Paar, führte Beobachtungsreihen der Planeten- und Kometenbahnen[288] durch und verfasste mathematische Schriften. Erst in seinem einundzwanzigsten Lebensjahr durfte er sich gemäß der rudolfineschen Prüfungsordnung der Magisterprüfung unterziehen und danach selbst Vorlesungen halten. In diesen Jahren entwickelte

Abb. 46: Regiomontanus

sich ein enger Kontakt zu seinem Mentor Magister *Georg von Peuerbach* (1423 - 61), dessen naturwissenschaftliche Vorlesungen er neben denen der lateinischen Klassiker besuchte. In dieser Zeit entstanden die gemeinsam mit ihm verfassten mathematischen Traktate, darunter das WIENER RECHENBUCH. Es beeindruckte den jungen Regiomontanus tief, mit welcher Selbstlosigkeit ihm dieser ihm so wohlgesonnene Magister den kaiserlichen Auftrag abgetreten hatte.[289]

Das humanistische Gedankengut bringt 1443 *Aeneas Silvius Piccolomini* (1405 - 1464), der spätere Papst Pius II. an den kaiserlichen Hof nach Wien. In seinen Vorträgen an der Rudolfina ruft er dazu auf, „das erstarrte mittelalterliche Denken anhand der besten antiken Schriften zu erneuern."

Neben dieser hochrangigen Begegnung in Wien sollte eine weitere Bekanntschaft Regiomontanus' Leben tiefgreifend verändern, nämlich die des griechischen Erzbischofs von Nicäa und Abtes von Trapezunt, *Basilios Bessarion* (1403 - 72). Der byzantinische Kaiser *Joannes VIII. Palaiologos* (1425 - 1448) hatte diesen nämlich zur Führung der Verhandlungen zwischen Byzanz und Rom eingesetzt mit dem Ziel, ein Bündnis mit Rom gegen die Türken in die Wege zu leiten. Auf dem Unionskonzil in Ferrara und Florenz, 1438, war es zum großen Teil seinem Verhandlungsgeschick zu verdanken, dass sich die beiden entfremdeten Kirchen wenigstens kurzfristig wieder vereinten. Daraufhin lud ihn Papst Eugen IV. ein, die einigenden Bestrebungen auch an der Kurie in Rom zu vertreten. In dieser Eigenschaft ernannte er ihn später zum Kardinal der römischen Kurie.

Mit der Absicht, den deutschen Kaiser für einen Krieg gegen die Türken zu gewinnen, reiste Bessarion nun im päpstlichen Auftrag 1460 nach Wien. Nicht nur um seine Wartezeit zu verkürzen knüpfte er dabei Verbindungen zur rudolfineschen Universität; es gab vielmehr auch ein persönliches Interesse: Einer seiner Landsleute, *Georg von Trapezunt*, hatte früher schon, auf Wunsch von Papst *Nikolaus V.*, die Übersetzung der griechischen Fassung des ptolemäischen ALMAGEST zusammengestellt und mit Erläuterungen versehen. Doch aufgrund seiner nur lükkenhaften astronomischen Kenntnisse ließen Übersetzung und Erläuterungen viel zu wünschen übrig. Als nun Bessarion an der Rudolfina die Magister Peuerbach und Regiomontanus kennenlernte, war er guten Mutes, mit ihnen die Astronomen humanistischer Bildung gefunden zu haben, denen er eine Überarbeitung der Werke Trapezunts anvertrauen konnte. Zunächst trug er deshalb Peuerbach an, ihn nach Rom zu begleiten. Peuerbach ließ sich für diese Idee auch begeistern und begann sofort mit der Überarbeitung der ersten Bücher. Jedoch machte sein plötzlicher Tod, 1461, diese Pläne zunichte. Vorsorglich hatte Peuerbach aber schon seinen Freund Regiomontanus als Mitarbeiter vorgeschlagen.

Noch im gleichen Jahr reiste nun Regiomontanus dem Kardinal nach Rom hinterher, wo er die Arbeit seines Freundes fortsetzte und mit großer Gewissenhaftigkeit die Überarbeitung der restlichen Bücher des ALMAGEST übernahm. Dabei fiel ihm auf, dass sich Ptolemäus in manchen Berechnungen wohl geirrt haben musste. Regiomontanus' Anmerkungen beweisen hierbei neben seiner hohen fachlichen Kompetenz auch sein diplomatisches Geschick, mit dem er zu der bis dahin unantastbar geltenden Autorität Ptolemäus' Stellung bezog. Fortan wurden dessen Lehren von den Wissenschaftlern nicht mehr so unangefochten akzeptiert. Dies könnte mit großer Wahrscheinlichkeit auch Kopernikus Anstoß zu seinen Studien gegeben haben, als er noch während seines Italienaufenthaltes die EPYTOMA JOANIS DE MONTE REGIO IN ALMAGESTI PTOLEMEI in der Druckausgabe von 1496 erwarb.

Die Freundschaft zu seinem Dienstherrn prägte den Lebensabschnitt des Regiomontanus aber nicht nur in Rom, sondern auch später als dessen Begleiter in Venedig. 1461 nahmen die Türken Konstantinopel ein; zwei Jahre später wurde Bessarion zum Patriarchen von Konstantinopel „im Exil" ernannt. In Venedig mussten beide Freunde 1464 hilflos zusehen, wie sich nach Bekanntwerden des Todes von Papst *Pius II.* (Piccolomini) das Kreuzfahrerheer, das die Türken aus Konstantinopel vertreiben sollte, wieder auflöste. Der Kreuzzug, ein persönliches Anliegen dieses Papstes, stand in enger Beziehung zu seinem wohl einzigartigen Versuch zuvor, den großen türkischen Eroberer Sultan *Mehmet II.* (1451 - 81) zum Christentum zu bekehren. Der Papst wollte sich sogar selbst an die Spitze der Truppen stellen. Doch mit seinem plötzlichen Tod endete dieser Kriegszug, noch bevor er begonnen hatte ...

Eine umfangreiche Würdigung Bessarions als Mittler zwischen griechischer Orthodoxie und katholischer Kirche, als Humanist und Kirchenfürst, würde indes den Rahmen dieses Buches sprengen. Es mag uns auch nicht verwundern zu hören, dass bald nach Antritt des Nachfolgepapstes, *Paul II.*, Bessarion als zu mächtig empfunden und im römischen Kardinalskollegium zunehmend isoliert wurde.

Aber zurück zu Regiomontanus. Nach Abschluss seiner Arbeiten und Empfang hoher Ehren, zum Teil mit Pfründen verbunden, verließ er 1465 Italien, um Aufgaben in Ungarn zu übernehmen. Er wollte sich keineswegs einmal von der Nachwelt nachsagen lassen, *„wir hätten unser Leben in müßigem Nichtstun verbracht."* 1467 vollendete er auf der alten ungarischen Königsburg Gran in Pressburg seine *Tabula directionum,* mit deren Hilfe man Positionsbestimmungen aus Sonnenstandsmessungen erarbeiten kann. 1471 kehrte Regiomontanus wieder nach Deutschland zurück und ließ sich in der freien Reichsstadt Nürnberg nieder. Hier konnte er sich vollends der Verbesserung seiner astronomischen Instrumente widmen. Dabei standen ihm hervorragende Nürnberger Feinmechaniker zur Seite, um Kompasse und Himmelsgloben, Astrarien, Astrolabien und Jakobstäbe[290] anzufertigen. Einer seiner Mitarbeiter war *Bernhard Walter*, dessen Haus an das Grundstück der Patrizierfamilie Behaim angrenzte.

Martin Behaim

Der junge *Martin Behaim* (1459 - 1507) stand gerade erst in seinem zwölften Lebensjahre, als Regiomontanus nach Nürnberg kam. Eigentlich sollte er, der Familientradition folgend, Kaufmann werden, doch interessierte ihn weit mehr, was im Nachbarhaus vor sich ging.

1474 erschienen die Ephemeriden des Regiomontanus in einer Veröffentlichung, die alle bisherigen astronomischen Tabellen an Genauigkeit weit übertrafen. Seine Nürnberger Wirkungsstätte wurde so zur Schule für den jungen Martin und der Meister nahm sich des wissbegierigen Knaben an, der ihn vielleicht an seine eigene Kindheit erinnerte. Er gab ihm das Rüstzeug mit, das ihn einmal zu dem weltbekannten Kosmographen und Seefahrer werden ließ: 1492/93 sollte es Behaim gelingen, mit diesen Kenntnissen seinen berühmten *„Erdapfel"* anzufertigen, den ersten Globus in Kugelform.

Zuvor musste sich Behaim jedoch erst noch als Kaufmann bewähren. Als Regiomontanus im Spätsommer 1475 zur Kalenderreform nach Rom berufen wurde,[291] verließ auch Behaim wenig später Nürnberg, um seine kaufmännische Lehre als Tuchhändler in Flandern anzutreten. Nach deren Abschluss übte er den erlernten Beruf als kaufmännischer Agent in Antwerpen aus, von wo aus er 1484 nach Lissabon übersiedelte. Als Handelsagent aus Flandern erhielt Behaim auch Zugang zum portugiesischen Königshof und konnte die Sympathien von König *João II.* (1481 - 1495) gewinnen. Wie dessen Großonkel *Heinrich der Seefahrer* (1394 - 1460) so strebte auch João die Vormachtstellung Portugals auf den Weltmeeren an und förderte deshalb die Entdeckungsfahrten der Lusiaden[292]. Die Seeleute klagten aber immer wieder über Mängel an den Messinstrumenten. So konnten sie genaue Ortsbestimmungen nur auf festem Boden durchführen. Martin Behaim entdeckt die „Marktlücke" und brachte seine Heimatstadt und seinen Lehrmeister *„João Monte Regio"* ins Gespräch. Um Lösungen für eine bessere Navigation zu suchen, erhielt Martin Behaim 1484 seine Berufung als Mitglied in die „Junta dos Matemáticos". Diese Aufgabe verhalf ihm auch zu einigen Reisen in seine Vaterstadt. Seine Vermittlung muss für die Portugiesen sehr erfolgreich gewesen sein, denn 1485 wurde Martin Behaim „um seiner Verdienste für Portugal" zum Ritter geschlagen.

Behaims „Erdapfel“ wurde zwanzig Jahre später – um die neuesten Entdeckungen der Seefahrer bereichert – von dem deutschen Kartographen *Martin Waldseemüller* als gedruckte „Bastelvorlage“ für angehende Geographen in großen Stückzahlen vermarktet. Wir werden darauf noch zurückkommen! Aber damit sind wir bereits im Zeitalter der Entdeckungsfahrten angelangt. Vorher wollen wir jedoch noch auf die Astronomen eingehen, die wie keine anderen Naturwissenschaftler das Weltbild verändern halfen und damit die Reformation einleiteten.

Nikolaus Kopernikus

Der Domherr *Nikolaus Kopernikus* (1473 - 1543) aus dem polnischen Thorn markiert das Ende des mittelalterlichen Weltbildes und den Aufbruch in ein neues Zeitalter. Er hatte an der Universität von Krakau Mathematik und später in Bologna Astronomie, in Padua Medizin und in Ferrara Kirchenrecht studiert, bevor er bei seinem Onkel, dem Bischof von Ermland, die Stelle als Privatsekretär und Leibarzt antrat. Er glaubte nicht, dass die Erde der ruhende Pol im Universum sein könne. Seine Aufzeichnungen über die Himmelsordnung, die er bei seinem Onkel begann und zwischen 1512 und 1533 im Stiftsturm von Frauenburg in Ostpreußen vollendete, gehen vielmehr davon aus, dass sich die Erde sowohl einmal im Jahr um die Sonne als auch einmal am Tag um ihre eigene Achse bewege, *„auch wenn dieser Gedanke absurd erscheint.“* Das Ergebnis dieser Überlegungen, deren Entwicklung und Darstellung mehrere Jahrzehnte in Anspruch nahmen, führte schließlich zu einem neuen Weltbild. Er stellte es in seinem Lebenswerk DE REVOLUTIONIBUS ORBIUM COELESTIUM LIBRI VI (Über die Umläufe der Himmelskörper in sechs Büchern) vor, das er jedoch erst zehn Jahre später zu veröffentlichen wagte. Zu diesem Zeitpunkt war er bereits siebzig Jahre alt und nach einem Schlaganfall ans Bett gefesselt. Das Werk hatte er diplomatisch dem Heiligen Vater, Papst Paul III., gewidmet und in seinem Originalmanuskript das Verdienst an dieser Vorstellung des Weltgebäudes dem griechischen Philosophen Aristarch zuerkannt, von dem schon eintausendachthundert Jahre zuvor der Mond als einziger Trabant der Erde bezeichnet worden war. Das Verdienst des Kopernikus beruht darauf, dass er alle damals bekannten Planeten an die richtige Stelle rückte, ihre Umlaufbahnen und -geschwindigkeiten bestimmte und

Abb. 47: Nikolaus Kopernikus

damit das materielle Bild unseres Kosmos korrigierte. Den durch sein Werk ausgelösten Streit zwischen Kirche und Wissenschaft, dem noch einige große Gelehrte der folgenden Jahrhunderte zum Opfer fallen sollten, wie sein italienischer Kollege Galileo Galilei, brauchte er aber nicht mehr zu erleben.

Galileo Galilei

Die holländische Erfindung des Linsenteleskops drang zum ersten Mal im Oktober 1608 an die Öffentlichkeit. Der Italiener *Galileo Galilei* (1564 - 1642) baute es nach und erreichte damit eine zweiunddreißigfache Vergrößerung. Zuvor hatte sich der Ingenieur aus Pisa mit hydraulischen Konstruktionen und Messgeräten für militärische Zwecke befasst. Als Praktiker verstand er es, komplexe Phänomene durch einfache Versuchsanordnungen messbar zu machen. Mit seinem Fernrohr gelang es ihm auch praktisch nachzuweisen, dass sich die Planeten um die Sonne bewegen. Die Lehre des Ptolemäus war damit auch in der Praxis widerlegt. 1610 veröffentlichte er seine Untersuchungsergebnisse in der Flugschrift SIDEREUS NUNTIUS (Der Sternbote). Die Entdeckung bewegter Flecken auf der Sonnenoberfläche legten ihm sogar den Schluss nahe, dass auch die Sonne nicht stillstehe. *„Die Bibel weist den Weg zum Himmel"*, schrieb er einem seiner Schüler, *„aber nicht den Weg, den die Himmelskörper beschreiben."* Dieser Brief gelangte auf Umwegen in die Hände der Inquisition. Im Februar 1616 erklärte das Heilige Offizium, „die *heliozentrische Lehre* sei töricht und falsch." Galilei wurde zur Auflage gemacht, keine ketzerischen Lehren mehr zu verkünden. 1632 beschloss der nun schon betagte und kränkliche Galilei aber dennoch seinen Dialog (über die beiden großen Weltsysteme) herauszugeben, denn, so klagte er, *„mein Leben schwindet dahin und mein Werk ist zum Vermodern verdammt"*. Der Druck der Inquisition zwang Galilei, seine Erkenntnisse zu widerrufen, dem sich der kranke Greis beugte, um darauf zu lebenslangem Hausarrest verurteilt zu werden.

Wilhelm der Weise

Der Landgraf von Hessen-Kassel, *Wilhelm IV.* (der Weise, 1532 - 1592), den wir im zweiten Band bei den Rosenkreuzern wieder antreffen werden, baute als erster deutscher Astronom die Astronomie auf den von Regiomontanus geschaffenen Grundlagen weiter aus. Auf seinem Schloss in Kassel errichtete er die erste moderne Sternwarte mit einer drehbaren Kuppel und einer für damalige Verhältnisse sehr zeitgenauen Uhr. Mittels dieser Anordnung konnte er beweisen, dass sich die Erde wirklich gleichförmig dreht. Gemeinsam mit seinem Mitarbeiter *Andreas Schöner* bestimmte er die Positionen von eintausend Sternen und schuf damit ein präzises Netz von Bezugspunkten für alle nachfolgenden Astronomen. 1575 besuchte ein junger dänischer Astronom die Sternwarte und tauschte seine Erfahrungen mit denen des Landgrafen aus.

Tycho Brahe
Diesem Besucher, *Tycho Brahe* (1546 - 1601), sollte es gelingen, mit Hilfe riesiger Mauerquadranten und Sextanten Messungen von bis dahin unbekannter Genauigkeit anzustellen. Als Jurastudent in Leipzig hatte er bereits weit mehr Interesse an Planetentafeln als an Gesetzestexten gezeigt. In Augsburg durfte er am Entwurf und Bau eines riesigen Azimut-Quadranten mitarbeiten und konnte neben einem Globus auch einen Sextanten von 1,5 m Länge erwerben. Damit konnte er nach seiner Rückkehr nach Dänemark beweisen, dass der 1572 entdeckte vermeintliche „Komet" eigentlich ein Fixstern war. Diese im Sternbild Kassiopeia entdeckte „Supernova" trägt seither seinen Namen (Tychos Nova).

Seit dieser Zeit bemühte sich auch der dänische König Friedrich II., den Angeboten anderer Länder zuvorzukommen und Tycho im eigenen Land wirken zu lassen. Er stellt ihm sogar eine kleine Insel an der Hafenausfahrt von Helsingör für seine Beobachtungen zur Verfügung. Tycho errichtete gleich zwei Sternwarten, Uranienborg und Stjerneborg, die er mit nicht weniger als achtundzwanzig Instrumenten ausstattete. Damit konnten er und seine Studenten ihren Beobachtungen mit größerer Genauigkeit nachgehen als anderenorts. Die Präzision der Messungen dieses Teams war so groß, dass Tycho Brahe als erster Astronom bei seinen Berechnungen die Brechung des Sternenlichts in der Erdatmosphäre mit einbeziehen musste. Er setzte das Werk Wilhelms IV. fort und bestimmte einundzwanzig Standardsterne und ein Netz von zusätzlichen 756 sorgfältig vermessenen Gestirnen. Mit dem Tode seines Gönners, König Friedrich II., (1559 - 88) versank allerdings auch sein Glücksstern. Als der nachfolgende König Christian IV. (1588 - 1648) seine Sternwarten konfiszieren ließ (die später verfielen), verließ er Dänemark verbittert und trat die Stelle als Hofastronom bei Kaiser Rudolf II. in Prag an. Hier starb er am 24. Oktober 1601 nach einem Bankett am Kaiserhof in Prag,[293] von Neidern und Kritikern angegriffen und vom Kaiser um die versprochenen Forschungsgelder geprellt. Seine Aufzeichnungen sollten jedoch einem anderen zugute kommen: Johannes Kepler, den Brahe noch vorher nach Prag eingeladen hatte, weil er auf dieses junge Genie seine ganze Hoffnung gesetzt hatte, in der Fachwelt rehabilitiert zu werden, – aber auch, um einen würdigen Nachfolger für seine Forschungen zu finden.

Johannes Kepler
Der spätere Hofastronom und kaiserliche Mathematicus *Johannes Kepler* (1571 - 1630) war ein Sucher nach dem Weltgeheimnis; seine astronomischen Erkenntnisse dienten ihm lediglich als Beweise seiner These einer Weltharmonik. Als Philosoph und gläubiger Christ errichtete er ein allumfassendes Gedankengebäude, das wir in seinem ganzen Ausmaß erst heute zu verstehen beginnen. Allerdings blieben ihm die Widerwärtigkeiten der Religionswirren in seinem beruflichen wie

privaten Leben nicht erspart. *„Ich möchte in Gewissensdingen wirklich nicht zum Heuchler werden, ich will mich an dem Theologengezänk nicht beteiligen ... In der Theologie gilt das Gewicht der Autoritäten, in der Philosophie das der Vernunftgründe. Heilig ist das Offizium unserer Tage, das die Kleinheit der Erde zugibt, aber ihre Bewegung leugnet. Heiliger ist mir die Wahrheit. Wer zu einfältig ist, die Astronomie zu verstehen, oder zu kleinmütig, um ohne Angst für seine Frömmigkeit dem Kopernikus zu glauben, dem gebe ich den guten Rat, die Schule der Astronomen zu verlassen und sich seinen Geschäften zu widmen."*

Abb. 48: Johannes Kepler

Als 23jähriger beschrieb Kepler sein Modell des Sonnensystems in der Abhandlung MYSTERIUM COSMOGRAPHICUM; sie basiert noch auf den fünf regelmäßigen (platonischen) Körpern der Geometrie,[294] in denen er unser Planetensystem eingehüllt glaubte.

Um sich seine Hypothese bestätigen zu lassen, sandte er Tycho Brahe eine Abschrift seiner Arbeiten nach Prag, der ihn daraufhin zur Mitarbeit auf Schloss Betanek einlud. Kepler kam dieser Einladung gerne nach, galt Brahe doch als der erfahrenste und bestausgerüstete Astronom seiner Zeit. Später, mit dem Tode des Dänen, trat Kepler dessen Stelle als Hofmathematicus Kaiser Rudolfs II. an.

Nun konnte Kepler Brahes Aufzeichnungen in Augenschein nehmen, die den Planeten elliptische Bahnen zuweisen. *„Was war ich doch für ein Tölpel!"*, soll er bei ihrem Studium ausgerufen haben. Daraus entstanden Keplers erste beiden Planetengesetze, die er in seiner ASTRONOMIA NOVA veröffentlichte. Aber seine Überzeugung an eine Weltharmonik drängte ihn später zu einer Korrektur seines ursprünglichen Modells. In einem an die Münchner Residenz gerichteten Brief bat Kepler um eine Abschrift der Ptolemäischen HARMONIK, „nach der er in halb Europa gesucht habe". Der Kanzler Herwart suchte dieses Werk aus der Bibliothek heraus und ließ es für Kepler kopieren. Dieser nicht selbstverständlichen Amtshilfe aus dem katholischen Lager verdanken wir mit großer Sicherheit das dritte Planetengesetz, das Kepler im letzten Buch seiner HARMONICES MUNDI LIBRI V beschreibt.[295] *„Meine Absicht ist es aufzuzeigen"*, so schreibt er, (wohl im Hinblick auf die elliptischen Bahnen, die von den Theologen als „nicht perfekt" angesehen wurden und somit kein „Gotteswerk" darstellen konnten) *„dass die Himmelsmechanik nichts mit* *dem göttlichen Walten gemein hat, insofern als nahezu alle die mannigfachen Bewegungsabläufe mittels einer einzigen, ganz simplen magnetischen Kraft erfolgen.*" Damit kommt er dem später von *Isaac Newton* [296] formulierten Gravitationsgesetz schon sehr nahe und auch *Faraday, Maxwell* und *Einstein* werden sich bei ihren Arbeiten auf die Erkenntnisse Keplers stützen. Kepler widmete sein „Buch für die Nachwelt" dem englischen König Jakob I. (1603 - 1625). Ein Exemplar besitzt die Stadt Regensburg als Dank für die Gewährung des Asylrechts, nachdem die katholische Liga Graz, seinen damaligen Wohnsitz, eingenommen hatte.

Wie bereits erwähnt galt Keplers Lebensinhalt dem Zugang zur „Weltharmonik" (der Pythagoreer) und wir beginnen erst langsam uns der Tragweite seiner Vision bewusst zu werden, die zu einer prinzipiellen Erweiterung unserer Naturerkenntnis[297] führen wird, davon sind wir überzeugt! In seinem letzten Buch der Weltharmonik bekundet er seine Vision mit den Worten: *Was mich veranlasst hat, den besten Teil meines Lebens astronomischen Studien zu widmen, Tycho Brahe aufzusuchen und Prag als Wohnsitz zu wählen, das habe ich* (in der Weltharmonik) *mit Gottes Hilfe endlich ans Licht gebracht.*[298]

Regensburg war neben Tübingen, Graz, Linz, Padua, Prag und Sagan in Niederschlesien eine der Stationen auf Keplers rastlosem Lebensweg während der Zeit der Religionswirren. Auf dem Reichstag zu Regensburg verteidigte er die Kalenderreform[299] von Papst Gregor XIII. (1572 - 85) gegen die protestantischen Stände. Währenddessen wurde seine Mutter in Württemberg der Ketzerei angeklagt und er musste seinen ganzen Einfluss geltend machen, damit die fünfundsiebzigjährige Frau 1621 freigesprochen wurde.

Regensburg war Keplers letzte Station. Am 15. November 1630, am Tage der Mondfinsternis, schloss er seine Augen für immer. Als gläubiger Lutheraner musste er außerhalb der Stadtmauern begraben werden. Sein Grab blieb uns leider nicht erhalten, sondern ging in den Zerstörungen der Schwedenkriege 1633/34 unter. Überliefert hat sich uns nur die von ihm selbst verfasste Grabesinschrift:

HIMMEL HABE ICH GEMESSEN,
JETZT MESSE ICH DIE SCHATTEN DER ERDE.
HIMMLISCHEN LEBENS MEIN GEIST,
SCHATTEN MEIN LEIB, DER HIER RUHT.

Der Einfluss der Kirche

Der Ganzheitsgedanke von Körper, Geist und Seele des menschlichen Wesens, den sich bereits die griechischen Naturphilosophen zu eigen gemacht hatten, wurzelte sicherlich auch noch im Urchristentum, denn Paulus verwendet ihn in seinen Briefen, so in seiner Grußbotschaft an die Thessaloniker.[300] Im Geist (dem griechischen Pneuma) hatte die Antike noch die Gottähnlichkeit im Menschen gesehen. Später[301] reduzierte die Kirche das Wesen des Menschen auf Körper und Seele. In der Welt der Gegensätze gab es fortan nur mehr Licht und Schatten, geistige und weltliche Macht, Religion und Wissenschaft. Seither kann das Wesen des Menschen seine göttliche Herkunft nicht mehr durch sich selbst zum Ausdruck bringen. Der Mensch hat vielmehr mit dem „Sündenfall" die Verbindung zu seinem Schöpfer verloren und lebt seither im Exil. Der Weg der Rückkehr ist ihm verschlossen und diese Situation kann – gemäß Augustinus – nur aus der göttlichen Gnade heraus geändert werden.

Bei diesem Konstrukt wundert es gar nicht, welchen Einfluss die Kirche auf das Denken des Mittelalters nehmen konnte. So verkündete sie, *„dass Gott die Menschheit aus einem einzigen Grund zum Mittelpunkt des gesamten Universums gemacht habe: um entweder erlöst, oder auf ewig verdammt zu werden. Alles würde entweder von der göttlichen Kraft oder den heimtückischen Versuchungen des Teufels gelenkt und deshalb müsse jeder Christ, bei allem, was er tut, die Wahl zwischen diesen beiden Kräften treffen. Aufgabe des Klerus war es, die Schriften zu deuten und über jeden Schritt ihrer Gläubigen zu wachen und darüber zu urteilen, ob er im Einklang mit dem Willen Gottes erfolge, oder ob er den Versuchungen des Teufels erlegen sei."*[302]

Nun aber hatten die großen geistigen Umwälzungen der Neuzeit das von der Kirche so sehr gehütete Weltbild ins Wanken gebracht: Die Astronomen hatten unwiderlegbare Beweise dafür vorgelegt (was Pythagoras allerdings bereits zweitausend Jahre zuvor schon gelehrt hatte), dass sich weder Sonne noch Gestirne um die Erde drehten, wie es die Kirche vorgab.[303] *„Unsere Erde war zu einem kleinen und unbedeutenden Planeten geschrumpft, der eine Sonne in einer bedeutungslosen Galaxie umkreist, die wiederum Milliarden solcher Sterne beherbergt. Die Menschheit hatte damit ihren Platz in der Mitte des göttlichen Universums verloren. Das Geschehen um sie konnte nun nicht mehr Gott oder dem Teufel angelastet werden. Alles brauchte jetzt eine neue Definition, einschließlich der Natur Gottes und unserer Beziehung zu ihm."*[304]

Mit diesem Bewusstsein war das ehemalige Vertrauen der Masse gegenüber Kirche und weltlicher Autorität zu den Naturwissenschaften hinübergewechselt, von denen man nunmehr ein neues Weltbild erwartete, eine Theorie, wie das Universum funktionieren könne. Denn Altes war im Vergehen und Neues hatte sich noch nicht durchgesetzt. Damit war eine Situation entstanden ähnlich der Orientierungslosigkeit um die Zeitenwende, die der Antike folgte, oder der unseres Zeitalters.

Der Vatikan, Zentrum der kirchlichen Macht

Der von der römischen Kirche zum Apostelfürsten der Christenheit erhobene Apostel Simon Petrus, soll – nach Notizen einiger früher Kirchenväter – unter Kaiser Nero (54 - 68) um das Jahr 67 am Zirkus des Caligula in Rom den Märtyrertod erlitten haben und auf dem Gräberfeld dortselbst bestattet worden sein. Papst Anaklet (ca. 79 - 90) soll an dieser Stätte ein „Mal" errichtet haben an dem sich die ihm folgenden Päpste noch bis zum Jahr 197 bestatten ließen. Über diese Grabstätten hatten Kaiser Konstantin und seine Mutter Helena im Jahr 326 eine Basilika errichten lassen, zeitgleich mit dem Baubeginn der Grabeskirche in Jerusalem. Tausend Jahre diente dieser Ort allein der Verehrung der beiden Apostelfürsten Petrus und Paulus, sowie der ersten Päpste, denn die päpstliche Residenz befand sich noch bis zum Jahr 1309 auf dem Lateranhügel, wo sich die Lateransbasilika bis heute als offizielle Bischofskirche von Rom erhebt.

Wie wir früheren Abschnitten entnehmen können, war mit dem Zerfall des römischen Kaiserreichs das einst so mächtige Rom allmählich zur Provinzhauptstadt herabgesunken, in dem sich seine Bewohner – Zuflucht suchend – um die neu entstandene Kirche scharten. Die immer wieder bedrängten Päpste suchten ihrerseits die enge Anbindung an die fränkischen Herrscher. Mittels des wohl erst im achten Jahrhundert erstellten Dokuments der „Konstantinische Schenkung" glaubte die römische Kirche ihre weltlichen Machtansprüche auf das zum Kirchenstaat erklärte Mittelitalien untermauern zu können.[305]

Nach Beendigung der Herrschaft der staufischen Kaiser Friedrich I. Barbarossa (1152 - 90) und seines Sohns Heinrich VI. (1190 - 97) konnte Papst Innozenz III. (1198 - 1216) den Kirchenstaat wiederherstellen. Das mittelalterliche Papsttum erlebte mit ihm den Höhepunkt seiner weltlichen Führungsstellung: Papst Innozenz begnügte sich dabei nicht nur mit der weltlichen Herrschaft über den Kirchenstaat,[306] sondern war auch noch darauf bedacht, dass sich auch die Könige dem päpstlichen Gericht unterstellen mussten. So hatte er im deutschen Thronstreit zwischen Welfen und Staufern gegen den Welfen *Otto IV.* (1198 - 1218) entschieden und auch das englisch-irische Reich des *Johann ohne Land* (1199 - 1216) unter seine Lehensoberhoheit stellen lassen. Von der Kreuzzugsidee besessen, hatte er 1198 zum vierten Kreuzzug aufgerufen, der das Heilige Land allerdings nie erreichte, denn es war – zwar gegen seinen Willen – unter der Leitung des Dogen *Enrico Dandolo* von Venedig im April 1204 zur Plünderung von Konstantinopel und dort zur Errichtung eines „lateinischen Kaiserreiches" gekommen, das bis zum Jahr 1261 Bestand hatte, jedoch im Bollwerk von Byzanz eine Bresche hinterließ, die letztlich die Einnahme durch die Türken am 29. Mai 1453 ermöglichte.

1278 hatte Papst Nikolaus III. (1277 - 80) auf der Westseite des Tibers, am vatikanischen Hügel, einen zweistöckigen Palast errichten lassen, der sich später – nach Rückkehr der Päpste 1377 aus dem „Babylonischen Exil" in Avignon – zum Regierungssitz der Päpste entwickeln konnte. Es war der französische Papst Gregor XI. (1370 - 78), den schließlich die prophetischen Drohungen *Katharinas von Siena* dazu bewogen, wieder nach Rom zurückzukehren, wo er am 17. Januar 1377 feierlich Einzug hielt.

Im Zeitalter der Renaissance wollte man dort auch die Kunst als Spiegel der päpstlichen Macht heranziehen. Ein Schlüsselerlebnis dazu muss für Papst Julius II. (1503 - 13) der Fund der Laokoongruppe im Januar 1506 in den Esquilinischen Weinbergen über den Ruinen der Titus-Thermen gewesen sein: Hatten doch die antiken Götter den Untergangs Trojas beschlossen, der Priester Laokoon hingegen die Trojaner vor der Kriegslist des Odysseus gewarnt. Äneas, der die Opferung Laokoons miterleben musste, konnte vor der Zerstörung Trojas gerade noch entfliehen, um (gemäß dem zweiten Gesang von Vergils AENEIS) in Italien das römische Volk zu begründen. Der Tod Laokoons war somit Voraussetzung für die Gründung Roms.

Für Papst Julius war dieser Fund ein Aufruf, Rom als Zentrum der kirchlichen Macht entsprechend darzustellen. Als Symbol hierfür sollte über dem Apostelgrab die größte Kathedrale der Christenheit entstehen. Dazu ließ er die konstantinische Basilika abtragen und beauftragte 1506 *Bramante* mit Planung und Ausführung dieses Mammutprojektes. Dabei behinderte nicht nur der oft aussetzende Geldfluss die Weiterführung der Arbeiten; auch die Baupläne mussten immer wieder den wechselnden Wünschen der Päpste und ihrer Stararchitekten angepasst werden. Bramante hatte ursprünglich einen Zentralbau vorgesehen, dem später ein Langhaus hinzugefügt wurde. 1547 wurde *Michelangelo* mit der Leitung des Projekts betreut, der die Pläne für die große Kuppel beisteuerte. Bei der großen Zahl von Baumeistern, die an der Gestaltung der Petersbasilika mitwirkten, waren bauliche Kompromisse unvermeidlich. Vor allem aber musste für dieses gewaltige Bauvorhaben in der gesamten katholischen Welt Geld gesammelt werden, was letztendlich, durch die Übertragung dieser Aufgabe an weltliche Institutionen (wie dem Bankhaus Fugger) – neben dem Ablasshandel – die Reformation in Deutschland einleitete.

120 Jahre nach der Grundsteinlegung konnte das Projekt dann endlich 1626 fertig gestellt und die neue Kathedrale der Christenheit durch den Musenfreund Papst Urban VIII. (1623 - 44) feierlich eingeweiht werden.

Während der ursprüngliche Kirchenstaat nur bis zur Gründung des italienischen Staates 1861 Bestand hatte und sich heute auf den Vatikan (und einiger seiner Exklaven) beschränken muss, bleibt doch die Peterskathedrale Symbol und Zentrum der katholischen Kirche. Daneben birgt Rom aber auch noch die Ordenszentralen der großen kirchlichen Orden, unter ihnen die der Jesuiten.

Die Jesuiten

Die »Gesellschaft Jesu«[307] zählt sicherlich zu den umstrittensten Orden der katholischen Kirche. Keine andere kirchliche Organisation hat jemals größeren Einfluss auf die geistige und politische Entwicklung Europas genommen. Jesuiten mischten seit ihrem Bestehen auf allen diplomatischen Ebenen mit. Sie beließen es nicht bei ihrer Aufgabe als Missionsorden, bei der sie außerordentliches leisteten, sondern drängten sich als „fünfte Kolonne" des Papstes stets an die vorderste Front. Als geistige Elite der Kirche beteiligten sich Jesuiten auch maßgeblich bei der Formulierung der Zielsetzungen der Kurie, zum Guten wie zum Schlechten. Oft gingen sie eigene Wege und stellten so für viele fundamentalistisch geprägte Kreise der Kirche eine große Herausforderung dar.

Von Beginn an legten es die Jesuiten darauf an, durch Bildung und Wissenschaft nicht nur das geistig-geistliche, sondern auch das kulturelle Niveau in ihrem Einflussbereich zu heben. Von 1580 an besaßen sie praktisch das pädagogische Monopol in den katholischen Ländern. Die Universitäten Ingolstadt, Wien, Prag, Köln, Mainz, Freiburg und Dillingen wurden von ihnen beherrscht, Würzburg und Graz für sie gegründet, wo an Wissen faktisch nur mehr das gelehrt werden durfte, was in das Weltbild der allein selig machenden Kirche passte. Damit erhoffte sie die Auswirkungen der Reformation mit deren eigenen Waffen zu schlagen.

Während der vier Jahrhunderte seines Bestehens formierten sich aus den Reihen des Ordens die größten Erfinder und Entdecker in zahlreichen wissenschaftlichen Sparten. Vielfach kam das wissenschaftliche Fachwissen auch der Missionsarbeit zugute, wie z.B. die mathematischen Kenntnisse von Pater *Matteo Ricci* (1552 - 1610), oder das große Fachwissen des Kölner Jesuitenpaters *Johann Adam Schall* (1592? - 1666) in Astronomie und Astrologie, die beiden Patres Zugang zum chinesischen Kaiserhof verschafften.

Unter den jesuitischen Himmelsstürmern finden sich zahlreiche Astronomen, wie der bayerische Jesuitenpater *Christoph Clavius* (1537/38 - 1612), ein Zeitgenossen Galileis, der dessen Berechnungen bestätigte, oder *Christoph Scheiner* (1575 - 1650), der in Ingolstadt wirkte und 1630 die Sonnenflecken entdeckte (und damit die Rotation der Sonne bewies).

Der „Kadavergehorsam" der Jesuiten dem Papsttum gegenüber – den der Orden stets als „Gehorsam aus Einsicht" bezeichnet – war Hauptursache für die Unterdrückung der freien Entfaltung von Forschung und Wissenschaften in der katholischen Welt. Der Orden nahm sich dabei selbst nicht aus und ordnete „Selbstbeschränkung" bei den wissenschaftlichen Veröffentlichungen seiner Mitglieder an, wenn sich ihre Entdeckungen nicht mit denen des kirchlichen Lehramts deckten. So durfte aus den zwölf Observatorien der Gesellschaft Jesu rund um den Erdball noch bis 1822 nichts entdeckt werden, was die kopernikanische Theorie bestätigt hätte[308] und auch *Teilhard de Chardin* (1881 - 1955) musste sich bei der Veröffentlichung seiner Schriften teilweise dieser Selbstbeschränkung beugen. So wirkte der Jesuitenorden für die geistige Entwicklung in und außerhalb der Kirche sowohl als Motor wie auch als Hemmschuh.

Ignatius von Loyola

Der Jesuitenorden wurde von dem Spanier *Ignatius von Loyola* (1491 - 1556) begründet: 1527 war der baskische Landadelige Don Iñigo López de Oñas y de Loyola über Katalonien nach Paris gezogen. Ein Maulesel trug auf seinem Rücken seinen ganzen Besitzstand: Bücher! Das Ziel war die Universität der französischen Metropole, die mit über 4000 Matrikeln als akademisches Zentrum des Abendlandes angesehen wurde. Als Don Iñigo 1522 sein Familienschloss in Loyola verließ und in Aranzazu das Keuschheitsgelübde ablegte, hatte er seine Sturm- und Drangperiode als Raufbold und Schürzenjäger lange schon beendet. In der Benediktinerabtei der Schwarzen Madonna von Montserrat tauschte er Degen und Wams gegen Bettelstab und Kalebasse ein und weihte sein Leben fortan der Kirche.

Die Pariser Universität war damals jedoch ein Herd philosophischer Unruhen. Hier wehte der antiklerikale Geist des *Erasmus von Rotterdam* (1465(69) - 1536) durch die Hörsäale. Zu Pfingsten hatten erst protestantische Studenten eine Marienstatue vom Sockel gestürzt. *Ignatius*, wie sich Iñigo fortan nennt, matrikuliert sich im *Collègue Sainte-Barbe*, dessen abgescheuerte Bänke noch kurz zuvor *Johannes Calvin* (1509 - 64) gedrückt hatte. Mit seinen beiden Zimmergenossen, dem Franzosen *Pierre Favre* und dem Spanier *Francisco de Jassu y Xavier* und fünf weiteren meist spanischen Gefährten formiert Ignatius am 15. August 1534 in einer kleinen Kapelle auf dem Montmartre seinen zukünftigen Orden. Hier legen sie am Tag von Mariae Himmelfahrt ihr Keuschheits- und Armutsgelübde ab. Alle sieben zukünftigen Jesuiten der ersten Stunde werden einmal als bedeutende Vertreter ihres Ordens in dessen Analen eingehen, einige von ihnen als Ordensgeneräle oder als Heilige der Altäre, so bereits 1622 der Ordensgründer und sein ehemaliger Zimmergenosse Franz Xaver, der eifrige Missionar Indiens und Japans.

Der neue Orden, die *Compañía de Jesús* (Gesellschaft Jesu) wollte das Ritterideal in die Welt des Glaubens übertragen. Dazu hatte sich Ignatius das Pauluswort „allen alles zu sein" (Kor. 9,22) zu eigen gemacht und als Losung an seine Gemeinschaft ausgegeben. *„Man muss sich bewusst sein"*, so betont er, *„dass der Mensch nicht nur Gott dient, wenn er betet; sonst wären alle Gebete zu kurz, die nicht täglich 24 Stunden dauerten."* Die Mitglieder der Gesellschaft Jesu kennen keine klösterliche Abgeschiedenheit, keine Ordenskleidung und kein gemeinsames Chorgebet. Sie unterscheiden sich von den übrigen Orden auch durch ihre vierte Ordensregel: Für die „Professen", die priesterlichen Mitglieder des Ordens, beinhaltet sie die Verpflichtung „zum *besonderen Gehorsam* bezüglich apostolischer Sendungen dem Papst gegenüber". Ignatius meinte dazu: *„Wir werden es verwinden, dass die anderen Orden uns durch Fasten und Nachtwachen sowie durch andere Strenge in der Lebensführung übertreffen... aber ich wünsche sehr, dass durch wahren und vollkommenen Gehorsam und durch den freiwilligen Verzicht auf eigenen Willen und eigenes Urteil diejenigen hervorleuchten, die in der Gesellschaft Jesu dienen..."*[309] Am 27. September 1540 bestätigt Papst Paul III. (1534 - 1549) in der Bulle REGIMINI MILITANTIS ECCLESIAE den neuen militärisch ausgerichteten Orden, der sich „unter dem Banner des Kreuzes" dem göttlichen Heeresdienste verschrieb. Als erster Ordensgeneral an der Spitze der Compañía in Rom wird 1541 Ignatius gewählt. Als Ignatius im Alter von 65 Jahren stirbt, zählt die Gesellschaft Jesu schon mehr als tausend Mitglieder ...

Keine andere Organisation vereinigt zwei Widersprüche so perfekt wie der Jesuitenorden: Disziplin und Individualismus. *„Wenn ein Heer weithin zerstreut ist, dann müssen seine verschiedenen Teile untereinander und mit dem obersten Feldherrn in Fühlung stehen ... damit überall der nämliche Geist, das nämliche Ziel, das nämliche Streben herrsche"* (aus den Ordensregeln, den Konstitutionen).

Athanasius Kircher

In unserm geschichtlichen Rückblick sind wir bereits auf einzelne herausragende Vertreter der Gesellschaft Jesu gestoßen, wie beispielsweise auf *Friedrich Spee* (als Anwalt der verfolgten Hexen), oder dem Universalgenie *Athanasius Kircher* (1602 - 80). Verdienst dieses Universalgelehrten ist es, beigetragen zu haben, dass sich während der geistigen Auseinandersetzungen zwischen den noch in mittelalterlichen Denkschemen verhafteten Traditionalisten und den bereits freiheitlich orientierten Humanisten die Kluft nicht noch weiter vergrößerte.

Kircher versuchte sich in allen nur denkbaren Disziplinen, einschließlich der Übersetzung der ägyptischen Hieroglyphen.[310] Er gilt auch als Gründer eines der ältesten Museen im Abendland[311] und gehört zu den größten musikalischen Enzyklopädisten des frühen Barock. Er ist Erfinder der „Laterna Magica", zahlreicher Symbolsprachen, „Vater der Geologie" und Erkunder biologischer Prinzipien und Gesetze. Sein Glaube an den gemeinsamen Ursprung aller Religionen schimmert immer wieder in seinen Schriften und Illustrationen durch. So ebnete er den Weg

Abb. 49: A. Kircher: Deckblatt zu ARITHMOLIGIA, Rom 1665

zu einem universalen philosophischen Verständnis, einer „*Philosophia Perennis*", wie sie Ende des 17. Jahrhunderts Leibniz verkündete und von etlichen Jesuiten aufgegriffen wird.

Als Physiker konstruierte er eine der ersten Rechenmaschinen, entdeckte, dass die Stärke eines Magneten mittels einer Waage bestimmt werden kann, wusste, dass das Meereis beim Auftauen Süßwasser enthält und verwendete als erster Quecksilber zur Temperaturmessung. Er macht auf den Einfluss der Farben auf die menschliche Psyche aufmerksam und kannte bereits die Gabelung des Äquatorialstroms bei Brasilien und sein Eindringen in den Golf von Mexiko. 1656 untersuchte er in Rom das Blut von Pestkranken und kam zu dem Schluss, dass die Verbreiter dieser Krankheit „kleine Tierchen" seien ... Als dieses Universalgenie 79jährig in Rom starb, umfasst sein Lebenswerk 44 Bände.

Uns Suchenden ist Kirchers Gedankengut zumeist durch die Illustrationen seiner Schriften bekannt, wie die in seiner ARCA NOE, ARS MAGNA LUCIS ET UMBRAE, CHINA MONUMENTIS, TURRIS BABEL, OEDIPUS AEGYPTIACUS oder seiner SPHINX MYSTAGOGA. Mit seiner Ideenwelt noch tief in alter Denkweise verhaftet, verleiht er uns Einblicke in die Denkweise der frühen Enzyklopädisten, die stets alles Neue mit früheren Ideen zu verbinden suchten.[312]

Bruno und Campanella, zwei kalabrische Ketzer

Zwei umstrittene Gestalten der ausgehenden Renaissance werden später als Wegbereiter des deutschen Rosenkreuzertums angesehen.[313] Beide kommen sie aus dem Königreich Neapel, beide beginnen sie ihre Laufbahn im Dominikanerorden und beide werden sie später zu Opfern der Inquisition: Tomaso Campanella und Giordano Bruno.

Der begabte kalabrische Dominikanermönch *Fra. Tomaso Campanella* (1568 - 1639), als armer Sohn eines Schusters geboren, gerät schon früh in Konflikt mit den Autoritäten seines Ordens und beginnt 1597 eine umfassende weltliche und geistliche Reform zu predigen, die zu einer theokratischen Staatsform führen soll. Sein poetischer Dialog DIE SONNENSTADT[314] beeinflusst spätere „utopische" Denkmodelle. Nach einem missglückten Umsturzversuch, der das Königreich Neapel zur ersten Keimzelle einer erneuerten Welt machen sollte, wird Campanella verhaftet, gefoltert und zu lebenslanger Haft verurteilt, aus der er erst nach siebenundzwanzig Jahren entrinnen kann. 1612 kann ihn der zum Tübinger Rosenkreuzerkreis gehörige Tobias Adami besuchen und Abschriften seiner Manuskripte anfertigen.[315] Campanella gelingt später die Flucht nach Frankreich, wo er 1639 im Kloster des Heiligen Jakob in Paris stirbt, an dem Ort, wo nach einhundertfünfzig Jahren die Jakobiner die Französische Revolution einfädeln werden. Bevor sich aber die Gedanken von Freiheit, Gleichheit und Brüderlichkeit ausbilden kön-

Abb. 50: Giordano Bruno

Abb. 51: Tomaso Campanella

nen, muss erst noch der ketzerische Dominikanermönch Giordano Bruno im Jahr 1600 auf dem Scheiterhaufen den Flammentod sterben.

Giordano Bruno (1548 - 1600) aus Nola, am Fuße des Vesuv, tritt schon mit fünfzehn Jahren in das Dominikanerkonvent seines berühmten Mitbruders Thomas von Aquin zu Neapel ein. Die Strenge des Ordens bietet jedoch dem feurigen Temperament Brunos keine Heimat, so dass er 1576 daraus ausbricht und seine „Peregrinatio" durch Europa beginnt. Er wirkt zunächst in Toulouse, lehrt an der Universität zu Paris und begibt sich für zwei Jahre nach England, um wieder nach Paris zurückzukehren. Dort verursachen seine 120 Thesen gegen die aristotelische Naturphilosophie einen akademischen Skandal und er muss die Stadt verlassen. Über Mainz, Wiesbaden und Marburg reist er nach Wittenberg und lehrt an der dortigen Universität, bis die Kontroversen zwischen Lutheranern und Calvinisten weitere Vorlesungen unmöglich machen. In seiner Abschiedsrede erweist er Albertus Magnus, Cusanus und Paracelsus seine Reverenz und würdigt Luther als einen mutigen Streiter gegen das Papsttum. Bevor Brunos weiterer Lebensweg ihn an die neu gegründete Universität von Braunschweig führt, hält er sich noch kurz am Hofe Kaiser Rudolphs II. in Prag auf. Wegen angeblich calvinistischer Gesinnung wird er schließlich von der lutheranischen Kirche exkommuniziert und zieht weiter nach Frankfurt am Main.

1591 nimmt Bruno unbesorgt die Einladung des Venezianers Giovanni Mocenigo an, der ihn nach Venedig bittet. Hier gerät er in die Fänge der Inquisition, die ihn in zwanzig Punkten der Ketzerei beschuldigt und einer achtjähriger Kerkerhaft im Gefängnis des Heiligen Offiziums auf der Engelsburg in Rom unterzieht. Aber selbst die Folter ist nicht imstande, seine Überzeugung zu beugen. Sein Leben endet am 17. Februar 1600 auf dem Scheiterhaufen.

Brunos Weltbild ist ein von der göttlichen Macht geschaffenes unendliches Weltall, in dem der Schöpfer alle seine Attribute vorbehaltlos einfließen lässt. Der Kosmos besteht darin aus dem Geist Gottes, der von der göttlichen Vernunft erfüllt ist, aus der auch alle Materie gezeugt wird. Er bildet die Manifestation der Göttlichkeit selbst, die absolute Präsenz alles Seins, das der stetigen Wandlung unterliegt. Alles Geschaffene manifestiert sich nur in „aufzuckenden Erscheinungsformen“ des einen Urstoffs (des *nous*), in dem es auch wieder verschwindet, um anderem Platz zu machen. Der Tod hat in Brunos Kosmos keinen Anteil, denn die Geschöpfe sind dank des ihnen innewohnenden göttlichen Funkens nur Übergangsformen, in denen die Seele von einem Wesen zum nächsten wandert. Dieses Weltbild bedarf keines Erlösers und keines Heiligen Geistes als Mittler zwischen „Vater“ und „Sohn“. Christus verwandelt sich bei Bruno in die göttliche Vernunft und der Heilige Geist in die kosmische Liebe.

Von unseren Kosmologen wurde Bruno bislang noch nicht entdeckt oder gewürdigt. Brunos Universum beherbergt unendlich viele Sonnen, um die sich die Planeten mit ihren Monden bewegen. Es gleicht einem Organismus, in dem alles Sein, von der einfachen Zelle bis hin zu den komplizierten planetarischen Systemen, ein belebtes und beseeltes funktionales Netz bildet. Ohne Metaphysik lässt sich die Physik nicht begreifen. Die Berechnungen der Physiker sind doch nur „Exerzitien an der Oberfläche“, die das Wesen der Schöpfung nicht zu erfassen vermögen. Von uns Menschen kann Gott nicht würdiger verehrt werden, als die Gesetze des Universums zu erforschen und ihnen nachzuleben …

Eugen Drewermann lässt seinen Giordano Bruno aussprechen, was uns als Vermächtnis dieses dunklen Zeitalters dienen kann. Es ist auch ein gutes Schlusswort für dieses düstere Kapitel in der Geschichte der Menschheit und Menschlichkeit!

„Sie haben mir Papier gegeben, genau 300 Blatt, eine Feder, Tinte nebst Streusand … Noch sieben Tage, dann beginnt ein neues Jahrhundert. Offenbar haben sie meinen Tod beschlossen und diese 300 Blatt sind meine Henkersmahlzeit … Sie brauchen das Licht meines Scheiterhaufens, um sich und aller Welt zu zeigen, dass es kein neues Zeitalter gibt noch jemals geben darf … Angst? Nein, ich bin froh, wenn alles vorüber ist … Ich bin nur noch müde … Ich bin in den letzten acht Jahren gealtert, wie durch achthundert Jahre. Aber warum nicht: vielleicht braucht es noch achthundert Jahre, bis

man versteht, was ich vor mir sah, ohne es jemals verstehen zu können … Ich habe nur meine Vision. Sie war mein Leben. Sie ist mein Tod. Sie ist was ich bin … O, ich möchte sprechen mit den Menschen, die in achthundert Jahren sind, oder wenigstens mit denen, die in vierhundert Jahren leben werden – im Jahre 2000, wenn ein neues Millennium anbricht. Wer werden sie sein? So wenig wie die Seele eines Menschen, so wenig vergeht, was je Geist war. Ich war Geist. Und ich bin Seele. So möchte ich diese 300 Blätter beschreiben als ein stummes Vermächtnis durch die Jahrhunderte … Doch die Flammen des Scheiterhaufens werden einen Wind entfachen, der diese Blätter forttragen wird durch die Jahrhunderte. Für die Augen meiner Henker werden sie nichts sein als Asche. Aber es wird immer wieder Menschen geben, die keine beschriebenen Blätter brauchen, um richtig zu lesen …“ [316]

Reformation und Gegenreformation

Seit dem ausgehenden 15. Jahrhundert trachtete neben Adel und Geistlichkeit auch das Bürgertum in zunehmendem Maße nach politischen Mitbestimmungsrechten und stellte dadurch eine Gefahr für die *„gottgewollte Ordnung der Welt“* von Kirche und Reich dar. Betrachteten sich doch die Könige des Heiligen Römischen Reiches bereits seit dem frühen Mittelalter – neben der Kirche – als die Hüter des christlichen Glaubens, zu deren Aufgabe es gehörte, die Einheit des Christentums im Reichsverbund zu verteidigen.

Zu Beginn der Reformbestrebungen reichten die technischen und gesellschaftlichen Voraussetzungen allerdings noch nicht aus, um diesen auf breiter Basis Erfolgsaussichten bieten zu können. Die Möglichkeit der Informationsverbreitung gewann damals – wie heute – außerordentliche Bedeutung. Ohne die Erfindungen Johannes Gutenbergs Mitte des 15. Jahrhunderts hätte die Reformation wohl kaum stattfinden können, so dass sie Martin Luther später als *„das höchste und äußerste Gnadengeschenk Gottes“* bezeichnete: Erst der Buchdruck ermöglichte es, revolutionäres Gedankengut rasch und in hohen Auflagen zu verbreiten.

Auf dem kaiserlichen Thron des Heiligen Römischen Reiches saß zur dieser Zeit der Habsburger *Karl V.* (1519 - 58), ein Enkel *Maximilians I.* Als Halbwaise mit einer gemütskranken Mutter (Doña Juana von Aragón und Kastilien[317]) war er im habsburgischen Flandern aufgewachsen und in Utrecht von dem bedeutenden Theologen Adrian Florenszoon Dedel, dem späteren Papst *Hadrian VI.*[318] (1522 - 23), zu asketischer Frömmigkeit erzogen worden. Wie seine Vorfahren fühlte sich auch Karl V. für die Einheit des Christentums in seinem Territorium verantwortlich und sah es als seine heilige Aufgabe an, sie gegen jegliches Ketzertum zu verteidigen.

Die Reformatoren

Als der Augustinermönch und Theologieprofessor *Martin Luther* (1483 - 1546) am 31. Oktober 1517 seine in lateinischer Sprache abgefassten fünfundneunzig Thesen an das Portal der Wittenberger Schlosskirche heftete, hegte er keineswegs die Absicht, eine Kirchenspaltung vom Zaun zu brechen; vielmehr wollte er durch das Anprangern der Missstände nur gründliche theologische Diskussionen auslösen. Musste er doch mit zornig erregtem Herzen miterleben, wie eifrige Ablassprediger den Gläubigen übersteigert verkündigten, dass sie sich mit Geld von ihren Sünden freikaufen könnten! Auch hielt sich das Gerücht, dass das Augsburger Bankhaus Fugger kräftig an diesem Handel mitverdiente. Seine innere Stimme drängte ihn dazu, gegen diesen Missbrauch mit aller Schärfe vorzugehen und seine eigene befreiende Erfahrung von der wirklichen Gerechtigkeit Gottes der ganzen Christenheit zu erschließen.

Luther, der sich weigerte, diese Thesen zu widerrufen, wurde exkommuniziert und 1521 auf dem Wormser Reichstag dem kaiserlichen Bann unterworfen. Unter dem Schutz des sächsischen Kurfürsten Friedrich des Weisen (1486 -1525) verbrachte er daraufhin die nächste Zeit auf der Wartburg, wo er unter Mithilfe seines Freundes Philipp Melanchthon das Neue Testament aus dem Griechischen ins Deutsche übertrug. Die erste griechische Druckausgabe (1516) des vollständigen Neuen Testamentes mit seiner lateinischen Übersetzung durch den augustinischen Mitbruder Erasmus von Rotterdam diente ihm hierbei als große Hilfe. War bis zu diesem Zeitpunkt doch nur die griechische VULGATA des Kirchenvaters *Hieronymus* verfügbar gewesen.

Die protestantische Reformbewegung, die sich sehr stark auf die Quellen des christlichen Glaubens konzentrierte, wurde anfangs auch von den Humanisten gefördert. Nicht alle folgten jedoch den kirchenreformatorischen Konsequenzen, die zur Trennung von den „Altgläubigen“ führten. Viele versuchten vielmehr eine Versöhnung der divergierenden Kräfte zu erreichen, so Martin Bucer (1491 - 1551) im Straßburger Raum.[319]

Abb. 52: Martin Luther und Phillip Melanchthon

Auf der anderen Seite gingen später Gruppierungen des sogenannten „linken Flügels“ der Reformation, die eine wörtliche Auslegung der Heiligen Schrift forderten, von Luther unabhängige Wege. In diesem Zusammenhang muss die Täuferbewegung – vor allem in Münster und Zürich – gesehen werden. Lutheraner wie Katholiken verfolgten sie unbarmherzig und rotteten sie schließlich aus. Sie fand damit das Los so mancher chiliastischer (endzeiterwartender) Sekten dieser Zeit, die ursprünglich aus Böhmen, Schlesien wie überhaupt im Osten ihren Anfang nahmen. Im Gegensatz dazu konnten sich die in Gütergemeinschaft lebenden Mährischen Brüder während einer längeren Periode der Duldung wieder erholen. Ihr Gründer Jakob Hutter musste jedoch noch auf dem Scheiterhaufen 1535 in Innsbruck sein Leben dafür opfern. Doch nicht vergebens: Der Spiritualismus aller dieser Bewegungen beeinflusste nachhaltig viele Strömungen des Protestantismus, wie beispielsweise die der Mennoniten und Baptisten.

Andererseits stellte sich Luther trotz der Not der Bauern und der daraus resultierenden Aufstände auf die Seite der feudalen Landesherren, die sich gegen den päpstlichen Zentralismus in den deutschen Staaten wehrten; damit auch gegen eine sozialpolitische Umsetzung der Reformation.

Philipp Melanchthon (1497 - 1560), Freund und Berater Martin Luthers, zählte zu den toleranteren und aufgeschlosseneren Reformatoren, von denen es leider nicht viele gab. Ohne seine Mithilfe hätte sich Martin Luther wesentlich schwerer getan, seine reformatorischen Ideen zu formulieren.

Melanchthons feine Feder formulierte dabei, was die grobe Hand Luthers vorzeichnete. So meinte dieser einmal: *„Ich sehe Magistri Philipps Bücher im Lateinischen und Deutschen auf dem Platz lieber denn die meinen. Ich bin dazu geboren, dass ich mit den Rotten und Teufeln muss kriegen und zu Felde liegen, darum viele meiner Bücher stürmisch und kriegerisch sind. Ich muss die Klötze und Stämme ausrotten, Dornen und Hecken weghauen, die Pfützen ausfüllen und bin der grobe Waldrechter, der die Bahn brechen und zurichten muß. Aber Magister Philipp fähret säuberlich und still daher, bauet und pflanzet, säet und begeußt mit Lust, nach dem Gott ihm hat gegeben seine Gaben reichlich."* [320]

Während der Reichsacht gegen Martin Luther, von 1521 an, vertrat ihn Melanchthon; so z.B. 1530 auf dem Augsburger Reichstag, wo er in der CONFESSIO AUGUSTANA die weitreichende Übereinstimmung der reformierten Lehre mit der katholischen Kirche unterstrich, ehe er auf die Abweichungen bei der Priesterehe, dem Ordensgelübde und der Gestalt des Abendmahls einging. Auch bei den Religionsgesprächen 1540 in Worms und 1541 in Regensburg hatte Melanchthon für die Einheit der Kirche gekämpft und die Gemeinsamkeiten im Glauben immer herauszustellen versucht. Seine eigenen Mitstreiter griffen ihn deshalb des öfteren an. Andererseits genoss er jedoch als Gelehrter ein so hohes Ansehen, dass er nach Luthers Tod am 18. Februar 1546 praktisch als Anführer der reformatorischen Bewegung in den deutschen Ländern galt.

Nachdem sich die eidgenössischen Urkantone 1291 von der habsburgischen Herrschaft gelöst hatten, schlossen sich ihnen nach dem entscheidenden Sieg über

Österreich bei Morgarten weitere Kantone an. Hier konnte sich der reformatorische Gedanke durch *Ulrich Zwingli* (1484 - 1531) verbreiten, der sich vom aufgeklärten Kritiker der Korruption in der Kirche zu einem leidenschaftlichen Reformator wandelte. Als Freund und Berater des Landgrafen *Philipp* (des Großmütigen) *von Hessen* (1509 -1567) entwarf er den Plan eines protestantischen Bundes von der Schweiz bis Dänemark, der später in Frankreich von *Heinrich von Navarra* aufgegriffen wurde. Innenpolitisch verantwortete Zwingli vor allem die politische Stoßrichtung und stärkte damit die eidgenössische Tradition der *direkten Demokratie*.

Johannes Calvin (frz. Jean Cauvin, 1509 - 64) begann seine Laufbahn als Prediger in Paris und schloss sich 1533 den Ideen Luthers an. 1536 veröffentlichte er in Basel sein Hauptwerk INSTITUTIO CHRISTIANAE RELIGIONES (Unterweisung im christlichen Glauben). Darin erkannte er die Bibel als einzige Glaubensquelle an und vertritt die Ansicht, die Erlösung hänge allein von der Gnade Gottes ab (Prädestinationslehre). Nicht die Liebe zu Christus, sondern der pflichtgemäße Gehorsam gegenüber dem allmächtigen Gott stehen im Mittelpunkt seines Denkens. Gehorsam und Gnade verbänden sich direkt und ließen das Leben in jeder Weise erfolgreicher werden. Die Kirche wird bei Calvin auch nicht von einer kirchlichen Hierarchie verkörpert (wie bei den Katholiken) oder durch das Amt (wie bei Luther), sondern allein von der Gemeinde. Dazu führte er vier Stände ein (Pastoren, Doktoren, Älteste und Diakone), denen die Gemeindeaufgaben unterstellt wurden. Seine Lehre breitete sich schnell in vielen Ländern Europas aus. Vor allem die schon erfolgreichen Industriellen am Niederrhein fanden im Calvinismus eine Bestätigung ihrer Lebensführung. Seine Anhänger und späteren Interpreten arbeiteten eine Theorie der politischen Gesetzmäßigkeit und des Widerstandsrechts gegen Tyrannen aus, die noch heute die reformierte und die lutherische Kirche trennt.

1536 kam Calvin nach Genf. Wegen der Strenge seiner neuen Kirchenordnung musste er diese Stadt bereits zwei Jahre später wieder verlassen. 1541 riefen ihn seine Anhänger jedoch wieder zurück. Nicht zuletzt dadurch konnte sich Genf zur „Hauptstadt des Protestantismus“ erheben, von wo aus die oft gespaltenen und schlecht organisierten protestantischen Gemeinschaften in ganz Europa betreut wurden.

Katholische und protestantische Länder

Der Landgraf von Hessen, *Philipp der Großmütige* (1504 - 67), der noch selbst als Zeuge den Auftritt Luthers auf dem Wormser Reichstag miterleben konnte, entschied sich 1524 für die neue Lehre und bildete fortan, zusammen mit dem Kurfürsten von Sachsen, die Stütze des Protestantismus im Deutschen Reich. 1529 versuchte er in dem berühmten Religionsgespräch in Marburg zwischen Luther und Zwingli zu vermitteln, konnte jedoch nicht verhindern, dass sich der Riss

Abb. 53: Lucas Cranach d. J.: Dessauer Abendmahl

zwischen den beiden Reformatoren nur noch weiter vergrößerte. Dabei reduzierte sich der Streit nur auf die Abendmahlfrage. Die „Sakramentarier" aus Straßburg und der Schweiz unter ihrem Wortführer Zwingli behaupteten darin, Christus sei nur in der das Abendmahl feiernden Gemeinde gegenwärtig, nicht aber in Brot und Wein. Im gleichen Jahr protestierten sechs Fürsten und vierzehn Reichsstädte auf dem Reichstag zu Speyer zugunsten Luthers. Auf sie geht die Bezeichnung „Protestanten" für Luthers Anhänger zurück. Zu diesem Zeitpunkt formierte sich auch die protestantische Orthodoxie, d. h., die Festlegung ihrer Bekenntnisse und Lehrzeugnisse.

Zur Bekämpfung der lutherischen und calvinistischen Reformation berief Papst Paul III. endlich im Frühjahr 1545 das von Karl V. so lang ersehnte allgemeine Konzil nach Trient ein, für das die Protestanten jedoch ihre Teilnahme verweigerten – vielleicht noch eingedenk des Schicksals von Jan Hus vor einhundertdreißig Jahren auf dem Konstanzer Konzil. Daraufhin fasste der Kaiser den Entschluss, sie mit seinen spanischen Truppen unter Waffengewalt zu bezwingen. Im Schmalkaldischen Krieg (1546 - 47) unterlagen die Protestanten der kaiserlichen Armee und auch der sächsische Kurfürst geriet in Gefangenschaft. Philipp von Hessen musste sich unterwerfen und wurde zusammen mit dem sächsischen Kurfürsten geächtet.

Der nach Augsburg einberufene Reichstag (1548) sollte eine Lösung der drängend gewordenen Religionsfragen bringen. Die Reformatoren legten dabei eine umfassende Darstellung ihres Glaubens vor. Hierfür wurde von *Philipp Melanchthon* das *Augsburger Bekenntnis* in lateinischer und deutscher Sprache verfasst, das, wie bereits erwähnt, das Ziel verfolgte, die Gemeinsamkeiten mit der katholischen Kirche herauszustellen. Die Kirchenspaltung war jedoch schon zu weit fortgeschritten, als dass sie noch jemand aufhalten konnte.

Auf dem Konzil von Trient (1545 - 1563) wurden nun – neben der Präzisierung einer Reihe von Glaubenssätzen – auch zahlreiche Verordnungen gegen die Missstände erlassen. Die Kirchenspaltung ließ sich allerdings weder vermeiden noch auf die deutschen Länder beschränken, denn beiden Konfessionen hatten längst begonnen, um Territorien und Einflusssphären zu kämpfen. So konnte sich der Religionskampf schließlich wie ein Krebsgeschwür auf ganz Europa ausbreiten.

Müde und enttäuscht dankte Kaiser Karl V. 1556 ab und zog sich in das Kloster *San Jerónimo de Yuste* in der spanischen Estremadura zurück. Ein Brief, den er vier Monate vor seinem Tod an seine Tochter, der spanischen Regentin Juana richtete, mag uns als Testament dieses religiösen Fanatikers erscheinen: *„In diesem Zusammenhang kann ich nicht unterlassen, zu erwähnen, was in Flandern üblich war und ist. Ich wollte eine Inquisition einführen, um die Ketzerei zu bestrafen, die manche Leute von dem benachbarten Deutschland und England und sogar von Frankreich übernommen haben. Jeder widersetzt sich dem, mit der Begründung, dass unter ihnen keine Juden seien. Schließlich wurde ein Befehl erlassen, dass alle Leute, einerlei aus welchem Staat und unter welchen Umständen, die zu gewissen, genau bezeichneten Gruppen gehörten, ipso facto zu verbrennen und ihre Besitztümer zu beschlagnahmen seien. Die Notlage zwang mich so zu handeln ...“*[321] Am 21. September 1558 starb Karl V. Sein großes politisches und religiöses Ziel, die Einheit des Christentums zu erhalten, war ihm nicht gelungen.

In seiner Wahlheimat *Spanien* hatte man noch unter seiner Regierung den Irrglauben als Bedrohung der Staates definiert, so dass der Großinquisitor *Valdés* am 9. September 1558 an den Papst schreiben konnte, dass die *„Abirrungen und Ketzereien des Luther und seiner Brut, die man jetzt in Spanien zu predigen und einzuführen begonnen hat, als Aufstand und Aufruhr betrachtet werden müssen“*. In dessen Folge merzten eine Reihe von Inquisitionsverfahren (*Auto de Fe*) den Protestantismus in Spanien praktisch aus. Sie richteten sich hauptsächlich gegen ausländische Händler und Seeleute, die unversehens vor das Tribunal der Inquisition gerieten. Die erste große Ketzerverbrennung fand 1559 am Sonntag Trinitatis in Valladolid statt[322] und setzte sich alsbald in allen Provinzen des Landes fort. Die Schreckensherrschaft des *Heiligen Offiziums* sollte in den spanischen Provinzen noch über zwei Jahrhunderte ihr Unwesen treiben und wurde erst unter den Einwirkungen der Französischen Revolution 1820 abgeschafft.

Den Anhängern der Reform in *Frankreich*, den *Hugenotten,* hatte man zwar im *Toleranzedikt von St. Germain* 1562 freie Religionsausübung außerhalb der Städte zugesichert, der Hass innerhalb der beiden Parteien schwelte jedoch weiter. In der Bartholomäusnacht von 1572 kam er voll zum Ausbruch, in der mindestens dreitausend Hugenotten von ihren christlichen Brüdern umgebracht wurden. Es folg-

Abb. 54: Ruine de Abtei von Glastonbury

te ein Exodus all derer, die oft nur ihr nacktes Leben retten konnten, vor allem in die reformierten Staaten des Deutschen Reiches.

Heinrich von Navarra übernahm 1576 mit dreiundzwanzig Jahren die Führung der Hugenotten. Er bemühte sich 1586, alle nicht-katholischen Religionsparteien gegen Kaiser und Papst zu mobilisieren, was die Idee einer Einberufung der unter dem „Ritterbund der Kreuzesträger des Evangeliums" operierenden Orden und Organisationen in Lüneburg beflügelt haben mag (siehe Abschnitt über Simon Studion im 2. Band). Um als erster Bourbone auf dem Thron Frankreichs als Heinrich IV. antreten zu können, musste er jedoch 1593 zum Katholizismus übertreten: *„Paris ist eine Messe wert"* wurde daraufhin zum geflügelten Wort. 1598 unterschrieb Heinrich das *Edikt von Nantes*, das den Hugenotten ihre Rechte zurückgab und weitere Zugeständnisse machte. Damit endeten die seit 1562 andauernden Hugenottenkriege. „Le Bon Roi" (der gute König) musste allerdings seine tolerante Handlung mit seinem Leben bezahlen, denn 1610 ermordete ihn ein katholischer Fanatiker.

Neben Frankreich behauptete sich fortan die katholische Lehre in Italien, Spanien, den südlichen Niederlanden (Belgien), in Baiern, Österreich, Böhmen und Polen, während sich die Schweiz und die Mehrzahl der nordischen Länder zur Reformation bekannten. Dem Heiligen Römischen Reich Deutscher Nation war es bestimmt, die Last der Kirchenspaltung voll auszutragen. Bis in unser Zeitalter hatte dies ein Klima der Intoleranz und die Unterdrückung der Andersgläubigen zur Folge.

In England spielte sich die „Reformation" vor einem anderen Hintergrund ab, als dem im kontinentalen Europa: 1533 hatte König Heinrich VIII. (1509 - 47) seine Gemahlin Katharina von Aragón verstoßen, um deren junge Hofdame Anna Boleyn zu ehelichen. Als sich Papst Clemens VII. (1378 - 94) weigerte, die Eheschließung zu annullieren, zwang Heinrich VIII. den Klerus seines Landes, ihn als Oberhaupt der Kirche von England zu ernennen und löste so den Bruch mit dem Heiligen Stuhl aus. In liturgischen Fragen verteidigte er jedoch weiterhin den Katholizismus und verweigerte jegliche Annäherung an die Lutheraner.[323] Alle Romtreuen Kirchen und Abteien ließ er hingegen auflösen und ihre Bauten bis auf die

Grundmauern abtragen, so 1539 die altehrwürdige Abtei von Glastonbury, in der (angeblich) das Grab König Arthurs aufgefunden wurde. 800 weitere Klöster auf den britischen Inseln ereilte das gleiche Schicksal …

Der Dreißigjährige Krieg

Er wird vom *Prager Fenstersturz* ausgelöst und zieht nach und nach alle deutschen Länder mit in seinen Sog, spaltet mit unbeschreiblicher Grausamkeit Mitteleuropa in zwei Lager und macht auch keinen Halt vor Familien und Freunden.

Die Protestanten widersetzten sich der Wahl des neuen habsburgischen Königs (und späteren Kaisers Ferdinand II.) und wählten dafür den kalvinistischen *Kurfürsten Friedrich V.* von der Pfalz zu ihrem König.

Zu ihnen zählten Hussiten, Utraquisten[324] sowie Böhmische (und Mährische) Brüder, denen dreiviertel der Bevölkerung angehörten, während die Katholiken nur ein Viertel ausmachten. In den Prager Artikeln (1419 - 1420) verankerten sie u. a. die Freiheit und Autorität des gepredigten Wortes und die Absage an die politische und wirtschaftliche Machtstellung der Kirche. Als der habsburgische Kaiser *Matthias* (1611 - 1619) die Forderungen der Stände nicht genehmigte, kam es zum Prager Fenstersturz von zwei königlich-habsburgischen Statthaltern, in dessen Verlauf die Stände die Macht übernahmen und die Jesuiten und den Prager Erzbischof des Landes verwiesen. Die böhmischen Stände waren eine Konföderation mit denen Mährens, der Lausitz und Schlesiens eingegangen, der sich später auch die Stände Ober- und Niederösterreichs anschlossen.

Ferdinand, am Jesuitengymnasium zu Ingolstadt erzogen, hatte auf einer Wallfahrt nach Rom gelobt, den Protestantismus auszumerzen. Als er 1619 seinem älteren Vetter Matthias als Kaiser *Ferdinand II.* (1619 - 1637) nachfolgte, verbündete er sich mit Herzog *Maximilian von Baiern* (1597 - 1651), dem Haupt der *katholischen Liga*, gegen Friedrich von Böhmen. In der *Schlacht am* Weißen *Berg* bei Prag kam es am 8. November 1620 zur Entscheidung, als die katholischen Truppen schon nach wenigen Stunden siegten und daraufhin Prag besetzten. Friedrich, der „Winterkönig" wurde geächtet und musste mit seiner Gattin außer Landes fliehen. Auf Umwegen gelangte das Königspaar in die Niederlande. Die pfälzische Kurwürde ging an Herzog Maximilian von Baiern. Der Traum der Schwärmer aus dem protestantischen Lager, dass mit dem spirituellen Idealpaar Europas dem romtreuen Haus Habsburg vielleicht eine Integrationsfigur für alle Strömungen der Reformation erwachse, fand dabei ein jähes und schmähliches Ende. Daran konnte auch die späte Hilfe aus dem Norden nichts mehr ausrichten.

Der König von Dänemark, Christian IV. (1588 – 1648), setzte sich nunmehr an die Spitze der Protestanten und löste den *Dänisch-Niedersächsischen Krieg* (1625 - 1629) aus, der vom *Schwedischen Krieg* (1630 - 1635) abgelöst wurde. Der schwedische König Gustav II. Adolf (1611 - 1632) zog daraufhin mit seinem Heer durch die deutschen Länder. Wallenstein, der Herzog von Friedland, bekämpfte als kaiserlicher Feldherr ihn und die mit ihnen verbündeten protestantischen Reichsstände. In seinen Dramen stellte *Friedrich Schiller* die Verwicklungen dieses Krieges meisterhaft dar. Die Fronten wechselten häufig zwischen dem Schwedenheer und den „Kaiserlichen". Dabei musste das Volk das ganze Leid tragen: Städte, Dörfer und Ernten fielen den Verwüstungen anheim. Als Wallensteins Macht den Zenit erreicht hatte, setzte ihn der argwöhnische Kaiser Ferdinand II (1619 - 1637) ab und ächtete ihn. Im gleichen Jahr ermordeten Neider den genialen Feldherrn auf Schloss Eger. Im Frieden zu Prag verzichtete der Kaiser auf die Durchführung des Restitutionsedikts (der Rückgabe aller von den Protestanten eingezogenen geistlichen Güter). Die Mehrzahl der protestantischen Stände traten dem Frieden bei. Aber die dreißig Jahre Krieg waren noch nicht vollendet.

Es folgte erst noch der *Schwedisch-Französische Krieg*, der 1648 mit dem *Westfälischen Frieden* (zu Münster und Osnabrück) endete. In ihm wird Europa zwischen den „Großmächten" Schweden, Frankreich und Brandenburg/Preußen aufgeteilt; Lutherische und Reformierte erhalten im Deutschen Reich endlich gleiche Rechte wie Katholiken. Jedoch haben dreißig Jahre Krieg das Abendland in tiefstes Elend

Abb. 55: Der „Winterkönig" und seine Gattin Elisabeth Stuart

gestürzt; Mitteleuropa liegt in Trümmern und ist nicht nur an seinen politischen Grenzen, sondern auch tief in seiner Seele verwundet. Wunden, die nur sehr langsam verheilen und später weitere Kriege verursachen.

Wie charakterisierte doch der „Vater der Landsknechte“, Georg von Frundsberg, den Krieg, dem er als Vasall der kaiserlichen Feldherren Maximilian I. und Karl V. gedient hatte, und doch verarmt und voll Groll auf den Kaiser sterben musste, weil ihm dieser den verauslagten Sold für seine Truppen schuldig geblieben war: *„Drey Ding soll einen jeden vom Krieg abschrecken: die Verderbung und Unterdrückung der armen unschüldigen Leut, das unordentlich sträfflich Leben der Kriegsleut und die Undankbarkeit der Fürsten, bey denen die Ungetrewen reich werden, und die Wohlverdienten unbelohnt bleyben.“* Der Dichter Hans Jakob von Grimmelshausen (1622 - 1676) verlieh diesem Krieg in seinem Roman DER ABENTEUERLICHE SIMPLICISSIMUS das wohl farbenprächtigste aber auch grausame Gepräge, wobei gelegentlich durchaus rosenkreuzerische Kritik und Vision aufblitzen.

Die Macht des Kaisers ist unwiederbringlich zerstört und sein Kronland, das Heilige Römische Reich Deutscher Nation, in etwa sechshundert Fürstentümer, geistliche wie weltliche Kleinstherrschaften und freie Reichsstädte zerstückelt. Ihren Herrschern, ob katholisch, protestantisch oder reformiert, liegt meist nur daran, ihre eigene Macht zu verteidigen. Als gemeinsame Institution überlebt nur der Reichstag zu Regensburg.

Während des achtzigjährigen Freiheitskrieges der *Niederlande* gegen die Spanier wird Ostfriesland eine der Zufluchtsstätten für die Protestanten. In der norddeutschen Hafenstadt Emden finden über ein Vierteljahrhundert wegen ihres Glaubens verfolgte Niederländer, Engländer und Franzosen eine neue Heimat. Wegen dieser liberalen Haltung heißt diese Stadt bald *„De herberge der kerke Gottes“*. Andererseits profitiert Emden davon und es entsteht ein wirtschaftlicher und kultureller Mittelpunkt in der friesischen Region. Ähnlich positive Folgen können auch andere Länder verbuchen, die Flüchtlinge in großem Maßstab aufgenommen haben, so z. B. Hessen, Brandenburg und Württemberg.

Comenius und die »Böhmischen Brüder«

Der Tod des Reformators Hus auf dem Scheiterhaufen (1415) hatte im Königreich Böhmen eine gewaltsame Erhebung ausgelöst, die bald auch auf Reichsgebiet übergriff. Während dieser Revolution versuchten viele hussitische Sekten mit dem Urchristentum Ernst zu machen. Vor allem die Frage des gemeinsamen Eigentums und die Sorge um die Gemeinschaft drängten in den Vordergrund. Aus theologischen Reformern waren Sozialrevolutionäre geworden. Zu ihnen gehören auch die »Böhmischen Brüder«. Sie streben eine geistige Erneuerung der im Verfall begriffenen Kirche an und leben ein tolerantes und brüderliches Ideal vor. Die Mitglieder dieser Gemeinschaft richten sich dabei streng an der Bibel aus, vor allem an der Bergpredigt. Sie lehnen eine Kirchenhierarchie strikt ab und lassen ihre Prediger von der Gemeinde bestimmen. Auch feiern sie im Gegensatz zur Amtskirche das Abendmahl der Gemeinde in Gestalt von Brot und Wein. Gegenüber dem radikalen Zweig der Hussiten lehnen die »Böhmischen Brüder« jedoch jegliche Gewalt zur Durchsetzung ihrer Ziele strikt ab. So werden sie auch „die Stillen im Lande" genannt. Als Gründungstag ihrer Kirche feiern sie den 1. März 1457. An diesem Tag schließt sich in Kunwald in den Glatzer Bergen unter Bruder Gregor ihre erste kleine Gemeinde zusammen.

In den folgenden Jahrzehnten, vor allem aber zu Beginn des 17. Jahrhunderts wächst die Gemeinschaft der »Brüder des Gesetzes Christi« und spätere »Brüder-Unität« in Böhmen und Mähren zu einer bedeutenden Kirche heran. Doch während des Dreißigjährigen Krieges werden sie im Rahmen der gewaltsamen Rekatholisierung in Böhmen grausam verfolgt und zumeist außer Landes vertrieben. Noch 1722 treffen Mähren in der Oberlausitz ein und gründen unter dem Schutz des Grafen Zinzendorf den Ort Herrnhut. Bald suchen hier auch Ansiedler aus deutschen Landen Zuflucht[325]. Die Gemeindeordnung der „Herrnhuter" geht auf die »Böhmischen Brüder« und ihren Bischof Jan Amos Comenius zurück.

Jan Amos Comenius (Jan Komensky, 1592 - 1670), ein Landsmann und Namensvetter von Jan Hus, besucht schon als Kind die Schule der Böhmisch-Mährischen Brüder und erfährt 1616 die Priesterweihe. Bald zieht es ihn zur Universität nach Heidelberg, wo er Theologie studiert. Doch Heidelberg ist auch zum Mekka einer rosenkreuzerisch geprägten Erneuerungsbewegung geworden, seit Friedrich V. von der Pfalz Elisabeth Stuart, die Tochter des englischen Königs, heimgeführt hat. Kein Geringerer als *Francis Bacon* hatte die Choreographie der wochenlangen Hochzeitsfeierlichkeiten am englischen Hof bis ins Detail geschaffen. Ein stark symbolträchtiges Theater jagt das andere und spielt mit zahllosen Andeutungen einer „heiligen" Hochzeit. Ein Teil der Schauspieler zieht mit Elisabeth in die Pfalz. Das Heidelberger Schloss mit seinen verspielten Kostümbällen und Theaterfesten dient *Johann Valentin Andreae* vermutlich als Vorlage zu seinem Roman DIE CHYMISCHE HOCHZEIT DES CHRISTIANI ROSENKREUTZ ANNO DOMINI 1459, auf die wir noch zu sprechen kommen.

Hier, in dieser Stadt, gewinnen die Visionen des Comenius stärkere Konturen. Als Pädagoge, Philosoph und Philanthrop, aber auch als Theologe macht er sich über die Grenzen seines Wirkungskreises hinaus einen großen Namen. Dabei ist er zugleich ein Bewunderer jeglicher Technik oder Wissenschaft. Das Lesen im „Buch der Welt", dem Liber Mundi, gilt ihm ebensoviel wie das Studium der Bibel. *„Es ist die allergrößte Schande, ja beinahe tierischer Stumpfsinn, nicht zu wissen, nicht zu erforschen, nicht zu fragen, wer du bist, woher du kommst und wohin dein ganzes Wesen strebt."*

Die Welt vergleicht Comenius mit einem Garten, der vom Menschen gestaltet und bewirtschaftet werden soll. Die Natur bedeutet für ihn nichts Fremdes, was beherrscht und ausgebeutet werden muss, sondern ein Teil der Schöpfung. Sie ist gleichsam ein Symbol des Gartens Eden, des Paradieses, denn durch sie kann sich der Mensch mit ihr harmonisch vereinen. Mit seiner „zweiten Natur" hat er die Möglichkeit, schöpferisch tätig zu werden und ein Paradies auf Erden zu schaffen. Als Mittler zwischen Gott und der Welt muss sich der Mensch aber zuvor selbst umwandeln. Dies erfordert Selbsterkenntnis und Erforschung des Inneren. Dadurch wird er erfahren, dass er *„seines Schöpfers Ebenbild, Statthalter und Diener, eine Welt im Kleinen und ein Gott im Kleinen"* ist.

Nach Comenius teilt sich unser Werdegang in acht Abschnitte oder Schulbereiche auf, die das menschliche Leben prägen: vorgeburtliche Entwicklung, frühe Kindheit, Knabenalter, Reifealter, Jungmannalter, Mannesalter, Greisenalter und Tod. Er vergleicht diese Abschnitte auch mit den Bereichen eines Gartens.[326] Der Rosenhain mit seinen Dornen symbolisiert darin z.B. die Konfrontation mit dem Leben. Jede Altersstufe hat ihren besonderen Schwerpunkt und damit sowohl eine innere, seelische, als auch eine äußere, gesellschaftliche Bedeutung. Die schulreformatorischen Schriften des Comenius lenken die Aufmerksamkeit und das Interesse der europäischen Fürstenhäuser auf ihn, so dass er nach Polen, England, Deutschland, Schweden, Ungarn und den Niederlanden eingeladen wird, um jeweils die nationale Pädagogik aufzubauen. „Lehrer der Völker" tituliert man Comenius, der auch als erster eine allgemeine Schulpflicht für Kinder fordert. Aufgrund seiner Idee einer „Weltversammlung für Gerechtigkeit, Frieden und Bewahrung der Schöpfung" (seines „Kollegiums des Lichts") betrachten ihn heute UNO und UNESCO als einen ihrer Ahnherren. So fordert er bereits fast 200 Jahre vor der Proklamation der Menschenrechte die Selbstbestimmung der Völker, Toleranz gegenüber Andersgläubigen und eine Neugestaltung des Lebens durch Recht, Erziehung und Menschlichkeit. Alle Wissenschaften will er in einer Enzyklopädie vereinigen.

Sein Werk wirkt auch noch auf die Denkweise im Zeitalter der Aufklärung ein. So beeinflusst seine Humanitätslehre das freimaurerische Denken im nachfolgenden Jahrhundert, wie die Übereinstimmung zwischen den freimaurerischen ALTEN PFLICHTEN[327] und den Satzungen der Böhmischen Brüder veranschaulicht. In der Praxis dieser Böhmischen Brüder, so Comenius in einer Randnotiz, seien die Ideale der Rosenkreuzer verwirklicht.

Wie seine Mitbrüder so muss auch Comenius in seinem Leben mehrmals Vertreibung und Plünderung seiner Habe während der Religionskriege hinnehmen. Dabei geht auch ein Großteil seiner über einhundertvierzig Schriften verloren.

Emanuel Swedenborg, „Aufklärer des Himmels"

Der große Mystiker des Nordens, *Emanuel Swedenborg* (1688 - 1772), gehört bis zur Mitte seines Lebens zu den bedeutendsten Wissenschaftlern und Ingenieuren seiner Zeit, bevor er sich ab 1736 ganz seiner Form der Theosophie zuwendet. Als Ahnherr verschiedener Mysterienschulen können wir auf seine Biographie an dieser Stelle nicht verzichten.

Er wird am 29. Januar 1688 als Emanuel Swedberg in Stockholm und Sohn eines protestantischen Bischofs geboren (anderen Quellen zufolge in Skara). Während seines Studiums in Uppsala und in England erwirbt er eine universale Bildung in den unterschiedlichsten Wissensgebieten, darunter Astronomie, Chemie, Physik und Metallurgie. Später studiert er in England Mathematik und Physik. Seine Veröffentlichungen zu diesen Themen begründen seinen Ruf als hervorragender Wissenschaftler in ganz Europa. Es gelingt ihm, in Staatsdienste zu treten, wobei er sich beim Bau von Kanälen und Docks sowie im Bergwerkskollegium hervortut. 1719 wird er unter dem Namen Swedenborg geadelt. Als Mitglied des schwedischen Parlaments kann er sich auch erfolgreich für soziale Reformen einsetzen. Doch seine zahllosen Neider intrigieren erfolgreich. Verbittert verlässt das Genie Schweden, reist durch ganz Europa, trifft Fürsten, Philosophen und Naturwissenschaftler, während er das ständig sich bei ihm ansammelnde Wissen unterwegs in Schriften umsetzt.

Auf seiner Suche nach dem Sitz der menschlichen Seele wendet er sich später dem Studium der Anatomie zu, dessen Erkenntnisse ein siebzehnbändiges Werk entstehen lassen. Seine Suche gilt immer der Quelle des Wissens und des Zusammenhangs von Ursache und Wirkung, die in seiner LEHRE VON DEN ENTSPRECHUNGEN Niederschlag finden. Hier unterscheidet er zwischen der natürlichen und der geistigen Welt, wobei sich ihm die stoffliche Welt nur als ein Schattenbild der geistigen Welt darstellt, die er wiederum als ein Abbild Gottes betrachtet.

Der Leib und die Seele des Menschen sind für Swedenborg eine Schaubühne des göttlichen Wirkens und *Teleskop, Mikroskop und Sonde dienen nur dazu, die Wunder der göttlichen Liebe und Weisheit an den Tag zu bringen. Ein höchster göttlicher Zweck regiert die ganze Schöpfung!* So wird aus dem Ingenieur und Wissenschaftler ein Philosoph und Theologe.

Im Studium der Bibel sucht Swedenborg nun die verborgenen Quellen der Weisheit. Auch hier geht er bis zu ihrem Ursprung zurück und erlernt die hebräische Sprache, denn die göttliche Weisheit sei in ihren Buchstaben verborgen. Wie die ägyptischen Hieroglyphen, so erkennt er die hebräischen Schriftzeichen als Repräsentanten der inneren Wahrheiten. Sie sind gleichsam der Leib, in dem sich das himmlische Wort auf einer den Menschen zugänglichen Weise verhüllt. Um der göttlichen Aufforderung nachzukommen, „den Menschen den geistigen Sinn der heiligen Schrift auszulegen", zieht Swedenborg sich 1747 praktisch auf dem

Zenit seines naturwissenschaftlichen Ansehens in ein kleines Haus mit Garten nahe Stockholm zurück. Während seiner Betrachtungen erfährt er visionäre Erlebnisse, die sich zu einer „himmlischen Ekstase", einer die physische Realität verlassenden Bewusstseinserweiterung steigern. Fortan konzentriert er seine erstaunlichen intellektuellen Fähigkeiten ganz auf die Erforschung der Seele. Nahezu dreißig Jahre hat und pflegt er täglichen Zugang zur geistigen Welt, die er mit größter Sorgfalt erschaut und beschreibt.

In seinen zahlreichen religiösen Werken lässt er seine „Neue Kirche" entstehen, die er als Bollwerk gegen den um sich greifenden Materialismus und als Hort für die menschliche Freiheit und Geistigkeit versteht. Die Quellen seiner Lehren liegen im Verborgenen; sie gehen andere Wege, als die damals geläufigen Vorstellungen in der christlichen Lehre.

Grundlage von Swedenborgs theologischem Werk ist die *Lehre von den Entsprechungen*, die er in seinem Manuskript DER HIEROGLYPHISCHE SCHLÜSSEL ZU DEN NATÜRLICHEN UND GEISTIGEN GEHEIMNISSEN AUF DEM WEG DER REPRÄSENTATIONEN UND ENTSPRECHUNGEN darlegt. Darin entkleidet er das geschriebene Wort seiner „historischen und buchstäblichen" Bedeutung. Aus allen Gestalten, Personen, Vorgängen und Bildern entstehen so „Typensignaturen", die den geistigen Urgrund widerspiegeln.

Die Lehre von den Entsprechungen glaubt Swedenborg auch in der Entwicklung der Religionen erkennen zu können: *Stellte der Mensch doch Gott durch „sichtbare Dinge" dar, die ihn an die himmlischen Dinge erinnern sollten, zu denen er immer mehr den Zugang verlor. Als dann dem Menschen das Wissen von den Entsprechungen verloren ging, begann er die Abbilder als Heiligtümer und später als Gottheiten zu verehren. So entartete die Urreligion zur Vielgötterei. Aber selbst in jedem Götzendienst liegt noch das ursprüngliche Wissen um den echten repräsentativen Charakter aller irdischen Formen. So ist in jeder Religion das ursprüngliche Wort verborgen, das schon bestand, bevor die heiligen Schriften niedergeschrieben wurden. Die Vielgötterei ist somit nur Ausdruck der göttlichen Eigenschaften und Prädikate, die als Götter verkehrt werden. So entstanden die unterschiedlichsten Mythen, die gewisse Reste des Urwissens enthalten, wie zum Beispiel die Kunde vom Paradies, von der großen Flut, vom heiligen Feuer und von den vier Zeitaltern.*

In jedem dieser Zeitalter erfolgte die Auslegung des göttlichen Wortes ganz unterschiedlich und zum Teil auch widersprüchlich, denn der im Buchstabensinn verborgene geistige Sinn erschließt sich nur dem, der das wahre Wissen von den Entsprechungen besitzt.

Irrlehren entstanden dadurch, dass einige Lehrer in ihrem Eigendünkel verhüllte Wahrheiten zum Ausgangspunkt einer Deutung des ganzen Wortes machten und es damit verfälschten. Das echte Verständnis des Wortes herrscht nur dort, wo es von seiner reinen Wahrheit her verstanden wird, so wie es sich dem Erleuchteten darstellt …

Den philosophischen und theologischen Teil von Swedenborgs literarischem Werk gibt derzeit der Swedenborg-Verlag in Zürich in deutscher Sprache heraus.[328] Darunter befinden sich HIMMLISCHE GEHEIMNISSE ... in neun Bänden, Swedenborgs Bibelauslegungen aus der lateinischen Urschrift ins Deutsche übertragen, DIE ERKLÄRTE OFFENBARUNG DES JOHANNES ..., die GEDRÄNGTE ERKLÄRUNG DES INNEREN SINNES DER PROPHETEN UND PSALMEN ODER DIE WEISHEIT DER ENGEL. Am 29. März 1772 stirbt der „Schwedische Seher“ in London. Hier beginnen sich auch seine Anhänger zu organisieren, hier entstehen der freimaurerische Swedenborg-Ritus mit seinen neun Graden sowie kirchliche Gemeinden auf der Grundlage seines Lehrgebäudes, die sich zur „Neuen Kirche“ formieren. Sie zählt heute ca. 30.000 Mitglieder.

Entdeckungsfahrten und Kolonialisierung

Unser geschichtlicher Rückblick wäre sicherlich unvollständig, übergingen wir die Entdeckungen und Erfindungen der vergangenen Jahrhunderte, denn sie haben unser heutiges Weltbild zutiefst geprägt. Als man aufbrach, nach und nach die Weltmeere zu erforschen und die verschiedenen Gebiete dem Seeverkehr zu erschließen, begann eine neue Ära der Weltgeschichte. Die Geschichte der Entdekkung und „Erschließung“ neuer Kontinente erstreckt sich über mindestens drei Jahrhunderte. Der spirituellen Entwicklung unseres Abendlandes dienten sie kaum, wohl aber der Bereicherung der Kolonialstaaten auf Kosten der Länder, die man später zur „Dritten Welt“ degradierte.

Im Verlauf dieser Entdeckungsfahrten mussten die Mittelmeerländer ihre Macht in dem Maße einbüßen, wie die europäischen Anrainerstaaten des Atlantiks zu führenden Handelsmächten aufstiegen. Mit den Eroberungen der neuen Kontinente begann auch das dunkle Kapitel des *Sklavenhandels*. Im Verlauf der Besiedlung der neu eroberten Länder verschleppten gnadenlose Häscher schätzungsweise zwanzig Millionen Schwarzafrikaner gewaltsam aus ihrer meist westafrikanischen Heimat nach Nord-, Mittel- und Südamerika (einschließlich der Karibik) und fügten den Menschen der Herkunfts- wie der Zielländer damit unsagbares Leid zu; die rassische Bevölkerungszusammensetzung der neuen Länder sollte sich dadurch grundlegend ändern.

Bereits 1441 wurden in Lissabon schwarze Sklaven aus Afrika zum Kauf angeboten. Portugiesische Kontore und Sklavenschiffe wickelten später den größten Teil des Sklavenhandels ab. Aber auch die übrigen Kolonialmächte, Spanien, Frankreich, Großbritannien, die Niederlande und selbst damals noch nicht kolonisierende Staaten wie Preußen, partizipierten an diesem menschenverachtenden Handel.

Die afrikanischen Sklaven brachten in die Neue Welt auch ihre magischen Kulte mit, von denen der Voodoo-Kult in der Karibik und die Macumba[329] in Brasili-

Abb. 56: Madonna der Seefahrer

en bei uns wohl am bekanntesten sind. Alle diese Kulte prägten die Kulturen der „Gastgeberländer" zum Teil maßgeblich. Einige dieser Kulte hielten später sowohl in Nordamerika wie auch in der Alten Welt ihren Einzug und gingen dort oft eigentümlich anmutende Verbindungen ein.

Die durch die Entdeckungsreisen entstehenden Handelsverbindungen leisteten dabei einen wichtigen Beitrag zum Wohlstand der späteren Kolonialmächte. Der Welthandel erfuhr dadurch eine enorme Entwicklung. Aber das Ziel der Kolonialisierung diente leider nur der Ausbeutung dieser Länder; kaum einer der neuen Herren versuchte die vorgefundenen Kulturen und ihre Traditionen zu verstehen und sie diesen Völkern auch zu belassen. Als Herr der Welt glaubte der „weiße Mann" vielmehr, allen von ihm unterworfenen Völkern „das Heil" der eigenen Entwicklung mit all ihren Fehlern aufzwingen zu müssen.

Auf, zu neuen Ufern!

Das Zeitalter der Entdeckungen wollen wir 1492 mit Kolumbus beginnen lassen, wenn auch schon vorher vereinzelt oder regelmäßig Reisen in damals noch als unbekannt geltende Zonen durchgeführt sein mochten.[330] Gemäß unseren Geschichtsbüchern ermöglichten erst die wissenschaftlichen Errungenschaften des 15. Jahrhunderts mit ihren präziseren Methoden der Positionsbestimmung die Entdeckungsfahrten auf den Weltmeeren: So stand beispielsweise der florentinische Kartograph Paolo Toscanelli (1397 - 1482) mit Regiomontanus im Briefwechsel und schickte am 25. Juni 1474 seine auf den neuesten Wissensstand gebrachte Weltkarte an den Kanonikus Fernan Martínez nach Lissabon. In seinem Anschreiben wies er darauf hin, „dass möglicherweise die Gewürzländer Asiens über den kürzeren westlichen Seeweg besser zu erreichen wären, als über die langwierige und gefährliche Ostroute." Doch die portugiesische Admiralität hatte andere Pläne, so dass dieser Hinweis einem Seefahrer eines anderen Landes zu ewigem Ruhm verhelfen sollte:

„Westindien"

Der Genuese *Christoph Kolumbus* (ca. 1451 - 1506) erfährt anlässlich seines Besuches in Lissabon von Toscanellis Brief und bemüht sich alsbald darum, eine Kopie des Schreibens und der Seekarte zu erhalten. Mit seinen einundzwanzig Jahren verfügt er sowohl über den Wagemut wie die seemännischen Kenntnisse, mit denen er sich die Seereise auf der unbekannten Westroute zutraut, auch wenn sich Toscanellis Entfernungsangaben im Nachhinein als falsch erweisen sollten. Die notwendigen Kenntnisse in Mathematik, Astronomie, Geographie und Arithmetik hat sich der Genuese als Autodidakt angeeignet und von seinen Zeitgenossen wird er aufgrund dieses Wissens *„nautisch als fast ein Orakel und eingeweiht in* *ozeanische Geheimnisse*" charakterisiert. Unermüdlich bemüht er sich, seine Kenntnisse zu verbessern, immer auf der Suche nach Neuem. So hört er auch von den Neuerungen Martin Behaims, die dieser nach Portugal gebracht hatte.

Kolumbus' Ungeduld, „den Osten im Westen zu suchen", wird jedoch noch auf eine harte Probe gestellt: Bestehen die portugiesischen Fachleute doch auf der Meinung, die Erde sei größer, als von Toscanelli angenommen. Wenn Eratosthenes mit seinem Umfang von umgerechnet vierzigtausend Kilometern recht behält, dann müssen zwischen Europa und Asien etwa zwanzigtausend Kilometer offenes Meer liegen; allerdings hat Ptolemäus den Erdumfang für wesentlich kleiner gehalten. Insgesamt räumen die Portugiesen aber der Möglichkeit, Afrika zu umsegeln, eine größere Chance ein. So zieht sich ihre Entscheidung über Jahre hinaus, um 1485 Kolumbus' Angebot letztendlich doch abzulehnen. Nun versucht der Genuese sein Glück bei den katholischen Königen Spaniens. Nach anfänglichem Zögern stimmen diese seinem Vorhaben zu. Die weitere Geschichte ist bekannt: In den Morgenstunden des 3. August 1492 segelt Christoph Kolumbus mit seinen drei neuen Karavellen[331] *Pinta, Niña* und dem Flaggschiff *Santa Maria* aus dem spanischen Palos ab. Auf seiner Entdeckungsreise nach „Indien" führt der Genuese neben Kompass, Zirkel und Sanduhr auch Toscanellis Seekarte und Monteregius' Ephemeriden und Deklinationstabellen mit. Am 12. Oktober 1492 kann er auf der Insel Guanahani seinen Fuß auf festes Land setzen und es für die spanische Krone in Besitz nehmen. Er benennt es nach dem Heiland der Christenheit *San Salvador* ...

Die Teilung der Welt

Bereits ein Jahr später, am 4. Mai 1493, erwirken die Spanier mit der päpstlichen Bulle INTER CETERAE ihres (spanischen) Papstes *Alexander VI.*[332] (1492 - 1503) die Fixierung ihrer Interessenssphäre im Atlantik, welche die Erde in eine spanische Westhälfte und eine portugiesische Osthälfte teilt. Die Legitimation erfolgt dabei durch einen Christianisierungsauftrag an die katholischen Könige:

... Und Wir befehlen Euch, kraft heiligen Gehorsams, so wie Ihr auch es versprecht und ohne Zweifel es aus Eurer großen Ergebenheit und Eurem königlichen Großmut erfüllen werdet, dass Ihr nach jenen Festländern und Inseln rechtschaffene und gottesfürchtige Männer ausschicket, die klug, kundig und erfahren sind, um die genannten Eingeborenen und Bewohner im katholischen Glauben zu unterweisen und sie gute Sitten zu lehren, wobei Ihr in allem die gebotene Sorgfalt beachtet. Und streng verbieten wir allen Personen, jedweden Standes oder Ranges, selbst kaiserlicher und königlicher Würde, unter Strafe der Exkommunikation ‚latae sententiae', nach den entdeckten und zu entdeckenden Festländern und Inseln jenseits der genannten Meridianlinie sich zu begeben, die hundert Meilen westlich der Azoren und Kapverdischen Inseln verläuft, um dort Handel zu treiben oder

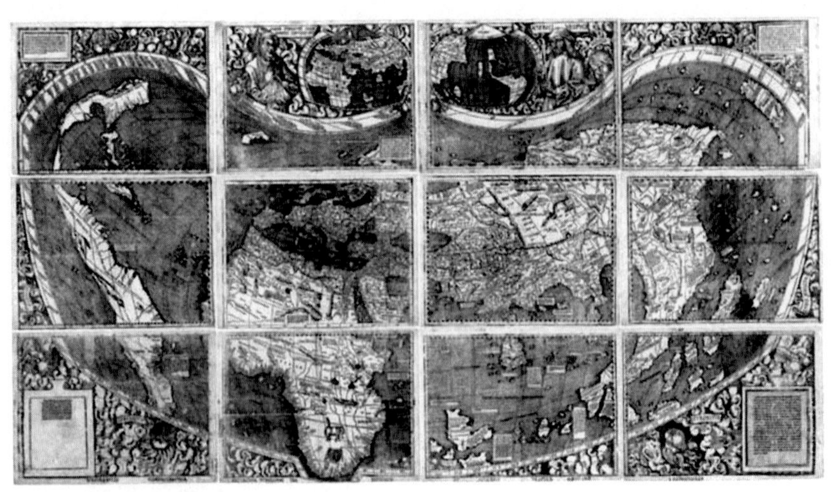

Abb. 57: Martin Waldseemüllers Weltkarte

aus irgendeinem anderen Grund ohne Eure besondere Erlaubnis und Eurer Erben und Nachfolger …

Im *Vertrag von Tordesillas* wird diese Aufteilung 1494 modifiziert und im *Vertrag von Zaragoza* 1529 durch eine weitere Grenzziehung im Pazifik ergänzt. Daraufhin erobern die Spanier die „Neue Welt" (mit Ausnahme von Brasilien), während sich die Portugiesen in Südostasien etablieren. Die genaue Positionsbestimmung auf den Weltmeeren lässt allerdings erst noch bis zum Auftreten der Engländer als Entdecker und Kolonisatoren im 18. Jahrhundert[333] auf sich warten.

Der Seeweg nach Indien

In Portugal liegt die Erkundung der Seewege in den Händen der Seefahrer des Christusordens, des Nachfolgeordens der Templer, deren Segel das Templerkreuz zieren. *Bartholomeus Diaz* (1450 - 1500) sticht im Februar 1487 mit der Absicht in See, die Südspitze Afrikas zu erkunden; auf dieser Reise treibt ihn ein Sturm südlich aufs offene Meer hinaus. Ostwärts segelnd erreicht er ein der Küste vorgelagertes Riff, welches er *„Kap der Stürme"* tauft. In seiner Vision, dass von dort aus schon bald die ersten Schiffe seines Landes nach Fernost segeln könnten, benennt König *João II.* (1481 - 1495) später diesen Zipfel des afrikanischen Kontinents in *„Kap der Guten Hoffnung"* um.

Zehn Jahre später folgt ein weiteres Mitglied des Christusordens, *Vasco da Gama* (ca. 1460 - 1524) am 8. Juli 1497 mit vier Schiffen der Route seines Ordensbruders Diaz und erkundet den Verlauf der afrikanischen Ostküste; am 20. Mai 1498 gelangt er nach Calicut in Indien. Hier treffen sie auf ein frühes Christentum, das auf den Apostel Thomas zurückgehen soll. Es entspricht aber nicht der römischkatholischen Lehre, weshalb es durch die „wahre Lehre“ ersetzt wird. Fünf Jahre darauf landen die Portugiesen auf den *Molukken* und kehren mit ganzen Schiffsladungen von Gewürzen zurück. Damit erfüllt sich der Traum Heinrichs des Seefahrers! Das venezianische Monopol ist endgültig gebrochen.

Von „Las Indias“ zu Amerika

Solange man die Neue Welt im Westen noch nicht als eigenen Kontinent erkannte, geht die spanische Welt davon aus, dass ihre Entdecker die Territorien „de las Indias“ (der indischen Länder) von ihrer Ostseite her erreichten. Diese spanische Benennung schließt neben China die vorder- und hinterindischen Territorien, sowie die philippinische und indonesische Inselwelt ein, aus denen man Gewürze und Edelsteine, Seide und Spezereien bezieht. Der italienische Seefahrer *Amerigo Vespucci* (1454 - 1512), der 1497 und 1501/2 an Erkundungsfahrten entlang der südamerikanischen Ostküste teilnimmt, kommt allerdings zu dem Schluss, dass alle bisher entdeckten Länder wohl nicht in Asien liegen können; weisen ihre Bewohner doch nicht die geringste Ähnlichkeit mit der von Marco Polo beschriebenen Physiognomie auf.

Während Kolumbus alle entdeckten Länder zunächst für Inseln und bis zuletzt für einen Teil der indischen Welt hält, beschreibt sie Amerigo Vespucci in einem Brief über die Entdeckung Brasiliens an Lorenzo di Medici 1502 als Erster als „Neue Welt“. 1503/04 folgt sein Traktat MUNDUS NOVUS, das in Europa vielfach abgedruckt wird. Der Vorschlag, den neuen Kontinent *America* zu benennen, wird dem deutschen Kartographen *Martin Waldseemüller* (ca. 1470 - ca. 1520) zugeschrieben. Seine revolutionäre Bauanleitung zum Basteln eines Globus’ aus zwölf Segmenten verwendet jedenfalls erstmalig diesen Namen für den neu entdeckten Kontinent. Die Vorlage zu dieser Bastelanleitung fertigt er 1507 im Holzschnittverfahren und in einer geschätzten Auflage von tausend Exemplaren an und vermarktet sie in einem Paket zusammen mit einer großen Plankarte und einem dazu erklärenden Text von 104 Seiten.[334]

Dass sich der Name des neuen Kontinents ausgerechnet auf den Vornamen Vespuccis zurückführen lässt, wie wir in der Schule lernten, erscheint uns fast so unglaublich wie die Ableitung aus mandäischen Quellen, deren Tradition von einem Land jenseits der Meere berichtet, über dem der Morgenstern „Merica“ aufgeht. Da könnte die mögliche Herkunft des Namens Amerika doch sehr viel wahrscheinlicher aus dem amerikanischen Regenwald stammen, wo in der archaischen Mayasprache *Amerrikua* „Land der Winde“ bedeutet.[335]

Wie auch immer, 1517 segelt *Francisco Fernández de Córdoba* (ca. 1475 - 1525) nach Westen und stößt auf die Halbinsel Yucatán, auf der er hoch über der Küste die weiße Stadt Tulum vorfindet, die vermutlich letzte noch operierende Kultstätte der Maya vor ihrem ungeklärten Verschwinden. Bis zu dieser Begegnung sind die spanischen Entdecker bereits ein Vierteljahrhundert in der Karibik gekreuzt, ohne „größere Zivilisationen" entdecken zu können. Dies ändert sich jedoch schon bald.

1519 ankern rund sechshundert Spanier jenseits des Golfs von Mexiko, angeführt von dem spanischen Offizier *Hernán Cortés* (1485 - 1547) und ausgerüstet mit siebzehn Pferden und zehn Kanonen, um das Reich der Azteken zu erobern. Zusammen mit seinen Vasallenstaaten zählt es damals rund fünf Millionen Einwohner. Durch eine Reihe von für die Spanier glücklichen Umständen gelingt es dieser kleinen Truppe, sich im Aztekenreich zu halten. Der Aztekenhäuptling *Moctezuma* II. (1466 - 1520) erkennt die Gefahr erst viel zu spät. Nach einer dreimonatigen Belagerung der Hauptstadt Tenochtitlán (und einer dorthin eingeschleppten Pockenepidemie) können die Spanier die Stadt einnehmen, wobei hunderttausend Azteken den Tod finden. Hier wie später lautet die Devise: möglichst keine Gefangenen machen.

Die Spanier bemühen sich auch nicht, die vorgefundenen Kulturen zu verstehen oder gar zu bewahren; schließlich sind sie ja nur heidnisch. Auch zwingt man die Indios unter menschenunwürdigen Bedingungen in den Bergwerken zu arbeiten, um Silber und Gold für die spanische Krone zu schürfen. Dass die Familien ohne die männliche Arbeitskraft zugrunde gehen, schert die Kolonisten nicht weiter. Die Frauen dürfen derweil den Konquistadoren als Sklavinnen und Konkubinen dienen. Abkömmlinge dieser Verbindungen nennt man Kreolen. Auch nach der Eroberung Mexikos lassen die neuen Herren Tempel und Paläste niederreißen und an ihrer Stelle aus den Steinen koloniale Gebäude errichten. Später führen die Eroberer das spanische Verwaltungssystem[336] ein und erheben das Christentum zur Staatsreligion. Weltliche und kirchliche Macht arbeiten dabei Hand in Hand. Nur wenige Geistliche, wie *Bartolomé de las Casas*, setzen sich für die Rechte der Indios ein. Sein Bericht dokumentiert schonungslos die Ausbeutung der Urbevölkerung. Schutzgesetze, die daraufhin erlassen werden, bewirken indes in der Praxis nur wenig. Man schätzt heute, dass in den einhundertfünfzig Jahren der Konquista (zwischen 1500 und 1650) einschließlich der Opfer durch die von den Spaniern eingeschleppten Seuchen etwa zehn Millionen Indios ihr Leben einbüßen mussten.

Abb. 58: Ein Opferritual in Tenochtitlán

Ähnlich verläuft die Konquista im Goldland Peru. Dort bezwingt *Francisco Pizarro* (1475 - 1541) mit seinen einhundertachtzig Mann, siebenundzwanzig Kanonen und zwei Pferden innerhalb von nur drei Jahren (1531 - 34) die „vier Territorien" von *Tawantinsuyu* des gewaltigen Inkareiches mit seinen sieben Millionen Untertanen. Gewalt und Verrat bestimmen auch hier das Schicksal der Indios. In der Folgezeit besiedeln die Spanier den gesamten amerikanischen Kontinent bis in die heutigen Südstaaten der USA.

Auf der Suche nach der Westroute zum Fernen Osten läuft am 20. September 1519 *Fernão Magalhães* (ca. 1480 - 1521) – von Spanien finanziell unterstützt – mit seinen fünf Schiffen aus Spanien aus. Am 21. Oktober entdeckt er einen Verbindungsweg im Süden des amerikanischen Kontinents in westlicher Richtung (die *Magellan-Straße* ist nach ihm benannt). Nach einer stürmischen Durchfahrt der Meerenge öffnet sich ihm am 28. November ein „friedliches Meer", das er *Pazifischen Ozean* nennt. Nach einer neunzehntägigen Überfahrt in westlicher Richtung stößt er auf die Insel Guam. Aber bereits am 27. April 1521 erschlagen ihn Eingeborene in einem Scharmützel auf den *Philippinen*. Nur ein einziges der fünf Schiffe erreicht ein Jahr später am 7. September 1522 wieder den Heimathafen. Nun ist endlich die Länge des Erdumfangs von umgerechnet vierzigtausend Kilometern in der Praxis bewiesen. Auch hat man die Erkenntnis gewonnen, dass unseren Planeten eine riesige Wassermasse bedeckt, in dem die Kontinente wie massige Inseln eingebettet sind.

Von April 1541 bis August 1542 erkundet von Peru aus *Francisco de Orellana* (ca. 1490 - 1546) das Quellgebiet des Flusses, der sich später als das größte Fluss-System der Erde entpuppen sollte. Dort leben einige Indiostämme in matriarchalischer Ordnung. In Erinnerung an die Amazonen der griechischen Sagenwelt verleiht er dem Fluss den Namen Amazonas.

Die „Reduccionen" der Jesuiten

Kein anderes Unternehmen der Kirche ist mit mehr Legenden, Verleumdungen und Irrtümern überwuchert, als das ihrer Jesuitenmissionen im (heutigen) Argentinien und Paraguay. Was mit der Trennung der Indianer von den „vielen Lastern ergebenen Spaniern" begann, führte zur Gründung eines einmaligen und revolutionären Unternehmens: der Einrichtung des bislang einzigen in der Praxis funktionierenden „kommunistisch geführten Staates". In den Reduccionen ist kein Geld in Umlauf, alles wird vielmehr in Naturalien bezahlt. Mitten im Urwald wurde hier Thomas Morus' UTOPIA Wirklichkeit. Die besten Webstühle, die ergiebigsten Zuckermühlen, die frühesten Kerzenzieher, die ersten Glasbläsereien ... – die Jesuitensiedlungen besitzen einfach alles! Hier wird Missionierung und Entwicklungshilfe in einem praktiziert! Dass dies nicht lange gut gehen kann, dürfte uns klar sein: Während die übrigen Orden die Profanierung der Mission bemängeln,

Abb. 59: Alexander von Humboldt und Aimé Bonpland am Fuß des Vulkans Chimborazo[338]

stört die Siedler, dass der Sklavenhandel erschwert wird. Mestizen schließen sich bald zu Räuberbanden zusammen und versuchen aus den Reducciones zu holen, was zu holen ist. Es beginnt ein Krieg, dessen Fronten zunächst von Spanien bzw. Portugal unterstützt werden. 1750 kommen jedoch Lissabon und Madrid überein, ihre ständigen Grenzstreitigkeiten auf Kosten der Jesuiten-Reducciones zu bereinigen. Um den Jesuitenstaat zu zerschlagen setzt man das Gerücht vom unermesslichen Reichtum der Reducciones in Umlauf. Danach suchen zahlreiche Untersuchungskommissionen, die das Unterste nach oben kehren und die Indios vertreiben. Die Padres werden in die Zwischendecks spanischer Galeeren zusammengepfercht in die Alte Welt zurückbefördert. An Schätzen kann allerdings nichts gefunden werden …

Die neuen Kolonialmächte: Niederlande und Großbritannien

Nach der Niederlage der spanischen Armada 1589 bekämpfen vor allem die protestantischen nördlichen Provinzen der Niederlande ihre spanischen Usurpatoren und bilden 1596 die *Republik der Vereinigten Niederlande*, während der Süden (das heutige Belgien) unter spanischer Herrschaft verbleibt. Auch die Niederlande suchen Expansionsmöglichkeiten in Übersee und drängen bald in Länder vor, die Spanien und Portugal (beide unter der Herrschaft Philipps II.) eigentlich für sich reserviert hatten. Durch ihren Handel mit fernen Ländern gelingt es den niederländischen Handelshäusern, ihren Reichtum stetig zu vermehren. 1596 errichten sie in Palembang auf der Insel Sumatra ihre erste „überseeische Fabrik", die Keimzelle „*Niederländisch Indiens*". 1602 gründen sie die *Niederländisch-Ostindische Kompanie* mit Handelskontoren auf Java, in Kapstadt und auf Ceylon.

Neue Entdeckungen und Eroberungen folgen in immer schnellerem Wechsel. Unter Königin Elisabeth I. von England (1558 - 1603) steigt auch Großbritannien zur Seemacht auf. Als wohl bekanntester Weltumsegler und Forscher der britischen Admiralität entdeckt Kapitän *James Cook* (1728 - 1779) auf seinen beiden Weltumsegelungen die Inseln des Pazifischen Ozeans mit Tahiti in Polynesien und den „südlichen Kontinent“ (Australien). In seiner Mannschaft befinden sich namhafte Wissenschaftler, so Thomas Robert Malthus, auf den wir später noch eingehen werden.

Der „Schwarze Kontinent“

Der afrikanische Kontinent wird erst relativ spät erforscht; dabei hat der schottische Missionar, Forscher und unentwegte Kämpfer gegen den Menschenhandel *David Livingstone* (1813 - 1873) maßgeblichen Anteil. Als erster europäischer Forscher durchquert er den Kontinent von Südwesten nach Nordosten und schont dabei weder sich selbst, noch seine Expeditionsteilnehmer. Als er am 17. November 1855 die Wasserfälle des Sambesi erreicht, gibt er ihnen den Namen seiner Königin Victoria. Bei der Missionierung der afrikanischen Stämme kommt Livingstone aber bald zur Einsicht, dass sich die christliche Ethik nur schwer in der animistischen Welt dieses Kontinents umsetzen lässt. Auch muss er bald erkennen, dass die Missionierung nur als Vorstufe für die spätere Kolonialisierung dient. Verlassen und krank erliegt er 1873 in Chitambo am Bangweulusee den Anstrengungen seiner siebzehnjährigen Forschertätigkeit.

Alexander von Humboldt

Als letzten großen Entdecker und Naturforscher der vergangenen Epoche wollen wir auch noch *Alexander von Humboldt* (1769 - 1859) aufführen, auch wenn er in keinster Weise in die Gesellschaft der Konquistadoren gestellt werden darf. Denn anders als bei den meisten Entdeckern vor ihm, fußt sein Werk einzig und allein auf der Liebe zu den Wissenschaften. In Lateinamerika kennt ihn jedes Kind als Entdecker der Meeresströmung, die seinen Namen trägt, und der Verbindung der Fluss-Systeme von Orinoko und Amazonas, als Besteiger des Chimborazo und als Kartograph dieses Erdteils. Er bricht am 5. Juni 1799 auf der spanischen Segelfregatte *Pizarro* zu seiner großen Entdeckungsreise in die „Äquinoktialgegenden des Neuen Kontinents“ auf, Die Auswertung dieser Reise, die er zusammen mit dem Botaniker *Aimé Bonpland* (1773 - 1858) unternimmt, umfasst dreißig Folianten und Quartbände, die zwischen 1814 und 1825 in Paris verlegt werden.[337]

Mit jeder neue Entdeckungsreise lassen die auf ihr gewonnenen Erkenntnisse die großen weißen Flecken auf den Landkarten dahinschmelzen. Die Geographie wird in diesem Prozess zur exakten Wissenschaft erhoben und die Kartographen müssen nun endgültig ihre mythologische Vergangenheit ablegen und alle Fabelwesen aus den modernen Landkarten verbannen. So wird das Paradies wieder in das Reich der Phantasie entlassen ...

Aufklärung und Revolution

Auf unserer Zeitreise haben wir zuletzt den Übergang vom mittelalterlich geprägten Denken in das der Neuzeit verfolgen können, wobei der Mensch von seinem ehemals kosmologisch-metaphysischen Weltbild abrückte, um zu einer mehr anthropologischen, auf sich selbst bezogenen Sichtweise zu gelangen. Dies war jetzt möglich geworden, weil die Kirche nicht mehr als alleinige Verkünderin der Wahrheit betrachtet werden musste. Die Astronomen hatten vielmehr die Behauptung widerlegt, dass die Erde mit dem Menschen den Mittelpunkt des Universums bilde. So hatte man die alten scholastischen Ansichten abgelegt und versuchte nunmehr, der Wahrheit mit Hilfe der Vernunft und der Wissenschaften näher zu kommen. Mit anderen Worten: Der Mensch der Neuzeit war „mündig" geworden!

Der Philosoph *Immanuel Kant* (1724 - 1804) aus dem ostpreußischen Königsberg lieferte eine im Nachhinein klassisch gewordene Definition dieser neuen Geistesrichtung: *„Aufklärung"*, so meinte er, sei *„der Ausgang des Menschen aus seiner selbstverschuldeten Unmündigkeit"* und *„Unmündigkeit ... das Unvermögen, sich seines Verstandes ohne Leitung eines anderen zu bedienen."*

Mit dem Bewusstsein der Berechenbarkeit (der Rationalisierung) aller Dinge und den Forschungsergebnissen der Wissenschaften war man nunmehr von bloßen theoretischen Erkenntnissen zur praktischen Anwendung gelangt. Der Mensch sah sich in diesem „Drama" nicht mehr als Spielball höherer Mächte, sondern als eigenen Agenten seines Schicksals!

Das rationalistische Weltmodell

Dem Rationalismus der Aufklärung stellt sich Gott gleichsam als „Ingenieur" dar, der im Urbeginn das kosmische Uhrwerk in Gang setzte, das seither nach den ihm eingeprägten Gesetzmäßigkeiten abläuft, ohne dass es irgendwelcher messianischer Eingriffe mehr bedarf. In ihrer deistischen[339] Auffassung kritisieren die Aufklärer die doktrinäre Denkweise der biblischen Berichterstattung, mit der die Vernunftwahrheiten niemals bewiesen werden könnten.

Dieser Denkweise folgt auch das Weltmodell des französischen Philosophen und Naturwissenschaftlers *Pierre-Simon de Laplace* (1749 - 1827), der sich das Universum als eine gewaltige Maschine vorstellt, die seit der Schöpfung unaufhaltsam weiterläuft. Er glaubt, ihre Vergangenheit und Zukunft berechnen zu können, wenn ihm nur Masse, Ort und Geschwindigkeit jedes seiner Teilchen bekannt gemacht würde. Für einen waltenden Gott, der in das Schicksal der Welt eingreifen kann, scheint es in dieser Sichtweise keinen Platz mehr zu geben. Vielmehr macht in dieser Vorstellungswelt die Vernunft selbst die Religion aus und es bedarf deshalb keinerlei Bindung an irgendwelche göttlichen Offenbarungen. *Der Be-*

weisgrund der religiösen Wahrheit liegt vielmehr im Vernunftvermögen, der Wahrheit des Herzens und des Gefühls, dem Charakter klare Einsichten zu geben und dadurch ihren ursprünglichen Sinn vor Schwärmerei und Konventionen zu bewahren: Dazu brauche sie aber nicht die Stütze eines Dogmas. (G. E. Lessing[340])

Von diesen Weltmodellen „des Getrenntseins", versuchen wir uns erst in allerjüngster Zeit langsam wieder zu lösen. Sie bilden eine materielle Welt von Teilchen ab, die der Bewegung durch Raum und Zeit folgen und von der Gott und das Leben getrennt sind. Der Mensch hat darin mit seinem Bewusstsein keinen aktiven Anteil mehr. Er lebt im Exil und ist vom kosmischen Geschehen ausgeschlossen!

Trotzdem sind alle großen Aufklärer fast ausnahmslos davon überzeugt, dass der Mensch als Vernunftwesen eine immanente (seinem Wesen innewohnende) Religiosität besitze. Obwohl einige Vertreter dieser Geistesrichtung, wie die Franzosen *Jean-Jacques Rousseau* (1712 - 1778) oder *Voltaire* (1694 - 1778), die institutionalisierten Kirchen zum Teil heftig bekämpfen, halten sie doch eine natürliche Religion für dringend notwendig. Denn der Vergleich der verschiedenen Kulturen führe zwangsläufig zu Grundsätzen ethisch-religiöser Art, so wie sie später Friedrich II. in Preußen, Max II. in Bayern oder Joseph II. in Österreich in ihrer jeweiligen Gesetzgebung zu verwirklichen suchten.

René Descartes und Isaak Newton

Gegenüber der Mehrzahl seiner Kollegen verharrte der ehemalige Jesuitenschüler *René Descartes* (1596 - 1650) zeitlebens als ein eifriger Katholik. Sein *cogito ergo sum* (Ich denke, also bin ich) fordert zwar, dass in der Wissenschaft nur das Vernünftige anerkannt werden dürfe, doch fand er unter seiner Vorstellung des Denkens auch die Gottesidee: Diese Idee könne sich der Mensch nicht selbst gegeben haben, da sie die vollkommenste Realität einschließe, die einem selbst nicht erfassbar sei. So müsse die Ursache dieser Idee Gott selbst sein. Das Auftreten dieser Idee ist für ihn ein Gottesbeweis. Der Philosoph folgert daraus, dass aus dem Besitz der Gottesidee

Abb. 60: René Descartes und Isaak Newton

und durch sie der göttlichen Wahrhaftigkeit auch alles andere wahr sei, was man klar und deutlich erkennen kann.

Als dreiundzwanzigjähriger Soldat hatte Descartes im November 1619 bei Ulm die „Offenbarung seines Lebens" in einem Traum[341] erfahren. Zuvor war er zwei Jahre lang durch Deutschland und Holland gereist und hatte mit Mathematikern und Philosophen korrespondiert. Einige von ihnen hatten sich mit dem Gedankengut der Rosenkreuzer angefreundet, das in diesen Jahren große Aufmerksamkeit in der Öffentlichkeit erfuhr. In ihrer CONFESSIO FRATERNITATIS[342] werden neben Gottes Offenbarung auch Erfindungsvermögen, Beobachtungsgabe und Verstand als entscheidende Kriterien dargestellt und Descartes war – wie sein englischer Zeitgenosse *Isaak Newton* – von der Aufgabe besessen, eine neue Naturwissenschaft zu schaffen, in der das Universum, vom einfachsten Atom bis zu den komplexen Strukturen, als Mechanismus erklärt werden könne.

Isaak Newton (1643 - 1720) auf der anderen Seite des Ärmelkanals, mit seiner nicht allen verständlichen analytischen Denkmethode, sagte man damals nach, dass er *das Sichtbare auf das Unsichtbare zurückführe und das Ganze in Teile spalte, um sich daran zu ergötzen.* Als „Systematiker der Mechanik" definiert Newton die Trägheit als physikalische Kraft und lässt die Kräfte auf den Schwerpunkt der Körper wirken; wodurch sich Probleme der Mechanik mühelos mittels mathematischer Methoden lösen lassen. So kann er bedenkenlos physikalische Größen miteinander multiplizieren und Probleme der Mechanik mittels trigonometrischer Funktionen darstellen. In England gilt Isaak Newton seither als der bedeutendste Naturwissenschaftler schlechthin, wodurch er auch seine ewige Ruhestätte neben der der gekrönten Häupter in der altehrwürdigen Westminster Abtei erhielt.

Isaak Newton wurde (nach dem julianischen Kalender, der in England erst 1752 vom gregorianischen Kalender abgelöst wurde) am 5. Januar 1643 als Kind einfacher Bauern in Woolsthorpe in der Grafschaft Lincolnshire geboren. Sein Vater war noch kurz vor seiner Geburt gestorben, was damals für ein Kind als Zeichen außergewöhnlicher Gaben betrachtet wurde. Ein Onkel erwirkte, dass der Knabe später nicht den väterlichen Bauernhof übernehmen musste, sondern seiner starken Neigung zu mathematischen Studien und experimentellen Untersuchungen folgen durfte. War doch der junge Isaak Newton von sich überzeugt, als Glied in der *aurea catena*, der „Goldenen Kette der Weisen" zu stehen, die von Gott dazu bestimmt sei, das „hermetische Wissen" über die Generationen hinweg zu erhalten. Bis zu seinem 16. Lebensjahr lebte er bei einem Apotheker namens Clarke, mittels dessen Bücher und seinem Labor er sich die Grundlagen der Alchimie erwerben konnte. Aus dieser Zeit stammt auch sein alchimisches Notizbuch, in dem er die Buchstaben seines latinisierten Namens *Isaacus Neuutonus* anagraphisch in *Jeova sanctus unus* (Jehova allein heilig) umformte.

Am Trinity College in Cambridge erlernte Newton fast spielend die gesamte damals bekannte Mathematik. In dieser Zeit erarbeitete er auch die Reihenapproximation und die Infinitesimal(Fluxions-)rechnung, – zeitgleich mit Leibniz, was später zu Disputen über deren Erstveröffentlichung führte. Während der beiden Pestjahre 1665 und 1666 zog sich Newton an seinen Geburtsort zurück, wo seine Studien zur Lichtbrechung wiederum bahnbrechende Erkenntnisse brachten. Hier soll ihm auch ein vom Baum gefallener Apfel die Idee der Gravitationswirkung aller massebehafteten Körper gewiesen haben. Entsprechend seinem Modell der Infinitesimalrechnung stellte er sich die Erdmasse als eine unendliche Summe winziger Massen vor, die auf gleiche Weise Äpfel und Erdtrabanten anziehen. Und er geht noch weiter: Auch das Licht unterscheide sich nicht im Geringsten von den Gesetzen der Mechanik. Damit schien die Einheit im Kosmos (vorerst) bewiesen.

Die Entwicklung des Spiegelfernrohrs verhalf Newton schließlich 1671 zur Aufnahme in die Royal Society[343], zu deren Präsident er später (1703) ernannt werden sollte. 1687 hatte er in seinen PRINCIPIA[344] bereits den Beweis erbringen können, dass sich alle Naturerscheinungen auf mathematische Gesetze zurückführen lassen. Die Veröffentlichung dieses Werkes erfolgte vor allem auf Drängen des Astronomen Edmond Halley, der ihn herausgefordert hatte, die Keplerschen Planetengesetze aus der Gravitationskraft abzuleiten. Für die damaligen Vertreter des mechanistischen Weltbildes war der Nachvollzug dieser Ideen ein schwieriges Unterfangen; erklärten sich ihnen doch alle mechanischen Phänomene mittels „Stöße" auf Teilchen. Deshalb wurde damals der „Äther" als Übertragungsmedium eingeführt. Diese Theorie lehnte Newton jedoch ab[345]: Gravitationale Fernwirkung lässt sich für ihn am besten aus der Alchimie mit der „sympathischen Wirkung" der Stoffe beschreiben, mittels der sich Teilchen anziehen oder abstoßen.

Wie alle großen Aufklärer, so war auch Newton von der Unveränderbarkeit des Universums überzeugt. Der Makrokosmos war für ihn, wie die Welt der kleinen Partikel, von Gott gemacht und damit stimmte er mit den zeitgenössischen Naturwissenschaftlern überein. Jedoch glaubte er das Wissen um diese Dinge allgegenwärtig, das nur (wieder)entdeckt werden müsse; so war die Alchimie für Newton Teil der *prisca sapientia*, der Ur-Weisheit. In einem Brief an den Sekretär der Royal Society, Henry Oldenburg, schrieb er 1675: „*... die Natur arbeitet in stetigen Kreisläufen, erzeugt Flüssiges aus Festem und Festes aus Flüssigem; Stabiles aus dem Flüchtigen und Flüchtiges aus dem Stabilen; das Feine aus dem Groben und das Grobe aus dem Feinen ...*"[346]

So großartig auch die Erkenntnisse der beiden großen Denker Descartes und Newton für die „klassische Physik" waren, so verhängnisvoll erwiesen sie sich für die Grundlagenforschung, Entwicklung und Durchsetzung unserer heutigen quantentheoretischen Weltmodelle. Wird das Weltbild dieser beiden Naturphilosophen doch vom Gedanken der Getrenntheit aller Seinsformen geprägt, das dem früher beschriebenen Bild einer riesigen Maschine entspricht, in der individuelle Massepartikel den (damals bekannten) Bewegungsgesetzen durch Raum und Zeit folgen. Auch Descartes *cogito ergo sum* stellt eine von diesem Denken unbeteiligte und davon getrennte Instanz dar. Im Gegensatz dazu bildet sich heute immer mehr die Ansicht heraus, dass unser Bewusstsein eher als Teil einer „Superbewusstheit" aufgefasst werden sollte.

Die Enzyklopädisten

1751 hatten in Frankreich der Philosoph und Schriftsteller *Denis Diderot* (1713 - 84) und der Mathematiker *Eugène d'Alembert* (1717 - 83) begonnen, das ungeheuere Werk einer „Enzyklopädie" praktisch aller bis dahin bekannten Wissenschaftszweige, Künste und Techniken herauszugeben. Sie zeichneten als Herausgeber stellvertretend für alle französischen Gelehrten, die der Meinung waren, dass die Ungleichheit der Menschen in ihrem ungleichen Bildungsniveau begründet läge. Würde man den Bürgern einer aufgeklärten Gesellschaft die Möglichkeit verschaffen, sich alles notwendige Wissen anzueignen, könnte der Traum der Gleichheit aller Menschen verwirklicht werden. Die Enzyklopädie sollte diesem Prozess dienen. Sie sollte alles untersuchen und Unstimmigkeiten objektiv und ohne Ausnahme ausräumen. Ein dadurch aufgeklärter freier Bürger könnte dann unter einer stabilen und ebenfalls aufgeklärten Regierung für den allgemeinen Wohlstand seiner Gesellschaft wirken. Dies war nichts anderes als die praktische Umsetzung der Ideen der Philosophie der Aufklärung.

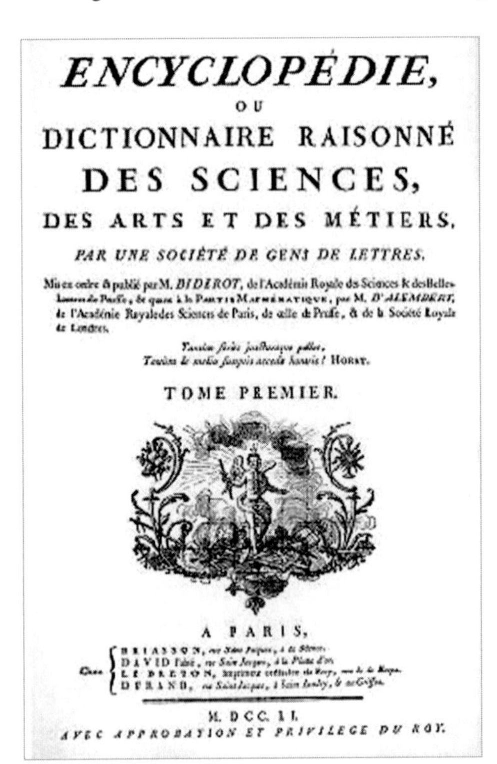

ENCYCLOPÉDIE,
OU
DICTIONNAIRE RAISONNÉ
DES SCIENCES,
DES ARTS ET DES MÉTIERS,
PAR UNE SOCIÉTÉ DE GENS DE LETTRES.

TOME PREMIER.

A PARIS,

M. DCC. LI.
AVEC APPROBATION ET PRIVILEGE DU ROY.

Abb. 61: Deckblatt der Enzyklopädie von 1772

Das bestehende Klassensystem (von König, Adel, Kaufleuten, Handwerkern und Bauern) mit seinen jeweils unterschiedlichen Rechten und Pflichten wurde also nicht mehr als gottgewollt hingenommen. Vielmehr hatte sich die Ansicht entwickelt, dass die absolutistischen Monarchien und mittelalterlichen Strukturen neuen Regierungsformen weichen sollten, in denen sich alle Bürger auf persönliche Freiheit und gleiche Rechte berufen können sollten; kurzum, als Souverän sollte das Volk anstelle des Königs oder des Adels treten, auch wenn dies nicht im Sinne der Obrigkeit war.

Schon im Vorwort der Enzyklopädie hatte d'Alembert den Leser aufgefordert, selbständig zu denken und die Wahrheit nicht mehr in der Bibel oder den kirchlichen Lehren, sondern in den Naturwissenschaften und der Geschichte zu suchen. Seitens der Jesuiten wurden die „Enzyklopädisten" deshalb als gefährliche Sektierer angeprangert, die mit ihrem „atheistischen Materialismus" die Welt zu verderben suchten – aber weder sie, noch königliche Verbote konnten das Erscheinen 1772 aller siebzehn Text- und elf Bildbände dieses „Jahrhundertwerks der Philosophen" (der Aufklärung) verhindern.

Die von den Philosophen *Voltaire* (1694 - 1778) und *Charles de Montesquieu* (1689 -1755) zunächst vorgetragenen und von den Enzyklopädisten publizierten Ideen wurde noch durch die Aktivitäten einer Reihe von Geheimgesellschaften verstärkt, die sich im 17. und 18. Jahrhundert über England in ganz Europa ausbreiteten. Auf sie werden wir auch in diesem geschichtlichen Teil immer wieder zurückkommen, bevor wir uns ganz ihren Gedankenwelten im zweiten Band zuwenden wollen.

Die Ideen der Aufklärung praktisch umzusetzen und den politischen Umschwung vom Absolutismus der Vergangenheit zu konstitutionellen und demokratischen Systemen den Weg zu ebnen, war das Ziel dieser Aufklärer. Ihr revolutionäres Gedankengut nistete sich alsbald auch in den Köpfen der unteren, von den privilegierten Ständen unterdrückten Bevölkerungsschichten ein: Sollten Sozialreformen nicht auf friedlichem Wege erreichbar sein, dann müssten schließlich Revolutionen zum Ziele führen!

John Milton und sein „Verlorenes Paradies"

In England hatte sich zu dieser Zeit *Oliver Cromwell* (1599 -1658) vom einfachen Abgeordneten des englischen Unterhauses zum Organisator eines Bürgerkriegs des Parlaments gegen König Karl I. (1625 - 49) und später zum entscheidenden Feldherrn des Parlamentsheeres emporgearbeitet. Im Revolutionsheer diente der „größte englische Gelehrte seiner Zeit", *John Milton* (1608 - 74), der 1649 postulierte: *„Da der König oder auch der Richter seine Autorität vom Volke hat, um zu allererst und natürlicherweise dessen Nutzen zu mehren und nicht etwa seinen eigenen, kann das Volk, wann immer es zu diesem Schlusse gelangt, ihn entweder wählen, oder ablehnen, kann ihn behalten, oder absetzen und er braucht dafür nicht einmal ein Tyrann zu sein. Die Entscheidung entspringt der Freiheit und dem Recht frei geborener*

Männer, die sich als Regenten den suchen, den sie für den geeignetsten halten … Wer wüsste nicht", so fährt Milton fort, „*dass König eine Bezeichnung für die Würde eines Amtes und nicht für eine Person ist? Wer also einen König töten (will), muss ihn töten, solange er* (noch) *im Amt ist.*"

Mit der von Oliver Cromwell betriebenen Hinrichtung Karls I., die er 1659 erwirkte, endeten alle Versuche der Stuarts, England wieder in einen absolutistisch regierten Staat zurückzuwandeln.

Auf der anderen Seite des Englischen Kanals hatte der Dreißigjährige Krieg Tod und Elend hinterlassen. In Miltons VERLORENEM PARADIES (Paradise Lost) triumphieren daher die satanischen Mächte. *Die Wahrheit,* so heißt es dort, *sei unter den Menschen in tausend Teile zersplittert wie das Bild des Osiris. Erst bei der Wiederkehr Christi könne sie in ihrer Gänze enthüllt werden. Bis dahin könnten wir aber nichts anderes tun, als ihre Fragmente einzusammeln, wobei wir uns von Irrtum zu immer größerem Irrtum emportasten. Wer uns dabei stört, versündigt sich …*

Die amerikanische Unabhängigkeitsbewegung

Sie war für Europa insofern bedeutsam, als ihre Ideale den Vordenkern der Französischen Revolution und den Reformern der obsoleten Regierungsformen in Europa als Vorlagen für moderne Verfassungen dienten. Daneben sind die Väter der amerikanischen Unabhängigkeitserklärung auch für unsere Untersuchungen der Geheimgesellschaften von Interesse, da sie mehrheitlich solchen Bünden angehörten.

Das freiheitliche Denken hatte bereits im vorhergehenden Jahrhundert den großen englischen Philosophen *John Locke* (1632 - 1704) die These vertreten lassen, dass es keine Regierung geben dürfe, die nicht durch eine Willensbestimmung der Regierten zustande gekommen sei. Die Kirche hing allerdings weiterhin an ihrer These fest, alle Macht werde nur von der göttlichen Vorsehung nach Seinem Willen verliehen.

Wie anderswo hatten auch die Siedler in den neuen nordamerikanischen Kolonien Großbritanniens keine Stimme im englischen Unterhaus und konnten sich somit parlamentarisch nicht gegen die ihnen immer wieder neu auferlegten Steuern wehren. Seitens der englischen „Rotröcke" wurden Unruhen in den Kolonien stets mit Waffengewalt niedergehalten. Als Antwort auf die neue Tee-Steuer erhoben sich die Kolonisten am 16. Dezember 1773 im Hafen von Boston mit der „Boston Tea Party".[347] Am 19. April 1775 kam es im nahegelegenen Lexington zum ersten Gefecht zwischen „Rotröcken" und „Amerikanern", die den früheren Offizier und Plantagenbesitzer *George Washington* (1732 - 99) zu ihrem neuen Befehlshaber erwählten.[348]

Die 13 Kolonien (und späteren Republiken) schlossen sich alsbald zu einem Bund zusammen und gaben sich den Namen „Vereinigte Staaten". Am 4. Juli 1776 verabschiedeten sie ihre Unabhängigkeitserklärung, in der sie sich als „rechtmäßige, freie und unabhängige Staaten" von England lossagten. Diese von freimaurerischen Idealen geprägte Unabhängigkeitserklärung diente später als Vorlage für zahlreiche Konstitutionen „neuer" Staaten.

Mit Unterstützung französischer und deutscher Truppen konnte die Armee der Vereinigten Staaten den Briten erfolgreich Widerstand leisten, so dass diese sich ihr in Yorktown (Virginia) 1781 ergeben mussten. 1783 entließ England seine amerikanischen Kolonien (zumindest vorläufig[349]) in die Unabhängigkeit.

Aus den ursprünglich 13 Verfassungen jeder der Kolonien entstand 1781 – im wesentlichen aus der Feder von *Thomas Jefferson* – die erste und 1787 die endgültige Fassung der heute noch gültigen Verfassung der Vereinigten Staaten von (Nord-) Amerika. Sie ist das älteste demokratische Grundgesetz der westlichen Welt! Daher wundert es nicht, wenn die Mehrzahl der Amerikaner heute mit Stolz auf ihre „von Gott gegebene" Verfassung mit ihrem impliziten Freiheitsgedanken als NOVUS ORDO SEC(U)LORUM[350,351] (Ordnung des Neuen Zeitalters) blicken, die sie dem Rest der Welt als Vermächtnis anvertrauen.

Die in der Verfassung der Vereinigten Staaten enthaltenen Gedanken der Menschenrechte brachte der französische General *Marie Josef Marquise de Lafayette* (1757 - 1834), der den Oberbefehl in Virginia geführt hatte, später nach Frankreich in seine Freimaurerloge in Aix zurück, von wo aus die „Erklärung der Menschenrechte" als DÉCLARATION DES DROITS DE L'HOMME ET DU CITOYEN von der Französischen Revolution begeistert aufgenommen wurde.

Die Französische Revolution

Auch in Frankreich war es die drückende Steuerlast, die das Volk zum Aufstand ermutigte. Die immensen Staatsschulden von 2,5 Milliarden Livres, die die absolutistische Herrschaft des „Sonnenkönigs" *Ludwig des XIV.* (1643 - 1715) seinen Landsleuten hinterlassen hatte, führte in Frankreich zu einer gewaltigen Finanzkrise, die der Staat mit immer neuen Steuern zu kompensieren suchte. Der Stand der Bauern, sowie der der Handwerker und Kaufleute war schließlich nicht mehr in der Lage, immer neue Steuerlasten zu übernehmen. Machte der Bauernstand zu dieser Zeit doch noch über 90 % der Bevölkerung Frankreichs aus, wobei Verelendung und Hungersnöte keine Seltenheit waren.

Auf *Ludwig den XVI.* (1774 - 1792), den Enkel des Sonnenkönigs, setzte das „Ancien Régime" (die alte Regierungsform) alle Hoffnung auf Beendigung der Krise, doch es geschah nichts und schließlich war der Fiskus 1788 gezwungen, alle Zahlungen einzustellen. Daraufhin kam es in Paris am 14. Juli 1789 zum Aufstand, in dem eine Garnison, bestehend aus 33 Schweizer Söldnern und 70 Invaliden die *Bastille* [352] erstürmte. Revolutionäre übernahmen nunmehr die Stadtverwaltung. Dem Aufstand in Paris folgte der in den Provinzen, wobei die *Bourgeoisie* (das Bürgertum) im Großteil der Städte die Macht ergriff und nach Pariser Vorbild Nationalgarden zusammenstellte. Auf dem Lande vereinigten sich die Bauern mit den Revolutionären.

Nunmehr war der König gezwungen, die Generalstände einzuberufen, die seit 1614 nicht mehr getagt hatten. Doch spielte er dabei ein hinterhältiges Spiel: Der Revolution gegenüber gab er vor, einzulenken, insgeheim versuchte er aber seine Truppen zusammenzuziehen, um die Revolution niederzuwerfen.

Dem Druck von „Galerie und Straße" musste sich Ludwig der XVI. aber letztendlich doch beugen: Ein „Zug der Marktweiber" hatte sich am 5. Oktober 1789 an seinen Hof nach Versailles begeben und erreicht, dass er mit seiner Gemahlin *Marie Antoinette* in das Stadtschloss (den Tuilerien) nach Paris zurückkehrte. Die Königin hatte noch kurz zuvor mit ihrer sog. „Halsbandaffaire" für Aufsehen gesorgt.

In Paris wurde nunmehr eine Konstituierende Versammlung einberufen, um eine neue Verfassung zu erarbeiten, die sich insbesondere von der 1789 beschlossenen Erklärung der Menschen- und Bürgerrechte unter dem Motto „Liberté, Égalité, Fraternité" (Freiheit, Gleichheit, Brüderlichkeit) leiten lassen sollte: Demzufolge sollte jeder Bürger fortan vor dem Gesetz gleich sein und auch selbst das Recht der Freiheit besitzen, denn „die Natur habe die Menschen frei und gleich geschaffen". Auch das Eigentum wurde jetzt als „unverletzliches und heiliges Recht" erklärt. Politisch sollten die alten Stände aufgelöst und das Volk als einzige Quelle der Macht gelten.

Bis sich aber alle diese Forderungen durchsetzen konnten, sollten noch Jahre ins Land gehen. In der 1791 angenommenen Verfassung blieb die Monarchie weiterhin bestehen und man unterschied lediglich zwischen „aktiven" und „passiven" Bürgern, d.h. solchen, die das Recht hatten zu wählen und solchen, denen dieses Recht entzogen war; als „Aktive" verstand man dabei nur wohlhabende Bürger, die Steuern zahlten; nur sie konnten in die Gesetzgebende Versammlung und in die Organe der städtischen Selbstverwaltung gewählt werden und in die Nationalgarde eintreten. Frauen besaßen in dieser Verfassung weiterhin kein Wahlrecht.

In die Gesetzgebenden Versammlung besaß die Großbourgeoisie mit 264 Sitzen die größte Zahl der Stimmen. Von den 766 Deputierten waren es nur drei Bauern und vier Handwerker, denen Sitz und Stimme im Parlament gegeben war. Den linken Flügel der Versammlung bildeten die demokratischen Jakobiner und Girondisten mit insgesamt 136 Deputierten.

Die offizielle Entmachtung des Königs (Ludwig der XVI.) erfolgte am 10. August 1792. Drei Tage später wird er mitsamt seiner Familie aus den Tuilerien im Quartier der Templer eingekerkert. Seine Hoffnungen auf Hilfe aus dem Ausland

(Österreich, Preußen und Russland) erfüllten sich nicht. So konnte er dem Schauprozess nicht entgehen, in dem sich das Hohe Gericht erstmalig mit der Frage befassen musste, ob man über einen König zu Gericht sitzen dürfe. Mit nur einer Stimme Mehrheit wurde schließlich die Todesstrafe über ihn ausgesprochen und am 21. Januar 1793 unter dem Fallbeil der Guillotine vollstreckt. In manchen Kreisen glaubt man, dass sich damit die Prophezeiung des letzten Großmeisters der Templer, *Jacques de Molay*, erfüllt habe.[353] Fast alle Monarchien Europas (neben den meisten deutschen und italienischen Staaten auch Großbritannien, Spanien und Portugal) erklärten daraufhin Frankreich den Krieg.

Am 22. September 1792 verkündete der Nationalkonvent das „Jahr Eins der französischen Republik". Der neue Kalender setzte sich aus Monaten (neuer Namen) zu drei Wochen mit je zehn Tagen zusammen. Alles, was an die alte Ordnung erinnerte, wurde nunmehr rigoros beseitigt. Eine Fülle eigener, der Antike oder der Freimaurerei entlehnter Symbole verkörpert von jetzt an die Ideen der Revolution. Bald werden auch alle Kirchen geschlossen und an ihre Stelle „Tempel der Vernunft" eingerichtet, in denen die Revolutionäre den „Kult der republikanischen Religion" zelebrieren. Das Vermögen der Kirche wird zum Nationaleigentum erklärt.

Damit beginnt auch die Schreckensherrschaft des Revolutionstribunals.[354] Im ganzen Lande bekämpfen sich die Sympathisanten der verschiedenen Gruppierungen (Sansculotten, Montagnards und Girondisten). Den „Wohlfahrtsausschuss" leitet zunächst *Danton*, der von *Robespierre* abgelöst wird. Die Diktatur der „Freunde des Volkes" erreicht am 9. Thermidor des Jahres II (24. Juli 1794) ihr Ende. Die Revolution verschlingt nunmehr ihre eigenen Kinder und mit ihnen ihre beiden Hauptvertreter (Danton und Robespierre).

Nur langsam kann sich Frankreich aus dem Chaos lösen, das die Revolution hinterlassen hat ... Zu dieser Zeit führt ein junger korsischer General den Feldzug der „Italienarmee" gegen Österreich und Piemonte von Sieg zu Sieg ...

Abb. 62: Napoléon Bonaparte (Gemälde von François Pascal Simon Gérard, Bataille d'Austerlitz)

... Wenn eine Bewegung in Deutschland ausbrechen sollte,
dann wird sie am Ende für uns und gegen die kleinen Fürsten gehen ...
Napoleon Bonaparte an Marschall Davour

Napoleon und die neue Ordnung Europas

Bewundert und gefürchtet, geliebt und gehasst fasziniert *Napoleon Bonaparte* gleichermaßen Historiker, Politiker, wie die Filmregisseure unserer Tage. Ihm war bestimmt, dem revolutionären Chaos in Frankreich ein Ende zu setzen und in nur 15 Jahren (1799 - 1814) das feudalistisch geprägte Europa in ein neues Staatengebilde umzuformen, das sich dann später in einem langwierigen und leidvollen Einigungsprozess zu einer friedlichen Staatengemeinschaft entwickeln konnte. Die mit diesem Prozess verbundenen Kriege stürzten die betroffenen Völker allerdings immer wieder in tiefstes Elend und darin machte auch der große Napoleon keine Ausnahme!

Napoleon B(u)onaparte, der spätere Erste Konsul (1799 - 1804) und Kaiser der Franzosen (1804 - 1814/15) wird am 15. August 1769 in Ajaccio auf (dem bis 1768 zur Republik Genua gehörenden) Korsika geboren. Auf dem Collègue in Autun lernt er französisch und in Valence das Militärhandwerk. Früh schon fallen seine brillante Intelligenz und sein Durchsetzungsvermögen auf. 1789 leistet er den Diensteid auf die neue Ordnung (der Französischen Revolution) und erklimmt die militärische Karriere. Als Protegé von Robespierres jüngerem Bruder Augustin wird er, um seiner Verdienste bei der Belagerung von Toulon, bereits als Vierundzwanzigjähriger zum Brigadegeneral befördert. Die militärischen Absichten seiner Ägyptenexpedition 1798 (um Englands Interessensphäre zu treffen) enden allerdings bei Abukir mit der Vernichtung der französischen Flotte durch die britische Marine unter Admiral Nelson. Jedoch bildet diese Expedition den glorreichen Beginn der sich entwickelnden Ägyptologie: Die 150 Wissenschaftler im Gefolge Napoleons zeichnen und vermessen erstmals systematisch die pharaonischen Baudenkmäler und wecken so das Interesse an unserem ägyptischen Erbe. Es hat den Wettlauf zwischen englischen und französischen Wissenschaftlern zur Folge, die ägyptischen Hieroglyphen zu entschlüsseln, die *Jean-François Champollion* trotz aller Widerwärtigkeiten[355] gewinnt. Die Ägyptenexpedition hat auch Einfluss auf die Gründung diverser esoterisch ausgerichteter Bünde. Wir werden darauf noch zurückkommen!

Nach seiner Rückkehr aus Ägypten putscht sich Napoleon im November 1799 an die Spitze der Republik als ihr „Erster Konsul". Mit den Friedensschlüssen von Lunéville und Amiens erreicht er die Befriedung der Aufständischen im revolutionären Frankreich. Im Februar 1803 weitet er seine Ambitionen auch auf die Anrainerstaaten aus und macht sich mit dem „Reichsdeputationshauptschluss"[356] daran, die deutsche Staatenwelt nach seinen Vorstellungen zu formen.

In der „Dreikaiserschlacht“ vor Austerlitz bezwingt die *Grande Armée de la Révolution* am 5. Dezember 1805 das zahlenmäßig überlegene Heer der österreichischen und russischen Truppen. 1806 gelingt es Napoleon, die unterschiedlichen Interessen der deutschen Staaten für seine politischen und militärischen Ziele zu nutzen: Nach über tausend Jahren löst sich das Heilige Römische Reiches Deutscher Nation auf.[357] Das Gebiet von Napoleons Einflusssphäre entspricht nunmehr nahezu dem des karolingischen Reiches und grenzt (nach seinen eigenen Worten) „an den Orient“ (bis zu den von den Türken eingenommenen Ländern auf dem Balkan). Aber sein Machtanspruch ist noch nicht am Ende: Sein Größenwahn endet unrühmlich im Russlandfeldzug (1812) – wie der seines Nachahmers im Dritten Reich …

Revolution und Geheimgesellschaften

Hartnäckig hält sich die Behauptung, die Französische Revolution sei in den Freimaurerlogen geschmiedet worden. Seitens der Freimaurerei wird dies mit dem Argument dementiert, dass die große Mehrheit ihrer Mitglieder in Frankreich royalistisch gesinnt gewesen sei und darum Reformen auf konstitutionellem Wege angestrebt hätten. Tatsache ist andererseits, dass es auch Führerpersönlichkeiten unter den Revolutionären gab, die dem Freimaurerbund angehörten, wie beispielsweise *Georges Jaques Danton*. Hingegen war *Maximilian de Robespierre* kein Freimaurer.

In Bezug auf *Napoleon Bonaparte* konnte bislang nicht nachgewiesen werden, ob er, wie sein Vater, in die Freimaurerei Aufnahme gefunden hatte, wenn auch *Josephine*, Napoleons erste Frau und viele seiner Familienangehörigen dem Großorient bzw. einer seiner Adoptionslogen angehörten. Im zweiten Band werden wir auf einige dieser Mitglieder zurückkommen. Vorher wollen wir jedoch noch die durch Napoleon veränderte politische Lage in Mitteleuropa und die neue, in den Wissenschaften begründete Weltsicht betrachten.

Wiener Kongress und Einigungsbestrebungen im Deutschen Reich

Nach dem Sturz Napoleons im Frühjahr 1814 sollte der sog. „Wiener Kongress“, eine dauerhafte europäische Nachkriegsordnung herbeiführen. Dazu fanden sich im Herbst 1814 die Delegationen fast aller Staaten und Mächte Europas in der habsburgischen Hauptstadt ein, wobei das „Palais am Ballhausplatz“, der Amtssitz des österreichischen Außenministers *Metternich,* im Oktober 1814 quasi zum politischen Zentrum des europäischen Kontinents gemacht wurde. Es sind die unterschiedlichen Interessen der Großmächte, vor allem die Divergenzen zwischen Österreich, Russland und Polen – und nicht die vom habsburgischen Hofstaat angebotene Gastlichkeit („der Kongress tanzt"), wie manche Kritiker meinen – die die Ergebnisse dieses Kongresses bis in den Juni des Folgejahres hinauszögern. Schließlich entsteht der aus 39 (später 41) Staaten bestehende Deutsche Bund (unter der Führung des österreichischen Kaisers) und Europa erhält seine Grenzen, die bis zur Einigung Deutschlands und Italiens und dem Niedergang des Osmanischen Reiches ihre Gültigkeit behalten.

Doch eine revolutionäre Aufbruchsstimmung im Deutschen Bund fordert mehr, nämlich die „Einheit der Nation". Hierauf hatten die Dichter des „Sturm und Drang", wie der Revolutionär und spätere Abgeordnete Ernst Moritz Arndt (1769 - 1860), vor allem aber Friedrich Schiller (1759 - 1805) mit seinen Dramen großen Einfluss.

Unter der Parole „Hinauf, Patrioten, zum Schloss, zum Schloss!" versammeln sich am 27. Mai 1832 an die dreißigtausend Menschen unterhalb der Ruine des Hambacher Schlosses in der (seit Napoleon zu Bayern gehörigen) Pfalz und verlangen nach Auflösung des „Fürstenjochs", nach Demokratie und Ausrufung der Republik. Am 18. Mai versammelt sich in der Frankfurter Paulskirche ein nach allgemeinem Wahlrecht gewähltes deutsches Parlament, das die Annahme einer demokratischen Verfassung fordert. Der preußische König lehnt indes die Kaiserwürde „von Volkes Gnaden" ab, wonach nach blutigen Aufständen in Sachsen und Baden die alte Ordnung wieder hergestellt wird. Bis zur endgültigen Reichsgründung am 18. Januar 1871 werden von Preußen und seinem „eisernen Kanzler" (Otto von Bismarck) erst noch drei blutige Kriege geführt.

Neue wissenschaftliche Erkenntnisse

Neben der Betrachtung der politischen Umbildungen auf unserem Kontinent und der damit verbundenen soziologischen Umschichtungen dürfen wir aber auch die revolutionären Einsichten der Naturwissenschaftler nicht außer Acht lassen, die den Grundstein zu unserem neuzeitlichen Denken legten.

So konnte der englische Physiker *Michael Faraday* (1791 - 1867) als erster den Elektro-Magnetismus als ein (konzentrisch um einen elektrischen Leiter ausgebildetes) „Feld" beschreiben. Seine revolutionäre Idee geht davon aus, dass sich die konzentrierte Energie der Quelle über den sie umgebenden Raum ausbreitet, wobei das Medium für diese Ausbreitung (als „Substanz" oder „Materie") zunächst nicht bestimmt werden konnte. Faradays Erkenntnisse bilden jedoch die Grundlage einer neuen Weltsicht, die über *James Clerk Maxwell, Albert Einstein* und *Max Planck,* neben anderen, in unser Zeitalter führt.

Während gegen Ende des 19. Jahrhunderts die Physiker noch damit beschäftig sind, das Wesen der Elektrizität zu ergründen, veröffentlicht der britische Ökonom *Thomas Robert Malthus* 1798 eine Studie über das Bevölkerungswachstum (ESSAY ON THE PRINCIPLE OF POPULATION) und die ihr nachhinkende Nahrungsmittelversorgung. Kaum ein anderer Ökonom wird in den aktuellen Wirtschaftsdebatten häufiger zitiert. Wenn Malthus auch die Möglichkeiten des technischen Fortschritts unterschätzte, die sich stetig vermehrende Weltbevölkerung bis heute immer noch ernähren zu können, so beschreibt sein ESSAY doch eine potenzielle Katastrophe, die vielleicht nur hinausgezögert, aber letztendlich wohl schwerlich verhindert werden kann.

Charles Darwins Evolutionslehre

Der Biologe (und vormalige Theologiestudent) *Charles Robert Darwin* (1809 - 1882) beschränkte Malthus' Erkenntnis dieses Überlebenskampfes nicht nur auf den Menschen: Er gewann vielmehr die Überzeugung, dass dieser Kampf ums Überleben in jeder Generation aller Lebewesen stattfände. Auf seiner fünf Jahre dauernden Weltumseglung (1831 - 36) an Bord der *HMS Beagle* erhoffte sich der zweiundzwanzigjährige Darwin, ähnlich seinem großen Vorbild *Alexander von Humboldt*[358], durch sorgfältiges Studium von Flora und Fauna der besuchten Länder den Beweis seiner These erbringen zu können. In den tropischen Gewächshäusern von Cambridge hatte er sich mittels dessen Reiseberichte auf seine Expedition wohl vorbereitet.

Beim Vergleich der Spottdrosseln auf der Galapagos-Insel San Cristóbal mit denen auf dem weiter südlich davon gelegenen Eiland Floreana[359] sollen sich in dem jungen Darwin erstmalig die Schlüsselgedanken zu seinen später formulierten revolutionierenden Ideen geformt haben[360], nämlich:

- dass alle Lebewesen mehr Nachkommen erzeugen, als zu ihrer Erhaltung eigentlich notwendig wäre;
- dass es darunter abweichende Formen, mit veränderten Eigenschaften (sog. Mutationen) gibt, die sich im Kampf ums Überleben unterschiedlich stark vermehren und
- dass die Auslese der jeweils an ihre Umwelt am besten angepassten Art zu ihrer Weiterentwicklung führt und nur solche Arten weiter bestehen bleiben, denen es gelingt, sich im Kampf ums Überleben an die jeweiligen Umweltbedingungen anzupassen.

Daraus resultiert eine bestimmte Überlebensstrategie, die an die Nachkommen weitervererbt wird. Arten, die sich nicht vollständig anpassen können, werden verdrängt. Dadurch findet eine natürliche Auslese statt. Darwin legt seine Beobachtungen auf den Galapagos Inseln seinem wissenschaftliches Hauptwerk ÜBER DIE ENTSTEHUNG DER ARTEN DURCH NATÜRLICHE ZUCHTWAHL[361,362] zugrunde, die zu der Schlussfolgerung führten, dass alle Lebewesen aus einer solchen Variation/Mutation und Selektion hervorgegangen sein müssen. Ihre Entstehung beruhe somit nicht auf dem spontanen Schöpfungsakt eines Schöpfergottes[363], sondern auf dem Zusammenspiel von „Zufällen" und Naturgesetzen.

Die Bedeutung dieser Erkenntnisse waren dem vormaligen Theologiestudenten Darwin wohl bewusst, wenn er am Ende seines Werks bemerkt, *dass durch die aufgestellten Ansichten über den Ursprung der Arten der Naturgeschichte eine große Umwälzung bevorstünde* und dass damit auch *Licht auf den Ursprung der Menschheit und ihre Geschichte fallen würde.* Deshalb scheute er sich wohl vor der unvermeidlichen öffentlichen Auseinandersetzung darüber. So hielt er die Veröffentlichung seiner Erkenntnisse über zwanzig Jahre lang zurück, bis er 1859 – durch die Publikation „seiner" Thesen durch den Biologen *Alfred Russel Wallace* (1823 - 1913) – dazu gezwungen wurde.

Die Reaktion auf Darwins und Russel Wallace' Veröffentlichungen in der *Linnean Society* ließ jedoch noch ein ganzes Jahr auf sich warten, bis den Wissenschaftlern schließlich bewusst wurde, dass mit den neuen Erkenntnissen die biblische Schöpfungslehre aus dem bisher eingenommenen Zentrum des wissenschaftlichen Denkens verdrängt war. Doch die Professuren für Botanik und Zoologie waren bislang in England allesamt von Theologen besetzt, – und die Theologen erkannten in Darwins Thesen das Ende des (wörtlich interpretierten) biblischen Schöpfungsberichts. Für sie waren Darwins und Russel Wallace' Ideenwelt einfach ungeheuerlich, anstelle des Schöpfers die rein materielle Genese (Entstehung) des Lebens zu setzen! Ihre Sorge, dass jetzt noch jemand auf die Idee kommen könnte, im Leben das Spiel einfacher physikalischer Kräfte zu sehen, war wohl berechtigt. So meint Darwin in seinen Notizen: *In der Tat kann ich kaum begreifen, wie jemand, wer es auch immer sei, wünschen könnte, die christliche Lehre möge wahr sein.*

Der Kampf zwischen den wissenschaftlich orientierten „Evolutionisten" und den fundamentalistischen „Kreationisten" dauert bis heute an: Als „Intelligent Design" (ID) verbrämt, lassen sich bei letzteren die alten dogmatischen Lehrmeinungen unverändert wiedererkennen.

Die Aufnahme der Evolutionslehre konnten sie indes nicht verhindern. Sie führte nicht nur zum (wissenschaftlichen) Zusammenbruch des wörtlich genommenen biblischen Schöpfungsberichts, sondern überhaupt zu einer neuen wissenschaftlichen Denkweise: Bislang konnte Gott in Ereignisse des (uns bekannten) Universums unmittelbar eingreifen und sie damit auch wieder außer Kraft setzen. Als wissenschaftliche Forschungsobjekte waren sie damit nur bedingt geeignet. Wenn die Evolution aber strikten Naturgesetzen folgt, kann es keinen Platz für ein wie auch immer geartetes (göttliches) Eingreifen in den Ablauf dieser Gesetze geben. Die wissenschaftliche Beweisführung hat deshalb seit Darwin bestimmenden Charakter!

Mit seinen Veröffentlichungen fügte Darwin den Naturwissenschaften die Biologie als ebenbürtigen Zweig hinzu. Daraus entwickelten sich weitere Disziplinen, die heute vor allem mit der Genomforschung große Bedeutung erlangten: zunächst die Evolutionsbiologie. Derzeit (Ende 2008) ist neben dem Erbgut des Menschen das von etwa 50 Tierarten entschlüsselt. Mit dem Preissturz der Gen-Buchstabiermaschinen (den „Sequenzierern") wächst diese Liste praktisch von Woche zu Woche. Zur 200-Jahr-Feier von Darwins Geburtstag (2009) will die Wissenschaft mit den genetischen Daten der „Darwinfinken" aufwarten.

Aus der Evolutionsbiologie konnten sich drei wichtige Studienrichtungen herausbilden, die das Wesen der Vererbung, den Mechanismus der Selektion und die Gesetzmäßigkeiten der Evolution untersuchen.[364] Aus ihnen ergibt sich eine möglicherweise noch wesentlich tiefer reichende Sicht des Entwicklungsprinzips und der Verhaltenstheorie der *Neo-Darwinisten*: dass der Überlebenskampf bereits in den Genen beginnt. Komplexe Lebewesen sind im Lauf von Milliarden Jahren aus der Selektion einfacher Moleküle entstanden.[365, 366] Aber kommen wir hier dem Postulat der Mysterienschulen nicht schon sehr nahe, das Bewusstsein und Intelligenz bereits in den Bausteinen des Seins ansetzt?

Anders als Alexander von Humboldt hatte sich Darwin nicht auf das bloße Sammeln von Erkenntnissen beschränkt, um damit ein harmonisches und wohlgeordnetes Universum darzustellen; vielmehr ließ der Engländer mit seiner revolutionierenden Theorie ein neues Weltbild entstehen, in dem die Entmystifizierung des Menschen fortgeführt wird: Nachdem ihn die Astronomen bereits aus dem Mittelpunkt des Universums verdrängten, wird er nunmehr auch noch seiner göttlichen Vaterschaft beraubt.

Dass Darwins Erkenntnisse uns auch den Hintergrund für das „Recht des Stärkeren" im schonungslosen Existenzkampf unserer heute globalisierten Welt liefern, beschäftigt derzeit die Köpfe von Sozialphilosophen, Historikern und Ökonomen, wenn auch Stimmen laut werden, die vor einer Analogiebildung zwischen Biologie und Ökonomie warnen.[367] Was der Menschheit jedoch bleibt, ist das Gefühl der Verzweiflung des Individuums angesichts seiner Isolation vom göttlichen Walten. Dem konnte auch Darwin nicht entgehen und er musste den Tribut für den Genuss vom Baume der Erkenntnis bezahlen: Selbst die großartigsten Szenen der Natur ließen in ihm fortan kein Hochgefühl mehr aufkommen, wie damals in Südamerika, so dass er nach der Veröffentlichung seiner Erkenntnisse bemerkte: *„Man könnte ganz zutreffend sagen, dass ich wie ein Mensch bin, der farbenblind wurde."*

Erkenntnisse über Licht und Farben

An dieser Stelle wollen wir noch einen kurzen Exkurs über Licht und Farben einfügen, deren Phänomene in den Unterweisungen mancher Mysterienschulen einen hohen Stellenwert einnehmen und der uns auch Gelegenheit gibt, die Ansätze in *Johann Wolfgang von Goethes* (1749 - 1832) naturwissenschaftlichen Arbeiten, insbesondere seiner Farbenlehre (1810) zu würdigen, wohingegen eine Würdigung seines literarisches Werks unsere Thematik vollends sprengen würde.

Bis in das 17. Jahrhundert glaubte man, dass *Sehstrahlen*, die das Auge aussendet, die Objekte ähnlich einem Blindenstock abtasteten. Obwohl dieses Modell bereits um die Jahrtausendwende durch den arabischen Gelehrten *Alhazen* [368] widerlegt worden war, fanden dessen Erkenntnisse erst durch die Vermittlung *Keplers* (und *Witelos*) im Abendland Verbreitung, so dass die Herleitung der Prinzipien der Perspektive in der Renaissance teilweise noch am Modell der Sehstrahlen stattfand.

Ab dem 17. Jahrhundert setzten sich dann zwei weitere Modelle durch, die zur Erklärung der Erscheinungsformen des Lichts herangezogen wurden,

- die *Wellennatur* des Lichtes, die sich vor allem bei Beugungsphänomen zeigen, wurde damals noch mittels eines unendlich fluiden Lichtäthers erklärt. Vorstellungen, dass sich von den Dingen beständig Abbilder lösen und im Auge des Betrachters zu einer Wiedergabe der Dinge führen, gab es bereits in der Antike.
- Letztlich wurde im *Korpuskularmodell* das Licht als eine Menge schneller Teilchen verstanden, die wie Kanonenkugeln von einer Lichtquelle emittiert werden. Newton lieferte hierzu die Erklärung der Aufspaltung des Lichtes im Prisma, wie im Regenbogen mittels Dispersion.

Seit 1801 werden beide Darstellungsmodelle allgemein akzeptiert, nachdem Thomas Young (1773 - 1829) in seinem „Doppelspaltexperiment“ die Wellennatur des Lichtes durch Interferenzmuster nachweisen konnte. Zu Newtons Zeiten wurden die beiden Modelle allerdings noch heftig debattiert und es gab vehemente Verfechter sowohl des einen, wie des anderen Lagers.

Goethes naturwissenschaftliches Werk

1779 kommt *Johann Wolfgang (von) Goethe* von Frankfurt nach Weimar, wo er zunächst als geheimer Legationsrat und drei Jahre später als Geheimrat die Leitung verschiedener Kommissionen im Staatsdienst übernimmt. Hier wird er zu Johanni 1780 von J. J. Chr. Bode in die Freimaurerloge »Anna Amalia zu den drei Rosen« aufgenommen. Am Hof von Herzogin Anna Amalia lernt er die Hofdame *Charlotte von Stein* kennen, die später großen Einfluss auf ihn ausübt. Zehn Jahre lang verbindet die beiden eine innige Beziehung. Als Anerkennung seiner Verdienste wird Goethe 1782 in den Adelsstand erhoben. In diesen Jahren beginnt er auch, sich intensiv mit den Naturwissenschaften zu beschäftigen.

Abb. 63: Goethe seinem Schreiber John dictierend [369]

Bei seinen morphologisch-anatomischen Studien entdeckt er 1784 den Zwischenkieferknochen am menschlichen Schädel, eine Entdeckung, welche die enge Verwandtschaft des Menschen mit seinen nächsten Verwandten im Evolutionsstammbaum dokumentiert.

Den Grundgedanken von Darwins Evolutionslehre greift er insbesondere in seiner Arbeit über die Metamorphose der Pflanze (1790) auf, wenn er in dieser Abhandlung herausstellt, dass die verschiedenen Glieder einer Blüte als Metamorphosen des Blattorgans aufgefasst werden können.

Durch das Prisma eines Freundes bemerkt Goethe auch die bunten Farbverläufe des gebrochenen Sonnenlichts. Von diesen Beobachtungen fasziniert, führt er weitere Versuche durch und erstellt einen Farbkreis.

Goethes Farbenlehre (1810) ist sicherlich das bedeutendste innerhalb seines naturwissenschaftlichen Werks. Sie ist geistesgeschichtlich und wissenschaftshistorisch schon deshalb bedeutsam, weil sie Goethes ganzheitlichen Ansatz der Naturbetrachtung dokumentiert, d.h. seine Bevorzugung der Anschauung gegenüber der Abstraktion. Aus dieser Anschauung und dem subjektiven Empfinden leitet er auch die psychologischen Wirkungen der Farben auf den Menschen ab, worauf die moderne Farbenpsychologie aufbaut.

Schon beim Erscheinen des Werkes gab es in der zeitgenössischen Fachwelt einen Disput über die unterschiedlichen Ansichten von Goethe und Newton. Für Newton besteht das weiße Licht aus einzelnen Bestandteilen, den Spektralfarben. Für Goethes Streben nach Einheit der Welt ist auch das Licht eine Einheit, Farben als Eigenschaft des Lichtes können damit nur das Ergebnis der Mischung von Helligkeit und Dunklem sein. Goethes Ansatz geht hierbei, im Gegensatz zu Newton, von der subtraktiven Farbsynthese aus, wodurch sich die Versuchsergebnisse beider, beispielsweise bei der Zusammensetzung der „Unfarben“ weiß und grau unterscheiden.

Im Zusammenhang mit seiner Italienreise (1786-88) macht Goethe folgende – auf die Kunst bezogene – Aussage: *„Ich hatte nämlich zuletzt eingesehen, dass man den Farben, als physische Erscheinungen, erst von der Seite der Natur beikommen müsse, wenn man in der Absicht auf die Kunst etwas über sie gewinnen wolle. Wie alle Welt war ich überzeugt, dass die sämtlichen Farben im Licht enthalten seien; nie war es mir anders gesagt worden, und niemals hatte ich die geringste Ursache gefunden, daran zu zweifeln."*

Unter der Überschrift *Konfession des Verfassers* (der Farbenlehre) klärt Goethe die Absicht seiner Forschungen: *„Und so war ich, ohne es beinahe selbst bemerkt zu haben, in ein fremdes Feld gelangt, indem ich von der Poesie zur bildenden Kunst, von dieser zur Naturforschung überging, und dasjenige, was nur Hilfsmittel sein sollte, mich nunmehr als Zweck anreizte. Aber als ich lange genug in diesen fremden Regionen verweilt hatte, fand ich den glücklichen Rückweg zur Kunst durch die physiologischen Farben und durch die sittliche und ästhetische Wirkung derselben überhaupt."*

Mit der Niederlage Napoleons bei Waterloo 1815 wird Sachsen-Weimar-Eisenach zum Großherzogtum und Goethe erhält als Staatsminister die Leitung über sämtliche Kulturinstitute des Herzogtums. Nun kann er sich wieder mehr seinem literarischen Werk widmen, das mit FAUST, DER TRAGÖDIE ZWEITER TEIL (1831/33) seinen Abschluss findet.

Bis der rationalistisch denkende Mensch der Aufklärung nach all seinen technischen Errungenschaften letztlich doch auf eine Instanz stieß, die sich mit rein mechanistischen Begriffen nicht mehr erklären lässt, verging eine Weile: schließlich entdeckte er seine „Psyche". Dabei war bereits Plato davon ausgegangen, dass das menschliche Handeln aus drei Quellen fließe: aus Begierde, Gefühl und Erkenntnis. Aber dieses Modell genügt dem modernen Menschen nicht mehr.

Vom Spiritismus zur Psychologie

Im 18. und 19. Jahrhundert erlebte der Spiritismus in der westlichen Welt große Popularität. Unter der Bezeichnung Magnetismus wurde diese Bewegung insbesondere von dem deutschen Arzt und Spiritisten *Franz Anton Mesmer* (1734 - 1815) eingeleitet, der in Wien und Paris praktizierte und dessen reale oder vielleicht auch nur vorgegebenen Entdeckungen auch das Interesse von so bekannten Naturwissenschaftlern, wie das des amerikanischen Erfinders und Diplomaten *Benjamin Franklin* [370] (1706 - 1790) oder des französischen Chemikers *Antoine-Laurent Lavoisier* (1743 - 1794) gefangen hielt. Mesmer lehrte auf der Basis der Theorien *von Helmonts*, dass alle beseelten Körper Energien aussenden, die von der „Seele" gelenkt würden. So könnte der Lebensgeist in einem Gefäß aufgefangen werden. Von da aus ließe sich dann seine Energie so lenken, dass sie in den Körper Kranker eindringen könne, um ihre geschwächten Lebensgeister wieder zu stärken. Mesmers Wundergefäß enthielt nach innen konvergierende Flaschen, die magnetisiertes Wasser, Glaspulver und Eisenfeilspäne enthielten, aus denen Metallstäbe aus dem Deckel des Gefäßes herausragten, die ein Kranker anfassen musste. Eine solche Séance wurde von einem kleinen Orchester begleitet. Für die Behandlung von Armen hielt sich der Menschenfreund Mesmer besondere Nachmittage frei.

Der Marquis de Puységur, *Armand Marc-Jacques de Chastenet* (1751-1825) war ein Schüler Mesmers und gilt auch heute noch als Vater der Hypnosetherapien. Er prägte Begriffe wie „Künstlicher Somnambulismus" oder „magnetischer Schlaf" und widersprach der damals gängigen These des „Fluidums" (als Bindeglied zwischen Körper und Seele). Vielmehr betonte er die Bedeutung der aktiven Mitarbeit des Patienten bei seinen Behandlungsmethoden.

Puységurs Schüler, *Charles Poyan*, entwickelte dessen Theorien später weiter und stellte sie 1836 in den USA vor, wo sie sich in den spiritistischen Zirkeln großer Popularität erfreuten. Gemäß seinen Theorien gestattete das Verbindungsglied (Perisprit), das gemäß seinen Vorstellungen den physischen Körper mit der Seele verbindet, auch den nicht mehr inkarnierten Geistwesen in unserer Welt in Erscheinung zu treten. Geisterbeschwörungen waren die Folge seiner Thesen. Auf der Basis dieser Theorien machten nun auch psychische Disziplinen, wie „Automatisches Schreiben", Telekinese und Telepathie die Runde, wobei Scharlatanerien Tür und Tor geöffnet waren. Kurzum, der Spiritismus[371] war eine allgemein angenommene Disziplin und gehörte in manchen Kreisen zum guten Ton.

Sigmund Freud (1856 - 1939) fügte schließlich dem so schwer deutbarem menschlichen Verhalten eine „Erklärungsinstanz" bei, die man für jedes Problem zuständig machen kann: das *Unbewusste*. Für ihn bedeutete es einen großen Sammelbehälter der Seele, in dem wir all das ablegen, was unser Wachbewusstsein nicht zu benötigen scheint: Triebe, Ängste, Träume, alte Verhaltensmuster, kurz alles nicht mehr zum aktuellen Gebrauch zugängige Wissen. Freuds Erklärungsmodell der Psyche besteht neben dem Bewussten aus dem Vorbewussten und dem Unbewussten. Zwischen dem „Über-Ich" und dem „Es" der menschlichen Psyche findet bei ihm ein Verdrängungswettbewerb statt, den der Einzelne meist nicht durchschaut. Bei Störungen benötigt er deshalb einen Psychotherapeuten. Dabei verstrickte sich Freud immer tiefer in seine eigene Vorstellung, dass sich die ganze Problematik des Menschen durch nicht bewältigte und verdrängte Sexualität erklären ließe.

Carl Gustav Jung (1875 - 1961) lernte 1906 Freuds Schriften kennen und arbeitete bis 1913 mit ihm zusammen. Seine „analytische Psychologie" geht aber über Freuds Vorstellungswelt weit hinaus; sein Gedankengut beinhaltet die Alchimie ebenso wie Traumsymbole, Archetypen, Wiedergeburt und vieles mehr, das er in

Abb. 64: Carl Gustav Jung in seiner Bibliothek

rosenkreuzerischen Lehren findet, für die er sich sehr interessierte. Jung gilt als der Vater der Tiefenpsychologie und prägte viele Begriffe wie „persönliches" und „kollektives Unbewusstes", „Anima", „Animus", „Selbst", „Schatten", „Individuation", etc. Neben vielem anderen behandelt sein Werk Fragen über die Energetik der Seele (1928), Über Wiedergeburt (1939), Paracelsica (1942), Über das Selbst (1948), Über Synchronizität (1951), über Symbole der Wandlung (1952).

C. G. Jung ordnete das Leben als Zwischenspiel in einer langen Entwicklungsgeschichte ein. *„Sie bestand schon"*, so meinte er, *„bevor ich war, und wird höchstwahrscheinlich weitergehen, wenn das bewusste Intervall in einer dreidimensionalen Existenz zu Ende ist."*

Trotz aller bahnbrechenden Erkenntnisse der Psychologie und Psychiatrie haben die „anerkannten" Wissenschaften aber noch einen weiten Weg vor sich, um das Wissen der Mysterienschulen von der Seele zu erfassen, denn diese verfügen über andersartige Zugangsmethoden zu diesen psychischen Bereichen.

Mysterienschulen und Geheimgesellschaften

Wie sich aus dem bisher dargestellten geschichtlichen Abriss erkennen lässt, ging uns das arkane Wissen aus unserer Vergangenheit nicht verloren: Mysterienschulen reichten es in praktisch allen Kulturen und zu allen Zeiten als Vermächtnis ihrer jeweiligen Traditionen an ihre Mitglieder weiter. Sie waren die Hüter des *okkulten* Wissens, das zu tolerieren die bestehenden politischen und sozialen Systeme und die öffentliche Meinung noch nicht bereit waren. Stand die öffentliche Meinung bei uns doch noch bis zur Aufklärung fast gänzlich unter der Prägung von Religion und Kirche. Eine Abweichung von deren offizieller Lehrmeinung blieb selbst nach der Reformation noch gefährlich, und was Intoleranz, Borniertheit und Bigotterie angeht, reichten sich die religiösen Kontrahenten einander die Hände. Auch die weltlichen Herrschaftssysteme legten keinen Wert auf eine Veränderung der politisch-sozialen Situation, die immer Gefahren für sie barg. So mussten diese Schulen – wie eh und je – im Geheimen arbeiten, was ihnen den etwas zweifelhaften Ruf von „Geheimgesellschaften" einbrachte.

Wir dürfen jedoch Mysterienschulen nicht undifferenziert mit Geheimgesellschaften gleichsetzen; bezeichnen doch letztere nur Vereinigungen, die sich der Allgemeinheit noch nicht öffnen wollten oder konnten. Andererseits gab und gibt es neben den traditionellen Mysterienschulen (und politisch ausgerichteten Geheimbünden, auf die bisher nicht näher eingegangen wurde) auch Gruppierungen, deren Ziele denen der traditionellen Weisheitsschulen diametral entgegengesetzt sind und vor denen wir warnen möchten. Auf einige dieser Gruppierungen werden wir im Verlauf dieses Kapitels noch zurückkommen.

Nachdem sich nun im Zeitalter der Aufklärung die Freiheit der Meinungsäußerung immer stärker zu entfalten vermochte und praktisch nur mehr im – allerdings immer weiter zurückgedrängten – Einflussbereich der Kirche eingeschränkt wurde, konnten die vordem nur im geheimen arbeitenden Mysterienschulen und Initiatenorden nun größeren Spielraum gewinnen, um ihre Aktivitäten auszuweiten. Ein Großteil von ihnen nahm diese Möglichkeit auch wahr, und nur einige wenige bevorzugen es auch weiterhin, in der Verborgenheit zu verbleiben.

Rosenkreuzer, Freimaurer und Illuminaten

Als bei uns in Deutschland Anfang des 17. Jahrhunderts die ersten gedruckten Exemplare der „rosenkreuzerischen Manifeste" [372] auftauchten, erweckte das damit verbreitete Gedankengut allenthalben großes Interesse. Viele bedeutende Persönlichkeiten unterstützten die Forderung der Bruderschaft des Rosenkreuzes nach einer *Generalreformation* von Kirche und Staat nach esoterischen Grundsätzen oder vertraten ihr Gedankengut. Neben den *Rosenkreuzern* machten im Zuge der Auf-

Abb. 65: Freimaurerische Tempelarbeit unter der „Hammerführung" Friedrichs des Großen

klärung im Europa des 18. Jahrhunderts vor allem auch die *Freimaurer* bald von sich reden. Über beide Bruderschaften werden wir im 2. Band noch eingehend informieren.

Die Entstehung der *symbolischen* [373] Freimaurerei geht nach heutigem Wissensstand auf die erste Hälfte des 18. Jahrhunderts in *England* zurück.[374] Seit 1737 war in ihr das englische Königshaus führend vertreten und mit ihm Kirche und Krone. Eine Mitgliedschaft in diesem Geheimbund musste hier deshalb nicht der strengen Geheimhaltung unterliegen wie in anderen Ländern. Im Laufe der Jahre fanden in diesem Bund pansophisch-rosenkreuzerische Strömungen ebenso die Möglichkeit ihrer Entfaltung, wie das Gedankengut mystisch-okkulter Ausrichtungen und später auch gnostisch-theosophische Lehrarten. Bereits wenige Jahrzehnte nach der Gründung der »Großloge von London und Westminster« (1717) entwickelten sich unter der Jurisdiktion der englischen Mutterloge eine Vielzahl von „hochgradigen" maurerischen Vereinigungen: wie *The Supreme Order of the Holy Royal Arch* und die *Mark Master Masons of England.* Daneben tauchten so exotisch klingende Bezeichnungen auf, wie *Ritter von Konstantinopel, Rotes Kreuz von Babylon* oder *Bruderschaft von David und Jonathan*, um nur einige zu nennen. In diesen Gründungen drückt sich die Sehnsucht der Mitglieder solcher Bünde nach den im exoterischen Bereich verloren gegangenen Traditionen der Vergangenheit aus.

Die Bibliothek der freimaurerischen Großloge »Royal Arch« in London hütet die Kopie einer Handschrift, in der ein Ritual der »Brüder des Lichts oder Brüder des Lichtkreuzes« beschrieben wird. Diese Gemeinschaft soll Ordensniederlassungen in Rom, Paris und Wien besessen haben und zu ihren Mitgliedern sollen so illustre Persönlichkeiten gezählt haben wie Thomas Vaughan, Robert Fludd, der Graf von Saint-Germain, Mesmer, Swedenborg, Martinez de Pasqually und Cagliostro, der ihre geheimen Lehren in Florenz kennen gelernt haben soll.

Auch im feudalistischen *Frankreich* fasste die Freimaurerei bereits 1717 Fuß und konnte sich hier wesentlich freier als anderenorts entwickeln. Zwar schienen im unumschränkten Absolutismus Ludwigs XV. (1715 - 1774) die Vorbedingungen für die Entwicklung eines humanitär eingestellten Bundes denkbar ungünstig, doch boten gerade hier humanistische Kreise den fruchtbaren Boden, der solches Gedankengut gierig aufsog und in die Praxis umsetzte. In diesen Kreisen verhielt man sich der Freimaurerei gegenüber sehr aufgeschlossen und vielerorts war es wohl auch nur „chic", ihr anzugehören. Dies brachte der viel beachtete *Discours* des Redners der französischen Großloge, des Schotten Ramsay, klar zum Ausdruck, der 1737 versuchte, seine Logen von Leuten zu befreien, die sie nur „als Mittel für ihre Geschäfte" nutzen wollten. 1743 wurde *Louis de Bourbon* neuer Großmeister des »Grand Orient« (der französischen Freimaurerei). Als Feldherr in Flandern dürfte ihm allerdings kaum genügend Zeit verblieben sein, um sich um die zweihundert ihm unterstellten Logen kümmern zu können. Auch hier bildete sich, wie in England, schon frühzeitig die *Hochgradmaurerei* heraus. 1758 entstand mit *Pasquallys* freimaurerischen Orden der Auserwählten Priester (Ordre des Chevaliers Maçons Elus Coëns de l'Univers) die okkultistische Freimaurerei, die allerdings 1766 von der Direktion der Grande Loge zunächst verboten und später aus der Freimaurerei ausgeschlossen wurde; 1784 gründete *Cagliostro* (Joseph Balsamo, 1743 - 1795) in der Lyoner Loge »La Sagesse Triomphante« seinen Ritus der *ägyptischen Hochgradmaurerei*, den späteren *Memphis Ritus*. Zusammen mit dem *kabbalistischen Rosenkreuzerorden* bildete sie einhundert Jahre später die Basis für die unter Dr. Gérard Encausse (*Papus*) wiedererstandene martinistische Bewegung, die mit ihrem „Synarchiegedanken"[375] auch Einfluss auf die französische Politik gewann (Siehe Abschnitt MARTINISTEN im 2. Band).

In der geistigen Atmosphäre deutscher Kleinstaaterei entwickelten sich die Geheimgesellschaften recht unterschiedlich – je nachdem, wie liberal der jeweilige Landesfürst den aufklärerischen Ideen gegenüber stand.

Von dem Philosophen *Gottfried Wilhelm Leibniz* (1646 - 1716) wissen wir, dass er mit großer Wahrscheinlichkeit dem »Orden der Unzertrennlichen« angehörte, der in der Universitätsstadt Halle operierte und alchimistisches wie rosenkreuzerisch-theosophisches Gedankengut vermittelte. Dieser Orden gilt als einer der Vorläufer der deutschen Freimaurerei. Zu dieser Zeit studierte in Halle auch der schlesische Theologe Samuel Richter, der später unter dem Pseudonym *Sincerus Renatus* alchimistische Schriften verfasste, wie DIE WAHRHAFFTE UND VOLLKOMMENE BESCHREIBUNG DES PHILOSOPHISCHEN STEINS ... Dabei erwähnt er als einer der ersten den »Orden der Gold- und Rosenkreuzer«, der vor allem zwischen 1750 und 1790 in Deutschland in Erscheinung trat, mit den Rosenkreuzern des 16. Jahrhunderts aber offensichtlich wenig gemein hatte. Er gab vor, „im Besitz untrüglicher Weisheiten zu sein und Armut und Krankheit bannen zu können." Das aus Alchimie, Magie, kabbalistischem Gedankengut und christlicher Mystik zusammengesetzte System ist nicht leicht verständlich. Ab 1757 weitete der Orden seine Aktivitäten auf praktisch alle deutschen Länder sowie auf Ungarn, Polen, Böhmen und Russland aus. Berlin und Leipzig bildeten dabei wichtige Zentren, die von den *Grafen Saint-Germain* und *Cagliostro* des öfteren besucht wurden.

Die älteste Freimaurerloge auf deutschem Boden entstand 1737 in Hamburg, und drei Jahre später die erste freimaurerische Großloge »AUX TROIS GLOBES« in Berlin, unter dem Vorsitz König Friedrichs II., dem Alten Fritz. Durch die frühe Aufnahme (1738) des Kronprinzen Friedrich in den Freimaurerbund genoss die Freimaurerei in Preußen gleich von Anfang an eine begünstigte Stellung, – gehörten die Mitglieder der ersten Logen doch meist dem preußischen Adel an. Wie es am Hofe Sitte war, arbeitete man – trotz englischer Konstitution – in französischer Sprache. 1744 konstituierte sich die Große Königliche Mutterloge »ZU DEN DREI WELTKUGELN«. Von hier aus erfolgen Logengründungen in allen deutschen Ländern, wie dies im zweiten Band noch eingehender beschrieben wird.

In Preußen ging der Freimaurerbund später mit dem »Orden der Gold- und Rosenkreuzer« eine enge Bindung ein, die aber von Freimaurerseite her als eher anrüchig angesehen wird, zumal mit ihr eine enge Verflechtung von Ministerposten einherging. Doch diese Episode bedarf noch einer objektiven Untersuchung.

Die Gründung und Umtriebe eines weiteren Bundes setzte die Serie der Gerüchte über die „gigantischen Umsturzpläne der Geheimgesellschaften" fort, von der vor allem die Freimaurerei betroffen ist: Es handelt sich um den *Illuminatenorden*. In Bayern hatte unter dem *Kurfürsten Max III. Josef* (1745 - 1777) das seit Jahrhunderten verkümmerte geistige Leben neue Impulse erhalten. Der junge Universitätsprofessor *Adam Weishaupt* (1748 - 1830), im Ingolstädter Jesuitenkollegium aufgewachsen (des kirchlichen Ordens, den Papst Clemens XIV. auf Druck des französischen Kardinalskollegiums 1773 aufhob), gründete am 1. Mai 1776 den *Orden der Illuminaten*. Er träumte dabei von „einer geheimen Weisheitsschule, in der die besten jungen Akademiker der damaligen Zeit, unbehindert von den ihnen auferlegten Fesseln der Kirche, all das lernen sollten, was die Jesuiten von den Lehrstühlen verbannt hatten". Der Orden erhielt großen Zulauf aus allen nur erdenklichen Schichten und zählte nicht nur Fürsten und Grafen zu seinen Mitgliedern, sondern auch Mediziner und Juristen, Schulleiter, Professoren, Geistliche, Offiziere, Diplomaten und Beamte. Mit der Aufnahme von *Johann J. Chr. Bode* aus Weimar fand der Orden schließlich eine Persönlichkeit, die eine starke Anziehung auf den deutschen Hochadel ausübte. Besonders aus dem 1782 aufgelösten freimaurerischen *Orden der Strikten Observanz* erfuhr der Illuminatenorden Zuwachs, u. a. mit *Herzog Ferdinand von Braunschweig*. Dem Orden gehörte auch der Mystiker *Karl von Eckartshausen* [376] (1752 - 1803) an. Der Illuminatenorden zerbrach jedoch letztlich an inneren Streitigkeiten und mit seiner Bekämpfung des Gold- und Rosenkreuzerordens. Ein Erlass des bayerischen Kurfürsten vom 2. März 1785 verbot dann in Bayern jede weitere Tätigkeit der Freimaurer und Illuminaten. Daraufhin begann ein wüstes Kesseltreiben gegen die Mitglieder dieser Bünde, das auch das Ende des Illuminatenordens besiegelte.

Im Abschnitt über Goethes wissenschaftliche Arbeiten erfuhren wir von dessen Aufnahme zu Johanni 1780 in die Freimaurerloge »Anna Amalia zu den drei Rosen« in Weimar. Wer Rang und Namen in der Regierung des Herzogtums hatte, gehörte größtenteils dieser Loge an. Ein Jahr später erfolgte Goethes Beförderung in den Gesellengrad und am 25. Februar 1782 seine Meistererhebung, zusammen mit dem Herzog Carl August. Einige Szenen in Goethes Erziehungsroman WILHELM MEISTERS LEHRJAHRE zeigen, dass Goethe in der Freimaurerei ein Mittel zur charakterlichen Bildung und geistigen Förderung des Menschen sah. Die Entstehung des Romans fiel in eine Zeit, in der auch Mozart und Schikaneder die Freimaurerei zum Gegenstand künstlerischer Darstellung machten.[377]

Die Okkultismusszene an der Wende zum 20. Jahrhundert

Nach dem Niedergang der Gold- und Rosenkreuzer gegen Ende des 18. Jahrhunderts könnte ihr geistiges Erbe auf die »Ritter und Brüder Johannis des Evangelisten aus Asien in Europa« übergegangen sein. Dieses Hochgradsystem der *„Asiatischen Brüder“* (wie sie kurz genannt wurden) baute auf dem von *Hans Karl Freiherr v. Ecker und Eckhoffen* (1750 - 1790) gegründeten kabbalistischen »Orden der Ritter und Brüder des Lichts« auf. Er gewann nicht nur in Wien und Berlin großen Zulauf; weil in ihm – im Gegensatz zu den christlich ausgerichteten Freimaurerlogen in den deutschen Ländern – auch jüdische Brüder Aufnahme fanden. Sie mussten allerdings zuvor (meist in einer jüdischen Melchisedek-Loge) das „maurerische Licht“ (der Initiation) und die drei „symbolischen Grade“ erwerben. Bei den christlichen Brüdern dienten dazu die Johannislogen. Die Asiatischen Brüder behaupteten, die „echten Geheimnisse und moralisch-physischen Aufschlüsse der Hieroglyphen des Ordens der Ritter und Brüder Freimaurer“ zu vermitteln. Mit ihrer kabbalistischen Interpretation der Bibel wollten sie Juden und Christen versöhnen. Ihrer Doktrin und ihren theurgischen Praktiken wird die Nähe zu Pasquallys Orden der »Elus Coën«[378] zugeschrieben.[379] Zu ihren prominentesten Mitgliedern zählten die Herzöge *Ferdinand von Braunschweig* und *Karl von Hessen-*

Kassel. Letzterer amtierte 1786 als Großmeister und überführt den Ordenssitz von Wien nach Schleswig.

In seiner GESCHICHTE DER ROSENKREUZER[380] berichtet William Westcott (dem wir in den nachfolgenden Abschnitten noch öfters begegnen werden) über eine altehrwürdige „Rosenkreuzerloge" zu Frankfurt am Main[381], die wohl bis 1850 aktiv war. Auch glaubt er, dass der englische Schriftsteller *Edward Bulwer Lytton* zwischen 1841 und 1843 in ihr initiiert und zu seinem Rosenkreuzerroman ZANONI inspiriert worden sei.[382] Im Gegensatz dazu geht der italienische Historiker *Gaetano Lo Monaco* davon aus, dass Bulwer bereits vor dieser Zeit, in Neapel, seine rosenkreuzerische Einweihung erhalten hätte.[383] In Deutschland waren die verschiedenen Rosenkreuzerlogen auf jeden Fall noch bis Anfang letzten Jahrhunderts vollkommen unabhängig von einander, ohne zentrale Leitung durch eine Großloge organisiert. Sie arbeiteten meist nach den alten deutschen Ritualen, wie beispielsweise die spätere »Gustav-Meyrinck-Loge« in München.

Auch in unseren Nachbarländern entstanden damals Gemeinschaften, die teilweise bis in unsere Zeit hinein wirkten und ihrerseits oft wieder als Plattform für den Aufbau verschiedenster Nachfolgeorganisationen dienten. Mit ihnen wollen wir uns in nachfolgenden Abschnitten auseinandersetzen, sofern sie bei uns im deutschen Sprachraum heute noch oder wieder tätig sind und ihrer Vermittlerfunktion der traditionellen Weisheitslehren treu blieben: Denn so manche Mysterienschule ließ sich vom Blendwerk magischer Rituale (aller möglichen Ausprägungen) verleiten, vom Weg des Lichts abzuweichen. Menschliche Schwächen, die auch bei hoch entwickelten Esoterikern durchbrechen können, Machtgier und Egoismus, führten (und führen immer wieder) zu Spaltungen der exoterischen Organisationsformen. Manchmal verfolgen diese Absplitterungen oder Neugründungen dann Wege, die mit den edlen Aufgaben der ursprünglichen Mysterienschule nichts mehr gemein haben. Auch das sollten wir im Auge behalten!

So operierten um die Wende zum 20. Jahrhundert neben den traditionellen Orden der *Rosenkreuzer* und *Freimaurer* die verschiedensten esoterischen Bewegungen, *gnostische Kirchen*, die sich teilweise mit der *martinistischen Bewegung* oder dem neu erstandenen und gnostisch-esoterisch orientierten Memphis-Misraïm Ritus verbanden. Neben der *Theosophischen Gesellschaft* (TG) kam es (vor allem auf den britischen Inseln) zur Gründung von Kollegien und Bruderschaften rosenkreuzerischer Tradition. Zu ihren Nachfolgeorganisationen gehören die freimaurerische Rosenkreuzergesellschaft *Societas Rosicruciana In Anglia (S.R.I.A.),* die *Hermetische Bruderschaft der Goldenen Morgendämmerung (G.D.)* und, im deutschsprachigen Raum, der orientalische Templerorden *Ordo Templi Orientis* (O.T.O.), einschließlich ihrer meist dubiosen Ableger. Die Zusammenstellung auf den Seiten 290/91 versucht die Genealogie dieser Geheimgesellschaften und der aus ihnen hervorgegangenen Gemeinschaften zu veranschaulichen.

Ägyptische Maurerei und neugnostische Kirchen

Unter der Bezeichnung „Ägyptische Maurerei" werden die komplexen Hochgradsysteme des „Memphis-Ritus" mit seinen 95 Graden und des „Misraïm-Ritus" mit 90 Graden verstanden, die ursprünglich voneinander getrennte Systeme bildeten.

Der Misraïm Ritus

Misraïm ist der alte Name für Ägypten, von dessen Tradition sich die Väter dieses Ritus' inspirieren ließen. Waren die ägyptischen Mysterien doch Quelle der esoterischen Traditionen, mit der sich auch die Freimaurerei verbunden fühlt. Geschichtlich gesehen existierte der Misraïm Ritus bereits 1782 auf der Insel Zakynthos und verbreitete sich später auch auf die anderen (damals italienischen) Mittelmeerinseln der Ionischen Gruppe. Auch gab es 1796 eine „misraïmitische Loge" in Venedig, die 1801 durch den *„Philatelen"* Abraham (Baron Tassoni aus Modena) wieder errichtet wurde, nachdem sie vorher seitens der österreichischen Besatzer „still gelegt" worden war. Die ältesten uns erhalten gebliebenen Dokumente des Misraïm-Ritus sind jedenfalls in italienischer Sprache abgefasst.

Giuseppe Balsamo, Graf von Cagliostro, der spätere „Groß-Kophtha" des ägyptischen Ritus, soll bereits 1767, die ägyptischen Rituale und Regeln seiner (1738 auf Malta gegründeten) Loge »Diskretion und Harmonie« nach Neapel gebracht haben.[384]

Die templerische Komponente des Ritus erklärt man wie folgt: Cagliostro soll einer Gruppe protestantischer Sozianer[385] in Trient das maurerische Licht erteilt haben, die jedoch die templerischen Riten den ägyptischen vorzogen. So hat man hier die templerische Lehrart eingeführt, wodurch von der ägyptischen Tradition lediglich der Name übrig blieb.

1805 wurde dieser Ritus dann in Frankreich eingeführt und zwischen 1810 und 1813 von den drei Gebrüdern Bédarride erfolgreich aufgebaut. In ihm wird vielfach die Nachfolge der »Ritter von Jerusalem« und der »Rosenkreuz-Brüder des Orients« gesehen. Zu seiner antiklerikalen und monarchie-feindlichen Einstellung fühlten sich viele Jakobiner hingezogen. Auch unterstützte der Misraïm Ritus die Carbonari-Bewegung während der italienischen Unabhängigkeitsbestrebungen im 19. Jahrhundert.

Der Memphis Ritus

Die Idee, die zur Gründung des Orientalischen Freimaurerordens von Memphis – nach der ersten Hauptstadt Ägyptens benannt – führte, entstand im Anschluss an Napoleons Ägyptenexpedition (1798 - 99). Ein Großteil der Expeditionsteilnehmer gehörte dem französischen Großorient oder einer anderen freimaurerischen Vereinigung Frankreichs an, wie die der Philatelen, Philadelphen, Afrikanischen

Brüder, dem Hermetischen Ritus oder dem Primitiven Ritus. Nachdem die Mitglieder dieser Bünde in Kairo auf die Reste gnostisch-hermetischer Tradition gestoßen waren, beschlossen sie, nach ihrer Rückkehr nach Frankreich 1815 in Montauban eine neue, von der englischen Mutterloge unabhängige freimaurerische Obödienz zu gründen, die sie *Memphisorden* nannten. 1839 wurde eine Loge des Memphis- oder „Orientalischen" Ritus' von Etienne Marconis in Paris gegründet. Er baut auf ein System auf, das neben den Graden des vorausgehenden Misraïm-Ritus auch noch die „orientalischen" Initiationen und Rituale mit einbezieht.

Die vereinigten Riten

Bis 1881 hatten sich beide Riten sowohl in Italien, wie in Frankreich rasch verbreitet. Sie arbeiteten zunächst unabhängig voneinander, jedoch, wie es heißt „auf eine zwischen ihnen abgestimmte eigene Weise". Mit der Aufnahme des italienischen Unabhängigkeitskämpfers Giuseppe Garibaldi (1807 - 82) in beide Riten und seiner Designation 1881 als Großmeister beider Obödienzen „ad vitam", stand ihrer Zusammenlegung nichts mehr im Wege. Aus ihren komplizierten Gradsystemen ließ sich ein konzertiertes Hochgradsystem entwickeln, in das auch der Schottische Ritus eingebunden ist.

Ursprüngliches Ziel des „Souveränen Sanktuariums" dieser vereinigten Riten soll Wahrung und Schutz der „orientalischen und templerischen" Geheimlehren und Rituale gewesen sein. Letztere hätten sich, nach der Umgestaltung durch *Jacques de Molays* Nachfolger *Jean-Marc Larmenius* von Jerusalem (1314 - 1324), über bestimmte Kanäle und Organisationen bis heute erhalten.

Die neuere Geschichte des »Alten und Primitiven Ritus von Memphis und Misraïm« beginnt in Europa 1872 mit der Gründung der Souveränen Großloge durch den Briten John Yarker (1833 - 1913). Auch das Gründungspatent der deutschen Großloge Memphis-Misraïm vom 24. September 1902 geht auf ihn zurück. In diesem Patent erscheinen die Namen von Theodor Reuß, Henry Klein und Franz Hartmann, der vielleicht das Amt des stellvertretenden Großmeisters innehatte.

Rudolf Steiner erwarb am 15. Juni 1907 eine Charta von Theodor Reuß, die ihn zum selbständigen „Amtierenden General-Großmeister" des Misraïm Ritus in Deutschland machte. Über die Absichten Steiners hierbei und die Einführung eines Misraïm-Dienstes in seiner Esoterischen Schule werden wir uns im Abschnitt über die ANTHROPOSOPHEN auseinandersetzen.

In Frankreich entwickelt sich der Ritus unter seinen Groß-Hierophanten (Großmeistern), von denen uns Papus (1908) Charles Détré (1916), Jean Bricaud (1919) … und später Robert Ambelain (1960) noch begegnen werden. Da sie alle zugleich Bischöfe neugnostischer Kirchen waren, fällt es einem Außenstehenden nicht gerade leicht, maurerische von kirchlichen Ämtern zu unterscheiden. So ersetzte man beispielsweise im 66. Grad „des Großkonsekrators" ein Initiationsritual, das möglicherweise früher existierte, durch die Konsekration der Bischofsweihe, die mit dem gnostischen Episkopat verbunden war. Damit wandelte sich dieser Ritus „zu einem völlig esoterischen und gnostischen Orden von magischem Charakter.[386, 387]

Die neugnostischen Kirchen

Die neugnostischen Kirchen entstanden allesamt im Frankreich des 19. Jahrhunderts. Die erste von ihnen wurde 1890 von dem Freimaurer *Jules Doinel*, einem Archivar aus Loiret gegründet, der von einem Bischof der katholischen Kirche der „Union von Utrecht"[388] als Valentin II. die Bischofsweihe erhalten hatte. Von ihm leiten die gnostischen Kirchen ihre „apostolische Filiation" ab. 1906 spaltete sich die Kirche in die gnostische Kirche von Frankreich und die gnostisch-katholische Kirche. 1892 wurden die Martinisten *Papus* und *Paul Sédir* in das Bischofsamt dieser Kirche konsekriert. Auch *Jean Bricaud* erhielt die Bischofsweihe.

Die in den mystisch-gnostisch orientierten Geheimgesellschaften enthaltenen esoterischen Lehren sollten in diesen Kirchen durch gnostische Messen[389] und andere liturgische Riten von ordinierten Priestern dargestellt werden. In ihnen werden Teile des lateinischen Missales durch Umdeutung oder Austausch von Wörtern in solche der gnostischen Lehren verkehrt, in denen beispielsweise die Erbsünde verworfen, die menschlichen Zeugungsorgane als heilig und die Liebe als das höchste Gesetz betrachtet werden. So wundert es nicht, dass sich die gnostischen Kirchen mit solchen Thesen in Konfrontation zu den traditionellen Kirchen brachten.

Theodor Reuß, selbst Souveräner Patriarch der Universellen Gnostischen Kirche (für die frankophone Schweiz), definierte 1920 die Lehren seiner Kirche folgendermaßen: *Gott und die Welt (die sichtbare, wie die unsichtbare) sind ein allumfassendes, unermessliches Reich, das Universum, bestehend aus der bewussten Ur-Energie* (oder Zeugungskraft), *der positiven Kraft und der unbewussten Ursubstanz* (Weltei oder Matrix) *der negativen Kraft, welche durch Vereinigung* (Urzeugung) *neue Welten mit ihnen, im Prinzip wesensgleiche Geschöpfe anziehen, oder schaffend ins Dasein rufen. Die Gottähnlichkeit der gezeugten Geschöpfe offenbart sich darin, dass die Ur-Schöpfungs-Kraft auch ihnen innewohnt. Diese Fähigkeit ist der den Geschöpfen innewohnende Beweis ihrer Abstammung vom göttlichen Ur-Schöpfer … Nur der, welcher die hehre Lehre von der Heiligkeit der Gottes-Organe verstanden hat, ist wahrhaft frei und von allen Sünden erlöst! … Die Erlösung und die Befreiung von der ‚Erbsünde', das ist die ‚wahre Freiheit'!*; oder später: *Wir wünschen Menschen zu schaffen, die sich ihrer Zeugungsorgane nicht zu schämen haben.*[390] Die große Bedeutung der Sexualkraft wird als schöpferische Urkraft in vielen Mysterienschulen gelehrt, denn sie dient nicht nur der Vereinigung und Fortpflanzung, sondern auch der Liebe und Zuneigung zu allen Geschöpfen. Sie wird aber auch bei ausufernden Praktiken so genannter „libertinistischer“ (freizügiger) gnostischer Gemeinschaften missbraucht und führt dabei zu Exzessen, mit denen die „asketischen“ – u.a. mit dem Martinismus verbundenen – gnostischen Kirchen nicht in Zusammenhang gebracht werden dürfen.

Seitens des O.T.O. wird die Universelle Gnostische Kirche später gar als „offizielle Religion für alle Mitglieder des 18. Grads im Schottischen Ritus“ (ihres Systems) bezeichnet, denn „dieser Grad habe keinen christlichen sondern einen mystisch-gnostischen Bezug, dessen wahre Bedeutung nur in den Graden VII, VIII und IX (des O.T.O.) richtig verstanden werde ...“ behauptet Peter-R. König.[391] Diese Tendenzen spitzen sich im franko-haitianischen Zweig unter *Michael Bertiaux* und *Lucien-Françoise Jean-Maine* wie im spanischen Zweig unter *Martín Ortier de Sánchez y Marraga* noch weiter zu, so dass unter dem gemeinsamen Einfluss von O.T.O., Martinismus, Gnostizismus und Voodoo diese genannten Zweige des Memphis-Misraim Ritus ihre freimaurerischen Initiationsrituale vollkommen aufgaben.

Die theosophische Bewegung

Zu einer der faszinierendsten und umstrittensten Frauengestalten der esoterischen Zirkel des 19. Jahrhunderts gehört sicherlich *Helena Petrowna Blavatsky* (1831 - 1891). Sie wurde in Jekaterinoslav, in der heutigen Ukraine, als Tochter des russischen Obersten Peter Hahn von Rottenstein und Helene Fadéeff, einer Tochter der Prinzessin Helena Dolgoruki, geboren. Ihre medialen Fähigkeiten gewannen wohl schon in früher Kindheit ihre volle Ausprägung, so dass man meinte, sie mehrfach exorzieren zu müssen. Sie wurde bereits in ihrem siebzehnten Lebensjahr standesgemäß mit dem sechzigjährigen General Nikephor V. Blavatsky in Eriwan verheiratet. Diese Bindung verließ sie allerdings bereits nach drei Monaten. Als Matrose verkleidet gelangte sie in die Türkei; in Ungarn nahm sie angeblich an der Revolution von 1849 teil und studierte später in Kairo die Geheimwissenschaften bei einem alten koptischen Magier. Gemäß den Annalen der später von ihr mitbegründeten *Theosophischen Gesellschaft* (TG) soll sie in Tibet Sanskrit erlernt haben und Schülerin der Meister Kut Humi und El Morya gewesen sein. Später bereiste sie Indien, Südamerika, China, Japan und die USA, um sich 1867 den Freischärlern Garibaldis anzuschließen.

Abb. 66: H. P. Blavatsky

Ihr stets unruhiger Geist hielt sie nirgendwo länger fest. 1873 übersiedelte sie in die USA, wo sie, dem damaligen gesellschaftlichen Interesse entsprechend, spiritistische Séancen abhielt. Oberst *Henry Steel Olcott* begleitete sie zunächst als ihr Vertrauter und Manager. Beide waren Mitbegründer der Theosophischen Gesellschaft (TG) in New York (1875). Ziel dieser ursprünglich geheimen Gesellschaft ist „die Erkenntnis der Wahrheit durch die Erforschung der tieferen geistigen Kräfte mit Hilfe der Magie und der Entwicklung der im Menschen verborgenen okkulten Kräfte". Durch den Beitritt von Menschen aller Rassen und Religionen erhoffte man, eine neue Weltreligion ins Leben rufen zu können.

1879 verlagerte die TG ihre Studien nach Indien und teilte sich in einen inneren (noch geheimen) Zirkel und eine äußere Gesellschaft, die allen Suchenden bis heute offen steht. 1881 erwarb man in Adyar bei Madras in Südindien ein Grundstück und verlegte den Sitz der Gesellschaft dorthin. Einige Zweige verblieben jedoch in den USA und in England und sonderten sich später ab. In den folgenden Jahren wurde die interessierte Öffentlichkeit durch einige Skandale daselbst und angebliche Scharlatanerien[392] unterhalten, die offensichtlich noch heute die Gemüter polarisieren: Helena Blavatsky trat überdies zum Buddhismus über und manövrierte sich dadurch in ein gespanntes Verhältnis zu den damals noch hinduistisch beeinflussten Adyar-Theosophen. Diese Begebenheiten veranlassten sie, nach Europa zurückzukehren und an ihrem Hauptwerk, DIE GEHEIMLEHRE, weiterzuarbeiten. Unter ihrer Obhut blühte in London bald die englische TG wieder auf. 1887 gründete sich der französische und unter Franz Hartmann etwa zeitgleich der deutsche Zweig. Helena Petrowna überschritt die Schwelle in die „andere Welt" am 8. Mai 1891.

Dr. Franz Hartmann (1838 - 1912), eine der bekanntesten deutschen Persönlichkeiten des Okkultismusszene an der Jahrhundertwende, verbrachte den größten Teil seines Lebens in den USA und stieß erst 1882 auf die TG, die ihn nach Adyar einlud. Dort wurde er engster Mitarbeiter von Olcott und Frau Blavatsky, die ihn später mit der administrativen Leitung der TG betrauten. Als Frau Blavatsky 1885 Indien verließ, kehrte Hartmann mit ihr zusammen nach Europa zurück. In Neapel trennten sich am 20. Mai 1885 ihre Wege für diese Inkarnation endgültig. Im folgenden Jahr, 1886, gründete Hartmann die deutsche TG, die ihm ab 1898 die Präsidentschaft übertrug. In seinen Schriften (u. a. in der von ihm herausgegebenen Monatsschrift *Lotosblüten*) interpretierte er auf seine nüchtern intellektuelle Weise die theosophische Weltanschauung und befreite sie von den ihr anhaftenden Mehrdeutigkeiten. In seiner Heimatstadt Kempten und später in der Schweiz aktivierte Hartmann aber auch das Rosenkreuzertum, das sich in beiden Ländern noch streng verschlossen hielt. Neben der klösterlich arbeitenden *Fraternitas* soll auf Hartmann (zusammen mit *Leopold Engel*) die Gründung des *Esoterischen Ordens vom Rosenkreuz* mit Sitz in Dresden zurückgehen, den er 1905 von *Theodor Reuß* (1855 - 1923) übernommen hatte und der später in den Inneren Kreis des *Orientalischen Templerordens* (O.T.O.)[393] aufging, über den wir in den nachfolgenden Abschnitten berichten.

Die Bruderschaften der „neuen Magier"

Am 13. April 1813 übernahm in England der Herzog von Sussex, *Augustus Friedrich*, das Amt als Großmeister der englischen Freimaurerei (UGL). Seine Amtszeit zeichnet sich vor allem durch seine konsequente Ausübung des Toleranzgedankens aus, so dass sich während dieser dreißig Jahre auch viele von der UGL nicht anerkannte Riten und Systeme[394] (wie etwa der Swedenborg Ritus, Memphis Misraïm etc.) auf den Britischen Inseln auszubreiten begannen und später Einfluss auf die nachfolgend beschriebenen Bünde nehmen konnten. Sie wurden auch noch nach dem Tod des Herzogs toleriert, solange sie sich nicht in Kompetenzbereiche der UGL begaben, beispielsweise wenn sie sich etwa herausnahmen, Freimaurer zu initiieren.

Als dann das aufkommende Interesse an den so genannten Grenzwissenschaften wie Mesmerismus, der Sympathielehre (mit der aus ihr hervorgegangenen Homöopathie) und an spiritistischen Sitzungen auch in die Freimaurerei getragen wurde, führte dies in England zu einer ganzen Reihe oft nur sehr kurzlebiger Studiengruppen und Kollegien im Schatten der Freimaurerei, die sich mit diesen und anderen nicht freimaurerischen Themen befassten. So kam es 1867 zur Gründung der freimaurerischen Rosenkreuzergesellschaft »Societas Rosicruciana in Anglia« und später (1883) zur Gründung der wohl bedeutendsten freimaurerischen Forschungsloge »Quatuor Coronati«. Im gleichen Jahr nahm die »Gesellschaft der Acht« (The Society of Eight) ihre Ritualarbeit auf, mit welcher der Freimaurer *John Yarker* (1833 - 1913) wohl die alte[395] »Hermetische Gesellschaft der Acht« wiederbeleben wollte. Neben *Kenneth Mackenzie* (1833 - 86) und Yarker soll ihr auch *William Wynn Westcott* (1848 -1925) angehört haben (Gilbert), einem der drei Gründerväter des „Golden Dawn".

Damit sind wir auch schon bei einer Bruderschaft angelangt, die, zusammen mit der Theosophischen Bewegung, die Okkultismusszene im ausgehenden 19. Jahrhunderts weitestgehend prägte. Es ist dies der Grund, warum wir hier Geschichte und Aufbau der *Hermetischen Bruderschaft der Goldenen Morgendämmerung* (G.D.) näher betrachten und mit seiner Vorgeschichte beginnen wollen.

»Societas Rosicruciana in Anglia« (S.R.I.A.)
Das Gründungsjahr der S.R.I.A. wird meist mit 1866 angegeben. Ursprünglich war diese freimaurerische Rosenkreuzergesellschaft als Studiengruppe für Freimaurer konzipiert und ihre Logen wurden deshalb auch als „Colleges" bezeichnet. Sie bearbeiteten vor allem die Lehren von *John Dee* und die magischen Rituale von *Elias Ashmole*. Der Gründer der S.R.I.A. war der jugendliche Publizist und Schatzmeister der UGL, *Dr. R. Wentworth Little* (1840 - 1878), dem *Dr. Kenneth Mackenzie* bei dieser Aufgabe zur Seite stand; letzterer will von einem deutschen Rosenkreuzer-Adepten initiiert worden sein.

Wentworth Little wird uns als Meister im Aufstöbern „skurriler freimaurerischer Traditionen" geschildert, deren Inhalte oft wenig mit der Freimaurerei gemein hatten. Dass es sich bei den Rosenkreuzern um keine freimaurerische Tradition handelt, soll ihm erst viel zu spät bewusst geworden sein, als es für grundlegende Änderungen in der Struktur der S.R.I.A. bereits zu spät war, denn er starb noch in jungen Jahren. Doch verzeichnete die S.R.I.A. unter ihren Mitgliedern eine Anzahl prominenter Persönlichkeiten, die dieses Lehrsystem aus den freimaurerischen Beschränkungen herauslösen konnten. Zu ihnen gehören *William R. Woodman* (1828 - 1891) und *A.E. Waite* [396] (1857 - 1940), sowie später *McGregor Mathers, Dr. William Wynn Westcott, Dr. Franz Hartmann, Theodor Reuß* und auch der französische Esoteriker *Eliphas Lévi* (Alphonse-Louis Constant, 1810 - 1875), der 1873 ebenfalls Mitglied der S.R.I.A. wurde.

Der Arzt und Botaniker *Dr. William Woodman* kommt in den Biographien der Geheimgesellschaften meist zu kurz, obwohl er immer wichtige Ämter innehatte, wie das des stellvertretenden und später Obersten Magus der S.R.I.A. und Mitherausgebers ihres Mitteilungsblattes THE ROSICRUCIAN (Der Rosenkreuzer). Woodmans Kenntnisse des Hebräischen und der Qabalah hatten auf das Lehrsystem (Curriculum) der S.R.I.A. (neben der Hermetik) großen Einfluss. Von hier nahmen diese geheimen Lehren ihren Weg auch in die zahlreichen Nachfolgeorganisationen. Nach dem Tode von Wentworth Little 1878 wurde Woodman dessen Nachfolger als Oberster Magus. Während seiner Amtszeit erfolgte die Ausbreitung des Ordens bis nach Australien und den USA.[397]

Wie Wentworth Little, so war auch *Wynn Westcott* (1848 - 1925) ein eifriger Investigator aller möglichen esoterischen und spirituellen Richtungen und verbrachte einen Großteil seiner Freizeit in den Archiven des Britischen Museums (der British Library). Seine Überzeugung, dass eine hermetische Gesellschaft allen offen stehen sollte und deshalb die starre Bindung an die Freimaurerei gelöst werden müsse, setzte er auch in die Tat um und gründete zusammen mit *Samuel L. McGregor Mathers* (1854 - 1918) und *William Woodman* (1828 - 1891) am 1. März 1888 den Tempel *Isis-Urania Nr.3* [398] des *Hermetischen Ordens der Goldenen Morgendämmerung (Hermetic Brotherhood of the Golden Dawn*, abgekürzt *G.D.).*

»Hermetic Brotherhood of the Golden Dawn« (G.D.)

Obwohl der ursprüngliche Orden dieses Namens nur über etwas mehr als zwei Jahrzehnte Bestand hatte, bewirkte er doch mehr, als die Mehrzahl seiner langlebigeren Schwesterorganisationen. „Er hätte sehr wohl zu dem Orden aufsteigen können, nach dem sich die Okkultismusszene der Jahrhundertwende gesehnt hatte, wäre er nicht auf einem schwachen, wenn nicht sogar fatalen Fundament aufgebaut gewesen, das den Prüfungen, denen über kurz oder lang jede Ordensgemeinschaft ausgesetzt ist, nicht standhalten konnte."

Die „Gründungslegende" des G.D. beruft sich auf das in Geheimschrift verschlüsselte so genannte „Cipher Manuskript", das der Vikar A. F. A. Woodford in einem Londoner Antiquariat entdeckt zu haben glaubte und das von Westcott „entziffert werden konnte". Es enthält fünf Einweihungsrituale, die fortan die Einweihungsstufen (des ersten Ordens) im G.D. bildeten. Dem Manuskript war die Adresse einer deutschen Rosenkreuzerin beigefügt, einem gewissen Fräulein (Anna?) *Sprengel*[399], die in dem nachfolgenden Briefwechsel mit Mathers die Ordensgründung legitimiert haben soll.[400]

Mittlerweile wird der Wahrheitsgehalt dieser Geschichte allerdings in Frage gestellt und vielmehr von einer Erfindung Westcotts ausgegangen.[401] Fräulein Sprengel sei frei erfunden und beim Schriftverkehr mit ihr soll es sich ebenso wie beim Cipher Manuskript schlichtwegs um geschickte Fälschungen handeln. Auch Mathers seien diese Zusammenhänge bekannt gewesen.[402] Diese Tatsache könnte sehr wohl ausschlaggebend für das spätere Auseinanderbrechen des Ordens gewesen sein; stellt doch eine Ordensgründung auf der Basis von gefälschten Dokumenten eine denkbar schlechte Basis dar. Wahrheit lässt sich eben nicht auf Lügen errichten!

Aber kommen wir auf die weitere Geschichte des Ordens zurück. Als ein von der Freimaurerei unabhängiger Orden nahm der G.D. von Anfang an auch Frauen in seine örtlichen „Tempel" auf, die autonom strukturiert waren und von einem „Imperator" geleitet wurden, dem ein „Prämonstrator" zur Seite stand. Die Grade des Ordens, waren wie die der S.R.I.A. nach dem System der deutschen Gold- und Rosenkreuzer benannt, nämlich denen des *Zelator, Theoricus, Practicus* und *Philosophus*. In diesen vier Graden wurde neben der hermetischen Magie auch „die Prinzipien der okkulten Wissenschaften" (Astrologie, Alchimie und Kabbalistik) gelehrt. Örtliche Tempel entstanden 1888 in London, Weston-super-Mare und Bradford sowie in Edinburgh und Paris (1893) und später auch in den USA: in New York und Chicago (1897).

1896 will Mathers in der Pariser Bibliothek „de l'Arsenal" das geheimnisvolle Buch DIE HEILIGE MAGIE DES ABRAMELIN wiederentdeckt haben, das man dem legendären Juden *Abraham von Worms* (1362 - 1458) zuschreibt. Es habe – in *„henochischer Sprache"* abgefasst – zeremonielle Magie beinhaltet und sei von ihm (Mathers) entschlüsselt worden. Auf der Basis dieser Rituale begründete Mathers einen

„inneren (oder zweiten) Orden", dessen Adeptengrade *(Adeptus minor, major und exemptus)* die „eigentlichen rosenkreuzerischen Geheimlehren" sowie Geomantie (Gematrie?)[403], Tarot und die Beziehungen dieser Lehren zum kabbalistischen Lebensbaum behandelten.

Mit der Gründung eines „Inneren Ordens" verblieben die ersten vier Grade dem bisherigen „Äußeren Orden", was durch Hinzufügen an den Ordensnamen *Hermetic Brotherhood of the Golden Dawn „in the Outer"* angedeutet wurde. Er unterstand dem Inneren Orden und bezeichnete sich später als Rosenkreuzerorden *Alpha & Omega*. Ein Mitglied, das im ersten Orden erlernte, sich die vier Elemente zu erarbeiten, gelangte mit diesem Wissen „an die Pforten des Inneren Tempels", dem *Orden Rosae Rubeae et Aureae Crucis*. Hier sollte es die im „Grabmal des Christian Rosencreutz" verborgenen Geheimnisse der Rosenkreuzer kennen lernen. Dazu gehörten die so genannten „Grabgewölberituale", Enochische Experimente und Tattva Techniken, praktische Magie und vieles mehr, das als ein zusammenhängendes System anderenorts damals kaum erfahrbar war.

Die obersten Grade *Magister templi* und *Magus* des „dritten Ordens" waren den nicht mehr inkarnierten „Unbekannten Oberen" des Ordens zuerkannt,[404] zu denen Mathers behauptete in „astraler Verbindung" zu stehen. Diesen Graden wurde später der 10. Grad des *Ipsissimus* hinzugefügt, um den zehn Sephiroth des kabbalistischen Lebensbaums zu entsprechen. Aus diesen geheimen Graden wurden daher keine besonderen Geheimlehren bekannt, blieben sie doch den Meistern der Großen Weißen Loge „den verborgenen Lenkern der Weltgeschichte" vorbehalten.

1891 starb R. Woodman als erster der drei Ordensgründer und Westcott übernahm von ihm das Amt als *Supremus Magus* der S.R.I.A. Im gleichen Jahr siedelte Mathers nach Paris über. Zwischen beiden entwickelte sich in der Folgezeit eine Rivalität bezüglich der „legitimen Übertragung der Ordenstraditionen". Als sich Westcott 1897 aus beruflichen Gründen aus der aktiven Ordensarbeit zurückziehen musste, war in der Londoner Ordenszentrale von den drei Gründerpersönlichkeiten keiner mehr verblieben ...

Mit dem Eintritt *Aleister Crowleys* (1875 - 1947) in den Orden, 1898, traten dann die sich schon vorher abzeichnenden innere Zerwürfnisse in der Ordensleitung immer stärker zutage. Sie führten zu einer Reihe von Abspaltungen und bewirkten schließlich den Niedergang des Ordens. Crowley hatte in ungewöhnlich kurzer Zeit die vier Grade des Äußeren Ordens durchmessen. Gegen den Protest des Londoner Tempels[405] ließ er sich 1900 in Paris von Mathers als *Adeptus minor* in den Inneren Orden aufnehmen. Dadurch kam es zu einer offenen Auseinandersetzung zwischen Mathers und dem Londoner Tempel, die letztendlich zum Ausschluss beider führte. Mit der Ordensleitung betraute man danach den irischen

Dichter und Nobelpreisträger *William Butler Yeats* (1865 - 1939), der sich aber bereits 1901 daraus wieder zurückzog. Die Ordensleitung übertrug man daraufhin einem Interimskomitee, das die divergierenden Kräfte (1903) allerdings auch nicht mehr zusammenhalten konnte. Die diversen Abspaltungen sind zusammen mit den bekannteren Neugründungen in nachstehender Tabelle 4 zusammengestellt. Für den Weiterbestand des Orden sollten indes die verschiedenen Ordensgründungen in den USA und Kanada noch große Bedeutung erlangen.

Dabei hatte sich der G.D. nie als eine Organisation für die Massen verstanden. Sein Lehrsystem des okkulten Wissens war insgesamt nur an „einige hundert" Mitglieder weitergegeben worden. Als Geheimgesellschaft sollte auch die Identität der Mitglieder nie bekannt gemacht werden.[406] Als sich der Orden 1903 in drei Richtungen (Alpha et Omega, The Independent and Rectified Rite und Stella Matutina) aufspaltete, wurden die fünf Tempel des ehemaligen G.D. zwischen diesen Orden aufgeteilt: Neben dem Tempel der F.R.C., gab es nunmehr drei Tempel des A.O. in Großbritannien (und vier in den USA). Die S.M. besaß fünf Tempel. Der I.R.R. hatte 1903 den Isis Urania Tempel des G.D. in London übernommen. Mit zwei Ausnahmen fanden sich Ende 1930 allerdings alle Tempel in Auflösung: Bristol wurde 1963 und der letzte Tempel (in Neuseeland) 1978 geschlossen (Anthony Fleming).[407]

Auch die Tempel in der Neuen Welt folgten diesem Schicksal. Ihre Leitung gelangte meist in die Hände von (weiblichen) Imperatrixen. Unter deren Führung nahmen die Animositäten zwischen den Mitgliedern überhand und die wenigen fähigen Führerpersönlichkeiten wurden aus dem Orden ausgeschlossen, unter ihnen *Paul F. Case*, der seine eigene »School of Ageless Wisdom /B.O.T.A.« gründete. Die „Gräfin" *Moina Mathers*, die nach dem Tod ihres Gatten die Führung im A.O. übernommen hatte, besaß weder die Kenntnisse noch die Fähigkeiten McGregor Mathers und musste zusehen, wie sich ein Tempel nach dem anderen auflöste. Um diesen Prozess aufzuhalten, hatten sich zuvor noch einige Mitglieder in den USA Hilfe suchend an *J.W. Brodie-Innes* in Schottland gewandt, der jedoch nicht einschreiten wollte …

Name	Gründer	Gründungsjahr	Ausrichtung	Wirkungsbereich
The Independent and Rectified Rite (I.R.R.)	A.E. Waite, M.W. Blackden, W.A. Ayton	1903	christlich-mystisch	Großbritannien
Stella Matutina[408] (S.M.)	Dr. R. W. Felkin	1903	magisch (Mathers)	Großbritannien, USA, Neuseeland
Rosicrucian Order of A+O	Chris Monnastre, David Griffin	1903	magisch (Mathers)	Großbritannien, USA
Astrum Argenteum (A.A.)	Aleister Crowley	1907	magisch (Crowley)	London, USA
Fellowship of the Rosy Cross (F.R.C.)	A.E. Waite	1915	christlich-mystisch	Großbritannien
Fraternity of the Inner Light	Dion Fortune	1922	kabbalistisch	Großbritannien
School of Ageless Wisdom/B.O.T.A.	Paul Foster Case	1920/1937	kabbalistisch, Tarot	weltweit
Servants of Light (S.O.L.)	W.E. Butler	1972	kabbalistisch	Großbritannien, USA, Australien
Hermetic Order of the Golden Dawn	Israel Regardie	1982	magisch (Crowley)	USA
Fraternitas L.V.X. Occulta	Paul A. Clark	1982	kabbalistisch, Tarot	USA

Tabelle 4: Neugründungen und Nachfolgeorden des »Golden Dawn«

Wohl um das Gedankengut des G.D. nach dessen Verfall nicht vollends zu verlieren, brach der vormalige Vertraute und Privatsekretär Crowleys, *Dr. Francis Israel Regardie* (1907 - 1985) sein Gelöbnis der Geheimhaltung und veröffentlichte zwischen 1937 und 1940 – nach seinem Bruch mit Crowley – die gesamten, bis dahin bekannt gewordenen schriftlichen Aufzeichnungen des G.D., einschließlich seiner Rituale, was den noch existierenden Ordenszweigen den endgültigen Todesstoß versetzte. Jedoch führten diese Veröffentlichungen zur Wiederbelebung des Ordensgedankens und erwiesen sich von unschätzbarem Wert für die späteren Nachfolgeorden. Die bedeutenderen von ihnen sind in Tabelle 4 enthalten. Soweit sie im deutschen Sprachraum tätig sind, wird auf sie im 2. Band näher eingegangen. Über die Systeme Aleister Crowleys berichtet ein nachfolgender Abschnitt.

»Orientalischer Templerorden« (O.T.O.)
In diesem vielfacettigen geheimen Orden finden sich so unterschiedliche Elemente, wie freimaurerische und sexualmagische Rituale. Drei Namen verbinden sich mit seiner Gründung und Leitung: *Carl Kellner, Theodor Reuß* und *Aleister Crowley.*

Seine Grundidee verdankt der »Orientalische Templerorden« dem vermögenden österreichischen Chemiker *Carl Kellner* (1851 - 1905), wenn auch Crowley später meinte, Karl Kellner hätte den Orden nur „wiederentdeckt" und nicht etwa gegründet. Kellner wollte auf jeden Fall die divergierenden Strömungen der okkultistischen Szene der Jahrhundertwende in seinem neuen Orden zusammenfassen und templerische[409], freimaurerische, rosenkreuzerische und Illuminaten-Traditionen mit denen des gnostischen Gedankengutes vereinen. Kellner gab vor, die Idee dazu von drei Adepten der »Hermetic Brotherhood of Light« erhalten zu haben, nämlich dem Sufi *Soliman ben Aifa* und den beiden Hindi *Bhima Sena Pratapa* aus Lahore und *Sri Mahatma Agamya.* Mit Franz Hartmann hatte Kellner auf dem therapeutischen Sektor längere Zeit zusammengearbeitet. Eines Tages glaubte er, den „Schlüssel zur Erklärung aller freimaurerischer Symbolik" gefunden zu haben, den er in einer „Academia Masonica" allen Freimaurern offenbaren wollte. Nach einer mit Theodor Reuß geführten Diskussion beschloss er, diese Akademie »Orientalischer Templerorden« (O.T.O.) zu benennen. Das Curriculum seines Inneren Ordens sollte dabei neben den rosenkreuzerischen Lehren und denen der »Hermetischen Bruderschaft des Lichts« die geheimen Lehren des Misraïm-Ritus (Arcana arcanorum) nebst Kellners eigenen „Schlüssel zur freimaurerischen Symbolik" enthalten. Da der Orden sowohl Männern wie Frauen offen stehen sollte (was die *reguläre* Freimaurerei nicht zulässt), beschloss Kellner, ein generelles System für die Zulassung von Frauen festzulegen, wobei er (allerdings ergebnislos) auf Anerkennung durch die englische Großloge hoffte.

Dem Augsburger Journalisten und Okkultisten *Carl Albert Theodor Reuß* (1855 - 1923), bei dem Kellner Rat suchte, verdankt der O.T.O. sowohl sein Zustandekommen, wie auch – zusammen mit Crowley – seine spätere Abdrift in obskure Bereiche (sexualmagischer Praktiken). Reuß war zur fraglichen Zeit noch mit der (allerdings erfolglosen) Neubegründung seines Illuminatenordens voll ausgelastet und hatte deshalb mit der Gründung eines weiteren Ordens vorläufig wenig im Sinn. Doch hatte er durch Westcotts Vermittlung 1902 von dem Engländer *John Yarker* (1833 - 1913) ein Patent als Großmeister des »freimaurerischen Swedenborg-Ritus in Deutschland« und von Westcott das eines *Magus* im Hohen Rat der »S.R.I.A. in Germania« erworben. Aber auch diesen beiden Orden war kein Erfolg beschieden. Auf Drängen Kellners bemühte sich Reuß nunmehr um eine entsprechende Charta für die »Memphis- und Misraïm-Riten« und den Schottischen »Cerneau Ritus«.[410] Alle diese Riten sollten in den O.T.O. integriert werden. 1902 konnte endlich im Mitteilungsblatt ORIFLAMME, des „Organs für die Interessen der deutschen Hochgrad-Freimaurer, des Swedenborg-Ritus und des Ordens der Rosenkreuzer", das Gründungsmanifest des »*Souveränen Sanktuariums für das Deutsche Reich des Ordens der Freimaurer vom Alten und Primitiven Ritus von Memphis und Misraïm und des Groß-Orients des Schottischen Alten und Angenommenen Ritus*« bekannt gegeben werden. Aus seinem „Inneren Kreis" muss wohl der O.T.O. hervorgegangen sein, weil „... *die Erkenntnis-Stufen dieses Inneren Kreises von Eingeweihten mit den höchsten Graden des Memphis- und Misraim-Ritus parallel laufen und diese Eingeweihten den geheimen Stamm des Orientalischen Templer-Ordens bilden.*"[411]

Allerdings wurden Kellners Pläne durch seinen frühen Tod am 6. Juni 1905 durchkreuzt und es ist nicht einmal sicher, ob er die Gründung „seines" O.T.O. noch miterleben konnte. Theodor Reuß war nunmehr gefragt, die alleinige Führung des Ordens zu übernehmen, dem wohl auch Rudolf Steiner 1906 beitrat und bis 1914 als stellvertretender Großmeister vorstand.[412] Allerdings war der O.T.O. in den ersten Jahren seines (theoretischen) Bestehens nicht sehr aktiv und trat erst 1912 nach außen in Erscheinung, in dem Jahr, in dem Reuß den IX. Grad an Crowley verlieh und ihn zum National-Großmeister des Ordens für die Britischen Inseln einsetzte. Zu dieser Zeit operierte die Ordensleitung des von Reuß neu strukturierten O.T.O. im schweizerischen Stein am Rhein. Die zunehmend schlechte Reputation des O.T.O. bewog jetzt viele seiner Mitglieder zum Austritt, unter ihnen Rudolf Steiner, Heinrich Tränker und Arnold Krumm-Heller. Nach 1915 musste sich selbst Theodor Reuß gegen Angriffe bezüglich sexueller Skandale verteidigen.[413]

1916 wurde Theodor Reuß in die „Aussteiger"-Gemeinschaft auf dem Monte Verità in Ascona eingeführt und eröffnete dort die O.T.O.-Großloge »Mystica Verità«, der die Gründung der O.T.O.-Loge »Libertas et Fraternitas« in Zürich folgte. Die erhoffte Anerkennung durch die UGL blieb ihm jedoch weiterhin versagt. 1917 wurden die Memphis-Misraïm-Grade in den O.T.O integriert und als X. Grad der des Äußeren Oberhaupts des Ordens (OHO) eingeführt.

Der Einfluss Crowleys auf den O.T.O. war seit seinem Eintritt 1911 sehr groß, besonders nachdem ihn Reuß beauftragt hatte, die Rituale zu erneuern. Crowley unterzog sich dieser Arbeit zwischen 1913 und 1917. Sie bestand in der Hauptsache in der Neuformulierung der aus der Freimaurerei entlehnten alten Texte und in der Entfernung aller Hinweise auf sie und ihre Symbolik. Nach Fertigstellung dieser Aufgabe gab er die Rituale zum allgemeinen Gebrauch im Orden frei. Viele der nationalen Ordensleitungen übernahmen seine Änderungen, wenn auch Reuß später behauptete, davon selbst nie Gebrauch gemacht zu haben. Jedoch schätzte Reuß die Arbeit Crowleys wohl sehr hoch ein, denn er stellte sie in seinen Lesungen in Ascona öffentlich vor. 1920 erlitt Reuß einen Schlaganfall, der seine weiteren Arbeiten beeinträchtigte und ihn im September 1921 nach München zurückkehren ließ, wo er am 28. Oktober 1923 verstarb.

Nach Reuß' Tod ernannte sich Crowley zum OHO und seine Handschrift bestimmte fortan die Ausrichtung des Ordens. In Deutschland soll der O.T.O. zu dieser Zeit „weniger Mitglieder als Grade besessen haben und wäre wohl nur eine dubiose Episode geblieben, hätte nicht Aleister Crowley begonnen, in ihm seine Rolle zu spielen."[414] (Siehe weiter unten)

Hermann Joseph Metzger (1919 – 1990) übernahm nach dem Krieg die Leitung der deutschsprachigen Sektion in Stein am Rhein und verbreitete das Gedankengut des O.T.O. in Lehrbriefen. Die Leitsätze des Ordens „Tue was Du willst! Dies sei das ganze Gesetz!" und „Liebe ist das Gesetz, Liebe unter dem Willen!" interpretierten die divergierenden Gruppierungen auf unterschiedliche Weise. Reuß meinte dazu noch zu Lebzeiten, in Crowleys LIBER LEGIS stünde zwar: *Tu was Du willst!* ... „Doch bedenke, dass du für alle deine Taten zur Rechenschaft gezogen wirst! Das ist das Gesetz von Karma."[416] Crowley glaubte allerdings dieses Gesetz als eine Verallgemeinerung des „Liebe und tue, was du willst" des Kirchenvaters Augustinus auf seine Weise interpretieren zu können.

Nach der Zersplitterung des O.T.O. in zahllose untereinander konkurrierende Zweige konnten über die Jahre hinweg eine Reihe recht eigenwilliger Abspaltungen entstehen mit zum Teil doch ziemlich fragwürdigen Ritualen und Praktiken, – so z. B. der Crowley'sche O.T.O. mit elf Graden, dessen obere Grade IX und XI sich hauptsächlich mit Sexualmagie beschäftigten[417] oder auch der 1921 von L. F. Jean-Maine konstituierte haitianische »Ordo Templi Orientis Antiqua« (O.T.O.A.) mit sechzehn Graden, in dem neben der Sexualmagie auch noch Voodoo-Riten vorherrschen.[417]

Aleister Crowley und seine Systeme

Aleister Crowley (1875 - 1947) gehört wohl zu den umstrittensten Gestalten der Okkultismusszene der Jahrhundertwende. Für viele war er der letzte große Magier des Westens, während ihn andere wiederum (zu Unrecht) als den „Begründer des modernen Satanismus" verteufeln. Meist wird Crowley in einem Atemzug mit dem Golden Dawn genannt, dem er jedoch nur zwei Jahre (bis zu seinem Ausschluss, 1921) angehörte; doch entlehnte er diesem Orden Aufbau und Lehren des 1907 von ihm begründeten »Astrum Argenteum« (A.A.). Im O.T.O. seiner Variante verankerte Crowley den „sexual-magischen Weg" (vor allem ab dem VII. Grad) und meinte dazu, dass ... *die wirklich wichtige Arbeit das allmähliche Fortschreiten hin zum Geheimnis des IX. Grades* (der Sexualmagie) sei.[418] Unserer Meinung nach experimentierte er darin zu unbekümmert mit der Kundalini-Energie und vergeudete sie dabei. Diese Energie geht dann der Entwicklung der psychischen Zentren (Chakren) verloren.

Dem O.T.O. entwuchs später die Gemeinschaft der „Thelemiten".[419] Gemäß dem Motto „Tue was Du willst! Dies sei das ganze Gesetz!" kannte Crowley keine

Tabus; kein Rauschmittel konnte ihn abschrekken, gleich ob Alkohol, Haschisch, Heroin, Kokain, Meskalin, Morphium, Opium oder Peyotl. Bei seinen Sitzungen ging er jedoch immer streng systematisch vor und notierte gewissenhaft alle seine Beobachtungen. Diese Vorgehensweise kennzeichnet vor allem auch seine magischen Praktiken, wodurch er die „praktische Magie“ aus dem Nimbus des Unerklärbaren herauszulösen verstand. Dazu meinte Crowley: *„Für mich ist es Ehrensache, niemals etwas zu behaupten, was ich nicht ebenso beweisen kann, wie ein Chemiker das Gesetz der konstanten Proportionen“* und im Liber IX (LIBER E VEL EXERCITORIUM) *„... Aus diesem Grund ist es notwendig, über alle magischen Erfahrungen detailliert Protokoll zu führen ... entweder während ihres Ablaufs, oder unmittelbar danach. Sehr wichtig ist es auch, die körperliche und seelische Verfassung des Experimentators ... festzuhalten. Die Stunde und der Ort der Erfahrung ... Zeitdauer und sämtliche Bedingungen, die das Erlebnis vernünftigerweise negativ oder positiv beeinflussen können ... Je wissenschaftlicher der Bericht ist, desto besser ist er.“* Für den Forscher wurden seine Aufzeichnungen dadurch zu einer wahren Fundgrube.

Abb. 67: Aleister Crowley

Als das (apokalyptische) „Tier 666“ bezeichnete sich Crowley, nachdem er sich von den christlichen Werten abgewandt hatte und einem ausschweifenden Leben frönte, das sicherlich weit von unseren üblichen Vorstellungen des Lebenswandels eines Okkultisten abweicht. Durch das negative Image von Crowleys Lebensstil ging leider auch sein großes Talent als Dichter und Schriftsteller verloren, ebenso wie die Kenntnis seiner Leistungen als Extrembergsteiger, seine Fähigkeiten als Schachspieler und seine Freundschaften zu vieler Persönlichkeiten aus der Welt der Kunst und Politik.

Crowley, das „Tier 666“

Geboren wurde Edward Alexander Crowley am 12. Oktober 1875 im englischen Thermalbad Leamington als einziges Kind einer puritanischen Brauerfamilie. Das Internat der fundamentalistischen Plymouth-Bruderschaft, in das ihn seine Mutter mit 13 Jahren, nach dem Tod seines Vaters steckte, versuchte allerdings erfolglos – mittels anderthalbjähriger Isolation – seine frühreifen sexuellen Veranlagungen in rechte Bahnen zu lenken. Diese Zeit beschreibt Crowley später als „Kindheit in der Hölle“. Die Erziehung des Sechzehnjährigen übernahm daraufhin als sein Privatlehrer der vormaligen Missionar Archibald Douglas. Bei ihm lernte der junge Edward alle die Laster kennen, die seine Mutter von ihm gerne ferngehalten hätte. 1895 matrikulierte sich der Zwanzigjährige am Trinity College in Cambridge an der Fakultät für Philosophie, Psychologie und Wirtschaft. Obwohl er seine Beschäftigung mit Literatur, Sport und Schachspiel den Vorlesungen seiner Fakultät vorzog, erhielt er doch stets hervorragende Beurteilungen.

Am Sylvesterabend 1896 hatte Crowley sein erstes mystisches Erlebnis, das seine Korrespondenz mit A.E. Waite beflügelte. Nach homosexuellen Begegnungen mit einem Kommilitonen brach Crowley 1898 sein Studium in Cambridge ohne Abschluss ab und entdeckte seine Leidenschaft für die Politik. Er wurde nunmehr Mitglied der schottischen Jakobiten Bewegung und der keltischen Kirche[421] , wobei er den keltischen Vornamen *Aleister* annahm. Im gleichen Jahr erwarb er ein Herrschaftsgut am Südufer des Loch Ness in Schottland, wo er fortan als schottischer *Laird of Bolskine* residierte. Nachdem er auf einer Bergtour in der Schweiz ein Mitglied des Golden Dawn kennen gelernt hatte, trat er am 18. November 1898 diesem Orden als *Neophyt* bei. Im darauf folgenden Jahr stieg er im Januar vom *Zelator* zum *Theoricus*, im Februar zum *Practicus* und im Mai zum *Philosophus* auf. Als ihm die Mitglieder des Londoner Tempels die Beförderung in den zweiten Orden verweigerten, wandte er sich an seinen jakobitischen Bruder S. L. Mathers, der ihn am 16. Januar 1900 im Pariser Tempel »Aathoor« zum *Adeptus minor* initiierte. Wie wir bereits erfuhren, hatte dies seinen, wie Mathers Ausschluss aus dem Orden zur Folge und leitete dessen Zersplitterung ein.

Im Mai 1900 brach Crowley nach Mexiko auf, um dort die höchsten Gipfel zu besteigen. Von einer (irregulären) freimaurerischen Loge wurde ihm auf dieser Reise der 33. Grad eines »Alten und Wahren Schottischen Ritus« verliehen. Nach einer „Selbstinitiation“ avancierte Crowley zum *Adeptus major* (des Inneren Ordens des Golden Dawn). Eine Weltreise brachte ihn im gleichen Jahr über Südostasien nach Ceylon (Sri Lanka), wo er Yoga praktizierte und nach eigenen Angaben die Stufe des Dhyâna[421] erreicht habe. 1902 nahm er an der Expedition auf den K2 (Chogo-Ri) teil, bei der er allerdings auf 6700 Metern zur Umkehr gezwungen wurde. Den Winter verbrachte der Laird of Boleskine im Künstlermilieu von Paris.

In einer Nacht- und Nebelaktion heiratete Aleister Crowley am 12. August 1903 *Rose Kelly*, die Schwester seines Freundes Edward, die sich auf der sieben Monate dauernden Hochzeitreise in Kairo als Medium und Hellseherin entpuppte: Im ehemaligen Boulak-Museum soll eine Stele mit einer Opferszene an den Gott Re-Harachte *(Ra-Hoor-Khuit)* die Katalogsnummer 666 getragen haben, die Zahl des „Tieres der Apokalypse“, mit der sich Crowley schon früher identifiziert hatte. Nach einer Anrufung des Gottes Horus bekam der Magier – nach eigener Aussage – das LIBER AL VEL LEGIS[422] von einem Abgesandten namens *Aiwass* diktiert. Um dieses Buch, das die Ankunft eines neuen Äons verkündet, entwickelten sich Crowleys spätere thelemitische Lehren.

Auch Crowleys nächster Versuch, 1905, einen Achttausender im Himalaja, den Kangchenjunga, zu erzwingen musste er nach einem Lawinenunglück auf 6400 Meter aufgeben. Nachdem er sich von seiner Frau getrennt hatte, verbrachte er den Rest des Jahres in Südostasien.

Zurück in Großbritannien sollen unserem Magier (in einer Vision) die „geheimen Oberen" seine Aufnahme in den „dritten Orden" (des G.D.) mitgeteilt haben. Von nun an widmete sich Crowley den schwierigen Riten der Magie Abramelins, wobei er „deren Stigmata erdulden musste". Aufgrund des Lichts, das er daraufhin ausstrahlte, schloss der Magier den ersten Grad des „geheimen Oberen Ordens" erreicht zu haben.

1907 gründete Crowley den »Astrum Argenteum«, seinen eigenen Nachfolge-Orden des G.D, was ihn nicht daran hinderte, sich 1911 durch Theodor Reuß in den O.T.O. aufnehmen zu lassen. Bereits ein Jahr später erfolgte seine Ernennung zu dessen Großmeister für die britischen Inseln mit den entsprechenden Graden (33°, 90°, 96°) des »Memphis Misraïm Orden«. Seinen Ordenszweig nannte Crowley »Mysteria Mystica Maxima«.[424] Er sollte das künftige Betätigungsfeld für seine magischen Operationen ebenso wie das seiner Schüler werden. In dieser Zeit entstand auch sein Hauptwerk: MAGIE IN THEORIE UND PRAXIS, das spätere LIBER IV.

Während des Ersten Weltkriegs wurden die Logen des O.T.O. von den britischen Behörden geschlossen. Crowley unterstützte zu dieser Zeit die „Achsenmächte"[424] und die irische Unabhängigkeitsbewegung. Die Zeit bis 1919 verbrachte Crowley in den USA. 1920 richtete er sich mit seiner „scharlachroten Frau" (Leah Hirsig) in Fontainebleau in Frankreich ein, das er bereits nach wenigen Monaten wieder verließ, um mit ihr und deren Gesellschafterin (Ninette Fraux) auf Sizilien bei Cefalu die „Abtei Thelema" zu gründen. Dort lebte das Trio bis zu Crowleys Ausweisung aus Italien 1923. Den Grad des *Ipsissimus* glaubte Crowley bereits 1921 erreicht zu haben.

Crowley starb am 1. Dezember 1945 an Herzversagen in Hastings (England), nachdem ihm offensichtlich Drogen das Wahrnehmungsvermögen immer stärker eingeschränkt hatten. Obwohl der hochintelligente Crowley wahrscheinlich die prominenteste Figur der gesamten Okkultismus-Szene des 20. Jahrhunderts darstellt, brachte er sie durch seine zweifelhaften Praktiken leider auch in Verruf.

Crowleys „Magick"

Crowley fasste die theosophischen, magischen und mystischen Elemente seiner Lehren in dem altenglischen Ausdruck „Magick" zusammen. Sie umfassen praktisch alle damals bekannten esoterischen Lehren, einschließlich derer des Yoga und anderer östlicher Systeme. Sein Lehrsystem macht es einem Suchenden nicht gerade leicht, da es die Kenntnis der alten Sprachen, Religionen und Mythologien voraussetzt. Jedoch stellte er darüber ein umfangreiches literarisches Werk zur Verfügung, das u. a. folgende Schriften beinhaltet (die deutschen Titel beziehen sich auf deutschsprachig erschienene Ausgaben):

- Liber al vel legis (Das Buch des Gesetzes)
- Magick in Theorie und Praxis (das spätere Liber IV)
- Liber 777 und andere kabbalistische Schriften von Aleister Crowley
- AHA! (Liber CCXLII)
- Das Buch der Lügen
- Das Buch Thoth – Ägyptischer Tarot (Equinox Volume III No. V)
- Commentaries on the Holy Books and Other Papers: The Equinox Volume IV, Number1
- The Confessions of Aleister Crowley, Crowleys „Autohagiografie" (Heiligenleben)
- Aleister Crowley über Yoga
- The Equinox of the Gods
- The Goetia: The Lesser Key of Solomon the King: Clavula Salomonis Regis
- The Holy Books of Thelema
- The Law Is For All: The Authorized Popular Commentary to The Book of the Law
- Little Essays Toward Truth
- Magick Without Tears
- Moonchild
- Tarot Divination
- Tao Te Ching: Liber CLXVII: The Equinox: Crowley's take on the Chinese mystical classic
- World's Tragedy

Insgesamt verfasste Crowley über hundert Bücher und Traktate, deren Studium er neben dem der Bibel, des Tao-teh king, der großen indischen Epen und Yogatechniken, den griechischen Philosophen, gnostischen Texten, Qabalah, rosenkreuzerischen Texten und vielem anderen empfahl.

Crowleys Systeme

Die Lehren Crowleys, vor allem die Anerkennung seines Liber al vel Legis teilt seine Anhänger bis heute in solche, die sich nur für seine magischen Rituale interessieren und den „Thelemiten", die darüber hinaus versuchen, sich sein gnostisch-theologisches Gedankengebäude zu eigen zu machen. Mit seinen Lehren, Riten und Festen und mit seiner ihm angeschlossenen gnostisch-katholischen Kirche besitzt der thelemitische Kult viele Merkmale einer Religion.

Seinen Anhängern stellte Crowley zwei Orden zur Auswahl: Für die an den mehr traditionellen Ritualen Interessierten ist dies der »Astrum Argenteum« (A.A.), während bei den Anhängern seiner „Magick" der „O.T.O.", die »Mysteria Mystica Maxima« (M.M.M.) großen Zuspruch erhielt.

Mit dem O.T.O. hatte Crowley einen gut strukturierten Orden vorgefunden, der ihm als „Träger des Gesetzes von Thelema" geeignet erschien, obwohl ihm lange die Bezüge des O.T.O. zur Freimaurerei nicht geheuer waren, denn er vertrat die Ansicht, dass Frauen in der Freimaurerei nichts zu suchen hätten, sie aber wohl in den O.T.O. passten (während sich Reuß andererseits bis zum Schluss um die Aufnahme von Frauen in die Freimaurerei bemüht hatte).

So ist es verständlich, dass sich Crowleys M.M.M. gegenüber dem O.T.O. (Reuß'scher Prägung) unterscheiden musste und er diesen keineswegs mehr als freimaurerischen Orden verstand und deshalb auch keine Freimaurer paralleler Grade mehr zu seinen Arbeiten zuließ. So entfernte er aus den alten Ritualen alle Hinweise auf die Freimaurerei, einschließlich aller ihrer geheimen Symbole. Die so überarbeiteten Rituale übergab er Reuß zur Verwendung im O.T.O., was dann auch von verschiedenen OHOs (nationalen Ordensleitern) übernommen wurde.

Wie bereits erwähnt hielt Crowley auch nichts von den altertümlichen Formulierungen der Freimaurerei und deren langatmigen Ritualen, die ihm für moderne Menschen eher hinderlich zu sein schienen. Er glaubte ferner, dass die freimaurerischen Rituale im Lauf der Zeit bis zu ihrer Unbrauchbarkeit entstellt worden seien. Doch hoffte er, im O.T.O. einen würdigen Verbreiter seiner thelemitischen Lehren gefunden zu haben.

Die „Gemeinschaft Thelema"[425] in Cefalu (Sizilien) galt als *Collegium ad Spiritum Sanctum*, eine Art Konvent, das sich dem O.T.O. und dem A.A. verbunden fühlte. Crowleys Anhänger reisten aus aller Welt dorthin, um ihren „wahren Willen" zu ergründen und sich dadurch selbst zu finden. „Tue was Du willst! Dies sei das ganze Gesetz!" und „Liebe ist das Gesetz, Liebe unter dem Willen!" waren die Leitsätze aus dem LIBER VEL LEGIS, das den „Thelemiten" als ihre „Bibel" galt. Crowley wollte sie mit diesen Leitsätzen von allen „künstlichen und gesellschaftlichen Zwängen" befreien. Gleichzeitig schulte er sie in Yoga, Konzentration und Selbstanalyse.

Mit Recht ist bis heute die Meinung über Aleister Crowley polarisiert und es gibt nicht viele objektiv gehaltene Einschätzungen seines Lebenswerks. Alle sind sich indes einig, dass er sein ganzes Leben hindurch bemüht war, sich von allen Bindungen und Tabus zu befreien, um die Wahrheit „jenseits des Wortes und Wahnes" zu finden. Der französische Esoteriker Robert Amadou schrieb 1958 in AMOUR ET MAGIE: *„Nach unserem Dafürhalten hat ein einziger Mann es gewagt, eine genau durchdachte, fundamental magische Haltung an den Tag zu legen und für sich zu beanspruchen. Dieser Mann ist der größte, unheimlichste und vielleicht einzige Magier des 20. Jahrhunderts im Westen: Aleister Crowley."*

Das Erbe der Mysterienschulen

Damals wie heute dürfen wir bei der Betrachtung der Okkultismusszene mit seinen ausufernden Psychokulten nicht übersehen, dass es zu allen Zeiten Mysterienschulen gab und noch gibt, deren Ziel der ganzheitlich orientierte Mensch ist, der ständig an sich selbst arbeitet und gewillt ist, seinen Weg zusammen mit seinen Mitmenschen zu gehen. Diese Schulen gehen von dem Gedanken aus, dass es dem Menschen aufgegeben sei, seine ursprüngliche Fülle und Ganzheit durch eigenes Bemühen wieder herzustellen und dass der initiatorische Weg hierzu eine sichere Möglichkeit biete. In dieser Tradition sind u. a. auch die Nachfolgeorganisationen der alten pythagoreischen Bruderschaften zu sehen, die in den verschiedenen Ländern unter unterschiedlichen Namen arbeiten, wie der hermetischen Orden (L'Ordre Occultiste d'Hermès Tétramégiste), der Orden der unbekannten Samariter (L'Ordre des Samaritains Inconnus) oder die Alchimische Gesellschaft. Heute sind bei uns in Deutschland viele dieser Traditionen im Orden von der Goldenen Rose »Ordo Rosae Aureae« (O.R.A.) vereint. Wie die alten Rosenkreuzerorden, so arbeiten diese Bruderschaften jedoch im Stillen und legen keinen allzu großen Wert auf Öffentlichkeitsarbeit.

Im stetig wachsenden Getümmel des Okkultismus sahen diese Orden nun ihren heiligen Auftrag als Bewahrer der traditionellen Weisheitslehren zunehmend bedroht. In Sorge um die Wahrung ihres heiligen Erbes suchten sie nach Möglichkeiten, die in der Initiations-Symbolik verborgenen Wahrheiten zu schützen. Vielleicht glaubten sie auch den Zeitpunkt für gekommen, jene – damals noch im geheimen wirkenden – Bruderschaften interessierten Kreisen bekannt machen zu dürfen. Eine herausragende Persönlichkeit war um die Jahrhundertwende zweifellos der Imperator des kabbalistischen Rosenkreuzerordens Sâr Hiéronymus (Émile Dantinne), der – zusammen mit Jean Mallinger (dem späteren Sâr Elgim) – von seinem Sitz in Brüssel aus versuchte, die verschiedenen rosenkreuzerisch-, martinistisch- und okkultistisch arbeitenden Initiatenorden zusammenzuführen. Aus diesen Bestrebungen heraus entstand der *Universelle Bund der initiatorischen Orden und Gesellschaften* (Fédération Universelle des Ordres et Sociétés Initiatiques) F.U.D.O.S.I. Im Hinblick auf die unheilvollen Gewitterwolken, die den bevorstehenden 2. Weltkrieg ankündigten, glaubten die Führungen dieser Orden gut beraten zu sein, bei der Absicherung ihrer alten initiatorischen Traditionen auch die amerikanische Rosenkreuzerbewegung (des A.M.O.R.C.) mit einzubeziehen. Diese Ideen waren kaum umgesetzt, als auch schon die exoterischen Organisationsformen dieser Mysterienschulen unter den faschistisch und nationalsozialistisch orientierten Regimen Europas ihre Arbeiten einstellen mussten. Der 2. Weltkrieg tat dann sein übriges, um die Aktivitäten praktisch aller Bruderschaften zum Erliegen zu bringen …

Tradition pflegen heißt das Feuer hüten
und nicht die Asche bewahren

F.U.D.O.S.I.

Dieser kurze Abriss über den *Universellen Bund der initiatischen Orden und Gesellschaften* (Fédération Universelle des Ordres et Sociétés Initiatiques) F.U.D.O.S.I. wurde an dieser Stelle eingefügt, weil in der deutschsprachigen Literatur kaum Informationen über diese wohl einmalige Institution verfügbar ist und doch immer wieder das Interesse an ihr offenkundig wird. Quasi am Vorabend des Zweiten Weltkrieges luden die Organisatoren dieses Bundes zu ihrem ersten Konvent vom 8. bis 16. August 1934 folgende Orden ein: [426]

- Die belgischen Rosenkreuzerorden (L'Ordre de la Rose+Croix Universitaire und L'Ordre de la Rose+Croix Universelle)
- den französischen Rosenkreuzerorden (L'Ordre Kabbalistique de la Rose+Croix)
- den schweizerischen Rosenkreuzerorden (L'Ordre Ancien et Mystique de la Rose+Croix)
- die Bruderschaft der rosenkreuzerischen Illuminaten (La Confrérie des Frères Illuminés de la Rose-Croix)
- den (damals) amerikanischen Rosenkreuzerorden A.M.O.R.C.
- den Orientalischen Freimaurerorden des Alten und Primitiven Memphis-Misraïm Ritus (L'Ordre Maçonnique Oriental de Memphis-Mizraim Stricte Observance)
- den gemischt-orientierten Freimaurerorden Memphis-Misraïm (Co-Masonic Order of Memphis-Misraïm)
- den belgischen Hermetischen Orden (L'Ordre Occultiste d'Hermès Tétramégiste)
- den Orden der Unbekannten Samariter (L'Ordre des Samaritains Inconnus)
- die französische Alchimische Gesellschaft (La Société Alchimique de France)
- den Synarchischen Martinistenorden (L'Ordre Martiniste et Synarchique) und
- die Universale Gnostische Kirche (L'Eglise Gnostique Universelle)

Bezüglich der regulären Freimaurerei herrschte allgemein die Ansicht, diesem aus freimaurerischer Sicht irregulären Konvent könnten jene wohl nicht beitreten.

Dem großen Konvent gingen eingeschränkte Beratungen der Vertreter der einzelnen Traditionen voraus, in denen diese gegenseitig Initiationen austauschten und ihre Organisationen und Jurisdiktionen zum Teil neu organisierten. So wurden im Memphis-Misraïm Konvent (8. bis 14. August 1934) die neunundneunzig (bekannt gegebenen) Grade der ägyptischen Maurerei neu festgelegt[427] oder auf dem Rosenkreuzer Konvent (am 8. August 1934) A.M.O.R.C. als alleinige reguläre Rosenkreuzerorganisation für Nordamerika anerkannt.

Drei „Imperatoren" dienten den jeweiligen Traditionen als Koordinatoren: Sâr Hiéronymus (Émile Dantinne) den europäischen Rosenkreuzern, Sâr Alden (Harvey Spencer Lewis) dem amerikanischen Rosenkreuzerzweig und Sâr Paul Yésir (Victor Blanchard) den Martinisten und orientalischen Orden.

Das Einmalige an diesem Konvent bestand wohl auch in der erstmalig brüderlichen Zusammenarbeit von Freimaurern und Nichtfreimaurern; dass dies Schwierigkeiten aufwarf, zeigte sich schon bald: Während die reguläre Freimaurerei die Regularität des Konvents anzweifelte, vermuteten die faschistisch orientierten politischen Systeme Europas in ihm ein freimaurerisches Komplott. Leider kam es auch zu einem Zerwürfnis innerhalb der Memphis-Misraïm Orden, deren Fraktionen sich später an der Arbeit der F.U.D.O.S.I. nicht mehr beteiligten und ausgeschlossen wurden.

Dafür schlossen sich im Lauf der kommenden Jahre weitere Initiatenorden der F.U.D.O.S.I. an; zum Teil handelte es sich dabei um die „inneren Zirkel" bestimmter Orden:

- der Innere Rosenkreuzerorden »L'Ordre de la Rose-Croix intérieure«
- die Polarbruderschaft »La Fraternité des Polaires«
- der Universale Rosenkreuzerorden »L'Ordre de la Rose-Croix Universelle«
- der Pythagoreerorden »L'Ordre Hermétiste Tétramégiste et Mystique« oder »L'Ordre Pythagoricien«
- der Traditionelle Martinistenorden »L'Ordre Martiniste Traditionnel«
- die Gesellschaft für templerische Studien und Untersuchungen »La Société d'Etudes et de Recherches Templières«
- die Gesellschaft für martinistische Studien »La Société d'Etudes Martinistes«
- die Synarchische Union Polens »L'Union Synarchique de Pologne« und
- der Ritterorden der Kreuzesträger des Evangeliums »L'Ordre de la Militia Crucifera Evangelica«, der Innere Zirkel des A.M.O.R.C.

Bis zum Ausbruch des Zweiten Weltkrieges tagte die F.U.D.O.S.I. zweimal in Brüssel (1936 und 1939) und einmal in Paris (1937). Während des Krieges blieben alle Aktivitäten durch die deutschen Besatzer verboten, einige der Mitglieder mussten im Konzentrationslager ihr Leben lassen. Ihre Hauptaufgabe hat die F.U.D.O.S.I. jedoch erreicht: Die Weitergabe der Initiationen an die Vertreter der beteiligten Orden, wodurch z. B. der Traditionelle Martinistenorden (TMO) in Amerika eingeführt werden konnte, um nach dem Krieg wieder nach Europa zurückkehren zu können; eine weitere Aufgabe bestand vielleicht aber auch darin, die getrennt arbeitenden authentischen Organisationen wieder näher zusammenzuführen. Nach dem Krieg tagten die letzten vier Konvente der F.U.D.O.S.I zwischen 1946 und 1951. Auf dem letzten Konvent wurden die Aufgaben als beendet betrachtet und die Auflösung zum 14. August 1951 beschlossen.[428]

Seither wurde des öfteren erfolglos der Versuch unternommen, die F.U.D.O.S.I. wiederzubeleben. Weder zu Lebzeiten von Sâr Hiéronymus[429], noch bei seinen Nachfolgern fand dieser Gedanke jedoch ein positives Echo; und wer die Akten der letzten Sitzungen analysiert, kann diese Entscheidung nur zu gut verstehen: Machtstreben, Eitelkeit und andere menschliche Schwächen sind leider auch in den Führungsriegen der großen esoterischen Organisationen immer wieder zu finden! Dennoch blieb das große Anliegen bestehen, die alten Traditionen zu wahren und vor – meist wohlgemeinten – „Anpassungen an unsere Zeit" zu schützen. Diesen Aufgaben weihen sich, wie in der Vergangenheit, im Verborgenen agierende Zirkel, deren Geheimhaltung sich im Zeitalter des „offenen Informationsaustauschs" allerdings immer schwieriger gestaltet. So kann man heute ursprünglich so geheim gehaltene Zirkel wie den »Cercle d'Alexandrie« oder die »Groupe de Thebes« im Internet problemlos recherchieren und neuere Gruppierungen glauben gar damit werben zu können. Allem Anschein nach ist Geheimhaltung heute nicht mehr möglich oder erforderlich!

Abb. 68: Delegierte des ersten F.U.D.O.S.I.-Konvents in Brüssel

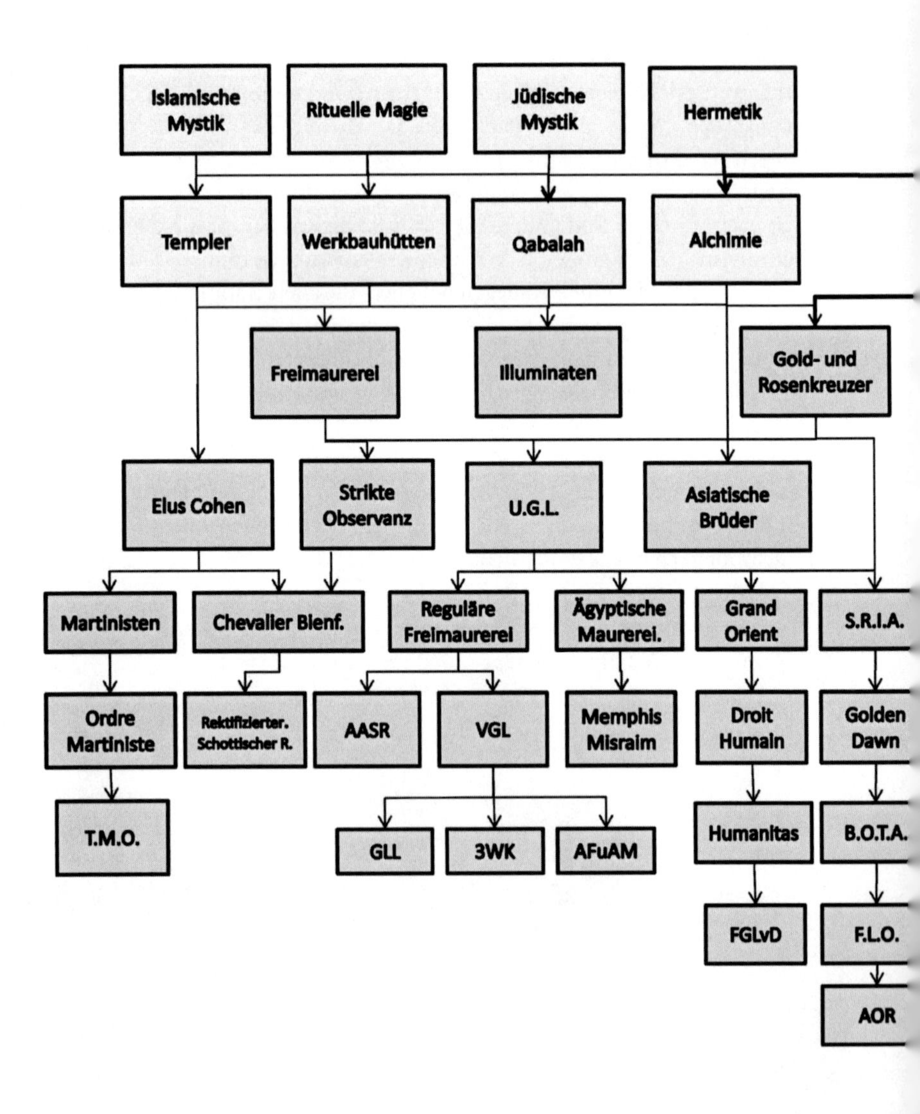

Martinisten Freimaurer Kabbalis

Abb. 69: Genealogie der Geheimgesellschaften

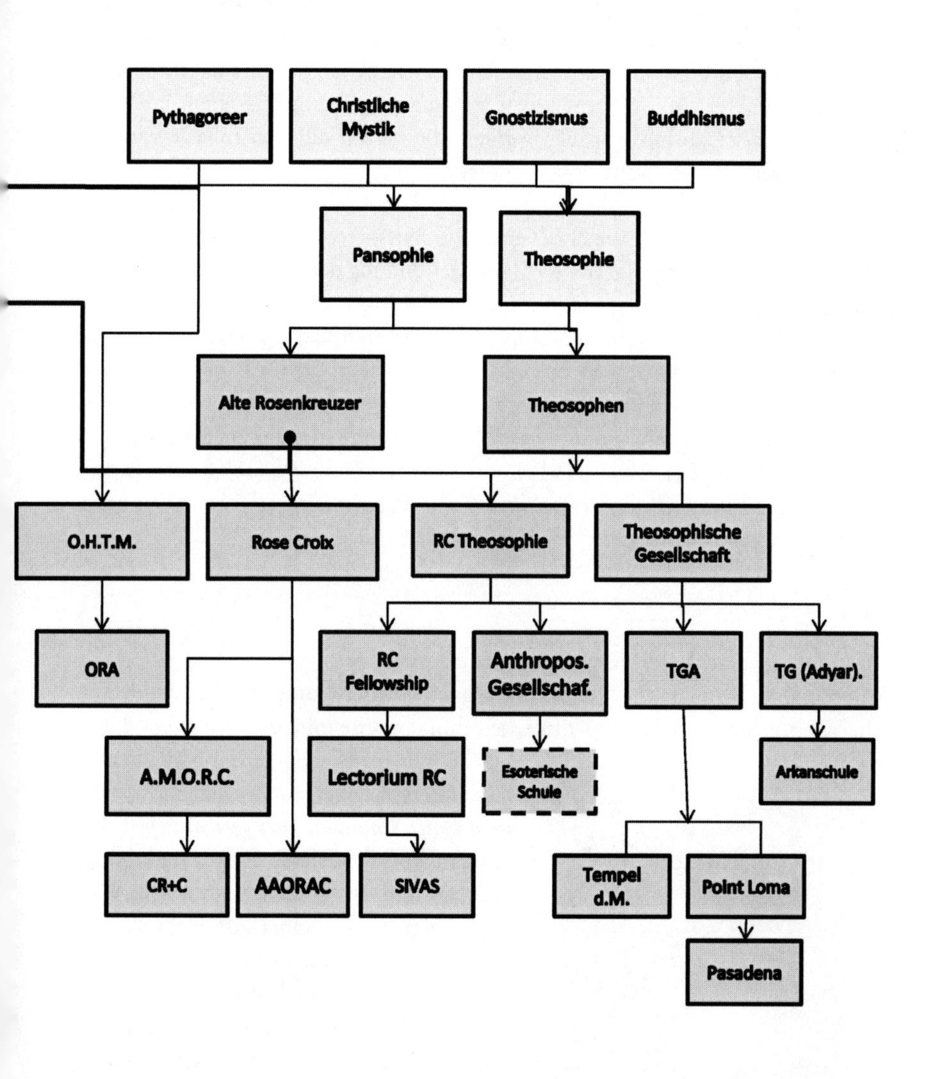

Pythagoreer Rosenkreuzer Anthroposophen Theosophen

Okkultistische Quellen des Nationalsozialismus

Vor dem Hintergrund des immer wieder gezeigten Interesses an den okkultistischen Hintergründen des Nationalsozialismus, soll in diesem Abschnitt auch noch ein kurzer Überblick über die nationalistischen Untergrundorganisationen (mit Ordenscharakter) und die mit ihnen verbundenen Persönlichkeiten, im Vorfeld der Nationalsozialismus gegeben werden, die derzeit auf den Internetseiten der rechten Szene erneut breite Popularität erfahren.

Nach der Zerschlagung des Heiligen Römischen Reiches durch Napoleon (1803), der Abtrennung des österreichischen Herrschaftsgebiets vom Deutschen Kaiserreich im Wiener Kongress (1814/15) und der Bildung der multikulturellen Donaumonarchie (1867), fanden sich die deutschsprachigen Österreicher von ihren kulturellen Wurzeln abgeschnitten, während die Staaten Westeuropas sich als politische Nationen immer stärker bewusst wurden. Wien war im Laufe dieser politischen Umgestaltung Europas zu einer Hochburg nationalistischer Umtriebe geworden. In dieses Umfeld wurden die Ideologen der nationalsozialistischen Bewegung, *Guido von List* (1848 - 1919) und *Lanz von Liebenfels* (1874 - 1954) geboren, während der Geburtsort von *Rudolf von Sebottendorff* (1875 - 1945) im damals noch niederschlesischen Hoyerswerda liegt.

Guido von List, Vater des Armanentums

Der Dichter, Romanschriftsteller und Runenforscher Guido von List wurde 1848 in Wien geboren. Sein Vater hinterließ ihm ein ansehnliches Vermögen, das ihn zeitlebens finanzieller Sorgen enthob. Lists Welt bildet ein *vom wundersamen Dämmer der Sage umwobenes Traumland des germanischen Altertums ...* (Wolf-Wolfsfeld). Er war stark intuitiv veranlagt und davon überzeugt, innere Wahrnehmungen mittels einer Art Hellsichtigkeit hervorholen zu können.

Abb. 70: Guido von List

Als Forscher suchte List nach alten germanischen Kultstätten, die, gemäß seiner Vorstellung, die Armanen (die germanischen Weisen) mit ihrer Weisheit in das Antlitz der Erde gebannt hätten. Dabei kam es ihm darauf an, das im Urgrund immer noch ruhende Germanentum auszugraben und von den „Überschichtungen durch das Christentum“ zu befreien.

Unter Lists Werken finden sich – neben Märchen, Novellen und zwei Romanen – folgende Fachbücher: DEUTSCH-MYTHOLOGISCHE LANDSCHAFTSBILDER (1891); DIE RELIGION DER ARIOGERMANEN IN IHRER ESOTERIK UND EXOTERIK (1908); DER ÜBERGANG VON WOUTANISMUS ZUM CHRISTENTUM (1908); DAS GEHEIMNIS DER RUNEN (1908); ARMANENSCHAFT DER ARIOGERMANEN (1908); DIE RITA DER ARIOGERMANEN (1908); DIE NAMEN DER VOLKSSTÄMME GERMANIENS UND DEREN DEUTUNG (1909); DIE BILDERSCHRIFT DER ARIO-GERMANEN (1910) und DIE URSPRACHE DER ARIO-GERMANEN UND IHRE MYSTERIENSPRACHE. Das Erscheinen seines letzten Werkes ARMANISMUS UND KABBALA wurde durch seinen Tod (1919) vereitelt. Das Manuskript hierzu hat man bislang ergebnislos gesucht.

Als Runenforscher machte sich List durch seine Erweiterung der 16-runigen „nordischen Runenreihe" (um die Runen EH und GIBUR[430]) zum 18-runigen „Armanen-System" einen Namen. Es war auch seine Idee, sie mit den Zauberliedern Odins aus der Edda zu verbinden. Alle späteren esoterischen Runenforscher bauen auf seinen Erkenntnissen auf.

Jörg Lanz von Liebenfels und der »Orden des Neuen Tempels« (ONT)

Jörg Lanz von Liebenfels wird in Wilfried Daims gleichnamigem Buch[431] als „der Mann, der Hitler die Ideen gab" beschrieben. Er wurde, wie Guido von List, in Wien geboren. In einer autobiographischen Notiz berichtet er aus seiner frühesten Kindheit über seinen sehnlichsten Wunsch, einmal Tempeleise (Tempelritter) zu werden. Dies mag seinem Eintritt in den Zisterzienserorden beeinflusst haben, wozu er sich 1893 im Stift Heiligenkreuz[432] in Niederösterreich als Novize aufnehmen ließ und den Ordensnamen Fr. Georg (Jörg) erhielt. 1897 legte er seine Ordensprofess ab und wurde im darauffolgenden Jahr zum Priester geweiht. Ein nächtliches Traumgesicht zeigte ihm einen Grabstein im Kreuzgang des Stifts als Grabstelle eines Tempelritters. Mit den Templern verband Lanz die rassistisch geprägte Aufgabe, die „Rassenreinheit wieder herzustellen": Gemäß seiner Ideologie (der späteren *Ariosophie*) ist es Aufgabe der Reinrassigen (Blonden) sich gegen die „Tschandalen[433]" (Mischrassigen) zu behaupten, so wie (nach seiner Auffassung) die Tempeleisen um die Oberherrschaft kämpften. Da man in Heiligenkreuz kein Verständnis für solche Ansichten aufbringen konnte, verließ Lanz das Stift und widmete sich fortan der Gründung eines neuen Templerordens.

Lanz' Hauptwerk THEOZOOLOGIE erschien 1904; ihm gesellte sich später ein HANDBUCH DER ARIOSOPHISCHEN ASTROLOGIE bei. Mit Ariosophie bezeichnete Lanz seinen Rassenkult. Im Gegensatz zur Ideologie der späteren NSDAP[434] fühlte er sich jedoch als „richtiger Christ" gegenüber dem „verkommenen" und „verjudeten" Christentum, dem er den Rücken gekehrt hatte. In seinem neuen Templerorden wurden nur blonde, blauäugige Männer aufgenommen, die sich verpflichten mussten, nur mit ebensolchen Frauen Kinder zu zeugen. Aber der Anfang war schwer und nur allmählich fanden sich genügend Anhänger seiner „asischen“ (arischen) Rassenlehre, mit denen er seinen Gebetsschatz, seine Symbole und Rituale teilen konnte.

Das „Priorat“ dieser freireligiösen Sekte der Neutempler entstand 1910 auf der von Fra Jörg (Lanz) als Ordensprior erworbenen Burg Werfenstein am Donaustruden in Oberösterreich. Im Orden gab es folgende Stufen: Familiar (FNT), Convenual (CONT), Magister (MONT), Novice (NONT), Presbyter (pONT) und Prior (PONT). Die Bekleidung der Neutempler bestand aus einem weißen Habit, ähnlich dem der Zisterziensermönche mit einem schwarzen Kruckenkreuz[435] auf der Brust.

Rudolf von Sebottendorff

1925 erschien bei J. Baum in Pfullingen in Württemberg der autobiographische Abenteurerroman DER TALISMAN DES ROSENKREUZERS, der in bestimmten nationalistisch geprägten esoterischen Kreisen die Runde machte. Sein Autor ist der Abenteurer *Rudolf Freiherr von Sebottendorff* (1875 - 1945), der in (dem heute sächsischen) Hoyerswerda noch als Rudolf Glauer geboren wurde. Sein Lebenslauf ist uns nicht sicher belegt und stützt sich hauptsächlich auf seine eigenen, durchaus widersprüchlichen Angaben, die es nicht vermochten, die Anklage auf Hochstaplerei zu widerlegen.

Nach seinem Studium am Berliner Polytechnikum fuhr Rudolf Glauer wohl bis 1897 als Schiffselektriker zur See und soll später, bis 1900 in Diensten des Vizekönigs Abbas II. Hilmi von Ägypten gestanden haben. Von 1901 bis 1914 hielt er sich hauptsächlich in der Türkei auf. In dieser Zeit schloss er sich auch einer türkischen Freimaurerloge des Memphisritus an und befasste sich nebenbei mit den Rosenkreuzern sowie mit dem Sufismus und der Theosophie, einschließlich ihres „ariosophischen“ Ablegers. Aus dieser Zeit könnte wohl die 1925 veröffentlichte Schrift DIE PRAXIS DER ALTEN TÜRKISCHEN FREIMAUREREI und die 1933 herausgegebene Veröffentlichung DIE GEHEIMEN ÜBUNGEN DER TÜRKISCHEN FREIMAURER hervorgegangen sein. Demgegenüber befassen sich Sebottendorffs weitere Arbeiten mit Astrologie.

Seinen aristokratischen Titel will Rudolf Glauer von einem gewissen Baron Heinrich Sebottendorff durch Adoption erhalten haben. Jedenfalls taucht der nunmehr türkische Staatsbürger 1902 in München und anderen deutschen Städten auf, wo er sich ob seines neuen Namens zu verantworten hat. Während der Balkankriege 1912/13 leitet er den türkischen „Roten Halbmond“. Spätestens 1917 kehrt er „mit gewaltigen Geldmitteln unbekannter Herkunft versehen“ wieder nach

Deutschland zurück und tritt dem »Germanenorden« bei. Von ihm erhält er den Auftrag, einen bayerischen Ableger dieses Ordens aufzubauen, aus dem die Thule-Gesellschaft erwachsen sollte. 1918 übernimmt Sebottendorff das Boulevardblatt MÜNCHNER BEOBACHTER, das sich daraufhin in VÖLKISCHER BEOBACHTER umbenennt. Unter seiner Leitung als Chefredakteur wandelt sich dieses Blatt zum Organ der Nationalsozialistischen Bewegung Süddeutschlands.

Über den weiteren Lebenslauf Sebottendorffs bis 1933 ist nichts genaues bekannt. In diesem Jahr erscheint sein Buch BEVOR HITLER KAM, das allerdings von der NSDAP keine gute Rezeption erfährt und 1938 auf die *„Liste des schädlichen und unerwünschten Schrifttums*" gesetzt wird. Seine letzten Lebensjahre verbringt Sebottendorff wieder in der Türkei, wo er sowohl für die deutsche Abwehr, wie für den britischen Geheimdienst gearbeitet haben soll. Sein Leichnam wird 1945 aus dem Bosporus geborgen. Die Todesursache bleibt ungeklärt und gibt auch heute noch reichlich Nahrung zu so mancher Spekulation.

»Germanenorden«

Dieser Geheimbund wollte, ähnlich wie der ältere »Reichshammerbund«, nicht nur ein „neues (rassistisch geprägtes) Denken" an unser „unvergängliches Erbe" (Jörg Rieck) wiedererwecken, sondern sich darüber hinaus um den Aufbau einer geheimen Kommandozentrale für die gesamte „völkische[436] Bewegung" bemühen.

1917 wurde Rudolf von Sebottendorff – nach eigener Darstellung – mit der Führung der „bayerischen Ordensprovinz" des Germanenordens betraut, wodurch Bayern die „Wiege der sozial-nationalen Bewegung" geworden sei. Die Aufnahme neuer Mitglieder in diesen Geheimbund organisierte er über Zeitungsannoncen. Nachdem ein Kandidat sein „Blutsbekenntnis" abgelegt und „dem Meister absolute Treue" geschworen hatte, konnte er in den Freundschaftsgrad aufgenommen werden, die Vorstufe der Vollmitgliedschaft war. Die Organisationsform des Germanenordens war zwar der freimaurerischer Logen angepasst, seine rassistische Ideologie der des Freimaurerbundes allerdings völlig entgegengesetzt. Wie die später gegründete Thule-Gesellschaft war der Germanenorden vielmehr stark von der *Ariosophie* [437] seines Mitglieds *Guido von List* inspiriert. Auf ihr baut auch Alfred Rosenbergs MYTHOS DES ZWANZIGSTEN JAHRHUNDERTS auf. Rosenberg war Mitglied der Thule-Gesellschaft und späterer Parteiideologe der NSDAP.

»Thule-Gesellschaft«

Sie ist nach der mythischen Insel Thule benannt, die unter den alten Griechen als das nördlichste Land galt [438] und (in der Thule-Gesellschaft) die Heimat der nordischen Rasse symbolisierte. Das Emblem der Gesellschaft bildete ein Hakenkreuz mit Strahlenkranz hinter einem blanken Schwert.

Ursprünglich wurde sie als Tarnorganisation bei der Mitgliederauslese für die Münchner Gruppe des Germanenordens konzipiert, mit der Aufgabe, die Aktivitäten dieses Geheimbundes nach außen hin abzuschirmen. Über diese ihr zugedachte Rolle wuchs sie jedoch bald weit hinaus.

Die Thule-Gesellschaft ging erst kurz vor dem Ende des Ersten Weltkriegs im November 1918 aus dem „völkisch" orientierten »Germanenorden« hervor. Allgemein wird die Münchner Thule-Gesellschaft als Keimzelle und Wegbereiterin der nationalsozialistischen Bewegung angesehen (Hermann Gilbhard).

Abb. 71: Signet der Thule-Gesellschaft

Abb. 72: Das im 2. Weltkrieg zerstörte Dresden

... Was gegen die Natur erzeugt wird, ist ein lebensunfähiges Monstrum. So lehren die Adepten: Nur das „Gold" bringt bei der Ernte wieder das Gold hervor. Das ist das geoffenbarte Mysterium...

Der Ägypter Ostanes, 5. Jahrh. v. Chr.

Die Menschheit am Scheideweg

Auf dem Streifzug durch unsere Geschichte haben wir unser Zeitalter fast erreicht. Wir haben den Auf- und Niedergang vieler Kulturen und Dynastien beobachten können und sind immer wieder großen Geistern begegnet, die der Menschheit dazu verhalfen, auf ihrem Entwicklungsweg vorwärts zu kommen. Nicht alle Erfindungen und Entdeckungen dienten indes allen Menschen gleicherweise zum Segen: Vielfach ließ Egoismus, Machtstreben oder Dummheit sie in falsche Hände geraten und so ihre praktische Umsetzung für viele Menschen zum Fluch werden. Die Auswirkungen so mancher Entwicklung waren im vornherein auch oft nicht abzusehen und so steht die Menschheit mit zahlreichen Problemen auch heute wieder am Scheideweg ihres Weiterbestehens.

Von der Industriellen Revolution ins Informationszeitalter

Mit dem Einsatz der Dampfmaschine begann das industrielle Zeitalter. Ihre Erfindung beruht auf der Entdeckung des thermodynamischen Prinzips durch *Nicolas Carnot* (1796 - 1832). Mit Hilfe dieser Maschine ließ sich die Muskelkraft weitestgehend durch Maschinenkraft ersetzen. Lokomotiven nahmen fortan die Aufgaben der Pferdetransporte wahr und Antriebsmaschinen führten im Produktionswesen zur ersten industriellen Revolution. Sie wurde später mit dem Einsatz der Elektrizität in einer zweiten Stufe fortgeführt. Unser heutiges Leben wäre ohne die damit verbundenen „Errungenschaften" sicherlich nicht mehr vorstellbar. Für einen Großteil der nachfolgenden Entwicklungen waren sie die Vorbedingung.

Mit diesen Entdeckungen und technischen Erfindungen leitete sich bei uns in Europa bereits im Vorfeld die industrielle Revolution ein. Und von der Idee zur Praxis mit allen sich daraus entwickelnden Techniken verläuft nur ein relativ kurzer Weg. Mit Hilfe der neuen Technologien konnten sich riesige industrielle Konzerne entwickeln, die das Handwerk ersetzten und einen gewaltigen wirtschaftlichen und sozialen Strukturwandel bewirkten. Das bislang etablierte Klassensystem geriet dabei ins Wanken.

Erforschung von Makro- und Mikrokosmos

Mit den darauf folgenden Entdeckungen und Erfindungen erlebten die Industriestaaten geradezu atemberaubende Fortschritte und die Grundlagenforschung gelangte in immer tiefer gehendes Detailwissen. Dem Tempo aller unserer derzeitigen Entwicklungen vermag ein Einzelner kaum noch zu folgen. Vor allem in den Naturwissenschaften sind die Errungenschaften so umfangreich und miteinander verwoben, dass eine auch nur annähernd zufrieden stellende Darstellung an dieser Stelle unmöglich ist.

So ging aus der Kernphysik die Teilchenphysik hervor, die auf immer neue und winzigere Partikel stößt, die sich teilweise nicht mehr isoliert beobachten lassen. Die zuletzt gefundenen „Bausteine" der Schöpfung können nur mehr noch als mathematische Konstrukte (so genannte Elementarobjekte) beschrieben werden. Auch unsere so materialistisch ausgerichtete Gesellschaft muss dabei einsehen, dass aus heutiger Sicht die Materie ihren rein „materiellen" Charakter verloren hat. Unsere Welt ist vielmehr geistiger Natur, wie es die Mysterienschulen schon immer lehrten!

Neben der Suche nach dem vorläufig „letzten" fehlenden Baustein (dem Higgs-Boson) des „Standardmodells"[439] hatte sich noch im September 2008 ein internationales Team von Wissenschaftlern im europäischen Forschungszentrum CERN bei Genf bemüht, mit dem teuersten Forschungsgerät der Welt, dem Teilchenbeschleuniger LHC[440] Antimaterie zu erzeugen. Dabei sollten auf dem 27 Kilometer langem Speicherring im und gegen den Uhrzeigersinn auf annähernd Lichtgeschwindigkeit beschleunigte Protonen gleichzeitig aufeinander prallen. Von diesem Experiment erhoffte man sich u. a. *Licht* in die Welt der *dunklen Materie* zu bringen, aus der 95 Prozent des Universums bestehen soll. [441] Drängt sich uns da nicht das gnostische Weltbild auf, wie es etwa die PISTIS SOPHIA beschreibt, in dem die vom Demiurgen Ialdabaoth erschaffene materielle Welt der Dunkelheit Teile der lichten (göttlichen) Substanz gefangen hält?

Auch die Biologie hat sich seit Darwin weiterentwickelt: So öffnete die Entschlüsselung des genetischen Codes ungeahnte Möglichkeiten, die Eigenschaften lebender Materie zu manipulieren. Beispielsweise versuchen Wissenschaftler an der Universität Zürich derzeit (2008) – anhand von Erbgut-Proben, die Darwins Drosseln entnommen wurden – die Nachzüchtung einer neuen Generation von Floreana-Drosseln, die auf ihrer Heimatinsel bereits ausgestorben sind. So könnten diese Vögel auf ihrer Heimatinsel wieder heimisch gemacht werden, 127 Jahre nachdem sie Darwin den Weg zur Evolutionstheorie gewiesen hatten!

Nach den Erfolgen im Tierversuch fühlten sich Genetiker dazu ermutigt, auch menschliche Embryonen genetisch verändern zu dürfen. Der maßgeschneiderte Mensch ist längst keine Utopie mehr und die mittelalterlichen Gruselgeschichten von der Schaffung eines *Homunkulus* rücken aus dem Nebel der Legende in das Reich des Machbaren. Glauben doch einige Wissenschaftler, alles das auch ausführen zu dürfen, was sie zu tun imstande sind. Ethische Grundsatzfragen werden einfach beiseite geschoben. Was zählt ist nur der (scheinbare) Nutzen! So beschränkt sich heute das Klonen von Lebewesen nicht mehr nur auf Forschungslabors, sondern gehört zur normalen Alltagsbeschäftigung ganzer Industriezweige. Die praktische Arbeit mit Genen ist auf dem besten Weg in eine Zukunftstechnologie aufzugehen, die alle vorhergegangenen Gefahren der menschlichen Geschichte in den Schatten stellt. Theoretisch könnte sich jetzt *Hitlers* Traum einer „Herrenrasse" verwirklichen lassen, die mittels genetischer Merkmale prädestiniert wäre, das Leben einer arbeitenden „Unterschicht" zu bestimmen. Für die Entschlüsselung der Gene war die Erfindung des Computers die Grundvoraussetzung.

Vor 25 Jahren wurde der Begriff Personal Computer (PC) von der Firma IBM geprägt und der Öffentlichkeit vorgestellt[442] , – heute geht kaum noch etwas ohne ihn. Mit dem „Internet" verfügen wir über ein Netzwerk weltweit „vermaschter" Datenbanken und globaler Kommunikationsmöglichkeiten, die unsere Welt noch sensibler und anfälliger machen. Die immer häufiger auftretenden internationalen Wirtschafts- und Finanzkrisen geben ein beredtes Beispiel dafür.

Findigen Genies gelang es – ausgehend von der Struktur unseres Gehirns – neuronale Netze zu konzipieren, wobei die Möglichkeiten der Datenspeicherung und -vernetzung immer gigantischere Formen annehmen. Der neue Wissenschaftszweig der *Bionik* versucht dabei, sich die Errungenschaften der Natur nutzbar zu machen. Optimisten glauben gar, durch Fusion von Gen- und Computertechnologie ließen sich alle großen Probleme der Menschheit lösen. So scheint unser heutiges Wissen – einschließlich des damit verbundenen Strebens nach Macht – ins Unermessliche zu wachsen! Dabei geht unsere Vorstellung davon aus, dass sich alles beherrschen lässt, was mit dem menschlichen Intellekt begriffen werden kann. Vorstellungen eines göttlichen Waltens haben darin nichts mehr zu suchen. Mit der „Entthronung der Götter" müssen aber die früher einmal festgelegten ethischen Gebote schwinden. So revolutionieren alle diese Erfindungen und Entdekkungen zwar ständig unser Weltbild aufs Neue, können uns aber das Paradies auf Erden nicht bescheren. Vielmehr bringt uns ihr rücksichtsloser Einsatz immer näher an den Rand der Selbstzerstörung. Stehen wir möglicherweise an dem Punkt, den die Apokalypse mit der „Entfesselung des Bösen" charakterisiert?

Nüchtern betrachtet bleiben – trotz aller Erkenntnisse und Errungenschaften in Medizin und Biologie – Fortschritte in den Untersuchungen über Ursprung und Ziel des Kosmos aber eher gering, obwohl sich immer mehr Sparten der Wissenschaft mit so genannten Evolutionstheorien befassen. Doch da in der Regel Natur- und Geisteswissenschaften immer noch getrennt nebeneinander her arbeiten und jegliche nicht-klassisch-wissenschaftliche Forschung kategorisch ablehnen, verharren diese Wissenschaftszweige zumeist allzu sehr in materiellen Betrachtungsweisen verstrickt. Nur eher sanft fließt das bislang im Untergrund gehütete „alternative" Wissen in die Bereiche allgemein anerkannter Fachdiszipline.

An der Schwelle ins neue Jahrtausend

Gegenwärtig erlebt unsere Welt einen Auflösungsprozess, der wie ein Schrecken erregendes Gespenst den Zerfall der althergebrachten Ideologien bis hin zu neuen moralischen Vorstellungen führt.[443] Wenn wir auf unser wirtschaftliches und soziales Umfeld blicken, müssen wir leider feststellen, dass uns das von unseren Wirtschaftssystemen aufoktroyierte egoistische „Fortschrittsdenken" in eine Sackgasse führte: Forcierten wir doch die Industrialisierung mit ihrem Raubbau an den Ressourcen unseres Planeten hauptsächlich aus Gewinnsucht. In zwei sinnlosen Weltkriegen trugen wir unsere Besitzansprüche wie vernunftlose Tiere aus; auch scheinen wir aus den Kriegen früherer Epochen nichts gelernt zu haben! In den Jahren danach bauten wir dann unseren Wohlstand auf Kosten der armen Länder aus. So lebt in den ärmsten Ländern (vor allem in Afrika) jeder vierte Mensch in extremer Armut[444]. Die christliche Lehre hat uns dabei sicherlich nicht geleitet. Heute müssen wir hauptsächlich deshalb „globale" Lösungen anstreben, weil wir die Harmonie der Schöpfung zerstören und wir selbst und unser Denken zerrissen sind. Die Probleme, die wir geschaffen haben, wachsen uns über den Kopf und lassen uns keinen Ausweg mehr erkennen!

Vergleichen wir die derzeitige Orientierungslosigkeit mit den Situationen während der beiden vorausgegangenen historischen Übergänge zwischen Antike und Mittelalter, bzw. zwischen Mittelalter und Neuzeit, so können wir eine Reihe von Parallelen entdecken, die sich in Religion, Kultur und sozialer Entwicklung niederschlagen, wenn auch ein Bürger der „freien Welt" heute über andere Möglichkeiten verfügt als unsere Vorfahren.

Kirchlicher Traditionalismus

In unserer Religion manifestiert sich die Unzufriedenheit gegenüber den etablierten Kirchen durch ein nie zuvor erlebtes Maß an Kirchenaustritten. Diese Möglichkeit der freien Meinungsäußerung bot sich unseren Vorfahren der bisher betrachteten Geschichtsabschnitte allerdings nicht. Das Religionsbedürfnis hat aber bis heute nichts an seiner Bedeutung für uns Menschen eingebüßt; es ist auch alles andere als tot und drängt vielmehr nach spiritueller Erfahrung. Die christlich-fundamentalistische Lehre, so wie sie von den etablierten Konfessionen gelehrt wurde und wird, verliert dabei immer mehr an Bedeutung. Dafür verzeichnen wir ein aktives Werben aller möglichen Ersatzreligionen, welche die Gunst der Stunde zu nutzen verstehen. Sektengurus und neue Propheten erhalten großen Zulauf. Indes scheinen die großen christlichen Konfessionen den Ernst der Lage noch nicht voll erfasst zu haben, denn sie blicken immer noch lieber in die Vergangenheit als in die Zukunft. Die Ansätze zu einem neuen Denken sind noch zu sporadisch und werden obendrein von ihren traditionalistisch ausgerichteten Hierarchien unterdrückt. Es dauert Ewigkeiten, bis fortschrittliche Entschlüsse in die Tat umgesetzt werden. So wartet die Christenheit immer noch auf die Verwirklichung einiger bedeutender Beschlüsse des Zweiten Vatikanischen Konzils.

In diesem Zusammenhang lesen sich dann Zeitungsnotizen über die Beschlüsse oder Entscheidungen der kirchlichen Lehrämter wie Notizen aus der Kreidezeit. Dazu einige Beispiele:

– Die vom Lehramt der katholischen Kirche noch im Jahre 1950 unter Papst Pius XII., in der Enzyklika HUMANAE GENERIS nur als *„ernst zu nehmende Hypothese“* bewertete Evolutionstheorie[445] Darwins wird nunmehr (nach einer am 24. Oktober 1996 im Osservatore Romano veröffentlichten und an die Päpstliche Akademie der Wissenschaft gerichteten Botschaft Johannes Paul II.) relativiert, was jedoch keine Glaubenswahrheiten umstoße. Der Verfasser dieses Artikels (möglicherweise stammt dieser Teil auch aus der Feder des gegenwärtigen Papstes) betont dabei, dass gemäß dem zweiten Vatikanischen Konzil der Mensch das einzige Wesen sei, das Gott um seiner Selbst willen gewollt habe. *Wenn der menschliche Körper seinen Ursprung in der lebenden Materie hat, die vor ihm existierte, dann ist doch seine Seele unmittelbar von Gott geschaffen*, heißt es bei ihm. Und der Wiener Erzbischof, Kardinal Schönborn, schreibt in diesen Tagen in einem Gastkommentar in der NEW YORK TIMES, dass *„jegliches Gedankengebäude, das die überwältigende Beweislage für Design in der Biologie negiert oder wegerklären will, eine Ideologie und nicht Wissenschaft“* sei …

– Im Hinblick auf Galileo Galilei, der 1633 seine Erkenntnis, dass sich die Erde um die Sonne dreht und nicht umgekehrt, unter der Todesandrohung der päpstlichen Inquisition widerrufen und den Rest seines Lebens unter Hausarrest leben musste, meinte Johannes Paul II. 1992, die Theologen der damaligen Zeit hätten wohl geirrt in der Annahme, der Wortsinn der Bibel beschreibe den physikalischen Zustand der Welt.

– Zum Status der Exkommunikation der Ketzer (für das Beispiel *Martin Luthers*) gibt der damalige Leiter der »Kongregation für die Glaubenslehre«, *Joseph Kardinal Ratzinger*, eine klare Antwort: *„Man muss die Exkommunikation als eine Ordnungsmaßnahme der Rechtsgemeinschaft der Kirche gegenüber einer bestimmten Person von den sachlichen Inhalten unterscheiden, die den Anlass zu einem solchen Vorgehen bilden. Da die Rechtsgewalt der Kirche sich selbstverständlich nur auf Lebende bezieht, endet die Exkommunikation mit dem Tod des Betroffenen. Insofern ist die Frage einer Aufhebung einer Exkommunikation gegenüber der Person Martin Luthers müßig: Sie ist mit seinem Tod erloschen, weil das Gericht nach dem Tode einzig Gottes ist. Man braucht die Exkommunikation gegen die Person Martin Luthers nicht aufzuheben; sie besteht längst nicht mehr.“* [446]

– Mit Blick auf die Jubiläumsfeiern zur Jahrtausendwende öffnete die katholische Kirche eines ihrer geheimsten Archive, das der vormaligen *Heiligen Kongregation der Universalen Inquisition*: Die kirchlichen Verfahren gegen die Ketzer sollten allen Historikern zugänglich gemacht werden. Sie umfassen den Zeitraum von der Gründung dieser Kongregation im Jahr 1542 bis zum Jahr 1903, dem Ende des Pontifikats von Papst *Leo XIII.* 1965 benennt Papst *Paul VI.* das »Heilige Offizium (der Inquisition)« in »Kongregation für die Glaubenslehre« um. Während des Vatiziniums von Papst Johannes Paul II. wurde sie von *Joseph Kardinal Ratzinger*, (seinem späteren Nachfolger) geleitet. Papst Johannes Paul II., erklärte 1994, die Kirche solle sich, *„da nun das zweite Jahrtausend des Christentums zu Ende geht, mit der „Sünde ihrer Söhne" befassen und sich all jener Umstände erinnern, bei denen diese sich vom Geiste Christi und des Evangeliums entfernt und in einer Weise gedacht und gehandelt hätten, die echte Formen des Gegenzeugnisses und des Skandals"* gewesen seien.

So müssen wir, wenn wir nunmehr auf den Verlauf der zweitausend Jahre Christentum zurückblicken, leider feststellen, dass es nicht vermochte, der Menschheit das Heil zu schenken oder es ihr zumindest vorzuleben.

„Fortschrittsdenken" auf Kosten der Menschlichkeit

Im täglichen Leben werden wir mit dem immer schneller und brutaler um sich greifenden Liberalisierungs- und Globalisierungstendenzen konfrontiert, die Eigendynamik entwickeln. Unter Liberalisierung wird nach heutigem Verständnis die ständige Konkurrenz aller Wirtschaftsmärkte verstanden, wobei auf „Schwachstellen" im System keine Rücksicht mehr genommen werden kann. Was mit dem Verschwinden des „Tante-Emma-Ladens" an der Ecke begann, setzt sich mit der Errichtung immer größer werdender Supermarkt- und Fastfoodketten fort. Mit allen nur erdenklichen Werbestrategien versucht man, uns der sich immer stärker verselbständigenden Wirtschaft unterzuordnen. In der Industrie und im Bankenwesen finden immer spektakulärere „Elefantenhochzeiten" auf Kosten der kleinen und mittleren Betriebe statt. Immer brutaler werden die Vermarktungsstrategien bei den Dienstleistungsunternehmen, wobei eine individuelle Lebensgestaltung auf der Strecke bleiben muss. Mit der Globalisierung der Wirtschaft ist leider auch die der Arbeitslosigkeit und der Ausbeutung der zum „Humankapital" herab gestuften menschlichen Ressourcen verbunden, wie wir vor allem in den letzten Jahren erfahren mussten. Damit einhergehend findet ein Niedergang aller unserer bisherigen ethischen Werte statt. Erscheint da das Grundprinzip des Liberalismus[447] nicht als äußerst fragwürdig?

Dieser Prozess des Niedergangs der ethischen Werte macht sich besonders im sozialen Verhalten unserer Mitmenschen bemerkbar, das auf Erziehungsfehler der Vergangenheit beruht. So formen, zusammen mit dem egoistischen Wirtschaftsverhalten antisoziales Gewalt- und Zerstörungspotential unsere heutige Gesellschaft; unkontrollierte Werbemethoden öffnen im Zeitalter der unbegrenzten Information der Kriminalität Tür und Tor; Drogenprobleme dringen in unsere Schulen ein.

Da in der Industrie höhere Gehälter bezahlt werden, lassen sich in der Politik – und das ist ein weltweites Problem – kaum noch bedeutende Köpfe finden und gewinnen, die mutig wären, die globalen Probleme der Menschheit mit Entschlossenheit anzugehen. Selbst den *Vereinten Nationen* gelingt es nicht, aus einem Podium politischer Debakel mit wirtschaftlichen Interessen im Hintergrund hinauszuwachsen.

Zusammenbruch der Finanzmärkte

Derzeit (zweite Jahreshälfte 2008) vergeht kein Tag, an dem nicht solche Themen die Titelseiten unserer Tagespresse beherrschen und ihre eigentliche Ursache hängt wiederum mit der zuletzt behandelten Thematik zusammen: der Profitgier und dem Niedergang unserer ethischen Wertevorstellungen:

Was zu Beginn des Jahrtausends mit dem Platzen der „New-Economy-Blase" begann, setzte sich durch immer spekulativere Finanzgeschäfte und Börsengänge fort. Die aggressive Politik des billigen Geldes entwickelte bald Eigendynamik und konvertierte biedere Geschäftsbänker zu windige Geschäftemacher, die es den Händlern mit ihren Zockereien gleich taten, wenn sie ihnen neben Aufträgen zunehmend Kapital der eigenen Bank überließen und dazu immer höhere Verschuldungsrahmen zustanden.

Informatiker tüftelten dann – anhand von Computermodellen – jene komplexen Finanzinstrumente aus, die den Investmenthäusern zunächst Rekordprofite verschafften. Bald schon bestimmten aber die Banken nicht mehr allein das Geschehen: Hedgefonts wetteten auf fallende Aktienkurse und Hypothekenwerte. Private Equity Gesellschaften kauften marode Banken und Kredite und verpackten diese Werte in immer undurchschaubarere Papiere. Es fanden sich hierfür genügend geldgierige Abnehmer rund um den Globus (bis nach Bayern und Sachsen!). Die so verteilten Sprengsätze zerstörten nicht nur das Geschäftsmodell der Investmentbanken, sondern beförderten gleich die globale Wirtschaft in eine Depression ...

Raubbau an unseren Ressourcen und Klimawandel

Unser Heimatplanet, dem manche Mysterienschule ein eigenes Bewusstsein zuschreibt, stöhnt unter den Lasten, die ihm die Menschheit heute aufbürdet: Haben wir doch die Umwelt mit Müll und Giften verseucht. Aufgrund unserer Profitgier sterben tagtäglich siebzig Tier- und Pflanzenarten aus.[448] Die Weltmeere fischten wir praktisch leer und verklappen dafür in ihnen unsere Industrieabfälle; vielerorts gleichen die Meere eher Kloaken. Vor einem Fischverzehr daraus wird gewarnt. Jedes Jahr blasen wir dreißig Milliarden Tonnen Kohlendioxid in die Luft und holzen oder brennen siebzehn Millionen Hektar Regenwald ab. An ihrer Stelle machen sich Felder mit „intensiver Bewirtschaftung“ breit, die die Böden mit Chemikalien belasten und zu deren Erosion, dem Verlust von natürlichen Nährstoffen und der Versalzung der Humusschichten beitragen. Selbst in Westeuropa ist die Landwirtschaft Hauptverursacher für die Verschmutzung von Trinkwasser. Weltweit verbraucht die Landwirtschaft bereits heute 70 Prozent des verfügbaren Süßwassers. Sauberes Wasser wird bald schon zur kostbarsten Ressource unserer Erde erklärt werden müssen!

Das Ozonloch[449] über der Antarktis misst derzeit das gigantische Ausmaß von ca. 27,5 Millionen Quadratkilometer (die doppelte Größe der Antarktis) und nagt sich an den südlichen Enden unserer Kontinente immer weiter hinauf. Als Folge der Klimaerwärmung werden einige Staaten im Pazifik[450] schon bald von der Landkarte verschwunden sein. Die Bombe tickt unaufhörlich!

Für die Behebung oder zumindest Verminderung dieser Probleme bleibt den großen Nationen kein Geld übrig, da zu viel in den sich jährlich vergrößernden Verteidigungshaushalt fließt (allein in den USA sind 2010 dafür gigantische 700 Milliarden US Dollar vorgesehen!). Die hoffnungsvollen, wenn auch noch zaghaften Schritte zu einer globalen Reduzierung der für unser Klima schädlichen Emissionen wurde bislang durch die starre Haltung einiger Staaten, einschließlich der USA gebremst, die sich weigerten, dem Kyoto-Protokoll[451] beizutreten. Im Augenblick der Drucklegung dieses Bandes (7. Dezember 2009) blickt die gesamte Welt mit Bangen auf den Klimagipfel in Kopenhagen. Wird es dieser Konferenz gelingen, Beschlüsse zu fassen, die es ermöglichen, die unserem Heimatplaneten aufgebürdeten Lasten zu mindern und ihn auch noch für die kommenden Generationen bewohnbar und lebenswert zu erhalten?

Überbevölkerung und soziale Verarmung

Auch wenn es bei uns im Lande anders aussieht, so ist die Übervölkerung unseres Planeten doch noch eines der größten Probleme, mit der die Menschheit konfrontiert wird. Am 12. Oktober 1999 feierte die Welt den „Tag der sechs Milliarden“. An diesem – von den Vereinten Nationen ausgewählten Tag – bevölkerten sechs Milliarden Menschen unseren Planeten, Ende 2008 sind es bereits 6,6 Milliarden! Als die erste Milliarde Anfang des vergangenen Jahrhunderts erreicht wurde, benötigte die erste Verdoppelung dieser Zahl noch ein ganzes Jahrhundert, die darauf folgende nur mehr fünfzig Jahre. Die Progression schreitet seither explosionsartig fort und bis zum Jahr 2050 wird aus heutiger Sicht die Weltbevölkerung auf 9,4 Milliarden Erdenbürger anwachsen. Vor allem die Entwicklungsländer beklagen dabei eine Lebens„qualität“, die von chronischer Unterernährung, hohen AIDS-Infektionsraten und ungewollten Schwangerschaften begleitet ist. So meinte der indische Gesundheitsminister *Dalith Ezhimalai* kurz vor der Jahrtausendwende, das hohe Bevölkerungswachstum zehre die wirtschaftlichen Fortschritte seines Landes (das damals bereits eine Milliarde Menschen ernähren musste) völlig auf.

Den Bürgern der von unserer „Kultur" ausgebeuteten armen Länder ist es aber nicht zu verdenken, dass sie ihrem Elend zu entkommen suchen, das wie ein Krebsgeschwür den unteren Bevölkerungsschichten anlastet und mit der Monopolisierung des Reichtums in den Industriestaaten einhergeht. Doch niemand will von seinem Kuchen freiwillig ein Stück hergeben. Mehr noch als die Armut ist die ungleiche Verteilung des erwirtschafteten Reichtums das größere Übel! Heute bedrängen Flüchtlingsboote aus Afrika die Küsten des europäischen Mittelmeerraumes und auch bei uns mussten wir spätestens mit den Diskussionen zu den so genannten Reformen unseres Renten- und Gesundheitswesens erkennen, dass unsere Art des Fortschrittsdenkens auf dem wirtschaftlichen Sektor uns vor einen Abgrund führte und die Katastrophe, die wir selbst verursachen, immer näher heranrückt. Nur ein radikales Umdenken könnte die Menschheit noch vor der Selbstzerstörung retten.[452] Möglicherweise haben wir die kritische Marge aber auch schon überschritten, so dass sich großflächige Katastrophen nicht mehr aufhalten lassen. Erinnert uns das nicht an die Mythen untergegangener Kulturen, wie die des sagenumwobenen Atlantis?

Auf der Suche nach Spiritualität

Auf der anderen Seite rollt die Esoterikwelle! Schauen wir uns heute auf diesem Sektor um, so werden wir von der Flut der Angebote schier erschlagen. Das Spektrum reicht von alternativen Heilmethoden, Aromatherapien, Aurosoma, Ayurveda, Astrologie, Channelling, Chi Gong und Tai Chi bis zu Tarot-Seminaren, Tempelschlaf, den unterschiedlichsten Yogaschulen und Meditationsgruppen ... Auf unserem Stadtbummel fällt der Blick auf zahlreiche Ankündigungen von Esoterikmessen, Veranstaltungen aller möglicher Gruppierungen und Gurus, „philosophischer Schulen" etc. Bieten sie Auswege aus der Krise und der Gefahr?

Die authentischen Mysterienschulen scheinen sich an diesem Treiben jedoch nicht zu beteiligen. Man stößt eher „zufällig" auf sie ...

ANHANG

Verzeichnis der Abbildungen

Umschlagillustration: Die Farblithographie (Cincinnati, USA, 1887) mit dem Titel „From darkness to light" (Aus der Finsternis ins Licht) stellt den symbolischen Weg eines Freimaurers zum himmlischen Jerusalem dar. Dieser Druck wurde damals in den USA als Urkunde für in den Meistergrad erhobene Freimaurer verwendet.

Wir haben uns bemüht, bei den verwendeten Abbildungen die Rechteinhaber ausfindig zu machen. Falls es dessen ungeachtet Bildrechte geben sollte, die wir nicht recherchieren konnten, bitten wir um Benachrichtigung des Verlages.

Verzeichnis der Tabellen

Anmerkungen

VORWORT

[1] Über den Verlag oder über info@mysterienschulen.de

[2] Lothar Diehl, GLI ORDINI INIZIATICI E LE SCUOLE DI MISTERI, Una guida per il ricercatore lungo la Via occidentale della Conoscenza, 2004, Edizioni Cenaculo Umanistico Adytum, Trento, Italia

EINFÜHRUNG

[3] GUIDE POUR UN FUTUR FRANC-MAÇON, Documents-Rocher, 2. Auflage 1985, Rocher-Maitres d'Œvres, 28 rue Comte-Félix-Gastaldi, Monaco

[4] Das okkulte Wissen, die „Lehre vom Verborgenen und über das Verborgene" schließt alles das ein, was die Grenzen des mit unseren fünf Sinnen Erfahrbaren überschreitet (transzendiert), also Disziplinе wie Alchimie, Hermetik, Magie, etc. Da das Wort „Okkultismus" in der Vergangenheit vielfach missbraucht wurde, ist es nicht verwunderlich, dass es manchem als suspekt erscheinen mag.

[5] Der Tradition folgend, wird in diesem Buch von *Bruderschaften* gesprochen, auch wenn es sich nicht immer nur um reine Männergemeinschaften handelt, wie beispielsweise in der (regulären) Freimaurerei. Zu diesem Thema sei auch noch auf den Abschnitt über die Bruderschaften (S. 23) verwiesen.

[6] Sie wurden erst in der vorliegenden Auflage eingefügt

[7] Siehe hierzu den Abschnitt über die kabbalistischen Gemeinschaften im zweiten Band.

[8] Die Suche nach Antworten auf diese Fragen bildet den Anfang des „roten Fadens", der uns durch das nachfolgende, der Geschichte des Abendlandes gewidmete Kapitel leiten wird. Eine Weiterführung dieser Überlegungen bildet später unter dem Titel AUF DER SUCHE NACH DEN EWIGEN WAHRHEITEN den Beginn des 2. Bandes.

[9] Dominique Viseux, DAS LEBEN NACH DEM TOD IN DEN GROSSEN KULTUREN, 1995, Diederichs, München

[10] J. van Rijckenborgh, CHRISTIANOPOLIS, Erklärung von sieben Kapiteln von Republicae Christianopolitanae Descriptio von Johann Valentin Andreae, 1978, Rozekruis - Pers, Harlem, Niederlande

UNSER GESCHICHTLICHES ERBE

[11] Martinès de Pasqually, ABHANDLUNG ÜBER DIE WIEDEREINSETZUNG DER WESEN in ihre ursprünglichen geistigen und göttlichen Eigenschaften, Kräfte und Mächte, 2007, Novalis Verlag Schaffhausen, Seite 5

[12] Der Religionsethnologe Mircea Eliade (1907 – 1986) bezeichnet mit Chaos den grenzenlos homogenen (und dadurch orientierungslosen) Raum der „profanen" Welt im Gegensatz zum „heiligen" Raum, der für den Menschen einen Bezugspunkt schafft, von dem aus eine „Orientierung" möglich ist.

[13] Mircea Eliade, DAS HEILIGE UND DAS PROFANE, Suhrkamp Taschenbuch 1751, 1984, Insel Verlag, Frankfurt am Main, Seite 23ff.

[14] Lynne McTaggart, DAS NULLPUNKT-FELD, Auf der Suche nach der kosmischen Ur-Energie, Goldmann ARKANA, München, 2002

[15] Die Notwendigkeit der exakten Zeitmessung beschränkt sich keineswegs nur auf wissenschaftliche oder wirtschaftliche Aspekte, sondern war auch für das Christentum von großer Bedeutung. So wurden ab dem 14. Jahrhundert mechanische Uhren an den Kirchtürmen angebracht, mittels der die Bürger die Zeit erfahren konnten.

[16] Darunter sollen hier die Perioden des sogenannten „Platonischen Jahres" verstanden werden: Der große Zyklus von ungefähr 25.850 Jahren kommt durch den Unterschied zwischen unserem Sonnenjahr und dem siderischen (auf Fixsterne bezogenem) „Großen Jahr" zustande. Unsere Erdachse

bewegt sich dabei „rückwärts“ (gegen dem Uhrzeigersinn) um den Pol der Ekliptik. Durch diese sogenannte „Präzession der Erdachse“ rückt der Frühlingspunkt jedes Jahr um fünfzig Sekunden vor, was im Lauf der Zeiten zur Inkongruenz der astrologischen zu den astronomischen Jahresabschnitten geführt hat. Wie unser Sonnenjahr, so wird auch der siderische Zyklus in zwölf Perioden geteilt, denen je ein Tierkreiszeichen zugeordnet ist. Demzufolge bestimmte das Zeichen des Stiers mit dem Aufkommen der sumerischen Kultur den Beginn „unserer“ Zivilisation. Das Zeitalter des Widders kennzeichnet die Epoche der alttestamentlichen Propheten und das der Fische das Zeitalter des Christentums. Man sagt, dass mit dem Zeitalter des Wassermanns, in das wir vor kurzem eintraten, eine neue Ära eingeleitet werde, in der sich der neue Mensch keinen dogmatischen Lehren mehr unterstellen lassen wird.

[17] So geht unsere Wissenschaft heute davon aus, dass die zur Entwicklung des menschlichen Gehirns benötigte Energie (60% beim neugeborenen, 25% beim erwachsenen Menschen) nur durch die Aufnahme von gekochter Nahrung bereitgestellt werden konnte.

[18] wie das Radkreuz (Rota); der durch ein Kreuz geteilte Kreis verbindet die vier Himmelsrichtungen mit dem Göttlichen und diente ursprünglich wohl als Symbol für das der Dunkelheit entspringende „neue Licht“. Es symbolisiert aber auch die Verbindung des materiellen mit dem göttlichen Prinzip. Seine Elemente der Zweiheit (horizontaler und vertikaler Balken des Kreuzes), der Vierheit (den vier gleichlangen Kreuzbalken) und des Unendlichen (durch den Kreis dargestelltes Prinzip) bilden ein vielschichtiges Symbol, das in späteren Zeiten (z.B. bei den Pythagoreern) als Symbol für Geschlossenheit und Gesetzmäßigkeit diente.

[19] David H. Trump, Malta, Prähistorische Zeit und Tempel, Midsea Books, Ltd., Malta, 2005

[20] Shahrukh Husain, Die Göttin, Das Matriarchat, Mythen und Archetypen, Schöpfung, Fruchtbarkeit und Überfluss, Taschen GmbH, Köln, 2001, Seite 12ff

[21] ausgenommen der Bildnisse auf Malta

[22] Hier sei u. a. auf die Wiccabewegung hingewiesen, die wir indes – gemäß unserer Definition – nicht zu unseren in diesem Buch aufgezeigten Erkenntniswegen des Westens zählen.

[23] Diese Meinung vertritt insbesondere Georg Wilhelm Friedrich Hegel (1770 - 1831) in seiner „Geophilosophie“.

[24] Harald Meller (Hrg.), Der geschmiedete Himmel, Die weite Welt im Herzen Europas vor 3600 Jahren, Stuttgart, 2008

[25] W. Schlosser, Zur astronomischen Deutung der Himmelsscheibe von Nebra, Archäologie in Sachsen-Anhalt, Band 1, 2002, Seite 21ff

[26] Tanumshede, Fossumhällen, Vitlycke, Lytslebi, etc.

[27] Über die Fortsetzung der Ausgrabungen und deren Leitung debattieren derzeit die türkischen Behörden.

[28] Klaus Schmidt, Sie bauten die ersten Tempel, H. C. Beck, München, 2008

[29] Die von den Strömen Euphrat und Tigris nördlich des Persischen Golfes durchflossene Ebene.

[30] Die Heilige Schrift des Alten und Neuen Testamentes, nach den Grundtexten übersetzt und herausgegeben von Prof. Dr. V. Hamo, M. Stenzel und J. Kürzinger, 1994, Pattloch Verlag, S. 11

[31] Ninive war die Hauptstadt Assyriens unter seinen letzten drei großen Herrschern (Sanherib, Asarhaddon und Assurbanipal).

[32] Allerdings wird *Pluto* gemäß der Internationalen Astronomischen Union (IAU) neuerdings nicht mehr als Planet, sondern zusammen mit seinem Begleiter *Charon* und den Trabanten *Nix* und *Hydra* als Zwergplanet (Planetino) eingestuft.

[33] Zecharia Sitchin geht in seinem spektakulären Buch Der zwölfte Planet aber noch weiter: Er interpretiert den ganzen sumerischen Schöpfungsmythos als kosmologisch erklärbare Theorie der Entstehung unseres Sonnensystems.

[34] Zecharia Sitchin, der zwölfte Planet, Droemersche Verlagsanstalt, München, 1995, Seite 220

[35] Mit der Einführung der digitalen Rechnersysteme erfuhr dieses Zahlensystem (auf der Basis 16) in unserer Zeit seine Wiederkehr.

[36] Gemäß der Bibel predigte der Prophet Daniel den nach Babylon verschleppten Juden (siehe nächster Abschnitt), ihren monotheistischen Gottesglauben zu bewahren und nicht durch Aufnahme babylonischer Götter in eine Mischreligion umzuwandeln. Belsazar, Sohn und Mitregent des letz-

ten babylonischen Königs Nabonaid (555 - 539 v. Chr.) frevelt gegen den Gott der Israeliter, als er auf dem Sesaakfest aus den heiligen Kultgefäßen der besiegten Juden Wein kredenzen lässt, worauf die geheimnisvollen Schriftzeichen מנא מנא תקל ופרסין (MENE MENE TEKEL U-PHARSIN) an der Wand des Königspalastes erscheinen. Daniel deutet den Schriftzug als *„gezählt, gewogen und für zu leicht befunden* und bezieht diese Worte auf Belsazars Taten; sein Reich werde zerfallen und von den Persern eingenommen (Daniel, Kap. 5) Wir finden diese Szene als dramatischen Höhepunkt in Heinrich Heines Ballade Belsazar und in Georg Friedrich Händels gleichnamigem Oratorium.

[37] Werner Papke, DIE STERNE VON BABYLON, *Die geheime Botschaft des Gilgamesch - nach 4000 Jahren entschlüsselt,* 1989, Gustav Lübbe Verlag GmbH, Bergisch Gladbach, Seite 29

[38] dto. Seite 38

[39] Die Stelle fährt weiter fort: „Da sprach der Herr: Mein Geist soll nicht für die Dauer im Menschen beengt sein, da auch er Fleisch ist; seine Tage (Lebensdauer) sollen nur noch 120 Jahre betragen ..." Der Lebenszyklus von ungefähr 120 Jahren wird in manchen Mysterienschulen als die natürlich mögliche Zeitdauer des Erdenlebens einer Reinkarnationsphase gelehrt; vgl. auch das (symbolische) Grabmal des Fraters R.C. in der FAMA FRATERNITATIS: *post 120 anni patebo* (nach 120 Jahren werde ich offen stehen).

[40] Günther S. Wegener, 6000 JAHRE UND EIN BUCH, Oncken Verlag, Wuppertal und Kassel, 1958 / 1985, Seite 22

[41] Die kanaanitische Stadt *Ugarit*, an der syrischen Küste, wurde 1927 an der Stelle ausgegraben, an der sich heute der Ort *Ras Schamrah* befindet. Sie ist eines der eroberten Siedlungsgebiete der „Seevölker", die aus der Ägäis (Mykene, Kreta, Zypern) im 12. vorchristlichen Jahrhundert das östliche Mittelmeer beherrschten und später als „Philister" in die biblische Geschichte eingingen.

[42] den Nachkommen Ismaels, des ersten Sohnes Abrahams mit der Magd Hagar – nicht zu verwechseln mit dem sechsten Imam (gestorben 765) nach dem sich die „Siebener-Schiiten" im Libanon benennen; bis zu seiner Wiederkehr als siebter und letzter Imam der Ismaeliten soll er „in der Verborgenheit leben".

[43] Monotheistisch als ICH BIN DER, DER ICH BIN gedeutet oder kosmotheistisch als ICH BIN (ALLES), WAS DA IST, WAR UND SEIN WIRD.

[44] Die kosmotheistische Weltvorstellung beruht auf dem Verständnis der Einheit von Gott und Welt.

[45] Die Stimme Gottes soll der Tradition der Midrashim (2./3. Jh.) zufolge gleichzeitig in siebzig Sprachen vernommen worden sein, entsprechend den siebzig von Noe abstammenden Völkern; aber nur das „auserwählte Volk" habe den Bund mit Gott geschlossen.

[46] Ursprünglich waren es wohl nur sieben Gebote: Die drei Gebote, den Gottesnamen nicht zu missbrauchen (2), die Sabbatruhe nicht zu missachten (3) und die Eltern zu ehren (4) sollen zunächst nur mündlich tradiert und erst später den Torah-Vorschriften beigefügt worden sein.

[47] Israel Finkelstein and Neil Asher Silberman, THE BIBLE UNEARTHED, Archaeology's new Vision of Ancient Israel and the Origin of ist sacred Texts, Touchstone, New York, 2002, Kapitel 3: The Conquest of Canaan, Seite 72ff.

[48] Jan Assmann schildert seinen MOSES (DER ÄGYPTER) als eine „Gestalt der Erinnerung" (der Juden) und nicht der Geschichte, da sie sich zeitlich nicht einer bestimmten historischen Dynastie zuordnen lässt. Neuere Funde bringen die zehn Plagen während der „ägyptischen Knechtschaft", die den Exodus einleiteten, mit dem Vulkanausbruch auf der Ägäisinsel Thera (Santorin) 1603 v. Chr. in Verbindung.

[49] Jan Assmann, MOSES DER ÄGYPTER, *Entzifferung einer Gedächtnisspur*, Fischer Taschenbuchverlag, Frankfurt am Main, 2004, Seite 184

[50] Für die Israeliten waren die Philister Jahrhunderte lang Konkurrenten um die Vorherrschaft in Palästina. Aus dem Blickwinkel der Bibel werden sie daher als kulturell unterlegen dargestellt. Die Archäologie deckt jedoch beeindruckende kulturelle Leistungen dieser „Seevölker" aus dem Mittelmeerraum auf.

[51] Der geschichtlich interessierte Leser wird im BUCH ESTER im Alten Testament eine kulturgeschichtliche Darstellung vom Leben und Treiben am persischen Königshof finden. Ihm mag auffallen, dass es der Urtext dieses Buches vermeidet, jeglichen Gottesnamen aufzuführen.

[52] So berichtet der griechische Geschichtsschreiber Herodot (5. vorchristliches Jahrh.) in seinem zweiten Buch (Euterpe), dass die Ägypter die zwölf Monate zu je 30 Tagen rechneten und jedem Jahr fünf (Schalt-)tage zufügten ..., (die den Gottheiten Osiris, Horus, Seth, Isis und Nephtys als Geburtstage heilig gehalten wurden). Dieser Kalender (mit Einbezug von Schaltjahren) hat sich im zunächst koptischen Äthiopien bis heute erhalten.

[53] Nach vorsichtigen Schätzungen gelangte der Geologe und Paläontologe Robert Schoch von der Universität Boston zu dem Ergebnis, dass der Sphinx etwa in der Zeit um 7 000 bis 5 000 v. Chr. aus dem gewachsenen Felsen gehauen wurde; eine Entstehung um 10 000 v. Chr. jedoch nicht auszuschließen sei. Seine Beweisführung fand auf einer Geologentagung in den USA nahezu einhellige Zustimmung, während eine solche zeitliche Zuordnung seitens der Ägyptologen strikt abgelehnt wird.

[54] Robert Bauval, DAS GEHEIMNIS DES ORION. München, 1994, S. 384

[55] Im Gegensatz zu anderen Kulturkreisen – beispielsweise des persischen oder griechischen Raumes – werden im TOTENBUCH DER ÄGYPTER (eigentlich dem „Buch des Aufstiegs ans Tageslicht") die Dämonen als Wesenheiten verstanden, die den „Schatten (Khaibit) Verstorbener bedrohen. Mit dem Verlust des Schattens ist der Verlust der Individualität (Identität) verbunden, die im Totenbuch als „Verlust des Namens" bezeichnet wird. Das Ausmeißeln eines Namens aus der Kartusche eines Pharaos diente wohl ebenso diesem Zweck. Der Name als Träger der Identität einer Persönlichkeit spielt sowohl im Judentum (beispielsweise beim Propheten Isaias) wie im Christentum eine große Rolle und mag auf ägyptische Tradition zurückgehen.

[56] In diesem Sinn könnte auch der Abstieg des christlichen Erlösers „in das Reich der Toten" gesehen werden.

[57] Mumienkult, Grabbeigaben und altägyptische Bestattungsrituale lassen sich bei den Kopten, den Nachfahren der „aigyptoi", bis zur arabischen Eroberung im 7. Jahrhundert nach Chr. nachweisen.

[58] Derzeit mehren sich die Ansichten, dass es sich bei diesen Ursupatoren um Israeliter gehandelt habe und dass die GENESIS in den biblischen Patriarchen Abraham, Isaak und Jakob (Israel) Figuren der Hyksosperiode beschreiben könnte.

[59] Jan Assmann, MONOTHEISMUS UND KOSMOTHEISMUS. *Ägyptische Formen eines „Denkens des Einen" und ihre europäische Rezeptionsgeschichte.* Vorgetragen am 24. April 1993, Heidelberg 1993

[60] H. Spencer Lewis, THE SYMBOLIC PROPHECY OF THE GREAT PYRAMID. 1936 und 1963 by Supreme Grand Lodge of AMORC, Inc., San José, California 95114, USA

[61] Kürzlichen Presseberichten ist zu entnehmen, dass die Eingangspforte unterhalb des Sphinxes mit der dahinter liegenden unterirdischen Passage allem Anschein nach gefunden wurde. Nähere Einzelheiten hierüber wurden allerdings seitens der Ägyptischen Antikenbehörde (OEA) bisher nicht bekannt gegeben.

[62] In seinem bereits mehrfach zitierten Buch MOSES DER ÄGYPTER stellt Jan Assmann alle die Quellen zusammen, die den Monotheismus als Geheimlehre der ägyptischen Mysterien erklären.

[63] Seit der Entdeckung dieser Grabeskammer (KV 62) am 26. November 1922 durch Howard Carter vergingen 84 Jahre, bis der nächste Fund (KV 63) im Februar 2006 von Otto Schaden entdeckt wurde.

[64] Eigentlich Kleopatra VII. (51 - 30 v. Chr.), deren Vorgängerinnen allerdings, aus verständlichen Gründen, ihren Bekanntheitsgrad nicht erreichten

[65] Arabischer Name (al.qipt) für das griechische aigyptoi, das „Ägypter" bedeutete, unabhängig von einer Religionszugehörigkeit. Heute verstehen wir unter Kopten die Anhänger der Koptisch-Orthodoxen Kirche, die zu den „altorientalischen" Kirchen zählt.

[66] Sie beginnt mit der Eroberung Ägyptens durch Alexander den Großen (332 v. Chr.)

[67] H. Spencer Lewis, ROSICRUCIAN QUESTIONS AND ANSWERS ...,with COMPLETE HISTORY OF THE ROSICRUCIAN ORDER, 1993, Seite 25

[68] ein in die Mysterien Eingeweihter

[69] Bruno Nardini, DAS HANDBUCH DER MYSTERIEN UND GEHEIMLEHREN, 1990, Goldmann Taschenbuchverlag, Seite 72ff

[70] So konnte sich der griechische Dichter Äschylos, dem vorgeworfen wurde, in seinen Tragödien die

orphischen Mysterien verraten zu haben, nur dadurch vor der Todesstrafe retten, dass er den Richtern glaubhaft machen konnte, nie in die Mysterien eingeweiht worden zu sein.

[71] Apuleius, METAMORPHOSEN oder DER GOLDENE ESEL, Wissenschaftliche Buchgesellschaft e. V. Darmstadt, 1956, 11. Buch, § 23ff

[72] Seine Lebensdaten werden recht unterschiedlich angegeben: Gemäß Porphyrios wurde er während der 43. Olympiade geboren, also zwischen 608 und 604 v. Chr. Andere Biographen geben hierzu den Zeitraum 587 - 580 v. Chr. an.

[73] Sohn des Aristoteles, Herausgeber der sogenannten Nichomachischen Ethik

[74] Iamblichos, DE VITA PYTHAGORAE

[75] Das pythagoreische Gedankengut wird meist als „vorsokratisch" klassifiziert. Im Lauf der Jahrhunderte verschmolz es mit dem Platonismus. Von Pythagoras selbst sind uns nur seine GOLDENEN VERSE (in einer späteren Nachdichtung) und die Reden nach seiner Ankunft in Kroton überliefert. Die Wiederentdeckung von Pythagoras' „harmonikaler Symbolik" musste bis zu den Keplerschen Forschungen im 17. Jahrhundert auf sich warten lassen.

[76] gemäß Porphyrios hat Pythagoras sie sehr verehrt und soll ihr zum Dank für die Erkenntnis des pythagoreischen Lehrsatzes einen Stier aus Weizenmehl geopfert haben.

[77] Iamblichos, DE VITA PYTHAGORAE

[78] Bruno Nardini, a.a.O., Seite 108ff.

[79] *Theogonie* ist die Lehre von der Entstehung und Abstammung der Götter und *Kosmogonie* die von der Entstehung der Welt.

[80] Sieben „hermetische Gesetze" sind auch Inhalt des erst in unserer Zeit veröffentlichten KYBALION, einer mündlich überlieferten Sammlung hermetischer Lehren.

[81] Das „Aktivieren" der Götterbilder gehörte ursprünglich zu den Aufgaben des jeweiligen Pharaos, der die entsprechenden Rituale mindestens einmal im Jahr an den Statuen der großen Heiligtümer Ägyptens vorzunehmen hatte. Wie so manche andere Zeremonien fanden auch Elemente dieser Riten Eingang in das koptische Christentum und von dort in das christliche Abendland. Da die Kopten diese magischen Rituale noch genau verstanden, sahen sie es als ihre Aufgabe an, die entsprechenden Anweisungen und Armstellungen der Bilder an den Wänden der ägyptischen Tempel auszumeißeln.

[82] Aus ihr entstand später (in der römischen Antike) die Einteilung in die sieben „freien Künste": Grammatik, Dialektik, Rhetorik/Logik (Trivium) sowie Arithmetik, Geometrie, Musik und Astronomie (Quadrivium), die bis in das späte Mittelalter beibehalten wurde.

[83] Dieses griechische Wort findet sich u. a. als Vorsilbe in dem Ausdruck *Archetyp* wieder, der in der Symbolik der Mysterienschulen einen besonderen Platz einnimmt.

[84] Unser heutiger Wissensstand geht nicht nur davon aus, dass sich die Urform allen Lebens aus dem Wasser entwickelte, sondern dass sich auch der Sauerstoffanteil der Luft unserer Erdatmosphäre, vor ca. 3,5 Milliarden Jahren durch Stromatoliten (primitive Lebewesen in flachen Küstengewässern) gebildet habe. Vor 150 Millionen Jahren, hätte es dann auch noch durch die Photosynthese des Planktons in den Meeren stattfinden können.

[85] Karl Vorländer, GESCHICHTE DER PHILOSOPHIE in 5 Bänden, 1932, Band 1, Gustav Kiepenheuer Verlag, Berlin, Seite 196ff

[86] Nach Cicero wäre der Philosoph *Arkesilaos* in seiner Zweifelsucht so weit gegangen, dass er sogar seinen eigenen Satz, nichts wissen zu können, anzweifelte.

[87] Siehe Abschnitt „ALEXANDRIA, METROPOLE DER ANTIKEN GEISTIGKEIT"

[88] Vor allem durch die 2003 erschienene neue Übersetzung durch Emma C. Clarke u. a. (siehe Literaturhinweise)

[89] Iamblichus, DE MYSTERIIS (English & Greek), translated with introductions and notes by Emma C. Clarke ... et al., 2003, Society of Biblical Literature, Atlanta, GA, USA

[90] Eratosthenes war von der Kugelgestalt der Erde so überzeugt, dass er – als Direktor der großen Bibliothek von Alexandria – beschloss, die abstrakten Argumente der Philosophen hierzu mittels einer exakten Messung zu untermauern. Für seine trigonometrischen Berechnungen diente ihm die Überlegung, dass am Sonnwendtag die Sonne senkrecht über Syene (dem heutigen Assuan) im

Süden des Landes stand. Dies hatte er in einem alten Brunnenschacht dort selbst feststellen können. Indem er nun in Alexandria am gleichen Tag die geringfügige Winkelabweichung von 7,5° zur Senkrechten maß und die Entfernung zwischen beiden Orten (5.000 Stadien) mit dem gemessenen Winkel ins Verhältnis setzte, kam er auf den erstaunlich exakten Wert des Erdumfangs von 252.000 Stadien (39.690 km). Allerdings erschien den Gelehrten damals diese Zahl als viel zu hoch.

[91] Die Darstellung dieses Moments schmückt später das Titelblatt des THESAURUS OPTICUS, der Übersetzung des Werks des arabischen Gelehrten Alhazen.

[92] Die den Severern nachfolgenden Kaiser beginnend mit Maximinus (235-238) und endend mit der Tetrarchie Diokletians (284 - 305) und seiner Nachfolger. Sie endet 312 mit Maxentius (307-312), der von Konstantin den Großen besiegt wird.

[93] Karl Vorländer, a.a.O., Seite 103ff

[94] Aus dem griechischen Wort *Kyriakon* (Haus Gottes) gebildet.

[95] Seit der Entschlüsselung der Schriftrollen von Nag-Hammadi und Qumran mehren sich allerdings Spekulationen, dass die Führung der Jerusalemer Muttergemeinde möglicherweise dem Apostel Jakobus dem Älteren, dem „Bruder des Herrn" obgelegen haben könnte, der sowohl im Galaterbrief des Paulus wie in der Apostelgeschichte mehrfach als Führerpersönlichkeit dargestellt wird.

[96] Griechisch = Zeuge

[97] Siehe auch Abschnitt DER EINFLUSS DER KIRCHE.

[98] „Rabbi" bedeutet im Aramäischen „ Meister" und war eine Ehrenbezeichnung, die auch hier so verstanden werden soll.

[99] Hippolyt (170 - 235) war Schüler des Irenäus von Lyon und gilt im Westen als der wichtigste Kirchenlehrer seiner Zeit.

[100] Auch im heutigen Judentum gibt es noch sogenannte „messianische Juden", die sich zwar als Juden fühlen und gemäß dem jüdischen Gesetz leben, sich aber in ihrem Glauben an den Messias Yeshua (Jesus) vom orthodoxen Judentum unterscheiden, von dem sie derzeit noch arg bedrängt werden. Auch seitens des Christentums erhalten sie weder Beachtung noch Unterstützung.

[101] Die Diaspora (griechisch für Zerstreuung) bezeichnet einen Siedlungsraum, in dem die Mitglieder einer Religionsgemeinschaft unter Andersgläubigen in der Minderzahl sind.

[102] Bis hierhin erstreckte sich die Einflusssphäre der Kelten!

[103] Die DIDACHÉ oder „Zwölf-Apostel-Lehre" (allgemein als CODEX HIEROSOLYMITANUS 54 bekannt) wurde 1883 von P. Bryennios in einem Kloster in Konstantinopel entdeckt und herausgegeben. Sie wird heute auf das erste nachchristliche Jahrhundert datiert, denn Fragmente daraus waren als koptische Übersetzungen in ägyptischen und äthiopischen Ordensregeln seit dem 3. und 4. Jahrhundert weit verbreitet. Seitens der Theologen und Kirchenhistoriker werden die in der Didaché enthaltenen Texte allerdings kontrovers betrachtet, insbesondere das „Abendmahlritual", das hier noch keinerlei Bezugnahme auf den Kreuzestod und auf das Erlösungswerk enthält.

[104] Hans Lietzmann, GESCHICHTE DER ALTEN KIRCHE, Band II, Ecclesia Catholica, Walter de Gruyter & Co, Berlin, 1961, Seite 126

[105] Tertullian de bapt. 9 p.208; hier zitiert nach Hans Lietzmann, GESCHICHTE DER ALTEN KIRCHE; (siehe Quellenverzeichnis)

[106] In der Mehrzahl der byzantinisch geprägten Kirchen setzte sich die „göttliche Liturgie" des byzantinischen Kirchenvaters *Johannes Chrysostomos* (344/49 - 407) durch.

[107] Siehe nachfolgender Abschnitt AUSBILDUNG DER „GLAUBENSWAHRHEITEN"

[108] Der Fund bestand aus dreizehn in einer Tonurne verstaute Codices auf ca. 1000 Blättern, die neben dem THOMAS EVANGELIUM das APOCRYPHON DES JOHANNES (in drei vollständigen Versionen) enthielt, der Hauptschrift der *Babelo-Gnosis*, deren Titel uns schon vom Kirchenvater Irenäus her bekannt war.

[109] Verzeichnis der von einer bestimmten Lehre anerkannten (heiligen) Schriften

[110] Zu den apokryphischen (unterschobenen oder verborgenen) Büchern des Neuen Testamentes gehören u. a. auch der BARNABASBRIEF und DER HIRTE DES HERMAS sowie die PETRUS-APOKALYPSE und die DIDACHÉ, die von einzelnen Ostkirchen sogar als kanonisch gelten. Viele unserer christli-

chen Überlieferungen stehen überhaupt nicht in den kanonischen Evangelien sondern in den Apokryphen, wie z. B. die Namen der „Heiligen drei Könige“, die Erwähnung von Ochs und Esel an der Krippe etc.

[111] Dieses, zusammen mit drei weiteren Büchern, im sog. CODEX TCHACOS enthaltene Evangelium wurde erst vor kurzem der Weltöffentlichkeit vorgestellt. Es handelt sich dabei um die Heilsgeschichte aus „sethianischen Sicht“ (innerhalb der Gnosis), die bereits im 2. Jahrhundert vom Kirchenvater *Irenäus* als häretisch verurteilt worden war.

[112] Siehe nachfolgender Abschnitt DIE GNOSTISCHEN DENKRICHTUNGEN

[113] Elaine Pagels, DAS GEHEIMNIS DES FÜNFTEN EVANGELIUMS, Warum die Bibel nur die halbe Wahrheit sagt, C.H. Beck Verlag, München, 2005

[114] Hans Lietzmann, a.a.O., Seite 120

[115] dto Seite 122

[116] Bernhard Lohse, EPOCHEN DER DOGMENGESCHICHTE, Kreuz Verlag, Stuttgart 1963, Seite 82,

[117] Als Montanisten werden die Angehörigen einer endzeitlich orientierten Gruppierung bezeichnet, die sich um 135 in Phrygien in Kleinasien, formierte und nach einer Weltkatastrophe die Wiederkunft des Herrn und Errichtung eines tausendjährigen Reiches erwartete. Bis zu diesem Zeitpunkt sollten sich die Christen strenge Askese und sexuelle Enthaltsamkeit auferlegen. Im Streit zwischen den Montanisten und der Amtskirche ging es vor allem um die Kirchenverfassung und um die bischöflich geleiteten Gemeinden, denen die Montanisten eine prophetisch geprägte Alternative entgegenstellten. Auf unserem geschichtlichen Erkundungszug werden wir diesem Gedankengut noch mehrmals begegnen.

[118] Die Bibliothek von Alexandria wurde mindestens dreimal schwer in Mitleidenschaft gezogen. Ihre wertvollen Schriften verheizte man zuletzt 646 n. Chr. auf Befehl des Kalifen *Omar Ibn al-Khattab* in den städtischen Bädern. Vorher war die Bibliothek schon unter *Julius Cäsar* und später unter dem Patriarchen *Theophilos* im Jahr 391 von plündernden Christen schwer beschädigt worden. Alejandro Amenabars Film AGORA – DIE SÄULEN DES HIMMELS vermittelt ein eindrucksvolles Bild über diese Zeit und seine Protagonistin, die schöne und gefeierte *Hypathia,* den Patriarchen *Kyril* und den fernen Kaiser *Theodosius.*
Von Ptolemaios II. begründet, war sie die größte Bibliothek der Antike mit mehr als 700 000 Werken. Von all dem verblieb uns heute nur mehr das Katalogsverzeichnis, das in Wien gehütet wird und von dem die 2002 fertig gestellte neue Bibliothek von Alexandria eine Kopie erhielt. Nach dem Niedergang Alexandrias verlagerte sich das Zentrum des geistigen Lebens mit den Arabern nach Marokko und in die muslimischen Schulen in Spanien (vgl. Band 2: Die Rosenkreuzer Manifeste: FAMA FRATERNITATIS).

[119] Karl Vorländer, a.a.O., Seite 132ff

[120] Die semitischen Alphabete, wie das Hebräische oder Arabische kannten ursprünglich keine Vokalzeichen.

[121] In der hebräischen Schrift hat jeder Buchstabe und jedes daraus zusammengesetzte Wort einen Zahlenwert. Wörter mit gleichem Zahlenwerten werden als „miteinander verwandt“ betrachtet. Dies lehren die gematrischen Systeme (vgl. das Kapitel über die Qabalah im 2. Band). Auch behaupten einige kabbalistische Schulen, dass der Inhalt der hebräischen Bibel nicht wörtlich genommen werden dürfe, denn Moses hätte darin das kabbalistische Wissen in der Geheimsprache von Metapher und Parabel verschlüsselt.

[122] Die Septuaginta (lat. „Siebziger“) eine der Tradition gemäß von siebzig jüdischen Gelehrten angefertigte Übersetzung von Thora, der „Propheten“ und der Sammlung der sog. „Schriften“, von denen nicht alle als kanonisch gelten (wie beispielsweise Henoch, Esra und die Sibyllinen).

[123] Hans Lietzmann, a.a.O., Seite 322ff

[124] den Texten des *Aquila*, des *Symmachos* und des *Theodotion*

[125] Alfred Läpple KETZER UND MYSTIKER, Extremisten des Glaubens, Versuch einer Deutung ©1988 Delphin Verlag GmbH, München, Seite 41,

[126] *Ammonios Sakkas* (der Sackträger) aus Alexandria (um 175 - 242), der Begründer des Neuplatonismus war zwar von seinen Eltern im Christentum erzogen worden, kehrte jedoch später zum hellenischen Glauben zurück, „als er Philosophie und Vernunft gekostet hatte“.

[127] Alfred Läpple a.a.O. Seite 308
[128] was u. a. auch die Ausbildung christlicher Kunst einleitete
[129] Er ließ sich allerdings erst kurz vor seinem Tod zu Pfingsten 337 bei Nikomedia von einem arianischen Priester taufen.
[130] Alfred Läpple, a.a.O. Seite 58
[131] Aus theologischer Sicht stellt sich allerdings die Frage, ob das angehende Christentum mit der Übernahme der Aufgabe als Träger der imperialen Staatsreligion nicht seine eigentliche Darstellung als Verkünder des Gottesreichs (*basileia tou theou*) – das eben „nicht von dieser Welt ist" verraten habe.
[132] Albrecht Dieterich, EINE MITHRASLITURGIE, 1910, Leipzig und Berlin, B.G. Teubner, Seite 25
[133] Als er zehn Jahre später selbst von Kaiser Konstantin verbannt nach Trier fliehen musste, wird er sich wohl seines unglückseligen Gegners erinnert haben.
[134] was später bei der Übersetzung der griechischen Trinitätsformel („mia ousia, treis hypostaseis") in die lateinische Sprache („una essentia, tres substantiae") zu terminologischen Schwierigkeiten führte, da im Lateinischen „essentia" und „substantia" praktisch dasselbe bedeuten.
[135] Hier wird auf die monophysitische Lehre Bezug genommen, die versucht mittels einer Scheinzeugung die menschliche Natur des Logos der göttlichen unterzuordnen.
[136] Alfred Läpple , a.a.O. Seite 51ff.
[137] Der intelligente Westgote *Wulfila*, (der kleine Wolf), der des Griechischen mächtig war, hatte in Konstantinopel als Teilnehmer der gotischen Gesandtschaft am Hofe Kaiser Konstantins die griechische Bibel kennengelernt und sie später, im heutigen Bulgarien, ins Gotische übersetzt. Dazu musste er erst eine eigene Schrift schaffen, unsere gotische Schrift. Die erste Übersetzung der Bibel in eine nordische Sprache trat alsbald ihren Siegeszug in Mitteleuropa und auf den Britischen Inseln an und sollte sich als ein wesentliches Instrument bei der Christianisierung der germanischen Stämme erweisen. Die Wulfila-Bibel ist heute in Besitz der schwedischen Universitätsstadt Uppsala.
[138] Hans-Wilhelm Haussig, BYZANTINISCHE GESCHICHTE, Stuttgart, W. Kohlhammer Verlag, Urban Bücher, 1969
[139] heute als „Assyrische Kirche" bezeichnet, von der sich die „Apostolische Kirche des Ostens" im 19. Jahrhundert trennte, um als „Chaldäische Kirche" eine Union mit der römisch katholischen Kirche einzugehen.
[140] Der persische König Ardaschir I. (224 - 241) begründete die Sassanidendynastie, die den vorderen Orient bis zur Eroberung durch die Araber, 651 regierte.
[141] Baader, Fritz Henning / Grieser, Hans-Jürgen, CODEX SINAITICUS, als Grundtextausgabe der Geschriebenen des Neuen Bundes, Fachbuchverlag Dr. Hans-Jürgen Grieser, 75328 Schömberg-Langenbrand, 1993
[143] Seither wurden alle 610 verfügbaren Seiten der griechischen Handschrift digitalisiert in einer Datenbank wieder zusammengeführt und können seit dem 6. Juli 2009 im Internet unter www.codex-sinaiticus.net abgerufen werden.
[144] Neuerdings haben allerdings die spirituellen Strömungen unserer Kirchen – zusammen mit den meditativen Techniken des östlichen Raumes – auch den Hesychasmus entdeckt und es beginnt sich unsere Literatur dafür zu interessieren.
[145] Erst im Zweiten Vatikanischen Konzil sollte sich die katholische Kirche von der Vorstellung, dass alle Nichtkatholiken in die Hölle kommen, lösen – siehe hierzu auch den Abschnitt DAS VERHÄLTNIS DER KIRCHE ZU DEN BRUDERSCHAFTEN im 2. Band.
[146] Norbert Kutschki (Hg.) ERINNERUNG AN EINEN AUFBRUCH, *Das II. Vatikanische Konzil,* Echter Verlag, Würzburg, 1995, Seite 87
[147] Auch bezüglich der These der ewigen Verdammnis hat sich die katholische Kirche erst in unseren Tagen, im Zweiten Vatikanischen Konzil hinwegsetzen können.
[148] Walter von Loewenich AUGUSTIN, Siebenstern Taschenbuch Nr. 56, Seite 9, © Siebenstern Taschenbuch Verlag, München und Hamburg 1965
[149] Unter diesem Gesichtspunkt erlangt die im November 2004 erfolgte Rückgabe der 1204 geraub-

ten Reliquien dieser beiden zuletzt genannten ökumenischen Lehrer an die orthodoxe Kirche durch Papst Johannes Paul II besondere Bedeutung.

[150] Einige gnostisch orientierte Mysterienschulen – sowie die von Rudolf Steiner geprägte Anthroposophie – sehen in der Gestalt des Luzifer ein Symbol für den sich bewusstwerdenden Menschen und in der Parabel vom Baum der Erkenntnis sein Verlangen nach Erkenntnis. Die „Versuchung" wird damit zum (gottgewollten) Anlass der menschlichen Entwicklungsgeschichte, die dadurch keine „Erbsünde" bewirken kann.

[151] Eugen Biser, geboren 1918, lehrte Christliche Weltanschauung und Religionsphilosophie am „Guardini-Lehrstuhl" in München. Er ist Autor zahlreicher Arbeiten zu Fragen der Glaubensbegründung und der Religionsphilosophie.

[152] Dieses Problem droht derzeit auch den Ökumenischen Rat der Kirchen in zwei Lager zu spalten: Streitpunkt ist die Frauenordination der anglikanischen Kirche und der Lutheraner.

[153] In vielen Naturreligionen werden Initiationsriten praktiziert, in denen neben Mutproben auch bestimmte körperliche Erfahrungen eine große Rolle spielen. Andererseits finden sich im Jahreskreis einiger gnostischer Schulen rituelle „Orgien" als Symbol für die angestrebte Ganzheitlichkeit mit ihren männlichen und weiblichen Polaritäten. Die Trivialliteratur stellt neuerdings wieder vermehrt solche „heiligen Hochzeiten" (hieros gamos) besonders heraus.

[154] Das Pharisäertum wird z. T. sehr unterschiedlich definiert. So beschrieben die griechisch-jüdischen Geschichtsschreiber *Philo* und *Flavius Josephus* die „pharisaioi" bzw. „essaioi" (Essener) als eigenständige Gruppierungen, wie etwa die der Gemeinschaft von Qumran. Im Gegensatz dazu gehörten die Vorläufer des Rabbinertums keiner besonderen Bewegung an.

[155] anders als beispielsweise die arg bedrängten Religionsgemeinschaften der Mandäer und der Baha'i

[156] Mithrasheiligtümer gab es auch bei uns, in den römischen Garnisonsstätten Germaniens, z. B. in Dieburg, Trier und Xanten.

[157] Marion Giebel, DAS GEHEIMNIS DER MYSTERIEN, Antike Kulte in Griechenland, Rom und Ägypten, 1990, Artemis und Winkler Verlag, Düsseldorf und Zürich, Seite 196

[158] dto Seite 217

[159] die kulturellen Strömung, die mit den Eroberungszügen Alexander des Großen im 3. vorchristlichen Jahrhundert einsetzte

[160] Bei den Mandäern handelt es sich um eine Gemeinschaft im Gebiet des unteren Euphrat, die bis heute fortbesteht. Diese Religion rechnet Johannes den Täufer – nicht aber Jesus Christus – zu ihren Propheten. In ihren heiligen Schriften finden sich sowohl mythologische Erzählungen wie Hymnen und Psalmen tief bewegender Poesie.

Unter Sabäer wird heute eine Vielzahl von Kulturen (beispielsweise im Jemen) verstanden. Der Koran führt die Gemeinschaft dieser „Täufer" in seiner Sure 2:62 gemeinsam mit Juden und Christen auf, die im Islam deshalb als „Buchreligionen" bezeichnet werden.

[161] Hans Jonas, GNOSIS, die Botschaft des fremden Gottes, Insel Verlag, Frankfurt am Main und Leipzig, 1999, Seite 69ff

[162] Konrad Dietzfelbinger, MYSTERIENSCHULEN DES ABENDLANDES: vom alten Ägypten über das Urchristentum bis zu den Rosenkreuzern der Neuzeit, 2. Aufl., München, Diederichs, 1998, S. 31ff

[163] Hans Leisegang, DIE GNOSIS, 1985, Kröners Taschenausgabe Band 32, Alfred Kröner Verlag, Stuttgart, Seite 9

[164] *Apollonius von Tyana* in Kappadozien (ca. 3 - 97 n. Chr.) war neupythagoreischer Theosoph, Wanderprediger und Magier. *Philostratos* verfasste im Auftrag der *Julia Domna*, der zweiten Gemahlin des römischen Kaisers *Septimius Severus* (193 - 211) eine achtbändige Biographie dieses „heidnischen Weisen" als Gegenspieler zum biblischen Christus. Der Statthalter *Hierokles* († nach 308) von Bithynien und spätere Präfekt in Ägypten – ein Gegner des Christentums – vergleicht beide Gestalten miteinander und weist dem heidnischen Wundertäter die unbedingte Überlegenheit zu. Nach dem Konzil von Nicäa, werden alle Lebenszeugnisse des Apollonius vernichtet.

[165] Hans Leisegang a.a.O., Seite 87

[166] dto Seite 87

[167] Die PISTIS SOPHIA (gr. Glaube, gr. Weisheit) ist einer der wichtigsten koptisch-gnostischen Texte. Er gibt Lehrgespräche wieder, die Jesus noch nach seiner Auferstehung mit den Jüngern gehalten haben soll. Die der Neuzeit überlieferten fünf Abschriften dieses Textes sind auf einen Zeitraum von 200 bis 300 nach Christus datierbar. Zu diesen zählen neben dem Papyrus BEROLINENSIS 8502, der in Berlin aufbewahrt wird, und dem Codex BRUCIANUS auch der bekannte Codex ASKEWIANUS, den das British Museum 1795 erwarb.

[168] Bruno Nardini, DAS HANDBUCH DER MYSTERIEN UND GEHEIMLEHREN, 1990, Goldmann Taschenbuchverlag, Seite 141

[169] Jean Markale, DIE KATHARER VON MONTSEGUR, das geheime Wissen der Ketzer, Deutsche Erstausgabe 3/90, Goldmann Verlag, Seite 154ff

[170] die moderne Forschung geht davon aus, dass es sich dabei um eine Gemeinschaft der Mandäer oder Sabier gehandelt haben muss.

[171] Mirza Husayn ‚Ali (1870 – 1892), der „Baha'u'llah" war der Religionsstifter der Baha'i-Religion, welche die fortschreitende Gottesoffenbarung verkündet. Für sie gelten alle Religionen in ihren grundlegenden Lehren als gleich und alle heiligen Bücher als gleichermaßen verehrungswürdig. Die Religionsgemeinschaft der Baha'i gibt es zwar auch bei uns, leider (wegen des in ihr verwirklichten religiösen Toleranzideals) ist sie bei uns nicht sonderlich bekannt.

[172] arabisch „der Gepriesene"

[173] Andere Versionen des Koran (in anderen Dialekten des Arabischen) ließ Uthman geflissentlich vernichten. Dadurch machte er sich Feinde vor allem bei denen, die die Suren auswendig kannten. In der Folge verdrängte aber Uthmans Fassung alle anderen Varianten des Koran, sodass heute nur noch seine Version übrig geblieben ist.

[174] Vor diesem folgenschweren Datum hatte es allerdings bereits das „acacianische Schisma" (484 - 519) gegeben, als Konsequenz im „Zweinaturenstreit", als der Patriarch Acacius von Konstantinopel die beiden *Naturen* des Gottessohnes in der einen *Person* des Logos zu vereinen suchte, während die römische Kirche (unter Papst Felix III) auf zwei Personen beharrte.

[175] Die Plünderungen Roms durch die „Barbarenstämme" standen allerdings in keinem Verhältnis zu der von 1527 durch das Söldnerheer Karls V. im *Sacco di Roma*, das wahllos raubte, vergewaltigte, folterte und die Hälfte der damaligen Bevölkerung Roms tötete (an die 30.000 Menschen).

[176] in dem nach der Herrschaft der Ostgoten der Langobarde Alboin 568 einfällt und das *Langobarden-Reich* errichtet, das bis 774 Bestand hat, als die Franken das „lombardische Königreich" in ihr Herrschaftsgebiet mitein beziehen.

[177] Der hochgelehrte Boethius, der in seiner GEOMETRIA die „Elemente" des Euklid interpretiert, kannte und beschrieb u.a. die geheimnisvolle „pythagoreische Zahlentafel" (Lambdoma), die Albert von Thimus erst im 19. Jahrhundert wiederentdeckte.

[178] Man vermutet, dass Odoakar dem weniger bekannten germanischen Stamm der Skiren angehörte, die sich, zusammen mit den Rugiern, zunächst den Hunnen an der Donau als Söldner verdingten und in Attilas Heer fochten. In der VITA DES HEILIGEN SEVERIN heißt es: „Zu Severin kamen etliche Barbaren, sich vor einer Fahrt nach Italien den Segen des Heiligen zu erbitten: unter diesen war auch Odovakar, der später in Italien als König herrschte ..."

[179] siehe Fußnote zum Abschnitt VOM RÖMERREICH ZUM HEILIGEN RÖMISCHEN REICH

[180] Boethius, TROST DER PHILOSOPHIE, Zweisprachige Ausgabe, Aus dem Lateinischen von Ernst Neitzke, Insel Verlag Frankfurt am Main und Leipzig, 1997

[181] In seinem Buch PARSIVALS HEILIGER GRAL glaubt Graham Phillips den historischen Arthus (walisisch für Bär) in *Owain Ddantgwyn* aus dem walisischen Königreich von Powys entdeckt zu haben. Sein Stammessymbol, ein roter Drachen, wurde schließlich von ganz Wales übernommen. Graham Phillips beruft sich bei seiner Theorie auf altwalisische Lieder, sowie auf die im 6. Jahrhundert vom heiligen Gilda verfasste Schrift DE EXCIDIO ET CONQUESTU BRITANNIAE (Über die Vernichtung und Wehklage Britanniens), und auf die HISTORIA BRITTONUM des Nennius aus dem frühen 12. Jahrhundert, von dem es heißt: „er habe alles, was er finden konnte angehäuft: die Annalen der Römer, die Chroniken der heiligen Väter, die Manuskripte der Iren und der Sachsen und die Erzählungen der eigenen weisen Männer" Beide Chronisten üben Kritik an ihren Lands-

leuten, die den Angelsachsen die Übernahme der Herrschaft über das britische Reich so leicht gemacht haben.

[182] Römische Bezeichnung für „bemalte Männer", da sich die Pikten vor ihren Kämpfen mit der blauen Farbe „woad" bemalten.

[183] Die Jahreszahl 496 wird heute von vielen Historikern angezweifelt. Den Traditionalisten unter den Franzosen gilt dieses Datum jedoch als Geburtsstunde des christlichen Frankreich, obwohl bis zu seiner Entstehung und späteren Teilung noch einige Jahrhunderte vergehen sollten. 1500 Jahre später wird Papst Johannes Paul II. die Taufe des Frankenkönigs zum Anlass nehmen, um in der Kathedrale von Reims, der Krönungsstätte der späteren französischen Könige, eine Messe zu zelebrieren, wo ihn jedoch der Präsident des laizistischen Frankreich, das auf Trennung von Kirche und Staat besteht, nicht begrüßen darf.

[184] Die Schreibweise „Bayern" – mit (griechischem) Ypsilon – wurde erst im 19. Jahrhundert von dem hellenophilen Bayernkönig Ludwig I. (1825 - 48) eingeführt

[185] Der später heilig gesprochene Papst Zacharias (741 - 752) war der letzte Grieche auf dem Papstthron.

[186] Die Konstantinische Schenkung sollte glaubhaft machen, dass Kaiser Konstantin den Päpsten die kaiserlichen Machtbefugnisse in Rom und den westlichen Provinzen übertragen haben soll; daraus leitete die Kirche dann wiederum ihr Vorrecht bei der Bestätigung des Kaisers ab, das bei dessen Salbung zum Ausdruck kam. *Nikolaus Cusanus* (1401 - 64) stellte als erster dieses Dokument als Fälschung fest.

[187] Der von Herbert Illig in seinem Buch DAS ERFUNDENE MITTELALTER geäußerte Verdacht, dass es die dreihundert Jahre zwischen dem 7. und 10. Jahrhundert einschließlich seiner Kaiser und Päpste nie gegeben habe, hört sich dabei allerdings äußerst abenteuerlich an!

[188] Er wird 1871 in den neuentstandenen italienischen Staat integriert, wobei der römischen Kirche im wesentlichen nur mehr das Staatsgebiet des Vatikans zuerkannt bleibt.

[189] Sie wurde der Byzantinischen Kaiserkrone nachgebildet, deren Modell ihrerseits der Krone der persischen Sassanidenherrscher entlehnt war. Neben der Krone entstammen auch alle rituellen kaiserlichen Gewänder der persischen Tradition.

[190] Beispielsweise in den Psalmen Davids, die zur Reformationszeit wieder eine große Rolle spielen und insbesondere von Heinrich Schütz (1585 -1672) in venezianischer Pracht vertont werden.

[191] Eine Nation wird von ihren Entscheidungsträgern gebildet. Im Heiligen Römischen Reich war dies bis zum 18. Jahrhundert der Adel. Im Zeitalter der Aufklärung bestimmten immer mehr die Intellektuellen Sprache und Geschichte einer Nation. Heute merken wir im Europa der Regionen mehr und mehr, dass die Nationen als künstliche Gebilde auch dem natürlichen Zerfall unterliegen.

[192] Der Überlieferung zufolge wollte Mauritius, als römischer Offizier der christlichen Elitelegion der Thebäer den römischen Kaiser nicht als Gott anbeten und soll sich deshalb zusammen mit seiner Legion kampflos hinschlachten gelassen haben;

[193] Selbst Adolf Hitler faszinierte diese Lanze, die er knapp vor dem Zweiten Weltkrieg nach Nürnberg schaffen ließ. Sie wurde 1945 von Soldaten der Alliierten in einem Stollen gefunden und zurück nach Wien gebracht. Heute wird sie wieder in der Schatzkammer der Wiener Hofburg ausgestellt.

[194] Otto III. vermachte am 1. November 996 mit einem rasanten Federstrich durch sein wohl präpariertes Monogramm auf der Schenkungsurkunde das Gebiet der „Ostarichi" dem Bistum Freising, wobei er sicherlich nicht ahnen konnte, dass aus diesen „dreißig Königshufen" in Neuhofen an der Ybbs einmal die österreichisch-ungarische Donaumonarchie entstehen würde.

[195] Beispiel dieser Blütezeit kann man derzeit (2008) in der *Capella Palatina* in Palermo bewundern, die von „staufischen" Handwerkern und Künstlern (eines schwäbischen Unternehmens) restauriert wird.

[196] Die Schreibweise „Bayern" anstelle des ursprünglichen „Baiern" erfolgte erst im 19. Jahrhundert durch den hellenophilen (Griechenfreund) bayrischen König Ludwig I (1825 - 1848).

[197] Titelheld von *Wolfram von Eschenbachs* Gralsepos.

[198] Die Leibeigenschaft konnte sich östlich der Elbe noch bis zur Russischen Revolution im vergangenen Jahrhundert halten

[199] Wenn auch die genauen Vorkommnisse im Dunkel der Geschichte schlummern, so scheint doch gesichert zu sein, dass der Baiernherzog Heinrich der Löwe (1139 - 1179) gewaltsam den festen Isarübergang vom bischöflich-freisingischen Oberföhring hinunter ins baierische Gebiet „zu den Munichen“ (Mönchen) verlegte, um die einträglichen Mautgebühren der Salzstraße auf welfisches Gebiet zu lenken. Die Salzstraße von Salzburg nach Augsburg kreuzt sich hier mit der Rottstraße über Innsbruck nach Italien. Auf dem Reichstag zu Augsburg, am 14. Juli 1158, gingen Markt, Zollbrücke und Münze an die Ortschaft Munichen. Dieses Datum gilt seither als Gründungstag der Stadt München. 1332 gewährte Ludwig der Baier seiner Residenzstadt das Salzmonopol, indem er verfügte, „dass alles im Herzogtum Baiern zwischen Landshut und Gebirge über die Isar geführte Salz nur bei Munichen den Fluss überqueren dürfe, um es dort zum Verkauf anzubieten“. Dieses Salzmonopol leitete den wirtschaftlichen Reichtum der Herzogstadt ein.

[200] Heute weiß man, dass die Übertragung der Pest durch Flöhe erfolgte, die sie auf die Ratten übertrugen, die zum mittelalterlichen Alltag gehörten. Diese wiederum infizierten den Menschen.

[201] Etwa 10 km nördlich von Cluny liegt das Dorf Taizé, das in unseren Tagen mit seiner ökumenischen Ausstrahlung vor allem die Jugend anzieht.

[202] Einen eindrucksvollen Chorsatz dieses Gebets hat uns der Münchner Komponist *Carl Orff* (1895 - 1982) hinterlassen.

[203] Henry Corbin, L’Homme et son Ange, Paris 1971, Kapitel Juvenilité et Chevalerie

[204] In der katholischen Kirche werden als „Kongregationen“ auch bestimmte kirchliche Behörden bezeichnet, wie die Kongregation für die Glaubensverbreitung (das ehemalige „Heilige Offizium“) oder auch die Kardinalskongregationen.

[205] Simon Mercieca, Die Johanniter auf Malta, Bonechi, Florenz, 2005, Seite 10ff

[206] Eine Tonleiter oder aufsteigend angeordnete Skala ist eine Übereinkunft, welche Noten eine Melodie enthalten darf; in der C-Dur Tonleiter sind es C, D, E, F, G, A, H (wobei das H einem B in gotischer Schrift gleicht, das es ursprünglich auch darstellen sollte).

[207] (**Do**) ut queant laxis – **re**sonare fibris – **mi**ra gestorum – **fa**muli tuorum – **sol**ve poluti – **la**bii reatum – **S**ancte **I**ohannes

[208] Dass Knochen von Heiligen gestohlen, ge- oder verkauft wurden, beschränkt sich aber nicht bloß auf das Mittelalter: es war noch bis in unsere Tage üblich, gemäß der Meinung, wo ein Heiliger liegt, da ruhe auch sein Segen! Dabei respektierte man nur anfangs das Gebot, dass die sterblichen Überreste bis zum Jüngsten Tag unversehrt bleiben sollten. So musste noch Einhard, der Biograph Karls des Großen, „die Knöchlein von Petrus und Marcellinus“ reumütig zurückgeben, die er aus Rom hatte entführen lassen. Aber schon bald darauf setzte sich die Meinung durch: *ubi est aliquid, ibi todum est* (wo sich ein Teil befindet, da ist das Ganze), worauf die verehrungswürdigen Knochen der meisten Heiligen in winzige Splitter zerlegt, über die gesamte christliche Welt verteilt wurden.

[209] Siehe Abschnitt Die Grosse Mutter, Göttin oder Dämonin?

[210] Woher der Ausdruck „Gotik“ stammt, ist ungeklärt; mit dem germanischen Stamm der Goten hat er wahrscheinlich nichts gemeinsam, obwohl darin das indogermanische „god“ (Gott) steckt. Manche Etymologen bringen ihn mit dem keltischen „Ar-Goat“ für Waldland in Verbindung, mit dem griechischen „Gohte ... a“ für Zauberei oder mit dem „Argot“, einer ursprünglich kabbalistisch-alchimischen Geheimsprache. Fulcanelli bringt ihn gar mit dem Schiff der Argonauten in Zusammenhang.

[211] Um 1130 trat die Gotik erstmalig in Frankreich in Erscheinung, ohne Vorläufer, ausgereift, schon im Entstehen vollendet! Erstaunlicherweise fanden sich auch genügend Baumeister, Bauleute und Handwerker, um in weniger als hundert Jahren über achtzig gewaltige Kathedralen erstehen zu lassen.

[212] So ist beispielsweise die Krypta von Chartres auf einer Druidengrotte errichtet, unter der man eine Schwarze Jungfrau fand; sie mag ursprünglich die gallische Göttin Belisama verkörpert haben.

[213] Derzeit ist erstmalig in der 750jährigen Geschichte des Kölner Doms (Grundsteinlegung am Him-

melfahrtstag 1248) eine Frau Dombaumeister dieses Meisterwerks der Gotik. Die Wahl aus den achtundzwanzig Bewerbern ist dem „Metropolitankapitel des Hohen Doms" sicherlich nicht leicht gefallen, denn neben der Sachkompetenz muss der Dombaumeister in Köln „katholisch und schwindelfrei" sein, eine sicherlich schwierige Kombination der erforderlichen Eigenschaften!

[214] Κλαύδιος Πτολεμαῖος

[215] Seit der Antike sind dies: Grammatik, Dialektik, Rhetorik, Arithmetik, Geometrie, Musik und Astronomie

[216] Helene M. Kastinger Riley, HILDEGARD VON BINGEN, Rowohlt Taschenbuch Verlag GmbH, Reinbeck bei Hamburg, 1997, Seite 61

[217] KITAB-AL-MANAZIR. (Buch vom Sehen), das im Umkreis von *Gerardo de Cremona* in das Lateinische als DE ASPECTIBUS oder PERSPECTIVA übertragen worden war.

[218] Engel, die mit sechs Flügeln dargestellt werden und den höchsten Rang innerhalb der Hierarchie der neun himmlischen Chöre einnehmen. Bei *Agrippa von Nettesheim* sind die Seraphim dem Element Feuer zugeordnet.

[219] Wir verwenden die katalanische Schreibweise, im Spanischen *Ramón Lull*, lateinisiert *Raimundus Lullus*

[220] Ramon Lull, DAS BUCH VOM HEIDEN UND DEN DREI WEISEN, Reclam, Stuttgart, 1998, Seite 264ff.

[221] Religiöser Lebensgemeinschaft von Frauen, die in kein Kloster eintreten wollten oder konnten.

[222] Karl Vorländer, GESCHICHTE DER PHILOSOPHIE in 5 Bänden, Gustav Kiepenheuer Verlag, Berlin,1932, Band 1, Seite 196ff

[223] Selbst wenn man in der (im zweiten Band) noch zu erwähnenden „Bibel der Rosenkreuzer", der FAMA FRATERNITATIS, nicht eine Geschichte einer historischen oder legendären Figur *Christian Rosenkreutz* sieht, sondern die Elemente eines traditionellen Initiationsweges, könnten biographische Züge für diese tiefgründige Menschheitsfabel herangezogen worden sein. Georg Schuster, Archivar am Königlich Preußischen Hausarchiv, glaubt in seinem Werk, GEHEIME GESELLSCHAFTEN, VERBINDUNGEN UND ORDEN, Berlin 1905, Ramon Llull und Thomas von Kempis, „jene milden Vertreter der Brüder des gemeinsamen Lebens hätten die entsprechenden Züge geliefert".

[224] Siehe Abschnitt DAS GROSSE WERK DER SPIRITUELLEN ALCHIMIE im zweiten Band

[225] Der griechische „Theosoph", unter dessen Namen (Apostelgeschichte 17,34) u. a. die Lehre von den göttlichen Intelligenzen (den himmlischen Heerscharen) und neuplatonisches Gedankengut in das Christentum einfließen konnte

[226] Die Bedeutung des Wortes *Azoth*, das auch von Paracelsus benutzt wird, ist unbekannt. Jedoch besteht es aus den Anfangs- und Endbuchstaben der drei klassischen Alphabete: lateinisch: A, Z; griechisch A, Ω und hebräisch א ת (Alef, Tav).

[227] Graham Phillips PARSIVALS HEILIGER GRAL, Auf der Suche nach der geheimnisvollsten Reliquie der Menschheit. Heyne Sachbuch Nr. 19/545. © der deutschen Ausgabe 1997 by Wilhelm Heyne Verlag München, Seite 10ff

[228] Richard Wagner begann die Komposition seines PARSIFAL nach seiner Rückkehr aus London, wohin ihn und seine Frau Cosima der walisische Musikliebhaber George Powell eingeladen hatte, nachdem er ihn 1876 bei der Uraufführung seines RING DES NIBELUNGEN in Bayreuth kennenlernte. Powell war Gutsherr auf Nantheus in Wales, dem Ort, der jahrhundertelang den „Nantheus Cup" – eine Schale aus schwarzem (Oliven?)holz – aufbewahrte, der in Wales als heiliger Gral verehrt wird. Wahrscheinlich beschränkte sich der Besuch Richard Wagners nicht nur auf London, so dass er auf Nantheus zur Komposition seines PARSIFAL inspiriert worden sein könnte.

[229] Jean Markale, LE GRAAL, Paris 1996, Albin Michel, Seite 258 - 263.

[230] Henry Corbin, EN ISLAM IRANIEN, vol IV, livre VII, Kapitel III, Seite 390 - 460

[231] Bruno Nardini, DAS HANDBUCH DER MYSTERIEN UND GEHEIMLEHREN, Seite 338ff

[232] Die Ghibellinen, Anhänger der staufischen und antipäpstlichen Kaiserpartei in Italien, der im 13. und 14. Jahrhundert kaisertreuen Anhänger der staufischen Könige, die mit den papstergebenen Guelfen (Welfen) rivalisierten. Shakespeares Tragödie Romeo und Julia spielt vor dem Hintergrund der Auseinandersetzungen der beiden Parteien.

[233] Diese These vertritt zumindest Julius Evola in seinem Buch DAS MYSTERIUM DES GRALS.
[234] Bruno Nardini a.a.O., Seite 204ff.
[235] Zu ihnen werden hier alle großen Denker gerechnet, die ihre Werke in arabischer Sprache verfassten, also auch die persischen Gelehrten.
[236] So hatte beispielsweise die Denkweise der in Afghanistan von dem Weisen *Jalal-ad-Din Rumi* gegründeten mystischen Schule der Sufis den Dichter *Omar al Khayám* in Persien so sehr eingenommen, dass er Teile dieser Lehre in seine berühmte Dichtung, dem RHUBAYAT einfließen ließ.
[237] Sollte diese Mittlerrolle dem derzeitigen Papst Benedikt XVI. zugefallen sein?
[238] Die Diaspora (griechisch für Zerstreuung) bezeichnet einen Siedlungsraum, in dem die Mitglieder einer Religionsgemeinschaft unter Andersgläubigen in der Minderzahl sind.
[239] Gemeinderat in altrömischen Städten.
[240] Rudolf Mett, REGIOMONTANUS; *Wegbereiter des neuen Weltbildes*, vdf, Hochsch.-Verlag an der ETH Zürich, Seite 55
[241] Erst in unserer Zeit, im November 2004 hat sich Papst Johannes Paul II zur Rückgabe der Reliquien der byzantinischen Kirchenlehrer *Johannes Chrysostomos* und *Gregor von Nazianz* entschlossen, die im Jahr 1204 bei der Plünderung Konstantinopels durch Kreuzfahrer geraubt worden waren.
[242] Louis Charpentier, DIE GEHEIMNISSE DER KATHEDRALE VON CHARTRES, Gaia Verlag Köln, Seite 48
[243] Charles v. Bokor WINKELMASS UND ZIRKEL, *Die Geschichte der Freimaurer*, MOEWIG Sachbuch, 1982, Seite 36 ff
[244] Die fast völlige Übereinstimmung der templerischen Lehren mit denen der Ismaeliten wird von Hammer-Purgstall (Fundgruben des Orients, Wien, 1818) vertreten.
[245] nach dem Ort Albi, in dem 1165 ein Kirchenkonzil ihre Lehren verurteilte.
[246] Michel Roquebert DIE RELIGION DER KATHARER, © Loubatières Editeur, Toulouse 1988, Serie Terres du Sud
[247] Hervorhebung durch den Autor
[248] Michel Roquebert a.a.O., Seite 6
[249] dto., Seite 15
[250] siehe Abschnitt über die KABBALISTEN
[251] Michel Roquebert a.a.O., Seite 22
[252] Henry Lincoln, Michael Baigent, Richard Leigh DER HEILIGE GRAL UND SEINE ERBEN, Seite 37 ff.
[253] Manfred Hammes, HEXENWAHN UND HEXENPROZESSE, Seite 26ff
[254] Alain Desgris, L' ORDRE DES TEMPLIERS & LA CHEVALERIE MAÇONNIQUE TEMPLIÈRE, © Guy Trédaniel Èditeur, 1995, Seite 32
[255] Als solche werden die Päpste bezeichnet, die trotz eines bereits kanonisch gewählten Nachfolgers Petri eine neue Papstwahl – unter politischem Druck, oder in gutem Glauben (oder auch nicht) – angenommen hatten. Dabei sind sich die Historiker nicht einmal einig, welche dieser Päpste rechtmäßig gewählt wurden, so dass die Zahl der Gegenpäpste zwischen fünfundzwanzig und vierzig schwankt. Als letzter unter ihnen gilt Felix V. der auf dem Basler Konzil 1439 gewählt wurde, das kurz zuvor durch Papst Eugen IV. ausgesetzt worden war.
[256] Manfred Hammes, a.a.O., Seite 32ff
[257] Mit der Offenlegung der Archive der vormaligen *Heiligen Kongregation der Universalen Inquisition* im Vatikan wurde in unseren Tagen die „Legatenurkunde von Chinon" bekannt, in der den Templern Vergebung zugesagt worden sei, wenn sie ihre Schuld eingestanden und bereut hätten. Dass diese Urkunde den Templern jemals ausgehändigt wurde ist indes nicht bekannt.
[258] Obwohl es unglaubwürdig erscheint, dass sich ein Vertreter der Templertradition zu weltlicher Rache herabgelassen hat, so ist es doch eine historische Tatsache, dass sowohl Philipp der Schöne, wie der Papst Clemens V. im Jahr 1314 starben und dass Ludwig XVI., der letzte Nachfahre der französischen Könige am 21. Januar 1793 durch die Guillotine hingerichtet wurde. Der Erfinder dieser Exekutionsart, der französische Arzt *Joseph-Ignace Guillotin* soll selbst in die Riten der Templer eingeweiht gewesen sein.
[259] Manfred Hammes, a.a.O., Seite 32ff
[260] Bruno Nardini, DAS HANDBUCH DER MYSTERIEN UND GEHEIMLEHREN, Seite 422

[261] Von den Bauten des sich über 120 Hektar erstreckenden Pariser Tempelbezirks ist heute nichts mehr übriggeblieben. Er bildete einst eine eigene befestigte Stadt mit eigener Gerichtsbarkeit. 1185 befand sie sich noch außerhalb der Pariser Stadtmauern. Nach 1312 beherbergte sie die Johanniter von Jerusalem und später den Malteserorden. 1667 brach man seine Umfriedung ab. Mit der Aufhebung aller monastischen Orden nach der Französischen Revolution wurde auch der Tempelbezirk zum Staatseigentum erklärt und ein Großteil des Areals 1792 - 1808 zum Staatsgefängnis umfungiert. Hier war nach dem 13. August 1792 die königliche Familie eingekerkert, und von hier aus trat König Ludwig XVI. am 21. Januar 1793 seinen letzten Weg zum Schafott an. Napoleon ordnete 1809 den Abriss der Befestigungsanlagen an. Heute erinnert nur mehr der „Square du Temple" an die geschichtsträchtige Vergangenheit des einstigen Tempelbezirks.

[262] Manfred Hammes, a.a.O., Seite 50ff

[263] Darstellungen von Mais und Aloegewächsen finden sich beispielsweise auch in der Templerkirche von Rosslyn in Schottland.

[264] Henry Kamen, DIE SPANISCHE INQUISITION, © 1967 Rütten und Loening Verlag GmbH, München, Seite 16 ff

[265] dto Seite 16ff

[266] Siehe Abschnitt über die kabbalistischen Orden

[267] Henry Kamen, a.a.O., Seite 41

[268] Siehe Abschnitt KIRCHENLEHRER UND MYSTIKER

[269] TIZÓN DE LA NOBLEZA DE ESPAÑA (Brandmal auf den Adel Spaniens).

[270] Bereits im 12. Jahrhundert saß auf dem Stuhle Petri ein Papst jüdischer Abstammung: Anaklet II. (1130 – 38)

[271] Henry Kamen, a.a.O., Seite 41

[272] dto Seite 47ff

[273] Manfred Hammes, a.a.O., Seite 33

[274] dto Seite 87

[275] dto Seite 84

[276] Michael Kuper, AGRIPPA VON NETTESHEIM – Ein echter Faust, Verlag Clemens Zerling 1994, S. 62

[277] gemäß der Apostelgeschichte: der Kauf geistlicher Ämter

[278] Alfred Läpple KETZER UND MYSTIKER, © 1988 Delphin Verlag GmbH, München, Seite 148ff

[279] Martin Kluger, JAKOB FUGGER – SEIN LEBEN IN BILDERN, Bielefeld, 2009

[280] Klaus Schröer, Klaus Irle, „ICH ABER QUADRIERE DEN KREIS ..." – Leonardo da Vincis Proportionsstudie, Waxmann Verlag, 1998

[281] das sich als Hüter der „Blutlinie" von Jesus Christus in der „Geschichte von Rennes-les-Château" in einer Reihe von Buchveröffentlichungen gut verkaufen ließ und sich später als ein erst 1956 von einem gewissen Pierre Plantard begründeter „geheimer Orden" (auf dem Papier) herausstellte.

[282] Leo Sievers, JUDEN IN DEUTSCHLAND, *die Geschichte einer 2000jährigen Tragödie,* Verlag Gruner + Jahr, 1. Auflage 1977, Seite 73ff

[283] Siehe Abschnitt ROSENKREUZER IM ELISABETHANISCHEN ENGLAND

[284] Siehe Abschnitt DIE ROSENKREUZER MANIFESTE (1614 - 1616)

[285] Siehe Abschnitt »Hermetic Brotherhood of the Golden Dawn« (G.D.)

[286] Ihre Gründung hatte der Streit zwischen Katholiken und Hussiten an der Prager Universität (Carolina) zum Anlass, der damit endete, dass sechsundvierzig deutsche Professoren und zweitausend Studenten die *Alma Mater* verließen.

[287] nach Rudolf IV. (1339 - 1365) benannt, der es seinem Großvater Kaiser Karl IV. gleichtun wollte, um auch seine Residenzstadt durch eine großangelegte „Hohe Schule" aufzuwerten.

[288] Einschließlich des Kometen, der Jahrhunderte später nach dem englischen Astronomen Edmund Halley (1656 - 1742) benannt wurde, der den ersten Katalog des südlichen Sternenhimmels veröffentlichte.

[289] Rudolf Mett, REGIOMONTANUS, Leipzig, 1996, Seite 45

[290] Der Jakobstab wurde ursprünglich von dem jüdischen Astronomen *Levi ben Gerson* (1288 - 1344)

aus der Provence entwickelt. Mit seinen sechs rechteckigen Platten, zwei davon verschiebbar, diente er der Messung von Höhen und Entfernungen. Regiomontanus vereinfachte seine Konstruktion durch nur einen verschiebbaren Querstab. Dieser später von den Portugiesen als „Balestilha" bezeichnete „Gradstock" konnte dadurch auch freihand und auch auf einem schwankenden Schiff bedient werden.

[291] Sie sollte auch die letzte Reise Regiomontanus' werden. Er verstarb 1476 in Rom an einer ungeklärten Todesursache und man begrub ihn auf dem „Gottesacker der Deutschen". Selbst Giftmord wurde ins Gespräch gebracht. Ohne den Königsberger Meister konnte die Kalenderreform aber nicht weitergeführt werden, so dass die Reform des Julianischen Kalenders erst hundert Jahre später wieder in Angriff genommen werden konnte. Bernhard Walter konnte den wertvollen Nachlass Regiomontanus' erwerben und dessen astronomischen Beobachtungsergebnisse durch eigene Forschungen noch ergänzen, die er dreißig Jahre lang weiterführte. Auf sie griffen später Tycho Brahe und Johannes Kepler zurück. Nach Walters Tod begann der Ausverkauf seines kostbaren Schatzes: Regiomontanus' einzigartige Bibliothek wurde damit in alle Welt zerstreut ...

[292] poetischer Name für die Portugiesen. Die Feder von *Luiz de Camõens* (1524 - 1579) brachte sie in den zehn Gesängen seiner heroischen Dichtung DIE LUSIADEN zu Weltgeltung.

[293] an den Folgen eines mutmaßlichen Giftanschlags mit Quecksilberchlorid, der derzeit untersucht wird (Der Spiegel 3/2009)

[294] Tetraeder, Kubus, Oktaeder, Dodekaeder und Ikosaeder

[295] Demzufolge verhalten sich die zur dritten Potenz erhobenen großen Halbachsen der Bahnelypsen der Planeten, wie die Quadrate ihrer Umlaufzeiten um die Sonne. Mit dieser Gleichung lassen sich die Abstände zwischen Sonne und Planeten genau bestimmen.

[296] Siehe Abschnitt RENÉ DESCARTES UND ISAAK NEWTON

[297] aufgrund der „kausalen Denkweise" unserer Naturwissenschaften ist sie ihr verloren gegangen und uns erst wieder mit *Albert von Thimus* (1806 - 1878) und *Hans Kayser* (1891 - 1964) erneut bewusst gemacht worden.

[298] Johannes Kepler, WELTHARMONIK, übersetzt und eingeleitet von Max Caspar, München, 1939, 2. Auflage Darmstadt, 1967, Seite 279

[299] Der „Julianische Kalender" Julius Cäsars – den einige Ostkirchen heute noch verwenden – beruht auf einem Jahr mit 365 Tagen, der den Kalender alle hundertachtunddreißig Jahre um einen Tag abweichen lässt. Seit dem Konzil von Nicäa hatte sich die Abweichung schon auf elf Tage aufsummiert, wodurch das Osterdatum in Zweifel gezogen werden musste.

[300] *Er selber, der Gott des Friedens, heilige euch voll und ganz, und euer Geist und eure Seele und euer Leib werde unversehrt und untadelig bewahrt für die Ankunft unseres Herrn Jesus Christus* (1.Thessalonicher Brief 5/23)

[301] auf dem achten ökumenischen Konzil in Konstantinopel im Jahre 869

[302] James Redfield, DIE PROPHEZEIUNGEN VON CELESTINE, *Ein Abenteuer*, Wilhelm Heyne Verlag GmbH & Co. KG, München, 1994, Seite 35

[303] Die Kirche verstand hier nicht, zwischen exoterisch-materieller und esoterischer Sicht sorgfältig zu unterscheiden und verteidigte noch bis in unser Zeitalter ihre Haltung diesbezüglich so ungeschickt und grausam, dass sie den Unverständigen Anlass bietet, sich darüber genüsslich zu mokieren.

[304] James Redfield, a.a.O., Seite 37

[305] Die Konstantinische Schenkung sollte glaubhaft machen, dass Kaiser Konstantin den Päpsten die kaiserlichen Machtbefugnisse in Rom und den westlichen Provinzen übertragen haben soll; Nikolaus Cusanus (1401 - 64) stellte als erster dieses Dokument als Fälschung fest.

[306] Die Grenzen des Kirchenstaats reichten unter Innozenz III. von Meer zu Meer und von Terracina (südlich von Rom) bis zur Etsch; lediglich die Toskana hatte sich erfolgreich ihrer Vereinnahmung widersetzen können.

[307] Deutsche Bezeichnung für die »Societas Jesu« (SJ), die noch vor kurzem (2008), mit der Wahl ihres neuen Generaloberen aus der japanischen Ordensprovinz, dem gebürtigen Spanier *Adolfo Nicolás*, im Blickpunkt der Öffentlichkeit stand.

[308] Manfred Barthel, DIE JESUITEN, Ullstein Sachbuch 1984, Seite 170

[309] dto Seite 54 ff

[310] Athanasius Kircher begeisterte sich 1628 für die ägyptischen Hieroglyphen der Sammlung von Hohenburg. 1633 lernte er Koptisch und veröffentlichte 1636 die erste koptische Grammatik PRODROMUS COPTUS SIVE AEGYPTIACUS. Er stellte fest, dass die meisten altägyptischen Namen mit dem Koptischen eng verwandt sind und mit dieser Sprache erklärt werden können. In seinem 1643 veröffentlichtem Werk LINGUA AEGYPTIACA RESTITUTA betrachtete er die koptische Sprache als einen Überrest des Altägyptischen. Darüber hinaus erkannte er das Verhältnis zwischen dem Hieratischen und der Hieroglyphenschrift und bezeichnete die hieratischen Zeichen als „kursive Hieroglyphen".

[311] Seine Sammlung naturwissenschaftlicher Kuriositäten und wissenschaftlicher Apparate im Museo Kircheriano in Rom zählt gemeinsam mit der „Ashmole Foundation" in Oxford zu den ältesten uns bekannten Museen.

[312] Joscelyn Godwin: ATHANASIUS KIRCHER *A Renaissance Man and the Quest for Lost Knowledge*, © Thames and Hudson, Ltd., London, Seite 5ff

[313] Karl R. H. Frick: LICHT UND FINSTERNIS, Seite 242

[314] Tomaso Campanella, DIE SONNENSTADT, 1988, Edition Scaneg, München

[315] Hans Schick meint in seinem Buch DAS ÄLTERE ROSENKREUZERTUM Wilhelm Wense und Tobias Adami hätten dem Tübinger Rosenkreuzerkreis im Jahre 1612 die reformatorischen Gedankengänge, die Eschatologie und die politisch-praktischen Pläne des italienischen Dominikaners Campanella vermittelt und damit den Anstoß zur Veröffentlichung der FAMA (Fraternitatis) gegeben. Siehe Band 2, Abschnitt „ROSENKREUZER"

[316] Eugen Drewermann, GIORDANO BRUNO ODER DER SPIEGEL DES UNENDLICHEN, 2. Auflage, 1992, Seite 7ff © by Kösel-Verlag GmbH & Co, München

[317] Mit dem Tode ihres Bruders Juan, des Thronfolgers und der restlichen Thronerben wurde sie selbst Titularkönigin der beiden katholischen Königreiche und vielleicht nur aus machtpolitischen Gründen als „la loca" (die Wahnsinnige) von ihren drei „ Männern" entmündigt: Ihrem Vater Ferdinand II. von Aragon, ihrem Gatten Phillip dem Schönen von Flandern und letztlich ihrem Sohn dem späteren deutschen Kaiser Karl V. Sie musste ihr Leben als Gefangene im Kloster Santa Clara auf der Festung von Tordesillas verbringen.

[318] Mit Beginn des Patriziniums unseres derzeitigen Papstes Benedikt XVI. rückt Papst Hadrian VI. wieder erneut in unser Bewusstsein, weil er als letzter nichtrömischer (flandrisch-deutscher) Papst, wie Benedikt XVI. aus bescheidenen Verhältnissen stammte und ein bedeutender Theologe war. Sein berühmtester Student an der Universität Löwen war der Humanist *Erasmus von Rotterdam* (1467 - 1536). Hadrian VI. war Reformer, der den Luxus der Kardinäle beschränken und Ablasshandel und Simonie beenden wollte. Leider verhinderte die politische Situation und sein jäher Tod die Durchführung seiner Pläne.

[319] Die sehenswerte Humanistenbibliothek des Beatus Rhenanus (1485 - 1547) im elsässischen Schlettstadt (Selestat) hütet zahlreiche Manuskripte dieser Zeit.

[320] Anonym, PHILIPP MELANCHTHON, *Reformator, Lehrer Deutschlands, Weggefährte Luthers,* Zum 500. Geburtstag, Karlsruhe, Verlag Ernst Kaufmann, 1997, Seite 13

[321] Henry Kamen, DIE SPANISCHE INQUISITION, Seite 94 ff

[322] dto., Seite 96 ff

[323] Erst unter Elisabeth I. (1558 - 1603), der Tochter Anna Boleyns, wurde die „anglikanische Konfession" präzisiert, das noch heute gültige BOOK OF COMMON PRAYER 1549 eingeführt und die *39 Religionsartikel* 1563 formuliert.

[324] Der Kelch, den sie sich als ihr Symbol erwählten weist auf die Spendung der Kommunion (neben der von Brot bei den Katholiken) auch unter der Gestalt von Wein hin. Sie standen der Lutherischen Lehre nahe, während die Böhmischen Brüder mehr zur reformierten Kirche tendierten.

[325] 1727 gewährt König Friedrich Wilhelm I. von Preußen 350 böhmischen Flüchtlingen in Rixdorf Asyl und die Zusicherung freier Religionsausübung. Ab 1747 bekennen auch sie sich zum Glauben der „Erneuerten Böhmisch-Mährischen Brüder-Unität" von Herrnhut. Die Rixdorfer Ge-

meine besteht heute noch in Berlin-Neukölln. Über dem Eingangstor zu ihrem Gottesacker prangt ein Rosenkreuz.

[326] Im Comeniusgarten im Böhmischen Dorf in Berlin-Neukölln wird der Lebensweg des Menschen gemäß Comenius' Gedankengebäude anschaulich dargestellt. Darin finden sich seine Begriffe „Veilchenbeet" für die vorschulische Entwicklungsphase oder Irrgarten seines Schulmodells ebenso, wie die höheren Stufen hin zum Akademiebereich.

[327] Vgl. Dr. Ludwig Keller, DIE SCHRIFTEN DES COMENIUS UND DAS KONSTITUTIONENBUCH in Lennhoff / Posner INTERNATIONALES FREIMAURER-LEXIKON, S. 291 und 829.

[328] Swedenborg-Verlag, Postfach, CH-8032 Zürich

[329] Von „kimbundo" = „alles was erschreckt" in der Bantu-Sprache. Der Kult wird heute der Umbanda (Name für afrikanisch-magische Praktiken) zugeordnet, die sich zusammen mit der Condomble-Religion in Brasilien gewaltig auf dem Vormarsch befindet.

[330] So beispielsweise die sagenhafte Reise des hl. *Brandon* aus Irland oder die des Wikingers *Erik des Roten* und seiner Söhne Leif, Thorwald und Freydis. In den letzten Jahren deuten Funde von Dokumenten aus irischen und schottischen Klöstern auch darauf hin, dass zumindest die Route Nordeuropa – Neufundland im Mittelalter regelmäßig befahren worden sein könnte. Vom Templerorden munkelt man ebenfalls, dass seine Schiffe Süd- und Mittelamerika angesteuert hätten. Dabei wird auf Abbildungen von Pflanzen und Früchten dieses Kontinents hingewiesen, die sich in einigen Templerbauten finden, wie beispielsweise in der Kirche von Rosslyn in Schottland.

[331] Dieser neue Schiffstyp wurde in der Normandie entwickelt und zeichnete sich durch die erstmalig mittels Nut und Feder ineinander greifenden Schiffsplanken aus, die dem Schiffskörper dadurch eine bessere Stabilität bei schwerem Seegang gaben.

[332] des zwielichtigen „Borgia-Papstes *Rodrigo de Borja* aus Jativa bei Valencia

[333] Die genaue Positionsbestimmung auf den Weltmeeren erfordert neben der Ermittlung der geographischen Breite mittels Messung der Gestirne (mit dem Sextanten) auch die der Längengrade (Meridiane) wozu der Erfindung genau gehender Schiffsuhren (Chronometer) durch John Harrison (1728) erforderlich war.

[334] Je eines der vier bekannten noch existierenden Exemplare hüten die Historische Bibliothek in Offenburg und die Bayerische Staatsbibliothek in München

[335] Titulopochtli – Domingo Días Porta, AQUÍ, AMERRIKÚA (LA AMÉRICA SILENCIADA), 1492-1992, Siembra Olmeca, México, D.F. 1992

[336] das sich meist bis heute gehalten hat und eines der Hemmnisse für die wirtschaftliche Entwicklung der Länder Lateinamerikas bildet.

[337] In dieser Zeit lernte Humboldt C. G. Jung, den Großvater des gleichnamigen Psychiaters, in Paris kennen, der während der deutschen Einigungsbestrebungen am Wartburgfest von 1817 teilgenommen hatte und daraufhin des Landes verwiesen worden war. Er konnte ihn als Professor der Anatomie nach Basel empfehlen. So kam diese Familie in die Schweiz; C. G. Jung wurde Baseler Bürger, baute die medizinische Fakultät in ihrer heutigen Form auf und gründete die Anstalt „Zur Hoffnung" für „blödsinnige Kinder". Als Großmeister der Freimaurer Großloge »Alpina« konnte er auch hier seinen humanitären Gedanken Ausdruck verleihen.

[338] Nach einem Gemälde von Friedrich Georg Weitsch (1810).

[339] Der Deismus geht von rationalistischen Voraussetzungen aus, der zwar einen Schöpfergott des Universums anerkennt, jedes göttliche Eingreifen in die geschaffene Welt und ins Leben aber abstreitet.

[340] Mit seinem Schauspiel NATHAN DER WEISE setzte Lessing später seinem jüdischen Freund, dem Religionsphilosophen und Bibelübersetzer *Moses Mendelssohn* ein Denkmal, der, wie kein anderer, den Toleranzgedanken vertrat und die Grundwahrheiten in allen Religionen suchte.

[341] Descartes eigene Schilderung seines Traumes ist leider verloren gegangen, jedoch gibt es eine Kurzbeschreibung darüber von seinem Biographen Baillet, dem das Originaldokument vorgelegen haben soll. Das Buch von Jacques Maritain, THE DREAM OF DESCARTES enthält eine fesselnde Schilderung dieses Traums.

[342] Siehe Kapitel ROSENKREUZER im zweiten Band

[343] der Königlichen Gesellschaft zur Verbesserung des Wissens über die Natur (Royal Society for the Improvement of Natural Knowledge). Sie wurde am 28. November 1662 in London gegründet. Newton war nach William Brouncker (1662 - 1677), Sir Christopher Wren (1680-1682) und Samuel Pepys (1684 - 1686) ihr vierter Präsident (1703 - 1727).

[344] PHILOSOPIAE NATURALIS PRINCIPIA MATHEMATICA, 1687 (Mathematische Grundlagen der Naturwissenschaft)

[345] Query 28 in Newtons OPTICKS.

[346] Helmut Gebelein, ALCHEMIE, Diederichs Gelbe Reihe, 165, Hugendubel, München, 1991, Seite 315

[347] Auf der „Boston Tea Party" wurden am 16. 12. 1773 drei Schiffe der englischen *East India Company* von als Mohawk-Indianer getarnten Patrioten gestürmt und 342 Teekisten über Bord geworfen. Sie waren. Mitglieder der von Freimaurern gegründeten patriotische Gesellschaft *Caucus Pro Bono Publico.*

[348] Wie wir noch in einem späteren Abschnitt erfahren werden, waren auch George Washington und mindestens zwölf seiner Generäle Freimaurer.

[349] 1812 standen sich Amerikaner und Engländer erneut gegenüber und es kam zur Besetzung Washingtons durch die Briten.

[350] Paul Foster Case' DAS GROSSE SIEGEL DER VEREINIGTEN STAATEN, SEINE GESCHICHTE, SEINE SYMBOLIK, SEINE BOTSCHAFT FÜR DAS NEUE ZEITALTER erklärt uns die okkulten Symbole des Großen Siegels der Vereinigten Staaten (das wir auf der Rückseite der Ein-Dollar Note finden) und gewährt uns Einblicke in die die Prinzipien, die die Väter der Verfassung bewegte.

[351] Paul Foster Case, DAS GROSSE SIEGEL DER VEREINIGTEN STAATEN, SEINE GESCHICHTE, SEINE SYMBOLIK, SEINE BOTSCHAFT FÜR DAS NEUE ZEITALTER

[352] die als Gefängnis dienende Festung am östlichen Stadttor von Paris

[353] Siehe Abschnitt GEGEN DEN TEMPLERORDEN

[354] Dieses Szenario bildet das Umfeld zu Edward Bulwers Rosenkreuzerroman ZANONI.

[355] Der Kirche war an der Entschlüsselung der Hieroglyphen nichts gelegen, da sie mit Recht befürchtete, die Bestimmung der pharaonischen Regierungszeiten könnten dem biblischen Schöpfungsbericht nicht entsprechen. Champollion verlor im Nachgang zu Napoleons Niederlage in Waterloo 1815 seine Professur in Grenoble, die er erst 1817 wieder zurückerhielt. Der erste Lehrstuhl für Ägyptologie wurde dann allerdings speziell für ihn 1831 am *Collège de France* eingerichtet.

[356] Darin wurden alle geistlichen Gebiete (außer Mainz) aufgehoben und zusammen mit den ehemals „freien Reichsstädten" und kleineren Fürstentümern den größeren deutschen Staaten einverleibt.

[357] Formal erfolgte die Auflösung der Heiligen Römischen Reiches (unter dem Druck Napoleons) durch eine Erklärung des österreichischen Kaisers Franz II. (1792 - 1806) am 6. August 1806.

[358] Siehe Abschnitt ENTDECKUNGSFAHRTEN UND KOLONIALISIERUNG

[359] Diese Spottdrosseln sind heute auf Floreana ausgestorben

[360] Einen weiterer Beweis dieser Theorie lieferten später die 14 Arten der nach Darwin benannten Finken, deren Schnäbel sich dem Nahrungsangebot anpassten.

[361] ON THE ORIGIN OF SPECIES BY MEANS OF NATURAL SELECTION, 1859

[362] Charles Darwin, DIE ENTSTEHUNG DER ARTEN DURCH NATÜRLICHE ZUCHTWAHL Carl W. Neumann Nikol Verlagsges. (März 2004)

[363] Mit der Ausweitung des Evolutionsgedankens auch auf den Gottesbegriff, wird sich ein späterer Abschnitt (GLAUBE UND SPIRITUALITÄT) befassen.

[364] Michael R. Rose, DARWINS WELT, 2003, Piper Verlag, München, Seite 19

[365] Der britische Zoologe und Professor für die Popularisierung der Wissenschaft an der Universität Oxford, *Richard Dawkin* (geb. 1941), behandelt diese Erkenntnis in seinen Veröffentlichungen

[366] Richard Dawkins, DAS EGOISTISCHE GEN, Spektrum Akademischer Verlag, 2006

[367] beispielsweise *Ulrich Witt* (Forschungsgruppe Evolutionsökonomik am Max-Planck-Institut Jena); der österreichische Wirtschaftswissenschaftler *Joseph Schumpeter* (1883 -1950) erklärte schon zu seiner Zeit die darwinistische Theorie für die wirtschaftliche Entwicklung für untauglich.

[368] *Abu Ali al-Hasan Ibn Al-Haitham* (ca. 965 - 1039/40)

[369] Gemälde aus dem Jahr 1834 von *Johann Joseph Schmeller*

[370] Benjamin Franklin war 1776 Botschafter der neuen amerikanischen Staaten in Paris

[371] Geistesrichtung in der Kontakte mit Geistern gepflegt werden.

[372] siehe Abschnitt ROSENKREUZER im 2. Band

[373] Im Englischen „Speculative Masonry" genannt und im Deutschen oft wörtlich mit *spekulative Maurerei* übersetzt. Im Gegensatz zur *operativen Maurerei* bezeichnet man als solche die aus den Maurerbruderschaften entwickelte Form der geistig oder symbolisch bauenden Gemeinschaften, die mit der Werkmaurerei nur mehr mittelbare oder überhaupt keine Beziehung mehr hatte.

[374] Auf hiervon abweichende Theorien wird im Abschnitt über die Freimaurerei eingegangen – siehe 2. Band, Abschnitt FREIMAURER

[375] Darin wird auf die kosmische Ordnung und Harmonie Bezug genommen, die im Staatswesen bei der sozialen Entwicklung und in einem Föderalismus gesehen wird. Auch Rudolf Steiner griff diesen Gedanken 1919 in seiner „Dreigliederung des sozialen Organismus" auf – siehe Abschnitt über den Martinismus.

[376] Sein Buch DIE WOLKE ÜBER DEM HEILIGTUM ist Pflichtlektüre vieler moderner Mysterienschulen und inspirierte neben vielen anderen auch Crowley und Waite auf der Suche nach ihrem Weg.

[377] http://zdftas.halle.freimaurerei.de/goethe

[378] siehe 2. Band: Abschnitt MARTINISTEN

[379] Gerard Galtier, MAÇONNERIE EGYPTIENNE ROSE-CROIX ET NEOCHEVALERIE, Seite 172, © Éditions du Rocher, 1989

[380] William Wynn Westcott, DATA OF THE HISTORY OF THE ROSICRUCIANS, 1916, Seite 8

[381] Hierbei könnte es sich um die Freimaurerloge »Zur aufgehenden Sonne« handeln, die wegen ihrer jüdischen Mitglieder einen „Disput" um die „christlichen Grade" des Schottischen Ritus austragen musste und sich deshalb zwischen 1817 - 1873 der englischen Jurisdiktion anschließen musste.

[382] Gerard Galtier, a.a.O., Seite 174ff

[383] Gaetano Lo Monaco, EDWARD BULWER LYTTON E L'AMBIENTE INIZIATICO PARTENOPEO-NILENSE, in: Atrium, Cenacolo Umanistico Adytum, Anno VI - Numero 3, 2004, Seite 19

[384] Giuseppe M.S. Ierace I RITI DI MEMPHIS E MISRAIM im Atrium Anno II - Numero 3, Seite 34ff.

[385] Benannt nach den italienischen Humanisten Lälius Sozzini (1522 - 1562) und Faustus Sozzini (1539 – 1604), die in ihrer unitarischen Lehre die göttliche Trinitas ablehnten.

[386] Diese Tendenz findet sich vor allem im franco-haitianischen Zweig unter *Michael Bertiaux* und *Lucien-François Jean-Maine* und im spanischen Zweig unter *Martín Ortier de Sánchez y Marraga*. Ob die Aufgabe der freimaurerischen Initiationsrituale auf *Jean Bricaud* zurückgeht, bedarf noch der Klärung.

[387] Peter-R. König und ARW DER OTOA-READER, © Peter-R. König und ARW, 1994, Hiram-Editions 18, Seite 8

[388] Sie ging aus der *jansenistischen Reformbewegung* in Frankreich hervor, einer „fundamentalistischen" Lehre der katholischen Kirche, die 1618 von *Cornelius Jansen* verkündet und in der Bulle UNIGENITUS 1713 von Papst Klemens XI. verdammt wurde. Diese Bewegung verlor erst im 19. Jahrhundert an Bedeutung.

[389] So auch *Krumm-Hellers* bzw. *Crowleys* gnostische Messen etc.

[390] Theodor Reuss, DAS AUFBAUPROGRAMM UND DIE LEITSÄTZE DER GNOSTISCHEN NEO-CHRISTEN O.T.O. AHA Nr. 2, Februar 1992, Seite 15

[391] Peter-R. Koenig: „Consider the OTO non existent": Veritas Mystica Maxima, Internet-Seiten

[392] In diesem Zusammenhang werden meist die sogenannten Mahatma- oder Meisterbriefe verteufelt; die *Society für Psychical Research (S. P. R.)* in London konnte indes den Beweis einer Fälschung nicht erbringen, so dass sie sich im April 1986, fünfundneunzig Jahre nach dem Tod HPBs, von den alten Vorwürfen distanzierte (siehe Journal der S. P. R. Vol. 53, No. 803, S. 286-310).

[393] Horst E. Miers, *Lexikon des Geheimwissens,* Goldmann Verlag, Seite 275ff

[394] englisch: „Fringe Masonry" (etwa „ausgefranste" Maurerei)

[395] ursprünglich im Martinistenorden angesiedelte

[396] Er wurde nicht nur durch den wohl am weitesten verbreiteten Tarot-Set bekannt, sondern auch durch die Herausgabe der ersten sachlichen Untersuchung des Rosenkreuzertums im englischen Sprachraum. Allerdings machte Waite später keinen Hehl aus seiner Abneigung gegenüber den Ritualen der S.R.I.A.

[397] Der noch heute bestehende amerikanische Ordenszweig der S.R.I.A. wurde 1909 von Dr. Georg Winslow Plummer (1876 - 1944) neubegründet (www.sria.org). Zum wohl bekanntesten Mitglied der »Societas Rosicruciana in America« wurde Dr. Israel Regardie, über den wir im Zusammenhang mit dem G.D. berichten.

[398] Die beiden *legendären* Vorgängertempel in Frankfurt (Licht, Liebe und Leben, Tempel Nr. 1) und London (Hermanubis, Tempel Nr. 2) wurden im G. D. stets mitgezählt

[399] Nicht zu verwechseln mit Mrs. Editha Jackson, dem „richtigen" Fräulein Anna Sprengel, die in dem „Horos Skandal" verwickelt war, oder Frl. (Alice) Sprengel, die Mitarbeiterin Rudolf Steiners und spätere Ordensschwester Theodor Reuss'.

[400] Gemäß den Untersuchungen von R. A. Gilbert soll es sich bei dem sog. „Cipher Manuskript" um eine geschickte Fälschung von Kenneth Mackenzie handeln. Diese Rituale sollen ursprünglich in der »Society of Eight« entstanden sein. Das Cipher Manuskript verwendet ein Alphabet mit 24 Symbolen, gemäß den Zeichen in Trithemius' POLYGRAPHIA und besteht aus 57 losen Blättern mit den Initiationsritualen, die im G.D. übernommen wurden.

[401] Gerald Suster: MODERN SCHOLARSHIP AND THE ORIGINS OF THE GOLDEN DAWN

[402] THE GOLDEN DAWN SOURCE BOOK, edited with an introduction by Darcy Küntz Holmes Publishing Group, Edmonds, WA 98020, USA, 1996, Seite 129ff

[403] Geomantie ist die Lehre von den subtilen Energien und Kraftströmen der Erde, Gematrie die kabbalistische Zahlenlehre von Wörtern und Wortentsprechungen, siehe Abschnitt DIE KABBALISTISCHEN SYSTEME im Kapitel KABBALISTEN

[404] was Crowley allerdings nicht daran hinderte, die Einweihung in diese letzten Grade des Ordens für sich, bzw. den Mitgliedern seines *Astrum Argenteum* (A.A.) in Anspruch zu nehmen.

[405] hauptsächlich wegen seiner homosexueller Affären

[406] Später wurden allerdings Mitgliederverzeichnisse veröffentlicht

[407] THE GOLDEN DAWN AMERICAN SOURCE BOOK, Holmes Publishing Group, Sequim WA 98382 USA, 2005, Seite 3

[408] Orden, dem sowohl Dion Fortune wie Israel Regardie (1933/34) angehörten

[409] Unter dem „wahren Geheimnis der Templer" verbarg sich die Sexualmagie, wie sie Pascal Beverly Randolph in den USA propagierte.

[410] Dieser Ende des 18. Jahrhunderts von Josef Cerneau auf Kuba begründete Ritus wird seitens der (regulären) Freimaurerei allerdings als irreguläres Konkurrenzsystem zum »Alten und Angenommenen Schottischen Ritus« (A.A.S.R.) betrachtet.

[411] Jubiläumsausgabe der ORIFLAMME 1912, S. 15f

[412] Steiner hatte sich wohl – wie viele andere Ordensgründer dieser Zeit – vom O.T.O. den Erwerb des „Lichts verborgenen Wissens" für seinen Inneren Kreis, der Esoterischen Schule (E.S.), erhofft; seitens der Anthroposophie wird dieses Intermezzo Steiners allerdings heruntergespielt.

[413] Peter-R. Koenig: „Consider the OTO non existent: Veritas Mystica Maxima", Internet-Seiten

[414] Hella Wiesberger, Julius Zoll, zitiert aus DER GROSSE THEODOR REUSS READER, Seite 111.

[415] AHA Nr. 2, Februar 1992, Seite 15 (Aufbauprogramm der Neo-Christen OTO)

[416] Von ihm ist derzeit noch eine Form in den USA tätig, den 1922 C. F. Russel begründete.

[417] Peter-R. König und ARW DER OTOA-READER, © Peter-R. König und ARW, 1994, Hiram-Editions 18, Seite 8

[418] aus MAGIE IN THEORIE UND PRAXIS

[419] Die „Abtei Thelema" sollte nach den Prinzipien von Crowleys LIBER LEGIS den Archetypus einer neuen Gesellschaft formen.

[420] Sie wurde 1866 mit dem Ziel gegründet, „das Patriarchat von Avalon-Glastonbury neu zu errichten".

[421] Vorstufe im achtstufigen Râja-Yoga zum Samadhi, dem „Aufgehen im Göttlichen"

[422] Das *Buch des Gesetzes*, das Crowley auch „*Gesetz von Thelema*" nannte.

[423] Alle Großlogen des O.T.O. hatten lateinische Namen, die mit *Mysteria (Mystica)* ... begannen.

[424] das Deutsche Reich mit seinen Bündnispartnern

[425] aus *telos*, griechisch *Wille*

[426] Gerard Galtier, MAÇONNERIE EGYPTIENNE ROSE-CROIX ET NEO-CHEVALERIE, Seite 358ff, © Éditions du Rocher, 1989, Seite 358 ff

[427] So beinhalten die Grade 5-33 die des A.A.S.R.; die Grade 34 bis 86 des orientalischen Misraïm Ritus; und die Grade 87 bis 90, die sogenannten „napolitanischen Grade" (Arcana Arcanorum), während es sich bei den Graden 91 bis 99 um administrative Grade handelt.

[428] Gerard Galtier, a.a.O., Seite 364ff

[429] Der letzte Imperator der F.U.D.O.S.I., Émile Dantinne verließ diese Welt am 21.05.1969.

[430] In der Wikinger-Reihe heißt die 18. Rune ODIL.

[431] Wilfried Daim, DER MANN, DER HITLER DIE IDEEN GAB, Carl Ueberreuter, Wien, 1994

[432] Es wird derzeit (2009) von dem ehemaligen Karrierekaufmann Abt Gregor Henckel Donnersmarck geleitet, dem Onkel des bekannteren Hollywood Filmpreisträgers.

[433] die unterste Kastenschicht in Indien

[434] Nationalsozialistische deutsche Arbeiterpartei

[435] dem aus vier T zusammengesetzten Kreuz, das auch als Vereinigung von einem rechts- und einem linksdrehenden Hakenkreuz (indisch Swastika) gedeutet werden kann.

[436] d. h. des Volkes germanischen Blutes

[437] Die *Ariosophie* hatte es sich zur Aufgabe gemacht, christliche und germanische Aspekte zu vereinen. Ihre bedeutendsten Vertreter waren *Guido von List* (1848 - 1919) und *Jörg Lanz von Liebenfels*. Der vormalige Zisterziensermönch Adolf (Jörg) Lanz (von Liebenfels) war Gründer eines Neutemplerordens und Erfinder der obstrusen „Theozoologie". Er ist außerdem „der Mann, der Hitler die Ideen gab" (Wilfried Daim).

[438] Den Berichten *Pytheas* zufolge, der die iberische Halbinsel und Nordwesteuropa um 325 v. Chr. bereiste, liegt Thule im äußersten Norden, 6 Tagesfahrten nördlich von Britannien. Daher steht der Name Thule seit der Antike sprichwörtlich für den äußersten Nordrand der Welt (lat. ultima Thule). Pytheas' Werk ÜBER DAS WELTMEER ist vermutlich beim Brand der Bibliothek von Alexandria verloren gegangen und nur noch durch kurze Zitate in den Werken anderer Autoren (u.a. *Strabo, Erathostenes* oder *Plinius dem Älteren*) bekannt.

[439] Das „Standardmodell" erklärt die Physik unserer Materie. Mathematisch funktioniert es aber (leider) nur für „masselose" Elementarteilchen. Mittels des Higgs-Bosons sollen sie nun „Masse bekommen".

[440] Large Hadron Collider (Großer Hadronen Verschmelzer)

[441] Durch einen Kurzschluss am 20.09.08 zwischen zwei supraleitenden Feldmagneten im Sektor 3-4 des LHC musste der Versuch auf das Jahr 2009 verschoben werden.

[442] Sein Betriebssystem MS-DOS war von der damals noch völlig unbekannten Firma *Microsoft* entwickelt worden.

[443] Traditionell geprägte Mysterienschulen vertreten die Ansicht, dass sich die Menschheit in der bisher erreichten Entwicklungsstufe ihres Bewusstseins erschöpft habe und ihr der Durchbruch in eine neue Bewusstseinsstufe erst noch bevorstehe.

[444] Insgesamt müssen 1,4 Milliarden Menschen mit weniger als 1,25 Dollar und 2,6 Milliarden Menschen mit weniger als zwei Dollar am Tag auskommen; gemäß einer neuen Studie der Weltbank (August 2008) ist die Zahl der Armen derzeit fast um eine halbe Milliarde höher, als bisher vermutet.

[445] wonach sich die heute existierenden Lebewesen (Pflanzen und Tiere, einschließlich des Menschen) in einem komplexen Prozess schrittweise aus einfachsten Formen des Lebens (Zellen) entwickelt haben. Dieser heute allgemein anerkannten Theorie steht – vor allem in den USA – die der „Kreationisten" gegenüber, die die Bibel wortwörtlich auslegen und glauben, das Universum, die Erde und alle Lebewesen seien von ihrem Schöpfer innerhalb von sechs Tagen erschaffen

worden. Unter dem Decknamen Intelligent Design (ID) versuchen die Verteidiger derzeit dieser These ihrer Glaubensrichtung einen wissenschaftlichen Anstrich zu geben.

[446] J. Ratzinger, KIRCHE, ÖKUMENE UND POLITIK. NEUE VERSUCHE ZUR EKKLESIOLOGIE, Einsiedeln 1987, Seite 101.

[447] Wenn wir Liberalismus mit Freizügigkeit gleichsetzen, so sollten wir bedenken, dass mit allen materialistisch geprägten Systemen die dem einzelnen verbleibenden Freiheiten immer stärker eingeschränkt werden. Ein Umdenken ist hier zwingend notwendig: Der freiwillige Verzicht auf einseitig materiellen Erfolg, könnte hier Abhilfe schaffen und uns die so dringend benötigten geistigen Freiräume zur Verfügung stellen, mit denen sich das Ungleichgewicht wieder herstellen ließe. In diesem Sinne zeigt der italienische Anthroposoph *Pietro Archiati* interessante Alternativen auf.

[448] Im Februar 2008 wurde auf Svalbard (Spitzbergen) die „Weltsamenbank" (Global Seed Vault) eröffnet. In dieser „Arche Noah" sollen Keime aller „Nutzpflanzen" konserviert werden, bevor sie in ihrem natürlichen Ambiente endgültig aussterben; der Klimawandel lässt aber derzeit (Sommer 2008) selbst an diesem so nördlichen Ort die Permafrostschicht auftauen, wodurch der stabile Untergrund dieser Einrichtung in Bewegung gerät.

[449] Die Ozonschicht schützt die Erde vor der energiereichen ultravioletten (UV) Strahlung der Sonne, die beim Menschen Hautkrebs auslösen und das Immunsystem schwächen kann. Auch das Erbmaterial von Pflanzen und Tieren kann durch eine zu starke UV-Strahlung geschädigt werden

[450] Derzeit (2007) machen sich über 100.000 Einwohner der Inselgruppen Kiribati und Tuvalu mit dem Gedanken vertraut, als erste Klima-Flüchtlinge noch in diesem Jahrzehnt auswandern oder auf andere Inseln umziehen zu müssen.

[451] Dieses Protokoll, das auf der Klimaschutzkonvention von 1992 basiert, verpflichtet die Industriestaaten zum Abbau ihrer schädlichen Emissionen. Sie lagen 1990 jährlich bei 30 Milliarden Tonnen und werden von den Industriestaaten zu knapp zwei Drittel und den Entwicklungsländern zu gut einem Drittel verursacht. Es wird befürchtet, dass sich die globalen Emissionen bis zum Jahr 2012 (dem vorläufigen Jahr des Auslaufens des Protokolls) nicht verringern, sondern um mindestens 15 Milliarden Tonnen jährlich erhöhen werden, denn aufgrund ihres „nachzuholenden Wachstums" werden die Entwicklungsländer dann die Mehrheit der Emissionen produzieren. Schon heute beträgt das aus „Entwaldungen" entweichende Kohlendioxid jährlich über 7 Milliarden Tonnen.

Personenverzeichnis

göttliche, mythische oder symbolische Wesen kursiv

Stichworteverzeichnis

ORTSVERZEICHNIS

Literaturverzeichnis

Anonym: GUIDE POUR UN FUTUR FRANC-MAÇON, Rocher-Maitres d'Œvres, Documents-Rocher, Monaco, 1985

Assmann, Jan: MOSES DER ÄGYPTER, Entzifferung einer Gedächtnisspur, Fischer Taschenbuch Verlag, Frankfurt am Main, 2000, ISBN 3-596-14371-3

Baader, Fritz Henning / Grieser, Hans-Jürgen: CODEX SINAITICUS, als Grundtextausgabe der Geschriebenen des Neuen Bundes, Fachbuchverlag Dr. Hans-Jürgen Grieser, 75328 Schömberg-Langenbrand, 1993, ISBN 3-933455-01-4

Carpi, Pier: DIE PROPHEZEIUNGEN VON PAPST JOHANNES XXIII, Die Geschichte der Menschheit von 1935 - 2033, twp-druck + verlag muggensturm, ISBN 3-924310-00-9

Charpentier, Louis: DIE GEHEIMNISSE DER KATHEDRALE VON CHARTRES, Köln, Gaia Verlag, 1997

Corbin, Henry: DIE SMARAGDENE VISION, hrsg von Annemarie Schimmel; München, Diederichs, 1989, ISBN 3-424-00974-1

Daim, Wilfried: DER MANN, DER HITLER DIE IDEEN GAB, Carl Ueberreuter, Wien, 1994, ISBN 3-928127-73-x

Desgris, Alain: L'ORDRE DES TEMPLIERS & LA CHEVALERIE MAÇONNIQUE TEMPLIÈRE, Paris, Frankreich, Guy Trédaniel Èditeur, 1995

Diehl, Lothar: GLI ORDINI INIZIATICI E LE SCUOLE DI MISTERI, Una guida per il ricercatore lungo la Via occidentale della Conoscenza, 2004, Edizioni Cenaculo Umanistico Adytum, Trento, Italia

Drewermann, Eugen: GIORDANO BRUNO ODER DER SPIEGEL DES UNENDLICHEN, München, Kösel-Verlag GmbH & Co, 1992

Ebeling, Florian: DAS GEHEIMNIS DES HERMES-TRISMEGISTOS, Geschichte des Hermetismus von der Antike bis zur Neuzeit, München, C.H. Beck, 2005

Eliade, Mircea: DAS HEILIGE UND DAS PROFANE, Suhrkamp Taschenbuch 1751, Frankfurt am Main, Insel Verlag, 1984

Finkelstein, Israel and Silberman, Neil Asher: THE BIBLE UNEARTHED, Archaeology's new Vision of Ancient Israel and the Origin of its sacred Texts, Touchstone, New York, 2002

Freud, Siegmund: DER MANN MOSES UND DIE MONOTHEISTISCHE RELIGION, Siegmund Freuds gesammelte Werke, Bd. XVI, 101-246, Frankfurt 1964, Bibliothek Suhrkamp, Bd. 131.

Frick, Karl R. H.: DIE ERLEUCHTETEN, Graz, Akademische Druck- und Verlagsanstalt, 1973, ISBN 3-201-00834-6

Frick, Karl R. H.: LICHT UND FINSTERNIS, Graz, Akademische Druck- und Verlagsanstalt, 1973

Galtier, Gérard: MAÇONNERIE EGYPTIENNE ROSE-CROIX ET NEO-CHEVALERIE, Paris, Frankreich, Éditions du Rocher, 1989

Giebel, Marion: DAS GEHEIMNIS DER MYSTERIEN, Antike Kulte in Griechenland, Rom und Ägypten, Düsseldorf und Zürich, Artemis und Winkler Verlag, 1990

Godwin, Jocelyn: ATHANASIUS KIRCHER Ein Renaissancemensch auf der Suche nach dem verlorenem Wissen, Clemens Zerling Verlag, Berlin, 1994

Hammes, Manfred: HEXENWAHN UND HEXENPROZESSE, Frankfurt am Main, Fischer Taschenbuch Verlag, 1995

Hamo, Prof. Dr. V., Stenzel, M. und Kürzinger, J. (Hrg.): DIE HEILIGE SCHRIFT des Alten und Neuen Testamentes, nach den Grundtexten übersetzt Pattloch Verlag 1994

Herodot: NEUN BÜCHER DER GESCHICHTE, nach der Übersetzung von Heinrich Stein, bearbeitet und ergänzt von Wolfgang Stammler, Phaidon Verlag, Essen, o. A., ISBN 3-88851-035-X

Kamen, Henry: DIE SPANISCHE INQUISITION, Rütten und Loening Verlag GmbH, München, 1967

Kastinger Riley, Helene M.: HILDEGARD VON BINGEN, Reinbeck bei Hamburg, Rowohlt Taschenbuch Verlag GmbH, 1997

Klein, Agnes: DIE MONAS-HIEROGLYPHE VON JOHN DEE AUS LONDON, Interlaken, Schweiz, Ansata Verlag, 1982

Küntz, Darcy: The complete Golden Dawn Cipher Manuscript, Deciphered, Translated and Edited by Darcy Küntz, Holmes Publishing Group, Edmonds, WA. 98020 USA, 1997, ISBN 1-55818-325-6

Kutschki, Norbert (Hrg.): Erinnerung an einen Aufbruch, Das II. Vatikanische Konzil, Würzburg, Echter Verlag, 1995

Läpple, Alfred: Ketzer und Mystiker, Extremisten des Glaubens, Versuch einer Deutung, München, Delphin Verlag GmbH, 1988

Leisegang, Hans: Die Gnosis, Alfred Kröner Verlag, Kröners Taschenausgabe Band 32, Stuttgart

Lennhoff, Eugen / Posner, Oskar: Internationales Freimaurer-Lexikon, unveränderter Nachdruck der Ausgabe 1932, Wien - München, Amalthea Verlag, 1975

Leuenberger, Hans-Dieter: Das ist Esoterik, Verlag Hermann Bauer, Freiburg, 1994

Lincoln, Henry; Baigent, Michael; Leigh, Richard: Der Heilige Gral und seine Erben, Ursprung und Gegenwart eines geheimen Ordens, sein Wissen und seine Macht, Bergisch Gladbach, Gustav Lübbe Verlag GmbH, 1990

Loewenich, Walter von: Augustin, Siebenstern Taschenbuch Nr. 56, Seite 9, Siebenstern Taschenbuch Verlag, München und Hamburg, 1965

Lohse, Bernhard: Epochen der Dogmengeschichte, Stuttgart, Kreuz Verlag, 1963

Markale, Jean: Die Katharer von Montsegur, das geheime Wissen der Ketzer, München, Goldmann Verlag, 1990

McTaggart, Lynne: Das Nullpunkt-Feld, Auf der Suche nach der kosmischen Ur-Energie, Goldmann-Verlag, Reihe ARKANA, München, 2002

Meller, Harald (Hrg.): Der geschmiedete Himmel, Die weite Welt im Herzen Europas vor 3600 Jahren, Stuttgart, 2008, Seite 27ff, ISBN 978-3-8062-2204-3

Mercieca, Simon: Die Johanniter auf Malta, Bonechi, Florenz, 2005

Mett, Rudolf: Regiomontanus; Wegbereiter des neuen Weltbildes, vdf, Hochsch.-Verlag an der ETH Zürich,

Nardini, Bruno: Das Handbuch der Mysterien und Geheimlehren, Florenz, Goldmann Taschenbuchverlag, 1990

Pagels, Elaine: Das Geheimnis des fünften Evangeliums, Warum die Bibel nur die halbe Wahrheit sagt, C.H. Beck Verlag, München, 2005

Papke, Werner: Die Sterne von Babylon, Die geheime Botschaft des Gilgamesch - nach 4000 Jahren entschlüsselt, Bergisch Gladbach, Gustav Lübbe Verlag GmbH, 1989

Pasqually, Martinès de: Abhandlung über die Wiedereinsetzung der Wesen in ihre ursprünglichen geistigen und göttlichen Eigenschaften, Kräfte und Mächte. Novalis Verlag, Schaffhausen, 2007

Peter-R. König und ARW: Der OTOA-Reader, Peter-R. König und ARW, 1994, Hiram-Editions 8

Phillips, Graham: Parsivals Heiliger Gral, Auf der Suche nach der geheimnisvollsten Reliquie der Menschheit. München, Wilhelm Heyne Verlag, Heyne Sachbuch Nr. 19/545, 1997

Pier Carpi: Die Prophezeiungen von Papst Johannes XXIII, twp-druck und verlag muggensturm, o. A., 1982

Ratzinger, J.: Kirche, Ökumene und Politik. Neue Versuche zur Ekklesiologie, Einsiedeln, 1987

Redfield, James: Die Prophezeiungen von Celestine, Ein Abenteuer, München, Wilhelm Heyne Verlag GmbH & Co.KG, 1994

Roquebert, Michel: Die Religion der Katharer, Toulouse, Frankreich, Loubatières Editeur, Série Terres du Sud, 1988

Rose, Michael R.: Darwins Welt, 2003, Piper Verlag, München, Seite 19, ISBN 3-492-23679-0

Schimmel, Annemarie: Sufismus

Schirnding, Albert von: Am Anfang war das Staunen, Über den Ursprung der Philosopie bei den Griechen, Kösel-Verlag, München, 1978, ISBN 3-466-40002-3

Schmidt, Klaus: Sie bauten die ersten Tempel, H.C. Beck, München, 2008

Schuster, Dr. Georg: Die geheimen Gesellschaften, Verbindungen und Orden, 1905, Zweiter Band

Schwarz, Fernand; Carrié, Didier und Ludwig, Brigitte: DIE SYMBOLIK DER KATHEDRALEN, Strasbourg, Edition N.A., HOMO RELIGIOSUS, Cahiers d'Études pour la Redécouverte du Sacré, 1990
Schröer, Klaus und Irle, Klaus: „ICH ABER QUADRIERE DEN KREIS ..." –0 Leonardo da Vincis Proportionsstudie, Waxmann Verlag, 1998
Sievers, Leo: JUDEN IN DEUTSCHLAND, die Geschichte einer 2000jährigen Tragödie, Verlag Gruner + Jahr, 1. Auflage 1977
Spee, Friedrich von: CAUTIO CRIMINALIS oder Rechtliches Bedenken wegen der Hexenprozesse, Deutscher Taschenbuch Verlag GmbH & Co. KG, München 1987
Spencer Lewis, H.: THE SYMBOLIC PROPHECY OF THE GREAT PYRAMID, San José, California 95114, USA,1993, Supreme Grand Lodge of AMORC, Inc., 1936 und 1963
Szabó, Zoltán: BUCH DER RUNEN, Neue Erde Verlag GmbH, Saarbrücken, 2000, ISBN 3-89060-035-2
Titulopochtli – Días Porta, Domingo: AQUÍ, AMERRIKÚA (LA AMÉRICA SILENCIADA), 1492 - 1992, Siembra Olmeca, México, D.F. 1992, ISBN 969-6797-02-5
Uxkull, Woldemar von: DIE ELEUSINISCHEN MYSTERIEN, Büdingen-Gettenbach, Avalun-Verlag, 1957
Vaillant, Bernard: WESTLICHE EINWEIHUNGSLEHREN, München, Wilhelm Heyne Verlag, Esoterisches Wissen, 1992
Viseux, Dominique: DAS LEBEN NACH DEM TOD in den großen Kulturen, Diederichs Gelbe Reihe, München, 1994
Vorländer, Karl: GESCHICHTE DER PHILOSOPHIE in 5 Bänden, Gustav Kiepenheuer Verlag, Berlin, 1932
Wedemeyer, Inge von (Hrsg.): PYTHAGORAS: WEISHEITSLEHRER DES ABENDLANDES, Ahlerstedt, PARAM Verlag, Esoterik des Abendlandes Bd. 3, 1988
Wegener, Günther S.: 6000 JAHRE UND EIN BUCH, Oncken Verlag, Wuppertal und Kassel, 1958
Zerling, Clemens: DIE ROSENKREUZER, Geschichte einer Idee zwischen Mythos und Wirklichkeit ..., V.F. Sammler, Graz, 2009

PAUL FOSTER CASE

Der Wahre und Unsichtbare Orden vom Rosenkreuz

Paul Foster Case war einer der großen spirituellen Lehrer des 20. Jahrhunderts. Er hat das Rosenkreuzertum in einem lebenslangen Erfahrungsprozess ergründet und kann deshalb einen zuverlässigen und authentischen Einblick in das rosenkreuzerische Weltbild geben.

Band 1

Die Rosenkreuzer-Allegorie

212 Seiten, kartoniert, 14,- EUR
ISBN 978-3-935937-11-5

Der 1. Band enthält die Rosenkreuzer-Manifeste im vollen Wortlaut. Daran schließt sich die tiefgründige Interpretation des Autors an. Um ein Studium der Gematria zu ermöglichen, stellt der Text alle hebräischen Begriffe in den Original-Schriftzeichen dar und gibt zusätzlich eine Transkription ins Deutsche.

Band 2

Die 10 Rosenkreuzer-Grade

212 Seiten, kartoniert, 14,- EUR
ISBN 978-3-935937-12-2

Der zweite Band beschreibt die zehn Rosenkreuzer-Grade und ihre Entsprechung zum Kabbalistischen Lebensbaum und zum Tarot.

PAUL FOSTER CASE

TAROT – Ein Schlüssel zur Zeitlosen Weisheit

224 Seiten, kart., s/w-Abb., 16,- EUR
ISBN 978-3-935937-41-2

Paul Foster Case hat mit diesem Werk über den esoterischen Tarot einen Klassiker geschaffen. Wer sich mit dem metaphysischen System des Tarots vertraut machen möchte, bekommt hier fundiertes Wissen über die Herkunft und Bedeutung der Tarot-Symbolik, Erklärungen aus esoterischer und psychologischer Sicht und eine praxisbezogene Anleitung zum Gebrauch der Karten im Sinne von spirituellen Zielsetzungen.

PAUL FOSTER CASE

Das Buch der Siegel

Meditationen über die verborgene Bedeutung der 22 hebräischen Buchstaben und der dazugehörigen 22 Tarot-Schlüssel

Hardcover/Leseband/Schutzumschlag
206 S., 16,-, ISBN 978-3-935937-04-7

Von diesen eindringlichen, suggestiven Texten geht eine starke Wirkung aus. Hier offenbart sich die Zeitlose Weisheit in poetischen Worten, die dem Leser und der Leserin eine unschätzbare Hilfe auf dem Weg der spirituellen Entwicklung sein können.

KATJA WOLFF

Der kabbalistische Baum

Einführung in die Kabbala

206 Seiten, kartoniert, 14,- EUR
ISBN 978-3-935937-02-3

Die Kabbala ist eine der ältesten Kosmologien der Menschheit und hat bis heute nichts von ihrer Faszination verloren. Katja Wolff (geb. 1961, Studium der Philosophie und Germanistik in Hamburg) ist es wie kaum einer anderen Autorin gelungen, ihr komplexes Thema in ein leichtes Gewand zu kleiden, und so liegt uns mit diesem Werk eine hervorragende Einführung in das kabbalis-tische Weltbild vor.

THOMAS STECKENREITER

Die okkulte Zahl

Qualität und Symbolik der Grundzahlen

120 S., kart., zahlr. s/w-Abb., 11,- EUR
ISBN 978-3-935937-34-4

GABRIELE QUINQUE

Splendor Solis – Das Purpurbad der Seele

22 Pforten der Alchemie

Hardcover/Schutzumschlag
280 S., 14 s/w-Abb., **22 Farbbilder**
ISBN 978-3-935937-26-9, 42,- EUR

»SPLENDOR SOLIS ODER SONNENGLANZ«, eines der berühmtesten Bild- und Textwerke der Alchemie aus dem 16. Jh., bietet mit seinen 22 farbenprächtigen Miniaturen einen einzigartigen Symbolschlüssel zum Verständnis von transformatorischen seelischen Prozessen. Die Autorin macht dieses vielschichtige, kryptische Werk auf dem Fundament der Hermetischen Philosophie transparent und geleitet uns durch 22 Pforten auf einen faszinierenden Erkenntnis- und Entwicklungsweg.

BURKHARD MÜLLER

Das Glück der Tiere

Einspruch gegen die Evolutionstheorie

278 Seiten, kart., 18,- EUR
ISBN 978-3-935937-60-3

2009 war das große Darwin-Jahr. Nach einhundertfünfzig Jahren steht sein epochemachendes Werk „Die Abstammung der Arten" unumstrittener da denn je. Höchste Zeit, einen gründlichen, kritischen Blick darauf zu richten!

Der Autor, von Haus aus Philologe und Literaturkritiker, unterzieht Darwin und die wichtigsten seiner Nachfolger einer genauen Lektüre, um ihre Widersprüche und Denkfehler aus ihnen selbst zum Vorschein zu bringen. Eine göttliche Schöpfung braucht er dafür nicht anzunehmen. Er beweist, dass es auf diesem scheinbar so klar vermessenen Schlachtfeld – hier Evolutionstheorie, dort christlicher Fundamentalismus – in Wahrheit noch eine dritte Möglichkeit gibt, und dass man zu ihr gelangen kann, indem man den Weg des vernünftigen Argumentierens einschlägt.

Das Buch, bereits im Jahr 2000 veröffentlicht, erscheint jetzt in einer aktualisierten Neuauflage. Burkhard Müller ist 2008 auf der Leipziger Buchmesse mit dem Alfred-Kerr-Preis für Literaturkritik ausgezeichnet worden.

ERAN LAOR
Die große Einheit

Über die Grundlagen eines spirituellen Weltbildes

158 Seiten, kart., 12,90 EUR
ISBN 978-3-935937-45-0

MICHAEL MAIER

Atalanta Fugiens

Ein alchemistisches Emblemwerk von 1618 mit 52 Kupferstichen von Matthäus Merian

Faksimiledruck der Originalausgabe,
Nachwort von **Dr. Michael Kuper**
232 S., Hardcover/Lesebändchen
28,- EUR, ISBN 978-3-935937-42-9

Enthält Melodien, Kupferstiche, deutsche Epigramme und lateinische Diskurse, – das berühmteste und vielleicht erste „Gesamtkunstwerk" der Geschichte!

VERA ZINGSEM

Der Himmel ist mein, die Erde ist mein

Göttinnen großer Kulturen im Wandel der Zeiten

590 Seiten, ca. 160 Abbildungen
Leinen/Schutzumschlag/Lesebändchen
32,- EUR, ISBN 978-3-935937-61-0

Eine literarische Reise zu den Quellen unserer Tradition. Die Geschichten der großen Göttinnen mit ihren unterschiedlichen Liebespartnern gehören zum symbolischen „Urgestein" unserer Kultur.

Die alten Texte bezeugen ein tiefes Wissen um die menschliche Seele und klingen immer noch erstaunlich modern. Sie reflektieren das Schicksal des Menschen im Spiegel der Natur und entwickeln ein Menschenbild, in dem das Göttliche, die Natur und der Mensch noch nicht getrennt sind.

Das Buch bietet eine einzigartig umfassende, vier Jahrtausende umspannende Quellentextsammlung.

GERTRUDE R. CROISSIER

Psychotherapie im Raum der Göttin

Weibliches Bewusstsein und Heilung

530 Seiten, 52 Abb., z.T. farbig
Leinen/Schutzumschlag/Lesebändchen
32,- EUR, ISBN 978-3-935937-48-1

Die persönliche Leidensgeschichte von Frauen ist nicht getrennt von der schmerzlichen Kollektivgeschichte des Weiblichen im Patriarchat: Dem Schutz der alten Mutter-Göttin beraubt und von einem eifernden Vater-Gott dämonisiert, sind Frauen körperlich, emotional, geistig und spirituell heimatlos.

Ohne liebevolle Spiegelung in einem mütterlichen Gottesbild aber, ohne Kontakt zu den weiblichen Wurzeln des Lebens, sind Frauen geschwächt und sich selbst fremd geworden. Heilung von Weiblichkeit braucht daher Rückbindung an den weiblich-göttlichen Ursprung.

Das Weibliche will in seiner Wertigkeit erkannt, geheilt und ermächtigt werden.

THOMAS SCHIPFLINGER

Maria-Sophia

Eine ganzheitliche Vision der Schöpfung

352 Seiten, zahlreiche Abb., z. T. farbig
Hardcover/Lesebändchen
ISBN 978-3-935937-47-4, 32,- EUR

Der katholische Theologe Thomas Schipflinger stellt uns in diesem Werk die SOPHIA als den weiblichen Aspekt Gottes vor. Er findet sie nicht nur in der christlichen Überlieferung und in der Schau begnadeter Seher und Künstler, sondern auch in den östlichen Religionen und in den neueren Naturwissenschaften.

Dabei zieht sich wie ein roter Faden eine Erkenntnis durch das Buch: SOPHIA, die Heilige Weisheit, hat sich in MARIA als Mensch inkarniert, so wie der göttliche Logos in Christus zum Menschen wurde ...

Das Buch stellt uns eine große Materialfülle zur Verfügung und lädt ein, sich dieser weiblich-göttlichen Gestalt nicht nur intellektuell, sondern auch meditativ zu nähern.